교통사고!
대응과 손해배상에서 해결까지

편저 이창준

법문북스

머리말

　교통사고는 사람과 차량, 도로환경의 3요소로 구성되기 때문에 교통사고의 원인도 인간 요인과 도로환경 요인, 그리고 차량 요인이 개별적 또는 유기적으로 결합되어 발생하게 됩니다. 또한 이러한 3가지 요인 중 운전자의 발견 지연이나 부주의 등 인간 요인이 교통사고 원인의 대부분을 차지하고 있습니다.

　교통사고의 원인은 충돌·손상·피해 등 사고의 직접적인 결과를 양산하지만, 요인은 사고의 잠재적인 가능성이 있을 뿐 반드시 사고의 결과를 발생시키지는 않습니다. 따라서 교통사고의 발생 원인과 발생 가능성이 있는 요인과는 구분할 필요가 있습니다.

　이제는 일상생활을 하는데 있어서 자동차는 없어서는 안 되는 생활필수품이 되어 자동차 보유대수가 2천만대를 넘은지도 꽤 오래 되었습니다. 이에 따라서 하루에도 여러 가지 유형의 교통사고가 발생하고 있고, 연간 20만건의 넘고, 사상자도 부지기수로 늘어 가고 있는 것이 현 실정입니다. 이러한 관계로 오늘도 운전자는 본의 아니게 교통사고의 피해자가 되기도 하고, 가해자가 되기도 합니다. 특히 사고를 당하고도 나홀로 운전을 하는 경우가 대다수이다 보니, 너무 당황하여 사고처리를 제대로 하지 못하고 손해를 보는 경우가 비일비재합니다.

　"권리위에 잠자는 자는 보호받지 못한다."라는 법률 격언이 말해 주듯이 모든 사람은 살아가는데 누구에게나 주어진 권리와 의무가 있습니다. 자기에게 주어진 권리나 의무를 알지 못해 손해를 보는 사례를 우리는 주위에서 많이 보고 또 듣고 있습니다. 이제는 법이 전문가들만의 전유물이 아니라 누구나 상식적으로 알아야 할 때가 되었습니다.

　그래서 이 책에서는 교통사고를 처리하는데 기본법들인 도로교통법과 자동차손해배상법 및 교통사고처리특례법에 의해 그동안 특히 많이 발생한 교통사고들을 분야별로 정리하여 사고가 발생하였을 경우 신속하고 정확하게 대처할 수 있도록 법제처의 생활법령과 대법원 판례 및 대한법률구조공단에 나타난 상담자료, 자동차손해배상진흥원, 과실비율분쟁해결을 위해 설립된 과실비율정보포털의 자료들을 참고하여 누구나 알기 쉽게 일목요연하게 꾸몄습니다.

 이 책이 교통사고를 당하거나 가해자가 되어 어려움에 처해 있는 분들에게 조그마한 도움이 되리라 믿으며, 열악한 출판시장임에도 불구하고 흔쾌히 출간에 응해주신 법문북스 김현호 대표에게 감사를 드립니다.

2025.

편저자

목차

Part 1. 교통사고가 발생하면 해야 할 사항 ·················· 1

1. 교통사고 발생 시 조치사항 ·· 3
1-1. 상담사례 ··· 5

2. 피해자 구호조치 ·· 11
2-1. 피해자 구호조치의무 ·· 11
2-2. 위반시 제재 ··· 11
2-3. 상담사례 ··· 11

3. 도주시 가중처벌 ·· 23
3-1. 도주차량 운전자의 가중처벌 ······································· 23
3-2. 도주의 의미 ··· 23
3-3. 도주를 긍정한 사례 ·· 24
3-4. 도주를 부정한 사례 ·· 24
3-5. 상담사례 ··· 25

4. 추가 교통사고 방지를 위한 조치 ··· 36
4-1. 방지조치 ··· 36
4-2. 고장자동차의 표지 ··· 36

5. 사고현장 보존 및 목격자, 진술서 확보 ··································· 37

Part 2. 교통사고의 신고 및 조사사항 ······· 45

1. 교통사고의 신고 ······· 47

1-1. 신고 의무자 및 신고 시기 ······· 47
1-2. 신고사항 ······· 47
1-3. 신고의무 불이행시 제재 ······· 47
1-4. 상담사례 ······· 48

2. 경찰공무원의 교통사고 조사 ······· 49

2-1. 경찰공무원의 교통사고 조사사항 ······· 49
2-2. 교통사고조사 이의신청 ······· 49
교통사고조사규칙 ······· 51

3. 교통사고사실의 확인원 발급신청 ······· 71

Part 3. 교통사고 책임 및 배상문제 ······· 73

1. 교통사고 책임 및 배상 ······· 75

1-1. 보험가입 의무 ······· 75
  1-1-1. 인적피해에 대한 배상을 위한 책임보험 가입의무 ······· 75
  1-1-2. 물적피해에 대한 배상을 위한 보험 가입의무 ······· 75

2. 자동차보험의 개념 및 종류 ······· 76

2-1. 자동차보험의 개념 ······· 76

2-2. 자동차보험의 종류 ·· 76
2-3. 자동차보험의 구성 ·· 76

3. 자동차보험의 가입의무 등 ·· 78

3-1. 자동차손해배상책임 ·· 78
3-2. 책임보험 등 가입의무 ·· 78
3-3. 가입의무 면제 ··· 105

4. 보험가입의무 위반시 제재 ·· 106

4-1. 서류제출 명령 ··· 106
4-2. 자동차등록번호판 영치 ·· 106
4-3. 의무보험 미가입 자동차의 운행금지 ····························· 106
4-4. 과태료의 부과 ··· 108

5. 자동차보험가입자의 교통사고 발생 시 특례 ···················· 110

5-1. 교통사고 후 공소제기 면제 ····································· 110
5-2. 자동차보험가입자의 형사소추면제에 대한 제한 ················ 112

6. 중고자동차 보험계약의 승계 ····································· 113

6-1. 보험계약한 자동차를 양도하는 경우 ···························· 113
6-2. 보험계약한 자동차를 다른 자동차로 교체(대체)하는 경우 ······· 113

7. 상담사례 ··· 115

Part 4. 교통사고 발생시 형사처벌 ························· 125

1. 교통사고에 대한 형사처벌 ·················· 127
　1-1. 교통사고에 대한 처벌 ··················· 127
　1-2. 상담사례 ································· 128

2. 「교통사고처리 특례법」에 따른 처벌 특례 ······ 131
　2-1. 개념 ······································ 131
　2-2. 상담사례 ································· 131

3. 공소의 제기 ································· 140

4. 치료비와 손해를 전액 보상하는 보험 또는 공제에 가입된 경우 ·· 142
　4-1. 교통사고 후 공소제기 면제 ·············· 142
　4-2. 자동차보험가입자의 형사소추면제에 대한 제한 ······ 143
　4-3. '보험 또는 공제에 가입된 경우'란 ········ 144

5. 관련판례 ····································· 145

6. 헌법재판소 결정례 ·························· 150

Part 5. 교통사고 발생시 손해보상 ·············· 157

1. 손해배상 ····································· 159
　1-1. 자동차 운전에 따른 손해 배상 ············ 159
　1-2. 「자동차손해배상 보장법」에 따른 손해배상 ······ 159
　1-3. 자동차 보유자의 손해배상 책임 ··········· 159

1-4. 「민법」에 따른 손해배상 ··· 160

2. 상담사례 ··· 161

3. 자동차손해배상 보장사업 ································· 203

4. 교통사고 피해자의 지원 ··································· 204

4-1. 지원대상자 ··· 204
4-2. 지원 기준(「자동차손해배상 보장법 시행령」 제22조제1항) ·········· 204
4-3. 지원금액 ·· 205

5. 자동차사고 피해자 지원사업 ························· 206

5-1. 자동차사고 피해자 지원사업이란? ····················· 206
5-2. 지원대상자 ··· 206
5-3. 지원요건 ·· 206
5-4. 경제적 지원사업 ·· 207
5-5. 정서적 지원사업 ·· 210

6. 공제분쟁조정 ··· 213

6-1. 자동차손해배상보장위원회 공제분쟁조정분과위원회란? ········· 213
6-2. 조정대상 ·· 213
6-3. 분과위원회 구성 ·· 213
6-4. 조정기간 ·· 214
6-5. 조정의 효력 ··· 214
6-6. 조정신청 방법 ··· 214

6-7. 신청서식 ·· 216
6-8. 분쟁조정 업무처리 절차 ··································· 219

7. 의료전문심사 ·· 220

7-1. 의료전문심사란? ··· 220
7-2. 의료전문심사 대상 ··· 220
7-3. 의료전문위원의 구성 ·· 220
7-4. 의료전문심사 결과의 효력 ······························· 220
7-5. 의료전문심사 신청방법 ···································· 221
7-6. 의료전문심사 업무처리 절차 ··························· 224

8. 피해자의 배상 청구 ·· 225

8-1. 보험금 등의 청구 ··· 225
8-2. 피해자에 대한 가불금 ······································ 225
8-3. 교통사고 피해자에 대한 손해배상 절차 ········· 226
8-4. 보험금 청구시 구비서류 ·································· 227
8-5. 자동차손해배상 보장사업 보상금 청구시 구비서류 ······ 227
8-6. 도로의 관리부족으로 차량 파손 등 손해발생시 국가배상청구 ······ 228
8-7. 상담사례 ·· 229
8-8. 관련판례 ·· 241
8-9. 헌법재판소 결정례 ··· 245

Part 6. 출퇴근시 교통사고가 발생하면 해야 할 사항 ···· 249

1. 교통사고가 났다면 당황하지 마시고 이렇게 대처하세요. ······ 251

1-1. 교통사고시 대처방법 ·· 251
   1-1-1. 먼저 사상자를 구호하세요. ································· 251
   1-1-2. 추가 교통사고 방지조치를 취하세요. ···················· 251
   1-1-3. 사고현장을 보존하고 목격자 및 증거물 등을 확보하세요. ················ 252
   1-1-4. 스프레이 표시 등으로 사고현장을 보존하세요. ········ 252
1-2. 보험접수 및 교통사고 신고하세요. ································ 253

2. 교통사고 발생 시 어떤 책임을 지고 피해보상은 어떻게 이루어지나요? ···················· 254

2-1. 민사책임 및 피해보상 ·· 254
2-2. 형사책임 ·· 255

3. 출퇴근길에 교통사고가 난 경우 산재보상 보험급여를 받을 수 있나요? ···················· 257

3-1. "산업재해보상 보험급여"란 ··· 257
3-2. 출퇴근길 교통사고, 업무상 재해로 인정되나요? ·········· 257
3-3. 산재보상 보험급여결정이 불만족스럽다면 이렇게 하세요. ·········· 259

4. 상담사례 ·· 260

5. 관련판례 ·· 275

6. 택시출퇴근 중 교통사고가 나면 어떻게 보상받나요? ············ 283

6-1. 택시운전자의 과실로 사고가 난 경우 ·························· 283
6-2. 공제금 지급기준 ·· 285

6-2-1. 사망의 경우 ·· 285
  6-2-2. 부상의 경우 ·· 285
  6-2-3. 후유장애의 경우 ··· 286
  6-2-4. 대물의 경우 ·· 287

7. 상대차량 과실 또는 택시운전자와 상대차량의 쌍방과실로 사고가 난 경우 ··· 293

  7-1. 과실비율에 대해 합의가 이루어진 경우 ····················· 293
  7-2. 과실비율에 대해 다툼이 있는 경우 ·························· 293

8. 택시출퇴근 중 교통사고가 난 경우 산재보상 보험급여를 받을 수 있나요? ··· 294

  8-1. "산업재해보상 보험급여"란 ···································· 294
  8-2. 출퇴근길 교통사고, 업무상 재해로 인정되나요? ··········· 294
  8-3. 관련판례 ··· 295

9. 버스출퇴근 중 사고가 난 경우 ································ 297

  9-1. 어떤 조치가 취해지나요? ······································ 297
  9-2. 피해보상은 어떻게 받나요? ··································· 298

10. 지하철출퇴근 중 사고가 난 경우 ··························· 299

  10-1. 어떤 조치가 취해지나요? ···································· 299
  10-2. 피해보상은 어떻게 받나요? ································· 301
  10-3. 지하철 연착으로 인한 피해, 보상받을 수 있나요? ······ 302

Part 7. 교통사고 합의시 해야 할 사항 ········· 303

1. 교통사고 합의금 ········· 305

1-1. 물적피해 ········· 305
1-2. 인적피해 ········· 305
1-3. 교통사고 합의기간 ········· 305
1-4. 경찰 조사 및 보험사 처리 ········· 305
1-5. 피해자의 치료기간 ········· 306
1-6. 합의 협상 ········· 306
1-7. 교통사고 합의금 산정기준 ········· 306
1-8. 치료비 ········· 306
1-9. 휴업 손해비 ········· 306
1-10. 위자료 ········· 307
1-11. 후유장애 손해 ········· 307
1-12. 기타 손해배상 ········· 308

2. 상담사례 ········· 309

Part 8. 교통사고 과실비율 산정방법 ········· 321

1. 과실비율이란? ········· 323

1-1. 과실의 개념 ········· 323
1-2. 과실의 산정요인 ········· 323
1-3. 과실비율 산정 원칙 ········· 323

1-4. 가해자의 과실과 피해자의 과실 ················· 324

1-5. 과실분쟁의 발생이유 ································· 325

2. 과실상계 절차와 근거 ································· 327

1-1. 과실상계의 개념과 법적근거 ····················· 327

1-2. 과실상계 예시 ··· 327

1-3. 과실상계의 이유와 조건 ···························· 327

3. 과실비율 Q&A ··· 329

3-1. 피해자 과실 ·· 329

3-2. 가해자 과실 ·· 332

3-3. 분쟁해결절차 ··· 334

3-4. 입증자료 ··· 341

3-5. 사고접수 ··· 342

3-6. 보험료 할증 ·· 342

3-7. 보상처리절차 ··· 343

3-8. 과실판단 ··· 345

3-9. 과실상식 ··· 346

3-10. 과실비율 인정기준 ··································· 350

3-11. 경찰 신고 ·· 353

부록: 관련법령 ··· 355

도로교통법(초록) ·· 357

자동차손해배상 보장법(초록) ···························· 413

교통사고처리 특례법 ··· 436

Part 1.
교통사고가 발생하면 해야 할 사항

1. 교통사고 발생 시 조치사항

① '교통사고'란 차의 운전 등 교통으로 인해 사람을 사상(死傷)하거나 물건을 손괴하는 것(이하 '교통사고'라 함)'을 말합니다(「도로교통법」 제54조제1항).

② 판례는 교통사고를 「도로교통법」에서 정하는 도로에서의 교통사고로 제한해야 할 근거가 없다고 판시하고 있어 '차의 교통'에 의한 사고는 그 장소를 불문하고 「교통사고처리 특례법」의 적용을 받습니다(대법원 1987.11.10 선고 87도1727판결).

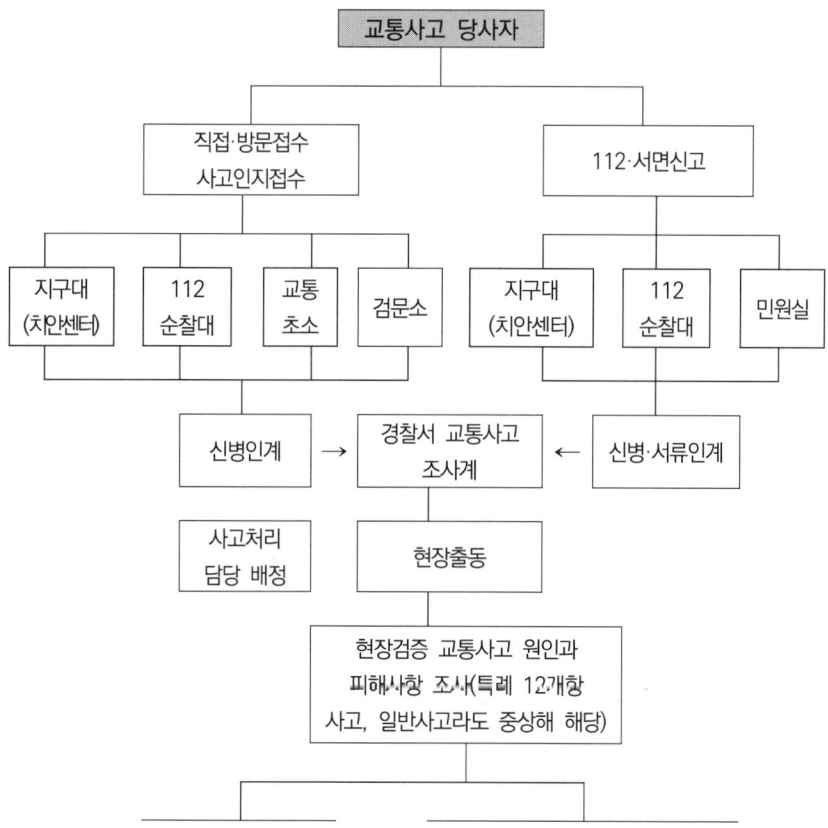

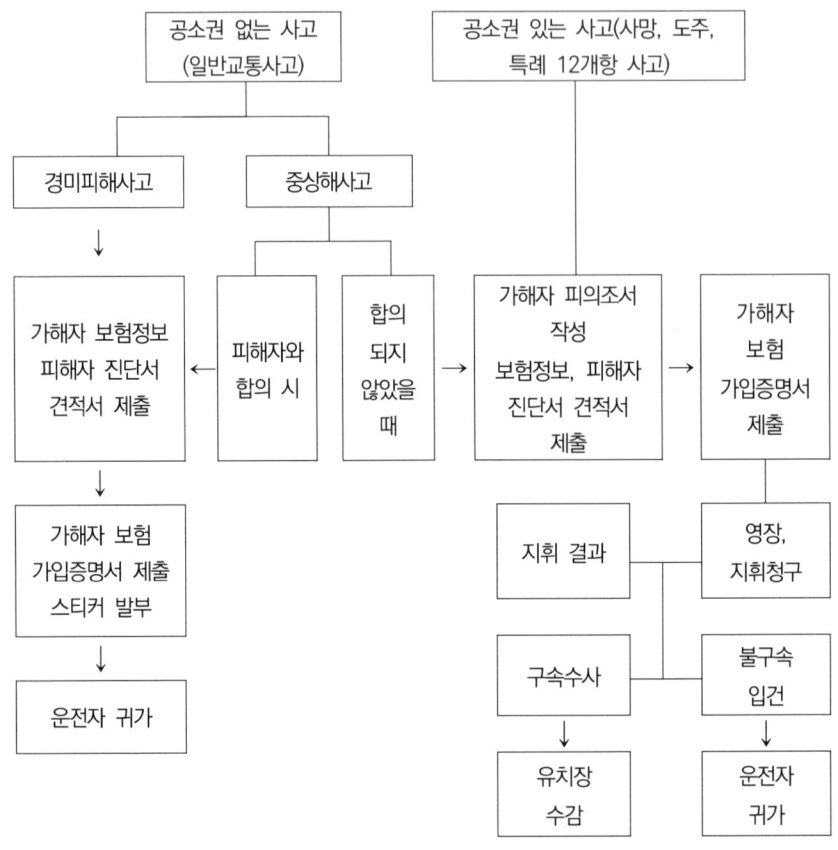

1-1. 상담사례

■ 화물차에 적재되어 있던 화물이 떨어져서 지나가던 행인이 상해를 입은 경우에 교통사고에 해당하는지요?

Q. 저는 식품가게를 운영하는 사람인데 제가 운영하는 식품가게 앞에서 화물차를 주차하고, 토마토 상자를 하역하여 가게 안으로 들여놓는 과정에서 상자 일부가 무너져 내리면서 가게 앞을 지나던 피해자에게 상해를 가하게 됐습니다. 주차되어 있던 화물차에 적재되어 있는 화물로 인하여 발생한 사고가 교통사고처리특례법에서 정한 교통사고에 해당하나요.

A. 교통사고처리 특례법 제2조제2호 에서 '교통사고'라 함은 차의 교통으로 인하여 사람을 사상하거나 물건을 손괴하는 것을 말한다고 규정하고 있는바, 교통사고를 일으킨 운전자에 관한 형사처벌의 특례를 정하는 것을 주된 목적으로 하는 교통사고처리 특례법의 입법 취지와 자동차 운행으로 인한 피해자의 보호를 주된 목적으로 하는 자동차손해배상 보장법의 입법 취지가 서로 다른 점, '교통'이란 원칙적으로 사람 또는 물건의 이동이나 운송을 전제로 하는 용어인 점 등에 비추어 보면, 교통사고처리 특례법 제2조제2호 에 정한 '교통'은 자동차손해배상 보장법 제2조제2호 에 정한 '운행'보다 제한적으로 해석하여야 할 것입니다.

판례는 이와 유사한 사안에서 이 사건 사고는 피고인이 위 화물차를 피고인의 가게 입구 앞 노상에 주차하고 하역작업을 시작한 후 약 1시간이 지나서야 발생한 점, 이 사건 사고 발생 당시 위 화물차의 운전석은 비어 있었고 시동이 꺼져 있었으며 차의 열쇠는 다른 사람이 가지고 있었던 점 등에 비추어 보면 이 사건 사고가 위 화물차의 교통으로 인하여 발생한 것이라고 볼 수 없다고 판단하여 피고인의 주장을 배척하고 업무상과실치상죄를 인정하였고 앞서 본 법리와 원심이 인정한 사실관계에 비추어 살펴보면, 이 사건 사고가 교통사고처리 특례법에 정한 '교통사고'에 해당하지 않는다고 판단하였습니다.(대법원 2009. 7. 9. 선고 2009도2390 판결 참조)

따라서 귀하가 주차한 화물차에서 화물이 떨어져서 발생한 사고는 교통사고에 해당하지 않아 교통사고처리특례법 위반에 해당하지 않을 것으로 보입니다. 다만, 귀하가 부주의하게 화물을 적재함에 따라 타인에게 상해를 입힌 경우에는 형법상 업무상과실치상죄가 성립할 수 있을 것으로 보입니다.

■ 고소작업차의 와이어가 끊어지면서 추락하여 사망한 경우 보험약관에서 정한 자동차 운행 중의 교통사고에 해당하는지요?

Q. A는 고소작업차의 아파트 10층 높이에서 외벽도장공사를 하던 중 고소작업차의 와이어가 끊어지면서 추락하여 사망하였습니다. 보험수익자인 A의 유족은 보험사를 상대로 보험금을 청구하였으나, 보험사는 보험계약 체결 당시 자동차의 용도가 자가용으로 정해져 있었는데 위 사고는 차량을 자가용으로 사용하다가 난 사고가 아니라며 보험금지급을 거부하고 있습니다. 이 경우 보험사는 보험금지급책임이 있는지요?

A. 이와 유사한 사례에서 판례는, "교통사고만의 담보특약부 상해보험계약에 적용되는 약관상 '운행'이라 함은 자동차손해배상보장법 제2조에서 규정하고 있는 바와 같이 자동차를 당해 장치의 용법에 따라 사용하고 있는 것을 말하고, 여기서 '당해 장치'라 함은 자동차에 계속적으로 고정되어 있는 장치로서 자동차의 구조상 설비되어 있는 자동차의 고유의 장치를 뜻하는 것인데, 위와 같은 각종 장치의 전부 또는 일부를 각각의 사용 목적에 따라 사용하는 경우에는 운행 중에 있다고 할 것이나, 자동차에 타고 있다가 사망하였다 하더라도 그 사고가 자동차의 운송수단으로서의 본질이나 위험과는 전혀 무관하게 사용되었을 경우까지 자동차의 운행 중의 사고라고 보기는 어렵다(대법원 2000. 9. 8. 선고 2000다89 판결)"고 설시하면서 "①이 사건 고

소작업차는 자동차관리법시행규칙 제2조에 따른 특수자동차로 등록된 차량으로, 이 사건 보험약관에서 '운행 중인 자동차'로 규정한 특수자동차에 해당하는 사실, ②이 사건 고소작업차는 위 법령상 특수자동차중 견인형 내지 구난형에 속하지 아니하는 특수작업형 차량으로, 트럭에 고정된 크레인 붐대와 그에 고정된 작업대 등의 구조상 설비를 갖추고 그 작업대에 작업자가 탑승한 후 크레인 붐대에 의한 작업대의 상승, 하강을 통하여 높은 곳(고소)에서의 작업이 가능하도록 하는 자동차인 사실, ③이 사건 사고는 위와 같이 이 사건 고소작업차 고유의 장치인 크레인 붐대와 작업대를 사용하여 아파트 고층에서의 외벽도장작업을 하던 중 발생한 사고인 사실 등을 알 수 있다. 이러한 사실관계를 앞서 본 대법원의 판례에 비추어 볼 때, 이 사건 사고는 이 사건 고소작업차의 당해 장치를 그 용법에 따라 사용하던 중에 발생한 사고로서 이 사건 보험약관에서 정한 자동차 운행 중의 교통사고에 해당한다"고 판시하였습니다. 따라서 위 사안에서 甲이 고소자동차에서 추락하여 사망한 사고는 고소작업차의 당해 장치를 그 용법에 따라 사용하던 중에 발생한 사고로서 보험약관에서 정한 사동차 운행 중의 교통사고에 해당하므로, 보험사는 A의 유족에게 보험금지급책임이 있습니다.

■ 상자를 운반하던 중 적재된 상자 일부가 떨어지면서 지나가던 사람에게 상해를 입혔을 경우, 교통사고에 해당하나요?

Q. A가 화물차를 주차하고 적재함에 적재된 토마토 상자를 운반하던 중 적재된 상자 일부가 떨어지면서 지나가던 B에게 상해를 입혔습니다. 이 경우 교통사고처리 특례법에 정한 '교통사고'에 해당하나요.

A. 교통사고처리 특례법 제3조 제1항은 "차의 운전자가 교통사고로 인하여 형법 제268조의 죄를 범한 경우에는 5년 이하의 금고 또는 2천만원 이하의 벌금에 처한다."라고 규정하여 동법의 적용 요건으로 교통사고일 것을 요구하고 있습니다. 그리고 동법 제2조는 "'교통사

고'란 차의 교통으로 인하여 사람을 사상하거나 물건을 손괴하는 것을 말한다."라고 규정하고 있습니다.

甲의 경우와 주차된 차량의 적재물에 의해 발생한 사고와 관련하여 판례는 "교통사고처리 특례법 제2조제2호 에서 '교통사고'라 함은 차의 교통으로 인하여 사람을 사상하거나 물건을 손괴하는 것을 말한다고 규정하고 있는바, 교통사고를 일으킨 운전자에 관한 형사처벌의 특례를 정하는 것을 주된 목적으로 하는 교통사고처리 특례법의 입법 취지와 '교통'이란 원칙적으로 사람 또는 물건의 이동이나 운송을 전제로 하는 용어인 점 등에 비추어 보면, 교통사고처리 특례법 제2조제2호 에 정한 '교통'은 자동차손해배상 보장법 제2조제2호 에 정한 '운행'보다 제한적으로 해석하여야 한다. 앞서 본 법리와 원심이 인정한 사실관계에 비추어 살펴보면, 이 사건 사고가 교통사고처리 특례법에 정한 '교통사고'에 해당하지 않는다고 판단된다"라고 하였습니다(대법원 2009. 7. 9. 선고 2009도2390 판결).

따라서 A의 사고는 교통사고에 해당하지 아니하여 교통사고처리 특례법에 의해 처벌되지는 않습니다. 그러나 B의 상해발생에 A의 과실이 존재한다면 갑은 형법상의 업무상과실치상죄로 처벌될 수는 있습니다.

■ 고소작업차의 와이어가 끊어지면서 추락하여 사망한 경우 보험약관에서 정한 자동차 운행 중의 교통사고에 해당하는지요?

Q. 甲은 고소작업차의 아파트 10층 높이에서 외벽도장공사를 하던 중 고소작업차의 와이어가 끊어지면서 추락하여 사망하였습니다. 보험수익자인 甲의 유족은 보험사를 상대로 보험금을 청구하였으나, 보험사는 보험계약 체결 당시 자동차의 용도가 자가용으로 정해져 있었는데 위 사고는 차량을 자가용으로 사용하다가 난 사고가 아니라며 보험금지급을 거부하고 있습니다. 이 경우 보험사는 보험금지급책임이 있는지요?

A. 이와 유사한 사례에서 판례는, "교통사고만의 담보특약부 상해보험계

약에 적용되는 약관상 '운행'이라 함은 자동차손해배상보장법 제2조에서 규정하고 있는 바와 같이 자동차를 당해 장치의 용법에 따라 사용하고 있는 것을 말하고, 여기서 '당해 장치'라 함은 자동차에 계속적으로 고정되어 있는 장치로서 자동차의 구조상 설비되어 있는 자동차의 고유의 장치를 뜻하는 것인데, 위와 같은 각종 장치의 전부 또는 일부를 각각의 사용 목적에 따라 사용하는 경우에는 운행 중에 있다고 할 것이나, 자동차에 타고 있다가 사망하였다 하더라도 그 사고가 자동차의 운송수단으로서의 본질이나 위험과는 전혀 무관하게 사용되었을 경우까지 자동차의 운행 중의 사고라고 보기는 어렵다(대법원 2000. 9. 8. 선고 2000다89 판결)"고 설시하면서 "①이 사건 고소작업차는 자동차관리법시행규칙 제2조에 따른 특수자동차로 등록된 차량으로, 이 사건 보험약관에서 '운행 중인 자동차'로 규정한 특수자동차에 해당하는 사실, ②이 사건 고소작업차는 위 법령상 특수자동차중 견인형 내지 구난형에 속하지 아니하는 특수작업형 차량으로, 트럭에 고정된 크레인 붐대와 그에 고정된 작업대 등의 구조상 설비를 갖추고 그 작업대에 작업자가 탑승한 후 크레인 붐대에 의한 작업대의 상승, 하강을 통하여 높은 곳(고소)에서의 작업이 가능하도록 하는 자동차인 사실, ③이 사건 사고는 위와 같이 이 사건 고소작업차 고유의 장치인 크레인 붐대와 작업대를 사용하여 아파트 고층에서의 외벽도장작업을 하던 중 발생한 사고인 사실 등을 알 수 있다. 이러한 사실관계를 앞서 본 대법원의 판례에 비추어 볼 때, 이 사건 사고는 이 사건 고소작업차의 당해 장치를 그 용법에 따라 사용하던 중에 발생한 사고로서 이 사건 보험약관에서 정한 자동차 운행 중의 교통사고에 해당한다"고 판시하였습니다. 따라서 위 사안에서 甲이 고소자동차에서 추락하여 사망한 사고는 고소작업차의 당해 장치를 그 용법에 따라 사용하던 중에 발생한 사고로서 보험약관에서 정한 자동차 운행 중의 교통사고에 해당하므로, 보험사는 甲의 유족에게 보험금지급책임이 있습니다.

■ 구 화물자동차법 제19조 제1항 제11호 '중대한 교통사고 또는 빈번한 교통사고'의 의미

Q. 화물자동차 운송사업자인 甲은 자신의 과실로 교통사고를 야기하여 피해자인 乙에게 중상을 입게 하였습니다. 甲이 구 화물자동차 법 제19조 제1항 제11호를 이유로 사업 취소, 영업 정지 및 감차 조치 등의 처분을 당하게 될 수 있을까요?

A. 구 화물자동차 운수사업법(2011.6.15.법률 제10804호로 개정되기 전의 것, 이하 '구 화물자동차법'이라고 한다)과 구 화물자동차 운수사업법 시행령(2010.11.24.대통령령 제22502호로 개정되기 전의 것, 이하 '구 화물자동차법 시행령'이라고 한다)의 규정 형식과 내용 등에 의하면 구 화물자동차법 제19조 제1항 제11호에 규정된 "중대한 교통사고 또는 빈번한 교통사고로 많은 사상자를 발생하게 한 경우"는 빈번한 교통사고뿐 아니라 중대한 교통사고에도 '많은 사상자'의 발생을 요건으로 하고 있다고 보아야 합니다. 그리고 여기에 규정된 '많은'은 문언상 복수(複數), 즉 적어도 2인 이상을 의미하므로 1인은 포함되지 않는다고 해석하는 것이 타당하며, 판례 역시 '1건의 교통사고로 인하여 2인 이하가 중상을 입은 때'를 위반차량 운행정지처분의 대상으로 규정함으로써 결과적으로 1인의 중상자가 발생한 경우도 구 화물자동차법상 제재 대상으로 삼고 있는 구 화물자동차법 시행령 제6조 제1항[별표 1]제12호 (가)목에 규정된 '2인 이하가 중상을 입은때' 중 '1인이 중상을 입은 때' 부분은 모법인 구 화물자동차법 제19조 제1항 및 제2항의 위임범위를 벗어난 것으로서 무효라고 판시한 바 있습니다(대법원 2012. 12. 20. 선고 2011두30878 전원합의체 판결 참조).

2. 피해자 구호조치

2-1. 피해자 구호조치의무

교통사고가 발생한 경우에는 그 차의 운전자나 그 밖의 승무원(이하 '운전자 등'이라 함)은 즉시 정차하여 다음의 조치를 해야 합니다(「도로교통법」 제54조제1항).

1. 사상자를 구호하는 등 필요한 조치
2. 피해자에게 인적 사항(성명·전화번호·주소 등을 말함) 제공

2-2. 위반시 제재

① 교통사고 발생 시의 조치를 하지 않은 사람(주·정차된 차만 손괴한 것이 분명한 경우에 「도로교통법」 제54조제1항제2호에 따라 피해자에게 인적 사항을 제공하지 않은 사람은 제외)은 5년 이하의 징역이나 1천500만원 이하의 벌금 처벌을 받습니다(「도로교통법」 제148조).

② 교통사고 발생 시의 조치 행위를 방해한 사람은 6개월 이하의 징역이나 200만원 이하의 벌금 또는 구류에 처해집니다(「도로교통법」 제153조제1항제5호).

2-3. 상담사례

■ 교통사고 피해자가 2주간의 치료를 요하는 경미한 상해를 입은 경우에도 구호조치를 해야 하나요?

Q. A는 편도 2차로 중 1차로를 따라 운전 중 전방 및 좌우 주시의무를 소홀히 한 채 2차로로 진입한 과실로 D운전 차량을 들이받았고, 그 충격으로 B의 차량에 타고 있던 B, C, D로 하여금 각 2주간의 치료를 요하는 경추부염좌 등의 상해를 입게 하였습니다. 그럼에도 불구하고 A는 즉시 정차하여 B 등을 구호하는 등의 조치를 취하지

아니하고 도주하였습니다. A는 B등에게 외상이 없었고, 위 교통사고 당시 특별히 아픈 부위도 없어서, 사고 직후 직장에 출근하여 정상적으로 근무를 한 점에 비추어, B등이 경미한 상해를 입어 구호조치를 할 필요성이 없었으므로 도주가 아니라고 주장합니다. 그러나 B등은 물리치료를 받은 후 주사를 맞고 1~3일간 약을 복용하는 등 치료를 받았습니다. 이 경우 甲의 주장이 타당한지 궁금합니다.

A. 특정범죄가중처벌 등에 관한 법률 제5조의3의 도주차량죄는 자동차 등의 교통으로 인하여 형법 제268조의 죄를 범한 운전자가 피해자를 구호하는 등의 조치를 취하지 아니하고 사고현장을 이탈하여 사고를 낸 자가 누구인지를 확정할 수 없는 상태를 초래함으로써 성립됩니다. 피해자를 구호할 필요성의 유무에 관하여 판례는 "피해자의 상해부위와 정도, 사고의 내용과 사고 후의 정황, 치료의 시작시점·경위와 기간 및 내용, 피해자의 연령 및 건강상태 등을 종합하여 판단하여야 하는 것이되, 대개의 경우는 피고인이 피해자와 직접 대화함으로써 피해자에게 통증 진술의 기회를 부여하든지 아니면 적어도 피고인이 정차하여 피해자의 상태를 눈으로 확인하여야 구호조치의 필요가 없는 경우라고 판단할 수 있을 것이고, 그렇지 않았던 경우에는 구호조치의 필요가 없었다고 쉽사리 판단하여서는 아니된다고 할 것이다."라고 하였습니다(대법원 2007. 5. 10. 선고 2007도2085 판결).

이 사건 사고로 인하여 B등은 모두 각 2주간의 치료를 요하는 경추부 염좌 등의 상해를 입어 물리치료를 받은 후 주사를 맞고 1~3일간 약을 복용하는 등 치료를 받았으므로, B등의 부상이 심하지 않아 직장에서 일과를 마친 다음에 병원으로 갔다거나 피해자들이 그다지 많은 치료를 받지 아니하였다는 등의 사정만으로는 이 사건 사고 당시 구호의 필요가 없었다고 단정할 수 없습니다.

따라서 이러한 상황에서 A가 차에서 내리지도 않고 B등의 상태를 확인하지도 않은 채 인적사항을 알려주는 등의 조치도 취하지 않고 그냥 차량을 운전하여 갔다면 A의 행위는 도주차량죄의 구성요건에 해당하는 것으로 보아야 할 것입니다. A의 주장은 타당하지 않습니다.

■ **교통사고 피해자의 상해가 경미하여 구호조치 않은 경우에 뺑소니로 처벌되는지요?**

Q. A는 신호를 대기하면서 정차중인 B의 승용차의 뒷부분을 충격 하였으나, B의 승용차에는 가볍게 흠집만 난 상태이고, B에게 아픈 곳이 있는지 물었으나 아픈 곳이 없다고 하여 별일이 없는 것으로 알고 연락처도 알려주지 않고 현장을 떠났습니다. 그 후 B는 허리부분에 통증이 있어 전치 1주의 상해가 발생하였다고 하면서 뺑소니로 문제삼겠다고 합니다. 그런데 B의 허리통증은 특별한 치료를 요하지 않고 시일이 경과되면 나을 수 있는 경우라고 하는바, 이 경우에도 A가 뺑소니로 문제되는지요?

A. 「도로교통법」 제54조 제1항은 "차의 교통으로 인하여 사람을 사상하거나 물건을 손괴한 때에는 그 차의 운전자 그 밖의 승무원은 곧 정차하여 사상자를 구호하는 등 필요한 조치를 하여야 한다."라고 규정하고 있으며, 도주차량운전자의 가중처벌에 관하여 「특정범죄가중처벌 등에 관한 법률」 제5조의3 제1항은 "「도로교통법」 제2조에 규정된 자동차·원동기장치자전거의 교통으로 인하여 「형법」 제268조의 죄를 범한 해당 차량의 운전자(이하 "사고운전자"라 한다)가 피해자를 구호(救護)하는 등 「도로교통법」 제54조 제1항에 따른 조치를 하지 아니하고 도주한 경우에는 다음 각 호의 구분에 따라 가중처벌한다.

1. 피해자를 사망에 이르게 하고 도주하거나, 도주 후에 피해자가 사망한 경우에는 무기 또는 5년 이상의 징역에 처한다.

2. 피해자를 상해에 이르게 한 경우에는 1년 이상의 유기징역 또는 500만원 이상 3천만원 이하의 벌금에 처한다."라고 규정하고 있습니다.

그런데 「특정범죄가중처벌 등에 관한 법률」 제5조의3 제1항 소정이 도주운전죄가 성립하기 위한 상해의 정도에 관하여 판례는 "특정범죄가중처벌등에관한법률 제5조의3 제1항이 정하는 '피해자를 구호하는 등 도로교통법 제50조 제1항(현행 도로교통법 제54조 제1항)

에 의한 조치를 취하지 아니하고 도주한 때'라고 함은 사고운전자가 사고로 인하여 피해자가 사상을 당한 사실을 인식하였음에도 불구하고, 피해자를 구호하는 등 도로교통법 제50조 제1항(현행 도로교통법 제54조 제1항)에 규정된 의무를 이행하기 이전에 사고현장을 이탈하여 사고를 낸 자가 누구인지 확정할 수 없는 상태를 초래하는 경우를 말하는 것이므로, 위 도주운전죄가 성립하려면 피해자에게 사상의 결과가 발생하여야 하고, 생명·신체에 대한 단순한 위험에 그치거나 형법 제257조 제1항에 규정된 '상해'로 평가될 수 없을 정도의 극히 하찮은 상처로서 굳이 치료할 필요가 없는 것이어서 그로 인하여 건강상태를 침해하였다고 보기 어려운 경우에는 위 죄가 성립하지 않는다."라고 하였으며(대법원 1997. 12. 12. 선고 97도2396 판결, 2002. 10. 22. 선고 2002도4452 판결, 2003. 4. 25. 선고 2002도6903 판결), 교통사고로 인하여 피해자가 입은 요추부 통증이 굳이 치료할 필요가 없이 자연적으로 치유될 수 있는 것으로서 '상해'에 해당한다고 볼 수 없다는 이유로 특정범죄가중처벌등에관한법률 제5조의3 제1항 소정의 도주운전죄의 성립을 부정한 사례가 있습니다(대법원 2000. 2. 25. 선고 99도3910 판결, 2008. 10. 9. 선고 2008도3078 판결).

따라서 위 사안의 경우에도 甲에게 도주운전죄의 책임을 묻기는 어려울 것으로 보입니다.

■ **교회 주차장에서 교통사고로 피해자에게 상해를 입히고도 구호조치없이 도주한 경우에 어떤 처벌을 받게 되나요?**

Q. A는 심야인 23:06경 교회 내 주차장에서 차량을 주차해 놓았습니다. 이에 경비원인 B가 A차량 운전석 뒷문을 두드리자 A는 갑자기 차량을 후진하여 B의 오른쪽 발목 부위를 위 차량 좌측 앞바퀴로 역과 하였습니다. A가 차량에서 내려 B의 발목 부위를 주물러 준 다음 B에게 치료비 조로 3만원을 지급하려 하자, B는 "크게 다

친 것은 아닌 것 같으니까 연락처를 알려 달라"고 하였습니다. 이에 A는 차량을 타고 그대로 가버렸고, B는 경찰관의 도움을 받아 A의 연락처를 받았습니다. A는 교회 주차장에서 발생한 사고이므로 도로에서의 교통사고에 해당하지 않아 도주차량죄로 가중처벌을 받지 않는다고 주장합니다. A의 주장이 타당한지 궁금합니다.

A. 특정범죄가중처벌 등에 관한 법률 제5조의3 소정의 도주차량운전자에 대한 가중처벌규정이 도로교통법이 정하는 도로에서의 교통사고의 경우로 제한되어 적용되는지가 문제됩니다.

특정범죄가중처벌 등에 관한 법률 제5조의3 제1항은 구성요건 중 하나로서 "자동차의 교통으로 인하여 업무상과실치상죄를 범할 것"을 규정하고 있을 뿐이며, 반드시 도로교통법 제2조 제1호에 정의된 '도로'에서의 교통사고일 것을 요하지 않습니다.

판례도 도주차량죄의 교통사고가 도로교통법에서 정하는 도로에서의 사고일 것을 요하는지에 관하여 "특정범죄가중처벌 등에 관한 법률 제5조의3 제1항의 가중처벌규정은 자신의 과실로 교통사고를 야기한 운전자가 그 사고로 사상을 당한 피해자를 구호하는 등의 조치를 취하지 아니하고 도주하는 행위에 강한 윤리적 비난가능성이 있음을 감안하여 이를 가중처벌 함으로써 교통의 안전이라는 공공의 이익의 보호뿐만 아니라 교통사고로 사상을 당한 피해자의 생명·신체의 안전이라는 개인적 법익을 보호하고자 함에도 그 입법 취지와 보호법익이 있다고 보아야 할 것인바, 이에 비추어 볼 때 여기에서 말하는 차의 교통으로 인한 업무상과실치사상의 사고를 도로교통법이 정하는 도로에서의 교통사고의 경우로 제한하여 새겨야 할 아무런 근거가 없다."라고 하였고(대법원 2004. 8. 30. 선고 2004도3600 판결), 그 외의 교통사고 관련 법률의 적용에 있어서도 "교통사고처리특례법 소정의 교통사고는 도로교통법에서 정하는 도로에서 발생한 교통사고의 경우에만 적용되는 것이 아니고 차의 교통으로 인하여 발생하는 모든 경우에 적용되는 것으로 보아야 한다(대법원 1996. 10. 25. 선고 96도1848 판결)."라고 하여 사고장소가 도로인지 여부를 불문하고 광범위하게 적용되는 것임을 여러 판결을 통해 확인한바 있습니다.

따라서 사고장소가 교회 주차장인 이 사건에서 A가 사고차량의 운행 중 B에게 상해를 입히고도 구호조치 없이 도주한 행위에 대하여 특정범죄가중처벌 등에 관한 법률 제5조의3 제1항이 적용되므로, A의 주장은 타당하지 않습니다.

■ **교통사고 피해자의 상해가 경미하여 구호조치 않은 경우 뺑소니로 문제되는지요?**

Q. 甲은 신호를 대기하면서 정차중인 乙의 승용차의 뒷부분을 충격 하였으나, 乙의 승용차에는 가볍게 흠집만 난 상태이고, 乙에게 아픈 곳이 있는지 물었으나 아픈 곳이 없다고 하여 별일이 없는 것으로 알고 연락처도 알려주지 않고 현장을 떠났습니다. 그 후 乙은 허리부분에 통증이 있어 전치 1주의 상해가 발생하였다고 하면서 뺑소니로 문제삼겠다고 합니다. 그런데 乙의 허리통증은 특별한 치료를 요하지 않고 시일이 경과되면 나을 수 있는 경우라고 하는바, 이 경우에도 甲이 뺑소니로 문제되는지요?

A. 「도로교통법」 제54조 제1항은 "차의 교통으로 인하여 사람을 사상하거나 물건을 손괴한 때에는 그 차의 운전자 그 밖의 승무원은 곧 정차하여 사상자를 구호하는 등 필요한 조치를 하여야 한다."라고 규정하고 있으며, 도주차량운전자의 가중처벌에 관하여 「특정범죄가중처벌 등에 관한 법률」 제5조의3 제1항은 "「도로교통법」 제2조에 규정된 자동차·원동기장치자전거의 교통으로 인하여 「형법」 제268조의 죄를 범한 해당 차량의 운전자(이하 "사고운전자"라 한다)가 피해자를 구호(救護)하는 등 「도로교통법」 제54조 제1항에 따른 조치를 하지 아니하고 도주한 경우에는 다음 각 호의 구분에 따라 가중처벌한다.

1. 피해자를 사망에 이르게 하고 도주하거나, 도주 후에 피해자가 사망한 경우에는 무기 또는 5년 이상의 징역에 처한다.

2. 피해자를 상해에 이르게 한 경우에는 1년 이상의 유기징역 또는 500만원 이상 3천만원 이하의 벌금에 처한다."라고 규정하고 있습니다.

그런데 「특정범죄가중처벌 등에 관한 법률」 제5조의3 제1항 소정의 도주운전죄가 성립하기 위한 상해의 정도에 관하여 판례는 "특정범죄가중처벌등에관한법률 제5조의3 제1항이 정하는 '피해자를 구호하는 등 도로교통법 제50조 제1항(현행 도로교통법 제54조 제1항)에 의한 조치를 취하지 아니하고 도주한 때'라고 함은 사고운전자가 사고로 인하여 피해자가 사상을 당한 사실을 인식하였음에도 불구하고, 피해자를 구호하는 등 도로교통법 제50조 제1항(현행 도로교통법 제54조 제1항)에 규정된 의무를 이행하기 이전에 사고현장을 이탈하여 사고를 낸 자가 누구인지 확정할 수 없는 상태를 초래하는 경우를 말하는 것이므로, 위 도주운전죄가 성립하려면 피해자에게 사상의 결과가 발생하여야 하고, 생명·신체에 대한 단순한 위험에 그치거나 형법 제257조 제1항에 규정된 '상해'로 평가될 수 없을 정도의 극히 하찮은 상처로서 굳이 치료할 필요가 없는 것이어서 그로 인하여 건강상태를 침해하였다고 보기 어려운 경우에는 위 죄가 성립하지 않는다."라고 하였으며(대법원 1997. 12. 12. 선고 97도2396 판결, 2002. 10. 22. 선고 2002도4452 판결, 2003. 4. 25. 선고 2002도6903 판결), 교통사고로 인하여 피해자가 입은 요추부 통증이 굳이 치료할 필요가 없이 자연적으로 치유될 수 있는 것으로서 '상해'에 해당한다고 볼 수 없다는 이유로 특정범죄가중처벌등에관한법률 제5조의3 제1항 소정의 도주운전죄의 성립을 부정한 사례가 있습니다(대법원 2000. 2. 25. 선고 99도3910 판결, 2008. 10. 9. 선고 2008도3078 판결).

따라서 위 사안의 경우에도 甲에게 도주운전죄의 책임을 묻기는 어려울 것으로 보입니다.

■ 문을 열다가 자전거의 핸들을 충격하여 운전자에게 상해를 입히고도 구호조치 없이 현장에서 이탈한 경우 도주한 것으로 되어 가중처벌을 받아야 하는지요?

Q. 甲이 도로변에 자동차를 주차한 후 하차하기 위하여 운전석 문을 열다가 마침 후방에서 진행하여 오던 乙 운전 자전거의 핸들 부분을 위 운전석 문으로 충격하고, 그로 인하여 넘어진 乙은 상해를 입었습니다. 그럼에도 불구하고 甲은 아무런 구호조치 없이 현장에서 이탈하였습니다. 이 경우 甲은 도주한 것으로 되어 가중처벌을 받아야 하는지요?

A. 자동차의 교통으로 인하여 사람을 사상하거나 물건을 손괴하는 교통사고를 낸 경우 운전자는 즉시 정차하여 피해자를 구호하는 등의 필요한 조치를 취할 의무가 있고 만일 이러한 조치를 취하지 아니하고 도주한 때에는 특정범죄가중처벌 등에 관한 법률 제5조의3 제1항에 의하여 가중 처벌되게 됩니다. 여기서 "교통"이란 자동차의 운전뿐만 아니라 운전자가 차를 주·정차하여 시동을 끄고 사이드 브레이크를 채운 후 내려 문을 잠그는 일련의 과정도 포함합니다.

특정범죄가중처벌 등에 관한 법률 제5조의3 제1항에서 정하는 도주차량 운전자에 대한 가중처벌 규정의 입법 취지와 보호법익에 관하여 판례는 "자신의 과실로 교통사고를 야기한 운전자가 그 사고로 사상을 당한 피해자를 구호하는 등의 조치를 취하지 아니하고 도주하는 행위에 강한 윤리적 비난가능성이 있음을 감안하여 이를 가중처벌 함으로써 교통의 안전이라는 공공의 이익의 보호뿐만 아니라 교통사고로 사상을 당한 피해자의 생명·신체의 안전이라는 개인적 법익을 보호하고자 함에도 그 입법 취지와 보호법익이 있다."라고 하였습니다(대법원 2003. 4. 25. 선고 2002도6903판결, 대법원 2004. 8. 30. 선고 2004도3600판결 참조).

따라서 甲이 도로변에 자동차를 주차한 후 운전석 문을 여는 행위는 '자동차의 교통'에 해당하고, 이로 인해 후방에서 진행하여 오던 乙의

자전거의 핸들 부분을 충격하여 乙에게 상해를 입힌 것은 교통사고에 해당함에도 불구하고, 甲은 아무런 구호조치 없이 현장에서 이탈하였으므로, 특정범죄가중처벌 등에 관한 법률 제5조의3 제1항의 '도주차량 운전자'에 해당하고, 가중처벌을 받게 됩니다.

■ 피해자의 상해를 인식하고도 구호조치를 취하지 않은 채 사고현장을 이탈하면서 피해자에게 자신의 신원을 확인할 수 있는 자료를 제공하여 준 경우 어떤 처벌을 받게 되나요?

Q. 甲은 야간에 앞차와의 안전거리를 충분히 확보하지 않은 채 전방주시의무를 게을리 한 과실로 甲의 차량 앞범퍼 부분으로 乙의 차량 뒷범퍼 부분을 추돌하여 乙로 하여금 약 10주간의 치료를 요하는 상해를 입게 하였습니다. 甲은 즉시 정차하여 피해차량으로 가서 피해자에게 다쳤는지를 묻고 명함을 건네주었고, 사고현장에 있던 택시기사인 A와 乙을 택시에 옮겨 태웠습니다. 甲은 A에게 근처 병원으로 乙을 이송하여 달라고 하였으나, 乙은 경찰이 오기 전에는 가지 않겠다고 하면서 경찰서에 신고하였습니다. 甲은 이 사건 교통사고 후 15분 가량 사고현장에 머물렀으나 경찰관이 도착하였을 때에는 사고현장을 이미 이탈하였습니다. 甲은 즉시 정차하여 명함을 건네주었고, 택시기사인 A에게 부탁하여 乙을 병원으로 이송했으므로, 도주가 아니라고 주장합니다. 甲의 주장이 타당한가요?

A. 특정범죄가중처벌 등에 관한 법률 제5조의3 제1항의 '피해자를 구호하는 등 도로교통법 제54조 제1항의 규정에 의한 조치를 취하지 아니하고 도주한 때'라 함은 사고 운전자가 사고로 인하여 피해자가 사상을 당한 사실을 인식하였음에도 불구하고 피해자를 구호하는 등 도로교통법 제54조 제1항에 규정된 의무를 이행하기 이전에 사고현장을 이탈하여 사고를 낸 자가 누구인지 확정될 수 없는 상태를 초래하는 경우를 말합니다(대법원 2002. 1. 11. 선고 2001도5369 판결 참조).

사고 운전자가 사고로 인하여 피해자가 사상을 당한 사실을 인식하였음에도 불구하고 피해자를 구호하는 등 도로교통법 제54조 제1항에 규정된 의무를 이행하기 이전에 사고현장을 이탈하였다면, 사고 운전자가 사고현장을 이탈하기 전에 피해자에 대하여 자신의 신원을 확인할 수 있는 자료를 제공하여 주었다고 하더라도, '피해자를 구호하는 등 도로교통법 제54조 제1항의 규정에 의한 조치를 취하지 아니하고 도주한 때'에 해당합니다(대법원 1996. 4. 9. 선고 96도252 판결 참조).

따라서 乙의 병원이송 및 경찰관의 사고현장 도착 이전에 사고 운전자인 甲이 사고현장을 이탈하였다면, 비록 그 후 乙이 택시를 타고 병원에 이송되어 치료를 받았다고 하더라도 甲은 피해자에 대한 적절한 구호조치를 취하지 않은 채 사고현장을 이탈하였다고 할 것이어서 위 판례들에 비추어 도주한 때에 해당할 것이므로 甲의 주장은 타당하지 않습니다.

■ 사고운전자에게 구호조치의무가 인정되지 않는 경우 '도주한 때'에 해당하는 지요?

Q. 버스운전기사인 甲이 승객추락방지의무를 위반하여 뒷문이 열린 상태에서 시내버스를 출발시킨 과실로 시내버스에서 내리고 있던 乙로 하여금 몸의 균형을 잃고 땅바닥에 넘어지게 하여 약 2주간의 치료를 요하는 우측발목 염좌 등의 상해를 입게 하였습니다. 그럼에도 불구하고 甲은 즉시 정차하여 피해자를 구호하는 등 필요한 조치를 취하지 아니하고 그대로 버스를 운행하여 사고현장을 이탈하였습니다. 이 사건 사고 당시 외관상 확인할 수 있는 출혈, 멍, 부종 등의 외상이 없었고, 대학병원 정형외과에서 방사선사진촬영 등의 진단을 받았으나 외상이 전혀 발견되지 않자 그대로 퇴원하고 더 이상의 치료를 받지 않았으며, 특별한 치료를 받지 않았음에도 불구하고 별다른 후유증 없이 완쾌하였지만, 甲의 위 행위는 '사고 후 구호조치를 취하지 아니하고 도주한 때'에 해당하는 것인 아닌지 궁금합니다.

A. 특정범죄가중처벌 등에 관한 법률 제5조의3 제1항은 "자동차의 교통

으로 인하여 업무상과실치상죄를 범한 사고운전자가 피해자를 구호하는 등 도로교통법 제54조 제1항에 따른 조치를 하지 아니하고 도주한 경우에는 가중처벌한다."고 규정하고 있습니다. 즉, 도주차량죄가 성립하기 위해서는 ① 자동차의 교통으로 인하여 업무상과실치상죄를 범하였을 것, ② 도로교통법 제54조 제1항에 따른 구호조치의무가 발생했을 것, ③ 위 조치의무를 이행하지 않고 도주하였을 것이 요구됩니다. 만일 업무상과실치상죄가 성립하였더라도, 구호조치의무가 발생하지 않는다면 도주차량죄는 성립하지 않습니다. 이 사건의 경우 甲에게 구호조치의무가 발생했는지 여부가 문제됩니다.

판례도 도주차량죄의 구성요건 중 '구호조치의무 발생'에 관하여 "특정범죄가중처벌 등에 관한 법률 제5조의3 제1항의 도주차량 운전자의 가중처벌에 관한 규정은, 교통의 안전이라는 공공의 이익을 보호함과 아울러 교통사고로 사상을 당한 피해자의 생명·신체의 안전이라는 개인적 법익을 보호하기 위하여 제정된 것이므로, 그 입법 취지와 보호법익에 비추어 볼 때, 사고의 경위와 내용, 피해자의 상해의 부위와 정도, 사고 운전자의 과실 정도, 사고 운전자와 피해자의 나이와 성별, 사고 후의 정황 등을 종합적으로 고려하여 사고 운전자가 실제로 피해자를 구호하는 등 도로교통법 제54조 제1항에 의한 조치를 취할 필요가 있었다고 인정되지 아니하는 경우에는 사고 운전자가 피해자를 구호하는 등 도로교통법 제54조 제1항에 규정된 의무를 이행하기 이전에 사고현장을 이탈하였더라도 특정범죄가중처벌 등에 관한 법률 제5조의3 제1항 위반죄로는 처벌할 수 없다."라고 하여 '구호조치의무'가 발생하지 않았다면 구호조치를 하지 않고 사고현장을 이탈하였더라도 도주차량죄가 성립하지 않는다고 판결하였습니다(대법원 2002. 6. 28. 선고 2002도2001 판결 참조).

따라서 이 사건 사고로 인한 乙의 상해 부위와 정도, 특히 이 사건 사고 당시 피해자에게는 외관상 확인할 수 있는 출혈, 멍, 부종 등의 외상이 없었고, 乙의 상해는 특별한 치료를 받지 않았음에도 불구하고 별다른 후유증 없이 완쾌된 점과 이 사건 사고 후 치료와 관련된

乙의 태도 등에 비추어 보면, 乙이 이 사건 사고로 인하여 甲으로부터 구호를 받아야 할 필요성이 있었다고 보기 어렵습니다. 그렇다면 甲을 도주차량죄로 처벌할 수 없을 것으로 보입니다.

■ 특정범죄가중처벌 등에 관한 법률 제5조의3의 치상 후 도주죄에서 '구호조치 필요성' 유무의 판단 방법

Q. 교통사고 피해자가 2주간의 치료를 요하는 경추부 염좌 등의 경미한 상해를 입은 경우에도 특정범죄가중처벌 등에 관한 법률 제5조의3 '치상 후 도주죄'가 성립하는지요?

A. 특정범죄가중처벌 등에 관한 법률 제5조의3 소정의 치상 후 도주의 죄는 자동차 등의 교통으로 인하여 형법 제268조의 죄를 범한 운전자가 피해자를 구호하는 등의 조치를 취하지 아니하고 사고현장을 이탈하여 사고를 낸 자가 누구인지를 확정할 수 없는 상태를 초래함으로써 성립되는 것인바, 피해자를 구호할 필요가 있었는지 여부는 사고의 경위와 내용, 피해자의 나이와 그 상해의 부위 및 정도, 사고 뒤의 정황 등을 종합적으로 고려하여 판단하여야 합니다.

따라서 사고로 인하여 피해자들 3명은 모두 각 2주간의 치료를 요하는 경추부 염좌 등의 상해를 입어 물리치료를 받은 후 주사를 맞고 1~3일간 약을 복용하는 등 치료를 받은 경우, 그 피해자들의 부상이 심하지 아니하여 직장에서 일과를 마친 다음에 병원으로 갔다거나 피해자들이 그다지 많은 치료를 받지 아니하였다는 등의 사정만으로는 이 사건 사고 당시 구호의 필요가 없었다고 단정할 수 없고, 이러한 상황에서 피고인이 차에서 내리지도 않고 피해자들의 상태를 확인하지도 않은 채 인적사항을 알려주는 등의 조치도 취하지 않고 그냥 차량을 운전하여 갔다면 피고인의 행위는 위에서 본 치상 후 도주죄의 구성요건에 해당하는 것으로 보아야 할 것입니다(대법원 2008. 7. 10. 선고 2008도1339 판결).

3. 도주시 가중처벌

3-1. 도주차량 운전자의 가중처벌

① 「도로교통법」 제2조의 자동차, 원동기장치자전거 또는 「건설기계관리법」 제26조제1항 단서에 따른 건설기계 외의 건설기계의 교통으로 인하여 업무상과실·중과실 치사상의 죄(「형법」 제268조)를 범한 자동차 등의 운전자(이하 '사고운전자'라 함)가 피해자를 구호(救護)하는 등 「도로교통법」 제54조제1항에 따른 조치를 하지 않고 도주한 경우에는 다음 구분에 따라 가중처벌 됩니다(「특정범죄 가중처벌 등에 관한 법률」 제5조의3).

위반행위	피해자의 상태	처벌
단순도주	사망	무기 또는 5년 이상의 징역
	부상	1년 이상의 유기징역 또는 500만원 이상 3천만원 이하의 벌금
피해자를 사고 장소에서 옮겨 유기하고 도주	사망	사형, 무기 또는 5년 이상의 징역
	부상	3년 이상의 유기징역

3-2. 도주의 의미

① 「특정범죄 가중처벌등에관한법률」 제5조의3제1항 소정의 '피해자를 구호하는 등 「도로교통법」 제50조제1항의 규정에 의한 조치를 취하지 않고 도주한 때'라 함은, 사고 운전자가 사고로 인하여 피해자가 사상을 당한 사실을 인식하였음에도 불구하고 피해자를 구호하는 등 도로교통법 제50조 제1항에 규정된 의무를 이행하기 이전에 사고현장을 이탈하여 사고를 낸 자가 누구인지 확정될 수 없는 상태를 초래하는 경우라고 법원은 판단하고 있습니다(대법원 2004. 3.12. 선고 2004도250 판결).

② '피해자를 구호하는 등 「도로교통법」 제54조 제1항에 따른 조치를 취하지 않고 도주한 때'의 판단

법원은 "피해자를 구호하는 등 도로교통법 제54조 제1항에 의한 조치를 취하지 아니하고 도주한 때"라고 함은, 사고운전자가 사고로 인하여 피해자가 사상을 당한 사실을 인식하였음에도 불구하고, 피해자를 구호하는 등 도로교통법 제54조 제1항에 규정된 의무를 이행하기 이전에 사고현장을 이탈하여 사고를 낸 자가 누구인지 확정할 수 없는 상태를 초래하는 경우를 말하는 것이라고 판단하고 있습니다(대법원 2010.4.29. 선고, 2010도1920 판결).

3-3. 도주를 긍정한 사례

① 피해자에 대하여 자신의 신원을 확인할 수 있는 자료를 제공하여 주었다고 하더라도 피해자 구호의무를 이행하기 이전에 사고현장을 이탈하면 도주를 인정한 사례(대법원 2011.3.10. 선고, 2010도16027 판결)

② 사고발생시 피해자와 직접 대화함으로써 피해자에게 통증 진술의 기회를 부여하든지 아니면 적어도 피고인이 정차하여 피해자의 상태를 눈으로 확인하지 않고 구호여부를 판단하여 도주를 인정한 사례(대법원 2007. 5. 10. 선고 2007도2085 판결, 대법원 2010.10.14 선고, 2010도1330 판결 참조)

③ 도로변에 자동차를 주차한 후 운전석 문을 열다가 후방에서 진행하여 오던 자전거의 핸들 부분을 충격하여 운전자에게 상해를 입히고도 아무런 구호조치 없이 현장에서 이탈한 경우 '도주차량 운전자'에 해당한다고 판단한 사례(대법원 2010.4.29 선고, 2010도1920 판결)

3-4. 도주를 부정한 사례

① 사고 후 전화통화를 위해 10여분 동안 사고현장을 떠났다 돌아온

경우 도주의사를 부정한 사례(대법원 2012.7.12, 선고, 2012도1474 판결)

② 교통사고 운전자를 동승자로 허위 신고한 경우라도 사고장소를 이탈하지 않고 사고접수를 하고, 이틀 후 자수한 점등에 비추어 도주에 해당하지 않는다고 한 사례(대법원 2007.10.11 선고, 2007도1738 판결, 대법원 2009.6.11, 선고, 2008도8627 판결)

③ 피해자의 상해가 경미한 경우 도주죄를 부정한 사례(대법원 2000. 2. 25. 선고 99도3910 판결, 대법원 2008.10.9, 선고, 2008도3078 판결 등 참조)

④ 사고 후 피해 변상액을 합의하다가 합의에 이르지 못해 사고현장을 이탈하여도 피해자들에 대한 치료 내용과 경과 등을 보아 구호하는 등의 조치가 필요 없는 경우에는 도주죄를 부정한 사례(대법원 2007.3.29, 선고, 2006도7656 판결)

3-5. 상담사례

■ **신원 불상의 도주차량에 교통사고를 당한 피해자는 어떤 방법으로 구제받을 수 있나요?**

> Q. 저의 부친은 며칠 전 마을 앞 도로에서 번호를 알 수 없는 승용차에 치어 사망하였습니다. 저는 농사만 짓고 살아왔고, 법에 대해서는 아무것도 모르고 있었기 때문에 의사로부터 사망확인서를 받거나, 경찰에 신고하는 등의 절차를 취하지도 아니한 채 이장과 마을주민들의 보증 하에 곧바로 사망신고를 하고 장례를 마쳤습니다. 장례를 마친 후 주위사람들로부터 들으니 이와 같이 가해자를 알 수 없는 차량에 치어 사망한 경우에도 국가에서 피해보상을 해준다고 하는데 사실인지, 사실이라면 보상금을 어디에 어떻게 청구해야 하는지요?
>
> A. 「자동차손해배상 보장법」 제30조 제1항 제1호에서 정부는 자동차보유자를 알 수 없는 자동차의 운행으로 사망하거나 부상한 경우에는

피해자의 청구에 따라 책임보험의 보험금의 한도에서 그가 입은 피해를 보상한다고 규정하고 있으므로, 이를 근거로 피해보상금을 청구할 수 있다고 하겠습니다.

같은 법 시행령 제3조 제1항에 의한 책임보험금 한도를 보면 ①사망한 경우에는 최고 1억 5천만원의 범위에서 피해자에게 발생한 손해액. 다만, 그 손해액이 2천만원 미만인 경우에는 2천만원, ②부상의 경우에는 최고 3,000만원에서 최저 50만원(같은 법 시행령 [별표1] 상해의 구분과 책임보험금의 한도금액(제3조 제1항 제2호 관련)} ③후유장해가 생긴 경우에는 최고 1억원 5천만원에서 최저 1천만원(같은 법 시행령 [별표2] 후유장애의 구분과 책임보험금의 한도금액(제3조 제1항 제3호 관련)}으로 정하고 있습니다.

그리고 피해자가 「자동차손해배상 보장법」에 근거하여 보상을 청구하는 때에는 ①소정양식의 청구서, ②진단서 또는 사망진단서(사체검안서), ③사망으로 인한 청구에 있어서는 청구인과 사망한 자와의 관계를 알 수 있는 증빙서류{제적등본(2008. 1. 1. 이전에 사망한 자의 경우), 가족관계등록부에 따른 각종 증명서, 주민등록등·초본 등}, ④사고발생의 일시장소 및 그 개요를 증빙할 수 있는 서류(관할 경찰서장 발행의 보유자불명 교통사고사실확인원 등), ⑤피해자 본인 또는 보상금청구(수령)자의 인감증명서, ⑥그 외 국토해양부장관이 정하는 증빙서류(자동차손해배상보장사업에 의한 손해보상금지급청구권 양도증 및 위임장, 면책사고로 판명되면 수령한 손해보상금을 반환한다는 손해보상금수령자의 각서, 무보험자동차사고의 경우 보유자의 자인서, 치료비영수증 및 명세서, 향후치료비추정서 등) 등을 현재 위 보상에 관한 업무를 위탁받은 보장사업시행 보험회사(삼성화재, 동부화재 등 국내 손해보험회사 중 한 곳)에 제출하면 됩니다.

그런데 귀하의 경우에는 부친의 사망 직후 장례를 치루었기 때문에 의사의 사망확인서와 경찰에서 발급하는 교통사고사실확인원을 발급받지 못하여 보험회사에서 그 보상금의 지급을 거부한다면 귀하로서는 소송을 통하여 구제받는 방법 밖에 없습니다. 소송을 통하여 피해보상금의 지급을 청구하는 방법과 관련하여, 실무상 「자동차손해배상 보장법」 제45조에 따라 자동차손해배상보상사업에 관한 업무를 위탁받은 보험회사 등 또는 보험관련단체를 상대로 민사소송을 제기하여 다투는 것이 통례인 것 같습니다(대법원 2003. 7. 25. 선고 2002다2454 판결, 2009. 3.26. 선고 2008다93964 판결). 물론 어느 쪽을 선택하든 간에 귀하의 부친이 가해자의 신원을 알 수 없는 차량에 의해 사고를 당하여 사망하였다는 사실을 입증할 수 있는 증인이 확보되어야 하겠습니다.

참고로 보유자를 알 수 없는 뺑소니사고나 무보험자동차사고의 경우 구 자동차손해배상 보장법(2008. 3. 28. 법률 제9065호로 전문 개정되기 전의 것) 제26조 제1항에 의하여 지급하는 피해보상은 실손해액을 기준으로 배상하는 책임보험과는 달리 책임보험의 보험금 한도액 내에서 책임보험의 약관이 정하는 보험금 지급기준에 의한 금액만을 지급하여야 한다고 하였으며(대법원 2009. 3. 26. 선고 2008다93964 판결), 위의 자동차손해배상보장사업에 의한 보상금의 청구권은 3년간 행사하지 않으면 시효로 소멸한다고 규정되어 있습니다(같은 법 제41조).

■ 교통사고 후 구호의무를 위반하고 도주한 경우, 가중처벌되나요?

Q. 저는 약간의 술을 마시고 도로를 주행하던 중 무단횡단 하던 피해자를 발견하지 못하여 중상을 입히는 사고를 냈습니다. 그런데 저는 일단 그 자리를 피한 후 술이 깨고 나면 사고신고를 하려고 그 현장을 떠나있던 중 검거되었습니다. 사고발생 다음날 피해자측과 모든 합의를 하였으나 경찰에서는 구속한다고 하는데, 어떻게 하면 되는지요?

A. 귀하의 경우 음주운전에 의한 교통사고를 낸 행위에 대하여는 피해자와의 합의여부 등에 관계없이 「교통사고처리특례법」 제3조 제2항 단서 제8호에 의하여 당연히 처벌대상이 된다고 하겠습니다.

그런데 문제는 귀하의 행위가 「특정범죄가중처벌 등에 관한 법률」상 교통사고를 낸 후 구호조치의무를 위반하고 도주한 행위에 해당하여 가중처벌의 대상이 되는가 하는 것입니다.

즉, 위 법 제5조의3은 "「도로교통법」 제2조에 규정된 자동차·원동기장치자전거의 교통으로 인하여 「형법」 제268조의 죄를 범한 해당 차량의 운전자(이하 "사고운전자"라 한다)가 피해자를 구호(救護)하는 등 「도로교통법」 제54조제1항에 따른 조치를 하지 아니하고 도주한 경우에는 다음 각 호의 구분에 따라 가중처벌한다."라고 규정하고 있습니다.

이와 관련하여 판례는 "특정범죄가중처벌등에관한법률 제5조의3 제1항 소정의 '피해자를 구호하는 등 도로교통법 제50조 제1항(현행 도로교통법 제54조 제1항)의 규정에 의한 조치를 취하지 아니하고 도주한 때'라 함은 사고운전자가 사고로 인하여 피해자가 사상을 당한 사실을 인식하였음에도 불구하고 피해자를 구호하는 등 도로교통법 제50조 제1항(현행 도로교통법 제54조 제1항)에 규정된 의무를 이행하기 이전에 사고현장을 이탈하여 사고를 낸 자가 누구인지 확정될 수 없는 상태를 초래하는 경우를 말한다."라고 하였습니다(대법원 2000. 3. 28. 선고 99도5023 판결, 2002. 11. 26. 선고 2002도4986 판결, 2010. 10. 14. 선고 2010도1330 판결).

따라서 운전자가 운전 중 사람을 다치게 하거나 죽게 한 때에는 즉시 차를 멈추어 사상자를 구호하는 등 필요한 조치를 취하여야 하는데, 이를 위반하여 연락처도 알리지 않고 사고현장을 떠난 이상 비록 사후조치를 취할 마음을 갖고 떠났다 하더라도 구호 등 조치의무 위반의 책임이 있다 하겠습니다.

특히 귀하의 경우는 교통사고가 발생하고 사고발생으로 사람이 충격당하여 도로상에 쓰러져 즉시 구호조치를 취하지 않으면 심각한 결과가 초래될지도 모른다는 인식이 있었음에도 불구하고 귀하의 음주사실을 숨기기 위하여 사고장소를 임의로 떠난 것으로 보여지므로, 피해자와의 합의사실 여부와 관계없이 위 규정상의 도주행위에 해당되어 가중처벌을 받아야 할 것으로 판단됩니다.

참고로 사고 후 현장을 이탈한 것이 다시 음주를 함으로써 음주운전사실을 은폐하기 위한 것이라는 경우 판례는 "특정범죄가중처벌등에관한 법률 제5조의3 제1항 소정의 '피해자를 구호하는 등 도로교통법 제50조 제1항(현행 도로교통법 제54조 제1항)의 규정에 의한 조치를 취하지 아니하고 도주한 때'라 함은 사고 운전자가 사고로 인하여 피해자가 사상을 당한 사실을 인식하였음에도 불구하고 피해자를 구호하는 등 도로교통법 제50조 제1항(현행 도로교통법 제54조 제1항)에 규정된 의무를 이행하기 이전에 사고현장을 이탈하여 사고를 낸 자가 누구인지 확정될 수 없는 상태를 초래하는 경우를 말하는 것이고, 여기에서 말하는 사고로 인하여 피해자가 사상을 당한 사실에 대한 인식의 정도는 반드시 확정적임을 요하지 아니하고 미필적으로라도 인식하면 족한 것이고, 사고 후 현장을 이탈한 것이 다시 음주를 함으로써 음주운전사실을 은폐하기 위한 것이라는 등의 이유로 도주의 범의를 인정하지 아니한 원심판결은 제반 사정에 비추어 도주차량에 관한 법리를 오해하거나 채증법칙을 위배한 위법이 있다."라는 이유로 파기한 사례가 있습니다(대법원 2001. 1. 5. 선고 2000도2563 판결).

■ 교통사고 후 처에게 뒤처리를 부탁하고 현장 이탈한 경우에 뺑소니로 가중처벌되나요?

Q. A는 자신의 승용차를 운전하던 중 운전부주의로 B의 차량을 추돌하여 인적·물적 피해를 입혔습니다. A는 사고 직후 동승한 그의 처 C에게 사고처리를 부탁한 후 자신은 사고현장을 이탈하였으며 C가 해자의 구호조치 및 사고처리를 하였습니다. 이 경우 A는 도주한 것으로 되어 가중처벌을 받아야 하는지요?

A. 흔히 '뺑소니'라고 속칭되는 도주죄를 규율하는 「특정범죄가중처벌등에 관한 법률」 제5조의3 제1항은 「도로교통법」 제2조에 규정된 자동차·원동기장치자전거의 교통으로 인하여 「형법」 제268조의 죄를 범한 해당 차량의 운전자(이하 "사고운전자"라 한다)가 피해자를 구호

(救護)하는 등 「도로교통법」 제54조제1항에 따른 조치를 하지 아니하고 도주한 경우에는 가중처벌한다."라고 규정하고 있고, 「도로교통법」 제54조 제1항은 "차의 운전 등 교통으로 인하여 사람을 사상(死傷)하거나 물건을 손괴(이하 "교통사고"라 한다)한 경우에는 그 차의 운전자나 그 밖의 승무원(이하 "운전자등"이라 한다)은 즉시 정차하여 사상자를 구호하는 등 필요한 조치를 하여야 한다."라고 규정하고 있습니다.

그런데 위 사안에서는 甲이 위와 같은 구호조치를 하지 않고 사고현장을 이탈하였으며 그의 처(妻)인 丙에게 부탁하여 丙이 피해자의 구호조치 및 사고처리를 하였으므로, 이러한 경우에도 위 규정에 위반한 것으로서 도주차량운전자로서 가중처벌이 되는지 여부가 문제된다 하겠습니다.

이에 관하여 판례는 "교통사고 시 피고인이 피해자와 사고여부에 관하여 언쟁하다가 동승했던 아내에게 '네가 알아서 처리해라.'라고 하며 현장을 이탈하고 그의 아내가 사후처리를 한 경우 피고인이 피해자를 구호하지 아니하고 사고현장을 이탈하여 사고야기자로서 확정될 수 없는 상태를 초래한 경우에 해당하지 않는다."라고 하였습니다(대법원 1997.1.21. 선고 96도2843 판결).

따라서 A가 무상과실치상죄 등으로 처벌되는 것은 별론으로 하고 「특정범죄가중처벌 등에 관한 법률」상의 도주차량운전자의 가중처벌 규정에는 해당되지 않을 것으로 보입니다.

■ 아파트 단지 내의 통행로에서 교통사고로 인해 3세의 어린이가 상해를 입었음을 보았음에도 보호조치 없이 현장을 이탈한 경우에 도주차량죄가 성립하나요?

Q. A는 아파트 단지 내에서 운전하던 중 갑자기 세발자전거를 탄 B(3세)가 모퉁이를 돌아 나오자 급히 정차하였음에도 B를 부딪혔습니다. A는 사고 발생 즉시 차에서 내려 넘어진 B와 자전거를 일으켜

세우면서 다친 곳이 없는지를 확인하였더니 B의 무릎에 조그만 찰과상을 입었습니다. B는 툭툭 털면서 주차장으로 정상적으로 걸어갔으며, 피고인은 이를 확인한 후 현장을 이탈하였습니다. 이후 경찰은 A에게 도주차량죄로 출석을 요구하였습니다. 그러나 아파트 단지 내에 있었던 사고였으니 도로교통법이 정하는 도로라고 볼 수 없고, A가 괜찮은지 확인한 것으로 구호조치를 취했다고 볼 수는 없는지요?

A. 먼저 아파트 단지 내의 도로가 도로교통법에 정하는 도로에 해당하는지에 관하여 살펴보겠습니다. 도로교통법 제2조 제1호는 '도로'의 정의로 "도로법, 유료도로법, 농어촌 도로정비법에 따른 각 도로 및 그 밖에 현실적으로 불특정 다수의 사람 또는 차마가 통행할 수 있도록 공개된 장소로서 안전하고 원활한 교통을 확보할 필요가 있는 장소"를 규정하고 있습니다.

사안의 경우 아파트 단지 내의 도로가 "그 밖에 현실적으로 불특정 다수의 사람 또는 차마가 통행할 수 있도록 공개된 장소"에 해당하는지가 문제됩니다. 이와 유사한 사건에 관하여 판례는 "아파트 단지가 상당히 넓은 구역으로서 비록 여러 곳에 경비실이 설치되어 있고 경비원들이 아파트 주민 이외의 차량에 스티커를 발부해 왔다 하더라도 이는 주민들의 차량으로 하여금 우선 주차할 수 있도록 하기 위한 주차공간확보 차원에서 이루어진 것으로 보일 뿐이고, 그것만으로 아파트 단지 내의 통행로가 특정인들 또는 그들과 관련된 특별한 용건이 있는 자들만이 사용할 수 있는 장소로서 자주적으로 관리되는 장소라고 볼 수는 없고, 현실적으로 볼 때 불특정 다수의 사람이나 차량의 통행을 위하여 공개된 장소라면 교통질서유지 등을 목적으로 하는 일반교통경찰권이 미치는 공공성이 있는 곳으로 도로교통법 제2조 제1호 소정의 '도로'에 해당한다."라고 하였습니다(대법원 2001. 7. 13. 선고 2000두6909 판결 참조).

따라서 이 사건 사고가 발생한 아파트 단지의 도로에 진입하기 위하여 아파트 주민 또는 그와 관련된 사람임을 증명해야 하는 등의 특별한 사정이 없는 한 이 사건 아파트 단지의 도로는 현실적으로 불특정 다수의 사람이나 차량의 통행을 위하여 공개된 장소로서 도로교통법이 정하는 도로에 해당합니다.

A가 B를 일으켜주고 괜찮은지 확인한 행위가 도로교통법 제54조 제1항의 구호조치에 해당하는지에 관하여 살펴보겠습니다. 어린이를 상대로 한 교통사고에 있어서 사고운전자의 구호조치에 관하여 판례는 "사리분별을 할 수도 없고 아직 스스로 자기 몸의 상처가 어느 정도인지 충분히 파악하기도 어려운 나이 어린 피해자가 피고인 운전의 승용차에 부딪쳐 땅에 넘어진 이상, 피고인으로서는 의당 피해자를 병원으로 데려가서 눈에 보이는 상처는 물론, 있을지도 모르는 다른 상처 등에 대한 진단 및 치료를 받게 하여야 할 것이며, 또 어린 피해자가 울고 있으며 무릎에 위와 같은 상처가 난 것을 보았음에도 불구하고 아무런 보호조치도 없는 상태에서 현장을 이탈하였다면 사고의 야기자가 누구인지를 쉽게 알 수 없도록 하였다 할 것이므로, 피고인의 이와 같은 행위는 특정범죄가중처벌 등에 관한 법률 제5조의3 제1항 제2호에 해당한다고 할 것이다."라고 하였습니다(대법원 1996. 8. 20. 선고 96도1461 판결 참조).

따라서 B가 툭툭 털면서 주차장으로 정상적으로 걸어갔다고 하더라도, A가 B의 무릎에 조그만 찰과상을 입었음을 확인하였다면 B를 병원으로 데려다 눈에 보이는 상처뿐만 아니라 있을지도 모르는 다른 상처 등에 대한 진단 및 치료를 받게 하여야 구호조치의무를 다했다고 볼 수 있습니다.

위 검토결과에 따르면 A의 위 행위는 특정범죄가중처벌 등에 관한 법률 제5조의3 제1항 제2호에 해당하여 도주차량죄가 성립합니다.

■ 운전자가 피해자를 구호하지 않고 도주해 버렸을 경우, 도주차량 운전자는 어떤 처벌을 받게 되나요?

Q. 교통사고가 발생했는데 사고차 운전자가 피해자를 구호하지 않고 도주해 버렸습니다. 이런 도주차량 운전자는 어떤 처벌을 받게 되나요?

A. 교통사고가 발생한 경우에는 그 차의 운전자나 그 밖의 승무원은 즉시 정차하여 사상자를 구호하는 등 필요한 조치를 해야 합니다. 교통사고 발생 시의 조치를 하지 않은 사람(주·정차된 차만 손괴한 것이 분명한 경우에 「도로교통법」 제54조제1항제2호에 따라 피해자에게 인적 사항을 제공하지 않은 사람은 제외)은 5년 이하의 징역이나 1천500만원 이하의 벌금 처벌을 받습니다. 만일 피해자가 부상 또는 사망한 경우에는 보다 가중된 처벌을 받게 됩니다.

◇ 교통사고 피해자 구호조치

① 교통사고가 발생하면 그 차의 운전자나 그 밖의 승무원은 즉시 정차하여 사상자를 구호하는 등 필요한 조치를 해야 합니다.

② '피해자를 구호하는 등 「도로교통법」 제50조제1항의 규정에 의한 조치를 취하지 않고 도주한 때'라 함은 사고 운전자가 사고로 인하여 피해자가 사상을 당한 사실을 인식하였음에도 불구하고 피해자를 구호하는 등 도로교통법 제50조 제1항에 규정된 의무를 이행하기 이전에 사고현장을 이탈하여 사고를 낸 자가 누구인지 확정될 수 없는 상태를 초래하는 경우라고 법원은 판단하고 있습니다(대법원 2004. 3.12. 선고 2004도250 판결).

③ 교통사고 발생 시의 조치를 하지 않은 사람(주·정차된 차만 손괴한 것이 분명한 경우에 「도로교통법」 제54조제1항제2호에 따라 피해자에게 인적 사항을 제공하지 않은 사람은 제외)은 5년 이하의 징역이나 1천500만원 이하의 벌금 처벌을 받습니다.

④ 교통사고 발생 시의 조치 행위를 방해한 사람은 6개월 이하의 징역이나 200만원 이하의 벌금 또는 구류에 처해집니다.

◇ 도주차량 운전자의 가중처벌

자동차·원동기장치자전거의 교통으로 인하여 업무상과실·중과실 치사상의 죄(「형법」 제268조)를 범한 차량의 운전자가 피해자를 구호(救護)하는 등 「도로교통법」 제54조제1항에 따른 조치를 하지 않고 도주한 경우에는 가중처벌 됩니다.

■ 구호조치 취함 없이 목격자인 양 행동한 때 도주운전죄가 성립되지 않는지요?

Q. 甲은 교통사고를 야기하여 피해자 乙이 출동한 경찰 순찰차에 실려 병원으로 후송되자 현장조사를 하는 경찰관에게 목격자인 것처럼 행세하다가 귀가하였으나, 그 이후 차량의 사고흔적으로 인하여 입건되었는 바, 이 경우 甲에게 도주운전죄가 성립되지 않는지요?

A. 「특정범죄가중처벌 등에 관한 법률」 제5조의3 제1항 소정의 '피해자를 구호하는 등 도로교통법 제54조 제1항의 규정에 의한 조치를 취하지 아니하고 도주한 때'의 의미에 관하여 판례는 "특정범죄가중처벌등에관한법률 제5조의3 제1항 소정의 '피해자를 구호하는 등 도로교통법 제50조 제1항(현행 도로교통법 제54조 제1항)의 규정에 의한 조치를 취하지 아니하고 도주한 때'라 함은 사고운전자가 사고로 인하여 피해자가 사상을 당한 사실을 인식하였음에도 불구하고, 피해자를 구호하는 등 도로교통법 제50조 제1항(현행 도로교통법 제54조 제1항)에 규정된 의무를 이행하기 전에 사고장소를 이탈하여 사고야기자로서 확정될 수 없는 상태를 초래하는 경우를 말한다."라고 하였습니다(대법원 2001. 1. 5. 선고 2000도2563 판결, 2002. 11. 26. 선고 2002도4986 판결, 2003. 4. 25. 선고 2002도6903 판결).

그리고 사고야기자가 사고현장에서 목격자처럼 행세한 경우에 대하여 판례는 "피고인은 교통사고를 일으킨 다음 사고현장 부근에 정차하였으나, 출동한 경찰관의 요청으로 파출소에 임의 동행하여 사고야기 여부에 관하여 추궁을 받으면서도 피고인 차량에 충격 흔적이 발견되었다는 지적을 받기까지는 사고사실을 부인하고, 사고현장에서도 피해자에 대하여 아무런 구호조치도 취하지 아니한 채 목격자인 양 행동한 사실이 인정되는바, 그렇다면 피고인이 비록 사고현장을 바로 이탈하지는 아니하였다고 하더라도, 사고야기사실 자체를 부인하면서 피해자에 대한 구호조치를 취하지 아니하고 있다가 사고현장을 떠난 이상, 특정범죄가중처벌등에관한법률 제5조의3 제1항에서 말하는

'도주'에 해당한다고 보지 않을 수 없다."라고 하였습니다(대법원 1999. 11. 12. 선고 99도3781 판결, 2003. 3. 25. 선고 2002도5748 판결).

따라서 위 사안에서 甲도 도주운전죄의 책임을 면하기 어려울 것으로 보입니다.

4. 추가 교통사고 방지를 위한 조치

4-1. 방지조치

사고직후 후속차량에 의해 추가 교통사고가 발생하지 않도록 조치를 하여야 합니다. 특히 고속도로나 자동차전용도로 등 추가사고가 대형사고로 이어질 위험성이 있는 곳에서는 후속조치가 매우 중요합니다.

4-2. 고장자동차의 표지

① 사고가 나면 본인의 안전뿐만 아니라 타인의 안전을 위하여 그 차량을 고속도로 또는 자동차전용도로가 아닌 다른 곳으로 옮겨 놓는 등의 필요한 조치를 하고, 그 자동차의 후방에서 접근하는 자동차의 운전자가 확인할 수 있는 위치에 안전삼각대를 설치해야 합니다(「도로교통법」 제66조 및 「도로교통법 시행규칙」 제40조제1항제1호·제3항).

② 밤인 경우에는 사방 500미터 지점에서 식별할 수 있는 적색의 섬광신호·전기제등 또는 불꽃신호를 해야 합니다(「도로교통법 시행규칙」 제40조제1항제2호).

③ 사고차량의 안전조치가 끝난 후에는 운전자도 자신의 안전을 위해 도로 밖으로 신속히 대피해야 합니다. 특히 고속도로에서 사고가 난 경우 언뜻 고속도로상 갓길이 안전하다고 생각할 수 있지만 실제 갓길에서도 안전사고가 많이 발생하므로 반드시 도로 밖의 안전지대로 대피해야 합니다.

5. 사고현장 보존 및 목격자, 진술서 확보

① 신호위반, 횡단보도 사고 등은 목격자의 진술에 의해 사고내용이 뒤바뀌는 경우가 많아 목격자의 확보가 가장 중요합니다.

② 사고당시 과실을 인정하는 가해자라도 추후 진술을 번복하거나 유리하게 진술하는 경우가 많습니다. 그러므로 주장을 번복하지 못하도록 상대방의 확인서를 받아두는 것이 좋습니다.

③ 음주운전 가해자의 경우 현장에서 합의키로 한 후 시간이 지나면 음주사실을 부인하는 경우도 있습니다. 음주의 경우 음주수치를 측정하거나 혈액을 채취해 놓지 않으면 그 입증이 어려우므로 경찰서에 신고하는 경우가 아니라면 가해자의 음주량, 음주시간, 음주를 시인하는 확인서를 받는 것이 좋습니다.

④ 또한, 가해자의 신원과 가해차량 및 보험가입 여부를 확인하고 메모해 두어야 합니다.

[관련판례]

□ 대법원 2007.10.11. 선고 2007도1738 특정범죄가중처벌등에관한법률위반

[판시사항]

[1] 사고 운전자가 교통사고 현장에서 경찰관에게 동승자가 사고차량의 운전자라고 진술하거나 그에게 같은 내용의 허위신고를 하도록 하였더라도, 사고 직후 피해자가 병원으로 후송될 때까지 사고장소를 이탈하지 아니한 채 경찰관에게 위 차량이 가해차량임을 밝히고 경찰관의 요구에 따라 동승자와 함께 조사를 받기 위해 경찰 지구대로 동행한 경우, 구 특정범죄 가중처벌 등에 관한 법률 제5조의3의 '도주'에 해당하지 않는다고 한 사례

[2] 사고 운전자가 사고로 손괴된 피해자의 오토바이에 대한 조치를

직접 취하지 않았더라도 사고현장을 떠나기 전에 이미 구조대원 등 다른 사람이 위 오토바이를 치워 교통상 위해가 될 만한 다른 사정이 없었던 경우, 구 도로교통법 제106조 위반죄로 처벌할 수 없다고 한 사례

□ 대법원 2007.04.12 선고 2007도828 특정범죄가중처벌등에관한 법률위반(도주차량)

[판시사항]

사고 운전자가 피해자를 구호하는 등 도로교통법 제50조 제1항에 의한 조치를 취할 필요가 있었다고 인정되지 아니하는 경우, 특정범죄 가중처벌 등에 관한 법률 제5조의3 제1항 위반죄로 처벌할 수 있는지 여부(소극)

[판결요지]

특정범죄 가중처벌 등에 관한 법률 제5조의3 제1항의 도주차량 운전자의 가중처벌에 관한 규정은 교통의 안전이라는 공공의 이익을 보호함과 아울러 교통사고로 사상을 당한 피해자의 생명·신체의 안전이라는 개인적 법익을 보호하기 위하여 제정된 것이므로, 그 입법 취지와 보호법익에 비추어 볼 때, 사고의 경위와 내용, 피해자의 상해의 부위와 정도, 사고 운전자의 과실 정도, 사고 운전자와 피해자의 나이와 성별, 사고 후의 정황 등을 종합적으로 고려하여 사고 운전자가 실제로 피해자를 구호하는 등 도로교통법 제50조 제1항에 의한 조치를 취할 필요가 있었다고 인정되지 아니하는 경우에는 사고 운전자가 피해자를 구호하는 등 도로교통법 제50조 제1항에 규정된 의무를 이행하기 이전에 사고현장을 이탈하였더라도 특정범죄 가중처벌 등에 관한 법률 제5조의3 제1항 위반죄로는 처벌할 수 없다.

□ 대법원 2004. 3.12. 선고 2004도250 특정범죄가중처벌등에관한
법률위반

[판시사항]

[1] 특정범죄가중처벌등에관한법률 제5조의3 제1항 소정의 '도주'의 의미

[2] 사고 운전자가 피해자가 사상을 당한 사실을 인식하고도 구호조치를 취하지 않은 채 사고현장을 이탈하면서 피해자에게 자신의 신원을 확인할 수 있는 자료를 제공하여 준 경우, 특정범죄가중처벌등에관한법률 제5조의3 제1항소정의 '도주한 때'에 해당하는지 여부(적극)

[3] 특정범죄가중처벌등에관한법률 제5조의3 제1항 소정의 피해자구호조치를 반드시 본인이 직접 할 필요가 있는지 여부(소극)

[4] 특정범죄가중처벌등에관한법률 제5조의3 제1항 소정의 '도주한 때'에 해당한다고 한 사례

[판결요지]

[1] 특정범죄가중처벌등에관한법률 제5조의3 제1항 소정의 '피해자를 구호하는 등 도로교통법 제50조 제1항의 규정에 의한 조치를 취하지 아니하고 도주한 때'라 함은 사고 운전자가 사고로 인하여 피해자가 사상을 당한 사실을 인식하였음에도 불구하고 피해자를 구호하는 등 도로교통법 제50조 제1항에 규정된 의무를 이행하기 이전에 사고현장을 이탈하여 사고를 낸 자가 누구인지 확정될 수 없는 상태를 초래하는 경우를 말한다.

[2] 사고 운전자가 사고로 인하여 피해자가 사상을 당한 사실을 인식하였음에도 불구하고 피해자를 구호하는 등 도로교통법 제50조 제1항에 규정된 의무를 이행하기 이전에 사고현장을 이탈하였다면, 사고 운전자가 사고현장을 이탈하기 전에 피해자에 대하여 자신의 신원을 확인할 수 있는 자료를 제공하여 주었다고 하더라

도, '피해자를 구호하는 등 도로교통법 제50조 제1항의 규정에 의한 조치를 취하지 아니하고 도주한 때'에 해당한다.

[3] 특정범죄가중처벌등에관한법률 제5조의3 제1항 소정의 피해자 구호조치는 반드시 본인이 직접 할 필요는 없고, 자신의 지배하에 있는 자를 통하여 하거나, 현장을 이탈하기 전에 타인이 먼저 구호조치를 하여도 무방하다.

[4] 사고 운전자가 그가 일으킨 교통사고로 상해를 입은 피해자에 대한 구호조치의 필요성을 인식하고 부근의 택시 기사에게 피해자를 병원으로 이송하여 줄 것을 요청하였으나 경찰관이 온 후 병원으로 가겠다는 피해자의 거부로 피해자가 병원으로 이송되지 아니한 사이에 피해자의 신고를 받은 경찰관이 사고현장에 도착하였고, 피해자의 병원이송 및 경찰관의 사고현장 도착 이전에 사고 운전자가 사고현장을 이탈하였다면, 비록 그 후 피해자가 택시를 타고 병원에 이송되어 치료를 받았다고 하더라도 운전자는 피해자에 대한 적절한 구호조치를 취하지 않은 채 사고현장을 이탈하였다고 할 것이어서, 설령 운전자가 사고현장을 이탈하기 전에 피해자의 동승자에게 자신의 신원을 알 수 있는 자료를 제공하였다고 하더라도, 피고인의 이러한 행위는 '피해자를 구호하는 등 조치를 취하지 아니하고 도주한 때'에 해당한다고 한 사례.

□ **대법원 1991. 2.26. 선고 90도2462 도로교통법위반**

[판시사항]

[1] 도로교통법 제50조 제1항의 취지 및 교통사고를 일으킨 운전자가 위 조항에 따라 하여야 할 필요한 조치의 정도

[2] 정차 중인 승용차를 들이받아 약간 손괴한 자가 사고 직후 피해 차량의 주인을 만날 수 없어 주차장 관리인에게 자신의 전화번호와 운전하던 차량번호를 적어주고 현장을 떠난 경우 운전자로서 도로교통법 제50조에서 규정한 필요한 조치를 하지 아니한 경우

에 해당하는지 여부(소극)

[3] 교통사고 후 조치불이행죄의 공소사실에 대하여 공소장 변경 없이 교통사고 미신고의 죄로 처벌할 수 있는지 여부(소극)

[판결요지]

[1] 도로교통법 제50조 제1항의 취지는 도로에서 일어나는 교통상의 위험과 장해를 방지 제거하여 안전하고 원활한 교통을 확보함을 그 목적으로 하는 것이지 피해자의 물적피해를 회복시켜 주기 위한 규정은 아닌 것이며, 이 경우 운전자가 하여야 할 필요한 조치는 사고의 내용, 피해의 태양과 정도 등 사고현장의 상황에 따라 적절히 강구되어야 할 것이고, 그 정도는 우리의 건전한 양식에 비추어 통상 요구되는 정도의 조치를 말한다.

[2] 피고인이 차량을 후진 운전하다가 정차중인 승용차의 앞 범버부분을 들이 받아 약간 손괴한 교통사고에 대하여 사고 직후 주차장 관리인을 통하여 피해차량의 주인을 만나려고 하였으나 만나지 못하게 되자 관리인에게 피고인의 전화번호와 운전하던 차량번호를 적어주고 그 현장을 떠났다면, 운전자로서 도로교통법 제50조에서 규정한 필요한 조치를 하지 아니한 경우에 해당한다고 할 수 없다.

[3] 교통사고 후 조치불이행의 죄로 기소된 공소사실에 대하여 공소장 변경없이 교통사고 미신고의 죄로 처벌할 수 없다.

□ **대법원 1987. 7.21. 선고 87도1113 도로교통법위반**

[판시사항]

도로교통법 제50조 제2항의 신고대상인 교통사고의 의미

[판결요지]

도로교통법 제1조, 제2조 제1호 및 제19호의 규정들과 도로교통법의

입법취지에 비추어 보면 같은 법 제50조 제2항에 규정된 교통사고 신고의무는 같은 법 제2조 제1호에서 말하는 도로에서 교통사고가 일어난 때에 한하여 지워지는 의무라고 해석되므로 일반교통에 사용하는 곳이 아닌 공장안 마당에서 일어난 사고에 대하여는 위 법조 소정의 신고의무가 없다.

[헌재결정례]

□ 헌법재판소 2005. 7.21. 선고 2004헌가30 도로교통법

[판시사항]

[1] '자동차운전전문학원을 졸업하고 운전면허를 받은 사람 중 교통사고를 일으킨 비율이 대통령령이 정하는 비율을 초과하는 때'에는 학원의 등록을 취소하거나 1년 이내의 운영정지를 명할 수 있도록 한 도로교통법 제71조의15 제2항 제8호의 '교통사고' 부분(이하 '이 사건 조항'이라 한다)이 포괄위임입법금지원칙에 위배되는지 여부(적극)

[2] 이 사건 조항이 운전전문학원 운영자의 직업의 자유를 침해하는지 여부(적극)

[결정요지]

[1] "교통사고를 일으키거나 …… 한 사람의 비율이 대통령령이 정하는 비율을 초과하는 때"라고 규정하고 있는 이 사건 조항은 행정처분의 기준이 되는 '교통사고'와 '사고 운전자의 비율'을 각 위임하고 있는 것이라고 볼 수 있다. 이러한 위임입법은 헌법 제75조의 포괄위임입법금지원칙에 위배된다.

(1) '교통사고'는 이 사건 조항에서 행정제재의 기준이 되는 비율의 계산에 있어서 중요한 변수이나, 이 사건 조항은 대통령령에 규정될 '교통사고'가 어떤 종류나 범위의 것이 될 것인지에 관한 대강의 기준을 제시하지 않고 있으며 도로교통법의

전반적 체계와 관련규정을 보아도 이를 예측할만한 단서가 없다. 따라서 '교통사고' 부분의 위임은 지나치게 포괄적인 것으로서 예측가능성을 주지 못하며 위임입법에서 요구되는 구체성·명확성 요건을 충족하지 못하였다.

(2) '사고 운전자의 비율'은 행정제재의 핵심적인 기준이므로 그 위임에 있어서는 법률에서 구체적 기준을 정하여야 한다. 그런데 이 사건 조항이나 도로교통법의 다른 조항들을 살펴보아도 그 비율의 대강이나 상하한선을 예상할 수 없다. 따라서 이 사건 조항은 운전전문학원 졸업자의 교통사고 비율을 대통령령에 너무 포괄적으로 위임한 것이다.

[2] (1) 교통사고는 본질적으로 우연성을 내포하고 있고 사고의 원인도 다양하며, 이는 운전기술의 미숙함으로 인한 것일 수도 있으나, 졸음운전이나 주취운전과 같이 운전기술과 별다른 연관이 없는 경우도 있다. 이 사건 조항이 운전전문학원의 귀책사유를 불문하고 수료생이 일으킨 교통사고를 자동적으로 운전전문학원의 법적 책임으로 연관시키고 있는 것은 운전전문학원이 주체적으로 행해야 하는 자기책임의 범위를 벗어난 것이며, 교통사고율이 높아 운전교육이 좀더 충실히 행해져야 하며 오늘날 사회적 위험의 관리를 위한 위험책임제도가 필요하다는 사정만으로 정당화될 수 없다.

(2) 운전교육과 기능검정이 철저하더라도 교통사고는 우연적 사정과 운전자 개인의 부주의로 발생할 수 있다는 것을 감안하면, 교통사고를 예방하고 운전교육과 기능검정을 철저히 하도록 한다는 입법목적은 이 사건 조항으로 인하여 효과적으로 달성된다고 할 수 없다. 운전교육 및 기능검정의 내실화 및 이를 통한 교통사고 예방은 이 사건 조항이 아니더라도 운전전문학원의 지정 요건과 교육내용, 기능검정 등에 관하여 마련되어 있는 도로교통법과 동법시행령·시행규칙의 구체적이고 자세한 규정들이 제대로 집행된다면 가능하다. 이 사건 조항은 입법

목적을 달성하기 위한 수단으로서 부적절하며, 운전전문학원의 영업 내지 직업의 자유를 필요 이상으로 제약하는 것이다.

(3) 이 사건 조항이 추구하는 입법목적이 이 사건 조항을 통하여 달성될 것인지가 불투명한 반면, 이 사건 조항에 따른 행정제재를 당하는 운전전문학원은 자신이 충실히 운전교육과 기능검정을 하였더라도 피할 수 없는 제재를 당할 수 있게 되고, 그러한 제재가 가져오는 영업상의 손실은 큰 것이다. 이 사건 조항은 법익의 균형성 원칙에 위배된다.

(4) 그러므로 이 사건 조항은 비례의 원칙에 어긋나 직업의 자유를 침해한다.

□ 헌법재판소 2002. 4.25. 선고 2001헌가19 구도로교통법

[판시사항]

교통사고로 사람을 사상한 후 법 소정의 필요한 구호조치와 신고를 하지 아니한 때 운전면허를 필요적으로 취소하도록 규정하고 있는 구 도로교통법(2001. 1. 26. 법률 제6392호로 개정되기 전의 것) 제78조 제1항 단서 중 제12호 부분(이하 '이 사건 법률조항'이라 한다)이 과잉금지의 원칙에 위배하여 직업선택의 자유나 행복추구권을 침해하는지 여부(소극)

[결정요지]

구 도로교통법(2001. 1. 26. 법률제6392호로 개정되기 전의 것) 제78조 제1항 단서 중 제12호 부분은 헌법에 위반되지 아니한다.

Part 2.
교통사고의 신고 및 조사사항

1. 교통사고의 신고

1-1. 신고 의무자 및 신고 시기

① 교통사고가 발생하면 차의 운전자 등은 경찰공무원이 현장에 있을 경우에는 그 경찰공무원에게, 경찰공무원이 현장에 없을 때에는 가장 가까운 경찰관서(지구대, 파출소 및 출장소 포함)에 지체 없이 신고해야 합니다(「도로교통법」 제54조제2항 본문).

② 다만, 차만 손괴된 것이 분명하고 도로에서의 위험방지와 원활한 소통을 위해 필요한 조치를 한 경우에는 신고하지 않아도 됩니다(「도로교통법」 제54조제2항 단서).

1-2. 신고사항

사고가 일어난 곳, 사상자 수 및 부상 정도, 손괴한 물건 및 손괴 정도, 그 밖의 조치사항 등을 신고해야 합니다(「도로교통법」 제54조제2항).

1-3. 신고의무 불이행시 제재

① 신고의무가 있는 교통사고발생 시 조치상황 등의 신고를 하지 않은 사람은 30만원 이하의 벌금이나 구류에 처해집니다(「도로교통법」 제154조제4호).

② 교통사고 발생 신고 행위를 방해한 사람은 6개월 이하의 징역이나 200만원 이하의 벌금 또는 구류에 처해집니다(「도로교통법」 제153조제1항제5호).

1-4. 상담사례

■ 교통사고를 낸 차의 운전자의 신고의무의 범위는?

> Q. A는 자동차를 운전하다 교통사고를 냈는데, 사고 당시 도로는 편도 2차선으로 교통량이 많지 않았고, A는 피해자를 즉시 병원으로 후송하여 치료를 받게 하였지만, 따로 경찰에 신고하지는 않았습니다. 이런 경우 A는 「도로교통법」상 신고의무를 위반한 것인가요?
>
> A. 「도로교통법」 제54조 제2항은 "제1항(교통사고)의 경우 그 차의 운전자 등은 경찰공무원이 현장에 있을 때에는 그 경찰공무원에게, 경찰공무원이 현장에 없을 때에는 가장 가까운 국가경찰관서에 다음 각 호의 사항을 지체 없이 신고하여야 한다. 다만, 차만 손괴된 것이 분명하고 도로에서의 위험방지와 원활한 소통을 위하여 필요한 조치를 한 경우에는 그러하지 아니하다."고 규정하고 있습니다. 판례는 이에 대해 "도로교통법상 신고의무 규정의 입법취지와 헌법상 보장된 진술거부권 및 평등원칙에 비추어 볼 때, 교통사고를 낸 차의 운전자 등의 신고의무는 사고의 규모나 당시의 구체적인 상황에 따라 피해자의 구호 및 교통질서의 회복을 위하여 당사자의 개인적인 조치를 넘어 경찰관의 조직적 조치가 필요하다고 인정되는 경우에만 있는 것이라고 해석하여야 한다."고 판시하였습니다(대법원 2014. 2. 27. 선고 2013도15500 판결).
>
> 따라서 위 사례의 A는 피해자의 구호 및 교통질서의 회복을 위해 반드시 경찰에 신고하여야 할 의무가 있다고 보기는 어려울 것입니다.

2. 경찰공무원의 교통사고 조사

2-1. 경찰공무원의 교통사고 조사사항

① 경찰공무원은 교통사고가 발생하면 아래 사항에 관해 필요한 조사를 합니다(「도로교통법 시행령」 제32조 본문).

1. 교통사고 발생일시 및 장소
2. 교통사고 피해상황
3. 교통사고 관련자, 차량등록 및 보험가입 여부
4. 운전면허의 유효여부, 술에 취하거나 약물을 투여한 상태에서의 운전 여부 및 부상자에 대한 구호조치등 필요한 조치를 하였는지 여부
5. 운전자 과실 유무
6. 교통사고 현장상황
7. 그 밖에 차, 노면전차 또는 교통안전시설의 결함 등 교통사고 유발 요인 및 「교통안전법」 제55조에 따라 설치된 운행기록장치 등 증거의 수집 등과 관련하여 필요한 사항

② 다만, 위 교통사고 조사 사항 중 1.에서 4.까지의 사항에 대한 조사결과 사람이 죽거나 다치지 않은 교통사고로서 「교통사고처리 특례법」 제3조제2항 또는 제4조제1항에 따라 공소를 제기할 수 없는 경우에는 5.부터 7.까지의 사항에 대한 조사를 생략할 수 있습니다(「도로교통법 시행령」 제32조 단서).

2-2. 교통사고조사 이의신청

① 각 경찰서에 처리 중이거나 처리된 민원 중에 불공정한 수사·조사(편파적인 처리, 강압에 의한 수사, 지연처리)에 이의가 있는 경우에 이의신청을 할 수 있습니다.

② 이의신청 대상
- 교통사고조사결과 원인결정 불복 등
- 고소.고발 진정사건의 수사관련 불복

③ 처리절차
- 교통의 경우: 민원접수 순에 의거 1차 조사 서류 등과 새로운 증거 등을 자료로 현장답사 재조사 실시
- 수사의 경우: 해당 사건의 수사과정에서 불공정 수사여부를 객관적으로 조사, 검토하여 잘못된 경우 관련 경찰관 비위 내용을 적출하여 징계 등 조치를 하고 1차 조사기관으로 하여금 잘못된 부분을 정정하여 수사 또는 조사하도록 조치

④ 이의신청 접수 및 문의처
- 각 시·도경찰청 감사 담당관실 또는 수사.교통 민원인의 신고센터

교통사고조사규칙

[시행 2023. 7. 31.] [경찰청훈령 제1088호, 2023. 7. 31., 일부개정.]

제1장 총칙

제1조(목적) 이 규칙은 교통사고가 발생했을 때에 경찰공무원이 처리해야 할 절차와 기준을 구체적으로 정함으로써 교통사고 조사업무의 신속·명확한 처리를 목적으로 한다.

제2조(용어의 정의) ① 이 규칙에서 사용되는 용어의 정의는 다음과 같다.
1. "교통"이란 차를 운전하여 사람 또는 화물을 이동시키거나 운반하는 등 차를 그 본래의 용법에 따라 사용하는 것을 말한다.
2. "교통사고"란 차의 교통으로 인하여 사람을 사상하거나 물건을 손괴한 것을 말한다.
3. "대형사고"란 3명 이상이 사망(교통사고 발생일부터 30일 이내에 사망한 것을 말한다)하거나 20명 이상의 사상자가 발생한 사고를 말한다.
4. "교통조사관"이란 교통사고 조사업무를 처리하는 경찰공무원을 말한다.
5. "스키드마크(Skid mark)"란 차의 급제동으로 인하여 타이어의 회전이 정지된 상태에서 노면에 미끄러져 생긴 타이어 마모흔적 또는 활주흔적을 말한다.
6. "요마크(Yaw mark)"란 급핸들 등으로 인하여 차의 바퀴가 돌면서 차축과 평행하게 옆으로 미끄러진 타이어의 마모흔적을 말한다.
7. "충돌"이란 차가 반대방향 또는 측방에서 진입하여 그 차의 정면으로 다른 차의 정면 또는 측면을 충격한 것을 말한다.
8. "추돌"이란 2대 이상의 차가 동일방향으로 주행 중 뒤차가 앞차의 후면을 충격한 것을 말한다.
9. "접촉"이란 차가 추월, 교행 등을 하려다가 차의 좌우측면을 서로 스친 것을 말한다.
10. "전도"란 차가 주행 중 도로 또는 도로 이외의 장소에 차체의 측면이 지면에 접하고 있는 상태(좌측면이 지면에 접해 있으면 좌전도, 우측면이 지면에 접해 있으면 우전도)를 말한다.
11. "전복"이란 차가 주행 중 도로 또는 도로 이외의 장소에 뒤집혀 넘어진 것을 말한다.
12. "추락"이란 차가 도로변 절벽 또는 교량 등 높은 곳에서 떨어진 것을 말한다.
13. "뺑소니"란 교통사고를 야기한 차의 운전자가 피해자를 구호하는 등 「도로교통법」 제54조제1항의 규정에 따른 조치를 취하지 아니하고 도주한 것을 말한다.
14. "교통사고 현장조사시스템"(이하 "현장조사시스템"이라 한다)이란 교통사고 현장에 출동한 경찰관이 업무용 휴대전화를 이용하여 사고차량과 관련된 정보 조회, 증거수집, 초동조치 사항 및 피해자 진술 청취 보고 등을 전자적으로 입력·처리할 수 있도록 지원하는 시스템을 말한다.
15. "전자문서"란 형사사법정보시스템(KICS)에 의하여 전자적인 형태로 작성되어 송신·수신되거나 저장되는 정보로서 문서형식이 표준화된 것을 말한다.
16. "전자화문서"란 종이문서나 그 밖에 전자적 형태로 작성되지 아니한 문서를 형사사법정보시스템이 처리할 수 있는 형태로 변환한 문서를 말한다.

② 제1항에서 규정되지 아니한 용어는 「도로교통법」 제2조(용어의 정의)를 따른다.

제3조(사고처리를 위한 준비사항) 교통조사관은 관내지리, 교통상황, 병·의원 등 구호시설의 위치 및 전화번호 등을 파악하고, 다음 각 호의 조사장비를 준비하는 등 사고조사를 위한 사전준비를 철저히 하여야 한다.
1. 사고보고서, 현장약도용지, 필기구, 분필·석필(石筆) 등 기록용구
2. 줄자, 굴림자, 음주측정기 등 계측장비
3. 야간촬영가능 사진기, 확대경 등 증거수집 장비
4. 출입금지표시, 사고현장표시등, 사고현장표지판, 라바콘, 출입금지용 로프, 스프레이 등 현장보존 용구
5. 이동식 경광등, 반사성 안전모, 반사성 혁대 등 2차사고 방지용 장구
6. 손전등, 신호봉(불봉) 등 조명용 장비
7. 들것, 모포, 응급의약품, 흰색 광목천 등 구급용 장비
8. 그 밖의 삽, 재크, 청소용구 등 작업용 장구

제4조(초동조치) ① 교통사고를 인지하거나 신고를 접수한 경찰공무원은 관할 또는 근무시간 여부와 관계없이 신속히 현장에 출동하여야 한다. 이 경우 소방 등 구호기관에도 통보하여 구급차 출동 등 사상자 구호활동이 이루어지도록 하여야 한다.
② 경찰공무원은 교통사고 신고를 접수할 때에는 상황판단, 출동경찰관 소요인원 판단 및 사고조사 보조 등을 위하여 신고자로부터 다음 각 호의 사항을 확인하여 기록하여야 한다.
1. 사고일시 및 장소
2. 피해정도 및 내용
3. 신고자의 성명, 연락처 및 사고 목격 여부
4. 신고자가 사고 당사자인 경우 사고차량 번호 및 차종

③ 사고현장에 출동한 경찰공무원은 다음 각 호의 초동조치를 취하여야 한다.
1. 수신호 또는 고장자동차 표지 설치 등 2차사고 예방을 위한 안전조치
2. 사상자에 대한 응급 구호조치
3. 사상자의 인적사항·피해정도 파악, 사상자가 차량 밖에 넘어져 있는 경우 넘어져 있는 위치 표시, 사상자 후송병원 기록
4. 사고차량 최종 정지지점 표시, 현장 유류품·타이어 흔적 등 증거수집 및 사진촬영
5. 사망·의식불명인 사람이 있는 경우 보호자 등에 통보
6. 사고 당사자 및 목격자 연락처 확보

④ 사망사고, 대형사고, 사회이목이 집중될 만한 사고는 반드시 경위 이상의 간부가 현장에 출동하여 초동조치를 지휘하여야 한다.
⑤ 다른 경찰서 관내의 교통사고 현장에 출동한 경찰공무원은 필요한 초동조치를 취한 후 신속히 해당 경찰서에 통보하여 그 경찰서에서 출동·조사하게 하여야 한다.

제4조의2(현장조사시스템의 구축·운영) ① 경찰청은 교통사고 현장 조사업무의 효율적인 처리를 위하여 현장조사시스템을 구축·운영할 수 있다. 이 경우 교통경찰

업무관리시스템(TCS)와 연동하여 운영하여야 한다.
② 현장에 출동한 지역경찰, 고속도로순찰요원, 교통 외근 경찰관 등 (이하 "현장출동경찰관등"이라 한다)이 교통사고를 접수를 하는 경우 다음 각 호의 사항을 조사하여 현장조사시스템에 입력하여야 한다. 다만, 대형 교통사고의 발생 등으로 현장에서 입력하기 곤란한 경우에는 그러하지 아니하다.
  1. 제4조제2항 및 제3항에 따른 확인·기록이 필요한 사항
  2. 제14조에 따른 현장도면 작성
  3. 제15조에 따른 사진 촬영
③ 현장출동경찰관등은 피해자 진술서를 갈음하여 현장조사시스템으로 별지 제1호 서식에 따른 피해자 진술청취보고서를 작성할 수 있다.

제5조(사상자 구호) ① 사고현장에 출동한 경찰공무원이 제4조제3항제2호의 규정에 따른 부상자의 응급구호를 할 때에는 다음 각 호의 기준과 절차에 따라 조치하되 사상자의 상태 및 현장상황을 합리적으로 판단하여 신속하게 처리하여야 한다.
  1. 부상자에 대한 응급조치는 119구조대 또는 의료기관 응급구호요원이 없는 경우로써 부상자가 의식이 없거나 호흡이 정지한 때 등 긴급한 경우에 한하여 별표 1의 심폐소생술에 따라 조치
  2. 부상자를 병·의원으로 후송하는 경우에는 본인 또는 보호자가 특정병원을 지정하는 경우를 제외하고는 부상정도가 심각한 사람부터 최단거리 병원 순으로 후송
  3. 중상자를 안전한 장소로 옮기기 위하여 무리하게 이동시켜 부상정도가 악화되지 않도록 주의
  4. 사상자 수에 비하여 출동한 경찰공무원이 소수인 경우에는 현장 가까이 있는 사람에게 협력 요청
  5. 사고현장에서 응급 구호요원이나 일반인이 구호 활동에 참여하는 경우에는 증거자료가 변형되지 않도록 교양 등 조치
② 교통사고 현장에 사망한 사람이 있는 경우에는 다음 각 호에 따라 조치하여야 한다.
  1. 단순히 의식이 없거나 호흡이 정지하였다는 사유로 사망한 것으로 판단하지 말고, 의료전문가의 판단이 있을 때 까지는 중상자와 동일하게 취급
  2. 사망한 것이 명백한 사람에 대해서는 신속히 사진촬영 등 증거확보 및 보존 조치를 취하고 사람의 눈에 띄지 않는 적당한 장소로 이동하되, 사망자에 대한 예의에 어긋나지 않도록 조치
  3. 사망자의 소지품은 현장에 출동한 경찰공무원이 관련자가 입회한 가운데 목록을 작성하여 목록과 함께 보관
  4. 검시 및 사체에 대한 수속이 종료된 된 때에는 신속히 의사의 검안서를 첨부하여 소지품과 함께 사체를 유족에게 인계. 이 경우 유족이 없거나 유족이 사체의 인수를 거부하는 경우에는 이를 시장·군수·구청장에게 인계

제6조(교통통제 및 회복 등) ① 경찰공무원은 교통사고 현장에서 사상자 구호, 현장보존 등 부득이한 경우에는 일시적으로 교통을 통제하거나 일방통행 등의 조치를 취할 수 있다.

② 제1항의 규정에 따라 교통을 통제하거나 일방통행의 조치를 취할 경우에는 "교통사고 조사 중" 표지판을 사고현장 전·후 적합한 위치에 설치하고, 반드시 1명 이상의 경찰공무원이 차량과 군중을 정리하여 2차 사고를 예방하여야 한다.
③ 경찰공무원은 사상자 구호 및 현장조사가 종료한 때에는 즉시 교통통제 등의 조치를 해제하여 정상적인 교통소통이 될 수 있도록 하여야 한다.

제2장 교통사고조사

제7조(사고조사의 목적) 교통사고 조사의 목적은 다음 각 호와 같다.
1. 부상자의 구호 및 사체의 처리
2. 사고확대방지와 교통소통의 회복
3. 사고방지 대책을 위한 정확한 원인조사
4. 형사책임의 규명
5. 그 밖의 사고와 관련된 자료의 수집 등

제8조(현장보존) ① 교통조사관은 교통사고 발생원인 및 사고에 대한 책임소재를 규명하는데 필요한 증거를 수집하기 위하여 현장을 보존하여야 한다.
② 교통조사관은 다음 각 호에서 정하는 조치 등에 유의하여 사고현장을 보존하여야 한다.
1. 사고현장 보존을 위하여 필요한 최소 범위 내에서 교통을 통제하거나 일방통행의 조치를 취하는 경우에는 "교통사고 조사 중" 표지판, 적색 경광등 등을 설치하여 다른 차의 운전자가 사고현장임을 쉽게 알 수 있도록 조치
2. 사고현장의 보존은 사고차량의 상태와 정지지점을 표시한 후 현장을 촬영하여 사후에도 현장상황이 확인되도록 조치
3. 사고현장을 변경할 필요가 있는 때에는 제2호의 사진촬영 이외에 현장약도를 작성하여 사후 조사에 지장이 없도록 조치
4. 스키드마크·요마크 등 타이어흔적, 혈흔, 유리 또는 페인트 조각, 유류품 등 멸실의 우려가 있는 증거자료는 사진촬영 및 채취하여 보존 조치
5. 현장의 신호기, 표지판, 전주, 가로수, 그 밖의 재물 등의 파손상태는 사진촬영 등 보존 조치
6. 현장에 출동한 경찰공무원이 2명 이상일 경우에는 그 임무를 분담하여 수행하고, 상황에 따라 도로관리청 또는 일반인의 협조 조치

제9조(목격자 확보 및 조사) ① 교통조사관은 사고현장에 목격자가 있는 경우에는 즉석에서 그의 성명·주소, 연락할 전화번호 등을 확인하고 현장조사에 협조해 줄 것을 요청하여야 하며, 목격자는 가능한 한 다수인을 확보하여야 한다.
② 목격자에 대하여는 현장에서 다음 각 호의 사항을 확인·조사하여야 한다.
1. 목격자가 목격한 위치
2. 가해차량의 사고 전·후 진행경로, 속도, 경음기 사용여부, 충돌상황, 피해상황, 피해자 구호여부 등
3. 피해자 또는 피해차량의 사고 전·후 진행경로, 자세, 휴대품, 차량상태, 보행인 경

우 넘어져 있는 상태·방향, 피해상황 등
4. 가해자 및 피해자와의 관계

제10조(현장에서 조사할 사항) 교통조사관은 사고현장에서 다음 각 호에서 정한 사항을 반드시 조사하여야 한다.
1. 사고발생 년, 월, 일시 및 위치·방향
2. 맑음·흐림·비·눈·안개·바람·어둠 등 기상상황
3. 그 밖의 다음 각 목에서 정한 현장상황
   가. 도로의 폭 및 유효폭
   나. 보·차도 구분여부, 횡단보도·중앙선·정지선 유무와 그 폭
   다. 도로 포장여부, 자갈·건조·습기·적설·결빙·요철 등 노면상황
   라. 도로의 파괴부분, 공사여부, 노상 방치물, 노변 장애물 등 도로의 위험요소
   마. 도로의 직선·곡선 여부 및 경사도, 도로 양측의 상태 등
   바. 교차점의 유무와 그 상황, 좌우의 시야, 교차 각도
   사. 신호기, 도로표지의 유무와 그 위치, 종류
   아. 제한속도, 교통량, 주·정차 규제여부
   자. 야간사고의 경우 조명의 유무, 어둠의 정도
   차. 혈흔, 유류품, 스키드마크·요마크, 물건의 손괴상태 등 사고를 추정할 수 있는 증거의 유무

제11조(사고지점 확정) ① 교통조사관은 교통사고 발생원인을 명확히 규명하기 위하여 사고현장에서 사고와 관계있는 지점의 위치를 다음 각 호의 어느 하나의 방법을 이용하여 표시하여야 한다.
1. 필요지점을 확정하기 위하여 기점 2개소를 선정하고 필요지점까지의 거리를 측정하는 2점 방식
2. 필요지점을 확정하기 위하여 기점 3개소를 선정하고 필요지점까지의 거리를 측정하는 3점 방식

② 교통사고현장은 다음 각 호의 사항을 가해자, 피해자, 목격자, 그 밖의 입회인의 설명 및 증거자료 등을 종합하여 조사하여야 한다.
1. 가해차량의 진로
2. 가해자가 피해자를 발견할 수 있는 지점과 그 양자의 위치관계
3. 가해자가 피해자를 발견한 지점과 그 양자의 위치관계
4. 가해자가 사전에 경음기 취명, 서행, 방향전환 등 위험예방조치를 취한 지점과 그 양자의 위치관계
5. 가해자가 사고발생의 위험을 느낀 때의 지점과 그 양자의 위치관계
6. 가해자가 사고방지의 비상조치를 취한 지점과 그 양자의 위치관계
7. 충돌·추돌·접촉·전도·전복·추락의 지점
8. 가해자·피해자의 넘어진 지점과 방향
9. 가해차량의 진로
10. 목격자의 위치

11. 스키드마크 · 요마크 등 타이어 마찰흔적

제12조(가해차량 조사) 교통조사관은 가해차량을 조사할 때에는 다음 각 호의 사항을 명확히 조사하여야 한다.
1. 차량의 소속 및 등록번호
2. 명칭 및 연식 · 형식 · 용도 · 사용의 정도
3. 승차정원 · 적재량 · 차량의 제원 · 적재상태
4. 운전석의 위치, 전방 시야상태
5. 제동장치, 조향장치, 경음기, 전조등 그 밖의 자동차의 점검, 고장의 유무와 정도
6. 충돌부위, 최초의 파손부위 및 손상의 유무와 그 정도
7. 운행기록이 저장된 영상기록장치의 유무 및 그 내용
8. 차체에 엷게 묻은 먼지나 흙이 닦였거나 탈락한 경우 등 사고로 인하여 발생한 특별한 현상의 유무

제13조(피해상황 조사) 교통조사관은 피해상황을 조사할 때에는 다음 각 호의 사항을 명확히 조사하여야 한다.
1. 피해자의 신체 상해여부 및 그 정도와 원인
2. 피해자의 착의상태 및 소지품 파손상황, 피해자에게 가해차량의 도료 등 부착 유무
3. 가해 · 피해 차량의 충돌부위, 파손상태와 정도 및 고장유무
4. 피해자가 사망한 경우 사체의 모양 · 위치, 수족 · 두부의 방향
5. 그 밖의 물건의 손상상태

제14조(현장도면 작성) ① 교통조사관은 교통사고 현장도면을 작성할 때에는 사실인정에 중요하다고 인정되는 부분은 정밀하게, 그렇지 않은 부분은 비교적 간단명료하게 작성한다.
② 「도로교통법 시행규칙」 별지 제21호서식 2쪽 앞면 교통사고보고서(2) 서식을 이용하여 도면을 작성하는 때에는 400분의 1의 축적으로 작성하는 것을 원칙으로 하고, 상황에 따라 축적비율을 조정하되 반드시 축적비율 및 방위를 표시하여야 한다.
③ 조사에 필요한 경우에는 평면도뿐 아니라 입체도를 작성할 수 있다. 이 경우에도 반드시 방위를 표시하여야 한다.
④ 거리를 측정하거나 지점을 확정하는 경우에는 각각의 지점의 명칭을 붙여 특정지어야 한다.
⑤ 각각의 지점을 표시하는 부호는 다음 각 호를 준용하는 등 통일을 기하여야 한다.
  1. 가해자의 진로상의 지점 1. 2. 3.
  2. 피해자의 진로상의 지점 가. 나. 다.
  3. 그 밖의 물건, 인물의 지점
⑥ 도로의 광협, 자동차의 대소, 거리의 장단 등을 표시하는 때에는 그 비율에 따라 축적을 표시하여야 한다.
⑦ 교통사고의 발생지점과 사고차량의 정차지점을 표시하는 때에는 사고발생 지점

을 도면의 중앙에 배치하고 가해차량의 진행방향이 위로 향하도록 하여 이동지점을 점선으로 표시하고 정차지점은 실선으로 표시한다.
⑧ 현장 도면에는 작성자가 계급, 성명을 기입하고 날인하여야 하며, 현장도면과 조서 사이에는 간인하여야 한다.

제15조(사진촬영) ① 교통조사관은 사고현장을 보존하고 사고원인 조사에 활용하기 위하여 다음 각 호의 항목에 대하여는 반드시 사진촬영을 하여야 한다.
  1. 현장의 모양 및 최초 충돌지점, 유류품
  2. 차량의 손상 상태
  3. 피해상황
  4. 전방 좌우에 대한 시야
  5. 차량의 모양
  6. 스키드마크 · 요마크
  7. 혈액, 도장 및 유리 파편, 자동차부속품 등
② 사고현장은 대상물이 넓게 흩어져 있는 경우가 많으므로 파노라마식 촬영을 하여야 한다.
③ 사고현장에 대한 사진촬영을 할 때에는 사고지점 등 좁은 범위에 그치지 말고 주변의 지리적 상황, 교통안전시설, 좌 · 우의 시야상황, 그 밖의 특정물을 포함하여 다각적으로 촬영하여야 한다.
④ 사진촬영을 할 때에는 목적물의 방향과 남은 흔적 등에 주의하고, 반드시 그 크기를 파악할 수 있도록 하여야 한다.
⑤ 현장검증조서에 첨부하는 사진은 촬영의 위치, 방향을 도면에 명시하고 촬영자의 계급, 성명을 명기한 후 사진에 계인하여야 한다.
⑥ 현장사진을 촬영하지 않았거나, 촬영 후 현상이 되지 않은 경우에는 제1항에서 제5항까지 규정된 내용에 대하여 교통조사관이 목격한 상태를 그림으로 그려 기록 · 유지하여야 한다.

제16조(증거물 압수 · 감정) ① 교통조사관은 사고현장의 유류품은 사고원인을 밝히는 증거자료이므로 수집 · 보관하여야 한다. 이 경우 압수가 필요한 경우에는 형사소송절차에 따라야 한다.
② 유류품은 분실, 파손, 변질되지 않도록 유의하여 보관하여야 하며, 유류품으로 가해차량을 특정하기 위해서는 피해자의 신체, 착의에 나타난 차량의 형적 등에 대해서 전문가의 감정을 받아 두어야 한다.
③ 사고현장에서 증거가 될 물건을 발견하여 압수할 때에는 그 물건이 어느 장소에서 어떤 상태로 존재하였는가를 사진 촬영하여야 한다. 이 경우 입회인을 두어야 한다.

제17조(피해자 조사) 교통조사관은 목격자 조사 및 현장조사를 마치는 즉시 피해자에 대하여 다음 각 호의 사항을 조사하여야 한다.
  1. 피해자의 신분 및 특수한 사정이 있는지 유무

2. 심신장애의 유무
3. 이동경로, 보행자세, 자전거 승차 여부 및 방향
4. 충돌 전 가해차량의 진행을 인식하였는지 여부와 인식하였다면 인식한 위치 및 가해차량과의 위치관계
5. 넘어진 지점, 방향 및 상황
6. 상해의 부분과 그 정도
7. 가해자에 대한 처벌희망 여부
8. 그 밖의 음주 또는 약물복용 여부, 질병유무와 고민 등 정신상태, 사고 직전의 행태 등 참고사항

제18조(가해자 조사) ① 교통조사관은 현장조사, 목격자 조사, 가해차량 조사, 피해자 조사를 마친 후 가해자에 대하여 다음 각 호의 사항을 조사하여야 한다.
1. 운전자의 신분관계, 가족관계, 자산 및 수입관계
2. 운전면허관계, 운전경력 관계
3. 자동차보험 및 공제 가입여부
4. 범죄경력, 교통사고 전력, 교통법규위반, 행정처분의 유무
5. 사고발생 전의 근무, 취업상황
6. 감정, 고민 등 사고당시의 심리상태
7. 질병, 피로, 졸음, 음주, 약물중독 등 사고당시의 신체상태
8. 사고당시 운전한 차량
9. 잡담, 장난, 흡연, 휴대전화 사용 또는 영상장치 시청 등 사고발생 직전의 상황
10. 도로형태, 주변상가 등 현장의 모양
11. 다음 각 목에 따른 사고발생 상황
    가. 진로, 속도
    나. 피해자를 발견한 시기, 위치, 거동, 이에 대한 판단
    다. 사고원인이 된 제3자의 행동
    라. 경음기 취명 장소와 횟수, 피해자의 반응, 급제동, 감속한 속도 등 사고방지 노력 여부
    마. 위험을 인식하였을 때의 사고차량 및 피해자의 위치, 상호간의 거리
    바. 급정차 및 방향전환 등 비상조치를 취할 때의 사고차량과 피해자의 위치, 상호간의 거리
    사. 충돌지점, 충돌부분 및 충돌상황
    아. 정차지점·방향 및 차량피해상황
    자. 피해자가 넘어진 지점, 방향, 자세
12. 피해자 구호, 경찰관서에 신고 유무 등 사고발생 후 운전자의 조치
13. 운전자가 사고를 인식하지 못한 경우 상당한 주의를 기울였다면 인식할 수 있었는지의 여부 및 인식할 수 있었는데 인식하지 못한 사유
14. 주의의무의 내용과 이를 태만히 한 이유
15. 그 밖의 필요한 사항

② 교통조사관이 교통사고의 가해자 또는 피의자로 주한미군·군속 또는 그 가족

(이하 "주한미군등"이라 한다)을 조사하고자 하는 때에는 미정부 대표자의 출석을 요구하여 대표자가 입회한 후에 조사하여야 한다. 이 경우 주한미군등을 체포하여 조사하는 경우에는 지체 없이 체포사실을 당해 경찰서와 가장 인접한 주한미군 헌병감에게 통고하여야 한다.

제19조(실황조사서의 작성) ① 교통조사관은 교통사고를 접수한 경우에는 사고현장에 나아가 현장을 조사하고 그 결과를 「도로교통법 시행규칙」 별지 제21호서식의 교통사고보고서(이하 "실황조사서"라 한다)를 기재하여야 한다.
② 실황조사서를 작성할 때에는 다음 각 호의 사항에 유의하여 작성하여야 한다.
  1. 실황조사서는 검찰, 법원에 제출되는 중요한 수사서류이므로 사고의 상황을 객관적으로 간명하게 작성
  2. 교통조사관의 주관적 판단이나 의견 배제
  3. 가해자, 피해자, 목격자 그 밖의 입회인의 진술, 설명의 기록은 사고발생 전·후의 상황을 명확히 하기 위한 사실확인 범위로 한정
  4. 실황조사서는 "약" "비교적" "정도" 등 불확정 개념을 배제하고 명확한 용어를 사용하여 작성

제3장 교통사고처리

제20조(사고처리 기준) ① 사람을 사망하게 하거나 다치게 한 교통사고(이하 "인피사고"라 한다)는 다음 각 호의 기준에 따라 처리한다.
  1. 사람을 사망하게 한 교통사고의 가해자는 「교통사고처리특례법」(이하 "교특법"이라 한다) 제3조제1항을 적용하여 송치 결정
  2. 사람을 다치게 한 교통사고(이하 "부상사고"라 한다)의 피해자가 가해자에 대하여 처벌을 희망하지 아니하는 의사표시를 한 때에는 교특법 제3조제2항을 적용하여 입건 전 조사종결 또는 불송치 결정. 다만, 사고의 원인행위에 대하여는 「도로교통법」 적용하여 통고처분 또는 즉결심판 청구
  3. 부상사고로써 피해자가 가해자에 대하여 처벌을 희망하지 아니하는 의사표시가 없거나 교특법 제3조제2항 단서에 해당하는 경우에는 같은 법 제3조제1항을 적용하여 송치 결정
  4. 부상사고로써 피해자가 가해자에 대하여 처벌을 희망하지 아니하는 의사표시가 없는 경우라도 교특법 제4조제1항의 규정에 따른 보험 또는 공제(이하 "보험등"이라 한다)에 가입된 경우에는 다음 각 목에 해당하는 경우를 제외하고 같은 조항을 적용하여 입건 전 조사종결 또는 불송치 결정. 다만, 사고의 원인행위에 대하여는 「도로교통법」을 적용하여 통고처분 또는 즉결심판 청구
    가. 교특법 제3조제2항 단서에 해당하는 경우
    나. 피해자가 생명의 위험이 발생하거나 불구·불치·난치의 질병(이하 "중상해"라 한다)에 이르게 된 경우
    다. 보험등의 계약이 해지되거나 보험사 등의 보험금 등 지급의무가 없어진 경우
  5. 제4호 각 목의 어느 하나에 해당하는 경우에는 제2호·제3호의 기준에 따라 처리
② 교통조사관은 중상해에 해당될 가능성이 있는 때에는 진단서, 치료기간, 노동

력상실률, 의료전문가 의견, 사회통념 등을 종합적으로 고려하여 중상해 여부를 판단하여야 한다.
③ 다른 사람의 건조물이나 그 밖의 재물을 손괴한 교통사고(이하 "물피사고"라 한다)는 다음 각 호의 기준에 따라 처리한다.
　1. 피해자가 가해자에 대하여 처벌을 희망하지 아니하는 의사표시를 하거나 가해 차량이 보험 또는 공제에 가입되어 있는 경우
　　가. 현장출동경찰관등은 근무일지에 교통사고 발생 일시·장소 등을 기재 후 종결. 다만, 사고 당사자가 사고 접수를 원하는 경우에는 현장조사시스템에 입력
　　나. 교통조사관은 교통경찰업무관리시스템(TCS)의 교통사고접수처리대장(이하 "대장"이라 한다)에 입력한 후「도로교통법 시행규칙」별지 제21호의2서식의 "단순 물적피해 교통사고 조사보고서"를 작성하고 종결
　2. 피해자가 가해자에 대하여 처벌을 희망하지 아니하는 의사표시가 없거나 보험등에 가입되지 아니한 경우에는「도로교통법」제151조를 적용하여 송치 결정. 다만, 피해액이 20만원 미만인 경우에는 즉결심판을 청구하고 대장에 입력한 후 종결
④ 뺑소니 사고에 대하여는 다음 각 호의 기준에 따라 처리한다.
　1. 인피 뺑소니 사고
　　「특정범죄가중처벌 등에 관한 법률」(이하 "특가법"이라 한다) 제5조의3을 적용하여 송치 결정
　2. 물피 뺑소니 사고
　　가. 도로에서 교통상의 위험과 장해를 발생시키거나 발생시킬 우려가 있는 물피 뺑소니 사고에 대해서는「도로교통법」제148조를 적용하여 송치 결정
　　나. 주·정차된 차만 손괴한 것이 분명하고 피해자에게 인적사항을 제공하지 않은 물피 뺑소니 사고에 대해서는「도로교통법」제156조제10호를 적용하여 통고처분 또는 즉심청구를 하고 교통경찰업무관리시스템(TCS)에서 결과보고서 작성한 후 종결
⑤ 교통사고를 야기한 후 사상자 구호 등 사후조치는 하였으나 경찰공무원이나 경찰관서에 신고하지 아니한 때에는 제1항, 제2항 및「도로교통법」제154조제4호의 규정을 적용하여 처리한다. 다만, 도로에서의 위험방지와 원활한 소통을 위하여 필요한 조치를 한 경우에는「도로교통법」제154조제4호의 규정은 적용하지 아니한다.
⑥「도로교통법」제44조제1항의 규정을 위반하여 주취운전 중 인피사고를 일으킨 운전자에 대하여는 다음 각 호의 사항을 종합적으로 고려하여 특가법 제5조의11의 규정의 위험운전치사상죄를 적용한다.
　1. 가해자가 마신 술의 양
　2. 사고발생 경위, 사고위치 및 피해정도
　3. 비정상적 주행 여부, 똑바로 걸을 수 있는지 여부, 말할 때 혀가 꼬였는지 여부, 횡설수설하는지 여부, 사고 상황을 기억하는지 여부 등 사고 전·후의 운전자 행태
⑦ 교통조사관은 부상사고로써 교특법 제3조제2항 단서에 해당하지 아니하는 사고를 일으킨 운전자가 보험등에 가입되지 아니한 경우 또는 중상해 사고를 야기한 운전자에게는 특별한 사유가 없는 한 사고를 접수한 날부터 2주간 피해

자와 손해배상에 합의할 수 있는 기간을 주어야 한다.
⑧ 교통조사관은 제6항의 규정에 따른 합의기간 안에 가해자와 피해자가 손해배상에 합의한 경우에는 가해자와 피해자로부터 별지 제1호의2 서식의 자동차교통사고합의서를 제출받아 교통사고조사 기록에 첨부하여야 한다.

제20조의2(교통사고의 수) ① 교통조사관은 교통사고와 관련된 차가 2대 이하인 경우로서 충돌, 추돌, 접촉 등 사고의 원인이 된 행위가 하나인 경우 1건의 사고로 처리한다.
② 교통조사관은 교통사고와 관련된 차가 3대 이상인 경우로서 하나의 원인행위로 인하여 시간·장소적으로 밀접한 연속선상에서 발생한 경우 1건으로 처리하고, 그 이외에는 수 건(數 件)으로 처리한다.

제20조의3(사고유형의 결정) 교통사고의 유형은 다음 각 호의 기준에 따라 정한다.
1. 차대차 사고: 차와 다른 차가 충돌·추돌 또는 접촉한 사고
2. 차대사람 사고: 차가 보행자를 충격한 사고
3. 차량단독 사고: 운전자, 차, 도로상에 설치된 각종 시설물 또는 자연물이 원인이 되어 차가 스스로 전도·전복·추락·충격한 사고(차량단독 사고 후 그 충격 등으로 다른 차 또는 보행자를 충격한 경우 차량단독 사고로 처리)
4. 건널목 사고: 철길건널목에서 차와 기차가 충돌한 사고

제20조의4(당사자 순위의 결정) 교통조사관은 다음 각 호의 기준에 따라 1건의 교통사고와 관련된 당사자의 순위를 결정한다.
1. 차대차 사고로서 당사자 간의 과실이 차이가 있는 경우 과실이 중한 당사자를 선순위로 지정
2. 차대차 사고로서 당사자 간의 과실이 동일한 경우 피해가 경한 당사자를 선순위로 지정
3. 차대사람 사고는 운전자를 선순위로 지정
4. 동승자가 있는 차대차 사고는 제1호부터 제3호에 따라 당사자의 순위를 정한 후 선순위의 차에 동승한 자를 다음 순위로, 후 순위의 차에 동승한 자를 그 다음 순위로 지정
5. 제1호부터 제4호 이외의 당사자는 그 다음 순위로 지정

제21조(안전사고 등) ① 교통조사관은 다음 각 호의 어느 하나에 해당하는 사고의 경우에는 교통사고로 처리하지 아니하고 업무 주무기능에 인계하여야 한다.
1. 자살·자해(自害)행위로 인정되는 경우
2. 확정적 고의(故意)에 의하여 타인을 사상하거나 물건을 손괴한 경우
3. 낙하물에 의하여 차량 탑승자가 사상하였거나 물건이 손괴된 경우
4. 축대, 절개지 등이 무너져 차량 탑승자가 사상하였거나 물건이 손괴된 경우
5. 사람이 건물, 육교 등에서 추락하여 진행 중인 차량과 충돌 또는 접촉하여 사상한 경우
6. 그 밖의 차의 교통으로 발생하였다고 인정되지 아니한 안전사고의 경우
② 교통조사관은 제1항 각 호에 해당하는 사고의 경우라도 운전자가 이를 피할 수 있었던 경우에는 교통사고로 처리하여야 한다.

제22조(고속도로순찰대 초동조치 등) ① 고속도로순찰대 지구대장은 관할 지역 안에서 교통사고가 발생한 경우에는 제4조에서 제6조까지의 규정에 따른 초동조치, 사상자 구호 및 교통통제 등 사고조사 자료수집 및 2차사고 예방조치를 취하여야 한다.
② 고속도로에서 발생한 교통사고는 고속도로순찰대 지구대장이 별표 2의 서류(사건송치서, 불송치 사건기록 송부서, 불입건 편철서, 기록목록, 송치 결정서, 불송치 결정서, 불입건 결정서, 범죄경력조회서는 제외한다)를 작성하여 사고를 접수한 날부터 10일 이내에 관할 경찰서장에게 인계한다. 다만, 대형사고인 경우에는 즉시 관할 경찰서장에게 통보하여 경찰서장 주관하에 합동으로 조사·처리한다.
③ 제2항의 규정에 따라 고속도로순찰대 지구대장으로부터 교통사고를 인수한 경찰서장은 이를 보완하여 제20조의 규정에 따라 처리한다.

제22조의2(재조사) ① 사고 당사자는 사고조사 절차 또는 결과의 적정성·적법성이 현저히 침해되었다고 판단하는 경우 재조사를 신청할 수 있다.
② 제1항의 신청에 따른 재조사는 사고조사를 수행한 경찰관서 바로 위 상급 경찰관서의 교통사고 재조사팀이 담당한다.
③ 제1항의 신청을 접수한 재조사팀은 다음 각호의 어느 하나에 해당하는 경우에는 재조사하지 않을 수 있다.
  1. 동일한 재조사 신청이 이미 접수되어 진행 중인 경우
  2. 당해 신청에 구체적 사실이 적시되어 있지 않거나 내용이 불분명한 경우
  3. 당해 신청이 근거없는 주장이거나 사실관계 또는 법령을 오인한 결과로 인한 경우
  4. 당해 신청이 조사 및 수사를 방해하거나 지연시킬 목적이 명백한 경우
④ 재조사는 신청을 접수한 날로부터 4주 이내에 처리한다. 다만, 위 기간 내에 처리할 수 없는 상당한 이유가 있는 경우 소속 부서의 장의 허가를 받아 3개월의 범위 내에서 그 기간을 연장할 수 있다.
⑤ 재조사팀은 사고조사를 담당한 교통조사관에 대하여 다음 각 호의 요구를 할 수 있다. 이때 담당 교통조사관은 정당한 사유가 없는 한 재조사팀의 요구에 따라야 한다.
  1. 출석 또는 서면을 통한 진술
  2. 관계서류나 증거물 등의 제출
  3. 당해사고의 개요를 확인하기 위한 TCS, KICS 등 전산정보시스템에 입력된 자료의 제출
  4. 사고조사를 중단하는 등 원활한 재조사를 위해 필요한 조치
⑥ 재조사 결과는 재조사 신청자와 사고조사를 담당한 교통조사관에게 각각 통보한다. 이 때 담당 교통조사관은 재조사 결과를 반영하여 사고조사를 하여야 한다.
⑦ 재조사의 절차 또는 결과에 불복하는 경우「교통사고 민간심의위원회 운영규칙」에 따라 처리한다.

제23조(사고처리기간) ① 교통조사관은 특별한 사유가 없는 한 다음 각 호의 기간

안에 교통사고의 조사·보고·통보를 완료하여야 한다.
1. 제20조제3항제1호의 물피사고는 지체없이 처리
2. 인피사고, 제20조제3항제2호의 물피사고 및 제20조제4항제2호나목의 물피 뺑소니 사고는 접수한 날부터 2주 이내
② 교통사고 당사자의 의식불명, 당사자간의 합의 또는 국립과학수사연구원·도로교통공단 등 전문기관의 사고분석 기일 지연 등으로 인하여 2월 이내에 조사를 완료하지 못할 경우에는 경찰서장에게 그 이유를 보고한 후 빠른 시일내에 조사를 완료하여야 한다.

제4장 대형사고

제24조(보고 및 통보) ① 경찰서장(교통과장)은 관할 지역에서 대형사고가 발생한 경우 지체없이 별지 제3호서식의 "대형사고발생보고"를 작성하여 시·도경찰청장(교통과장 및 종합상황실장)에게 보고하여야 한다.
② 대형사고를 보고받은 시·도경찰청장은 이를 지체없이 다음 각 호에 따라 보고 및 통보하여야 한다. 이 경우 사고처리가 종료될 때까지 처리과정을 지속적으로 보고·통보하여야 한다.
1. 시·도청 교통과장은 경찰청 형사국장(강력범죄수사과장)
2. 시·도청 종합상황실장은 경찰청 종합상황실장
③ 시·도경찰청 종합상황실장은 시·도지사 및 사고차량 소속회사 등 관련기관·단체에 통보하여 사고수습 등 필요한 조치를 강구하게 하여야 한다.

제25조(지휘본부 설치) ① 대형사고가 발생한 때에는 사고의 신속한 처리와 사후수습을 위하여 필요한 때에는 시·도경찰청장 또는 경찰서장 소속으로 다음 각 호와 같이 지휘본부를 설치 운영한다.
1. 시·도경찰청 지휘본부 : 시·도경찰청 교통안전계(야간에는 상황실)에 설치
2. 경찰서 지휘본부 : 경찰서 교통과(야간에는 상황실)에 설치
3. 현장 지휘본부 : 대형사고 규모에 따라 필요시 사고현장에 설치
② 지휘본부에는 통신망을 확보하고 책임간부 이외에 경찰공무원 2명 이상이 정착하여 동원 인력 및 장비, 사고수습 진행상황 등을 시·도경찰청 및 경찰청 강력범죄수사과(야간에는 종합상황실)에 보고하여야 한다.
③ 고속도로에서 대형사고가 발생한 때에는 관할 지구대 또는 사고현장에 지휘 본부를 설치하고 시·도경찰청·경찰서와 협조하여 제1항 및 제2항의 규정에 따라 운영한다.

제26조(수습대책위원회 설치) ① 시·도경찰청장 또는 경찰서장은 대형사고를 수습하기 위하여 필요한 때에는 수습대책위원회(이하 "위원회"라 한다)를 설치하여 운영할 수 있다.
② 위원회의 구성은 관할 시장·군수를 위원장으로, 경찰서장을 부위원장으로 하

고, 경찰서 교통과장, 해당 시·군 교통국장(대중교통과장) 및 지역 기관장 등 일부를 위원으로 하는 것을 원칙으로 한다.
③ 시·도경찰청장 또는 경찰서장은 위원회의 효과적인 운영을 위하여 해당 기관·단체의 장과 협조하여 다음 각 호의 기준에 따른 집행부서를 설치하여 운영할 수 있도록 하여야 한다.
1. 현장조사 및 처리반: 경찰서 교통·수사(형사)과 담당 경찰관
2. 유족확인 및 대표선출반: 시·군 총무과장 및 읍·면·동·이장, 그 밖의 해당 지역주민에게 신망이 두터운 지역 인사
3. 유족수습반: 관할 시장·군수가 지명한 사람, 시·도 대중교통과, 해당 회사대표, 그 밖의 해당 지역 주민에게 신망이 두터운 지역 인사
4. 사체처리반: 관할 경찰서장이 지정하는 경찰공무원, 관할 보건소장이 지정하는 의사 및 장의사
5. 경호 및 연락반: 관할 경찰서장이 지정하는 경찰공무원 2명, 관할 시·군 공무원 2명

제27조(위원회의 역할) ① 위원회는 사상자 처리와 관련하여 다음 각 호의 조치를 하여야 한다.
1. 사망자는 여러 곳의 병원에 분산안치
2. 관, 수의, 분향대, 독경, 예장 등 장례용품 준비
3. 보건소장으로 하여금 의사동원, 사상자 위생조치
② 위원회는 유족 확인 및 대표 선출과 관련하여 다음 각 호의 조치를 하여야 한다.
1. 유족은 주민등록 등·초본 또는 가족관계등록부 등 공정증서를 이용하여 확인
2. 유족은 일반인과 구분할 수 있도록 일련번호가 표시된 검은리본 패용 협조
3. 유족대표는 사고규모에 따라 3~5명으로 구성
③ 위원회는 유족에 대한 위자료가 다음 각 호의 기준에 따라 협의·조정하여 지급하여야 한다.
1. 1단계, 위원회가 유족대표 및 회사대표와 협의·조정
2. 2단계, 시·도지사 및 시·도경찰청장이 유족대표, 회사대표와 협의·조정
④ 위원장은 회사대표 및 유족과 협의하여 장의절차가 개별 장의식으로 진행될 수 있도록 하여야 한다.
⑤ 위원회는 사체를 유족에게 인도하는 때에는 정확을 기하기 위하여 사체처리반 소속 경찰공무원 1명 이상을 책임자로 지정하여 인도 및 안장 여부를 확인하도록 하여야 한다.

제28조(최종보고) 시·도경찰청장은 발생된 대형사고에 대한 사후수습, 그 밖의 필요한 조치가 종료된 후에는 그 날부터 5일 이내에 다음 각 호의 사항을 경찰청장(강력범죄수사과장)에게 보고하여야 한다.
1. 별지 제4호서식의 "대형사고분석기록카드"
2. 유가족의 동향 등 사후수습 최종 결과

제29조(현장지도관 파견) ① 경찰청 형사국장은 교통사고 사망자가 5명 이상인 초

대형 교통사고가 발생한 경우에는 강력범죄수사과 경감급 이상을 반장으로 하여 국립과학수사연구원 및 도로교통공단 연구원 등 4인 이상으로 구성된 현장지도관을 파견할 수 있다.
② 현장지도관은 다음 각 호의 임무를 수행한다.
   1. 현장조치 및 언론대응 지도
   2. 위원회 구성 및 운영 지도
   3. 사고원인분석 및 감정
   4. 그 밖의 경찰청 지원사항 파악 조치

제5장 뺑소니 사고

제30조(수사체제 확립 등) ① 경찰서장은 뺑소니 사고의 범인 검거를 위하여 예상 도주로의 인접 시·도경찰청 및 경찰서와의 협력체제를 구축하고, 지역경찰, 수사·형사, 감식, 교통경찰 등을 총동원하여 신속하고 조직적인 수사를 할 수 있는 체계를 확립하는 등 뺑소니 사고를 중요강력사건과 같은 비중으로 수사하여야 한다.
② 경찰서장은 관할지역에서 뺑소니 사고가 발생하면 신속하고 효과적으로 수사할 수 있도록 평소에 다음 각 호의 기초자료를 수집·정비하여야 한다.
   1. 병원 또는 구호시설 등의 일람표
   2. 관할 지역내 CCTV 설치 위치 및 종류
   3. 교통·운수관계업체(대리운전·견인·중고차 매매업 포함) 대장
   4. 이륜차 판매·수리업체
   5. 타이어 모양 제원표 및 판매업소
   6. 자동차 정비·판금·도장 공장 등 일람표
   7. 자동차 유리·부속품 판매점 대장
   8. 폐차장·세차장 일람표
   9. 고속·시외·시내버스 운행 시간표
   10. 자동차 식별대장
③ 경찰서장은 뺑소니 사고에 대한 시민 신고 활성화를 위하여 다음 각 호와 같은 시민 협조체제를 구축하여야 한다.
   1. 자동차 공업사 책임자·종업원 등과 평소 밀접한 연락체계 및 신고체계 구축
   2. 교통안전교육 등을 통하여 뺑소니 사례발표 및 신고보상금 지급 등 뺑소니 시민 신고 활성화 계획 추진
④ 경찰서장은 관할지역 내에서 뺑소니 사고가 발생한 때에는 지령실 및 교통조사 기능을 통하여 전담 수사요원 소집·임무분담, 긴급배치, 수배, 순찰·수사용 차량을 집중 활용하는 등 전 경찰조직을 동원하여 초동수사를 전개하여야 한다.

제31조(초동수사요령) ① 교통조사관은 뺑소니 사고 발생신고를 접수한 때에는 다음 각 호의 사항을 조사하여야 한다.
   1. 신고자의 주소, 성명, 연령, 직업(뺑소니는 피해자 또는 목격자 신고가 일반적이며, 목격자를 가장한 가해자 신고에 주의)

    2. 신고시간(발생시간 추정에 활용)
    3. 발생일시 및 장소
    4. 발생개요
    5. 피해정도
    6. 차종, 등록번호, 도색, 형식, 상표, 적재물, 운전자 등 가해차량 상황
    7. 뺑소니 차량
② 경찰서장은 뺑소니 사고를 접수한 때에는 관할지역에 관계없이 발생일시·장소, 피해상황, 가해차량 번호·특징, 도주방향 등을 신속히 파악하여 발생지 경찰서장에게 통보하고 예상 도주로에 긴급배치수배 등 필요한 조치를 취하여야 한다.
③ 경찰서장은 사망자의 수 등 사건의 규모에 따라 추가보고 및 인접 시·도청·경찰서 긴급배치 등 필요한 후속조치를 계속하여야 한다.

제32조(현장조치 등) 뺑소니 사고 현장에 임하였을 때에는 제36조제1호의 규정에 의하여 보고하고 제8조에서 제17조까지의 규정에 의하여 조사한 후 제19조의 규정에 따른 실황조사서를 작성하여야 한다.

제33조(긴급배치 자동차 검문) ① 경찰공무원은 긴급배치로 인해 자동차를 검문할 때에는 자신이 부상당하지 않도록 주의하면서 정지·유도·검사·질문·추적 등 미리 정한 분담임무를 수행하되 검문한 차량의 등록번호 및 운전자의 주소, 성명, 운전면허번호, 행선지 등을 기록하여 두어야 한다.
② 차량을 검문할 때에는 다음 각 호의 요령을 참고하여 검문한다.
    1. 전조등·앞 범퍼·차량 앞부분·창유리·후사경·라디오 안테나 등의 파손, 결손
    2. 차량 도장의 흠, 결손, 혈액부착, 차체표면에 묻은 "먼지"가 없어진 흔적
    3. 과속 질주, 추월, 범인의 초조감에서 "지그재그"운전 또는 이상한 운전
    4. 사건직후 이유 없이 좌·우회전, 파출소 등의 회피, 이면도로 통행

제34조(지역경찰과의 협력) 뺑소니 사고 초동조치를 담당한 지구대·파출소 지역경찰은 초동조치 종료 후 다음 각 호와 같이 교통조사관의 뺑소니 사고 수사에 협력하여야 한다.
    1. 용의차량 검문검색 및 수배 유사차량을 발견시 교통과·계장 또는 야간 종합상황실장에게 즉보
    2. 사고현장 부근의 거주자, 특정 통행인·통행차량, 도주방향 등 수사 및 목격자, 유류품 발견 지원
    3. 사고의 전·후 상황, 용의차량 등에 대한 탐문
    4. 자동차 수리업자 등에 대한 수사

제35조(적용배제) 제30조부터 제34조까지의 규정은 제20조제4항제2호나목의 물피 뺑소니 사고의 경우에는 적용하지 아니한다.

제6장 보 칙

제36조(개인정보보호) 교통사고 조사과정에서 사고 관련자의 인적사항 등 개인정보를 취득한 교통조사관은 사고조사목적 또는 법령에 의하여 이용되거나 제공하는 경우 이외의 다른 용도로 이를 이용하거나 타인에게 제공 또는 누설하여서는 아니 된다.

제37조(보고 등) ① 교통사고에 관한 보고절차는 다음 각 호와 같다. 다만, 물피사고로서 도로에서의 위험방지와 원활한 소통을 위하여 필요한 조치가 이루어진 경우에는 그러하지 아니하다.
  1. 교통사고를 현장목격 또는 인지하였거나 신고를 접수한 경찰공무원은 경찰서장(교통과·계장 또는 야간 종합상황실장)에게 발생일시·장소, 사고의 종류 및 피해상황 등 즉보
  2. 경찰서장은 교통사고를 보고받은 즉시 교통조사관 현장출동 및 조사 하명
  3. 현장에 출동한 교통조사관은 현장조사 후 즉시 그 결과를 별지 제5호서식의 "교통사고 발생보고서(초동조사용)"에 의하여 교통과·계장 또는 야간 종합상황실장에게 보고
  4. 대형사고가 발생한 경우에는 제25조의 규정에 의하여 보고
  5. 고위공무원, 정치인, 방송연예인 등 사회적 파장이 예상되는 사람의 교통사고는 대형사고에 준하여 보고
  6. 주한 외교관의 교통사고는 외교부 통보 및 대형사고에 준하여 보고

② 주한미군등을 가해자로 조사한 경우에는 즉시 시·도경찰청을 경유하여 경찰청에 보고하고, 24시간 이내에 교통사고 발생사실을 관할 검찰청에 통보하여야 한다.

제38조(교통사고접수처리대장 기록 등) ① 교통사고를 접수한 교통조사관은 24시간 이내에 대장에 교통사고 내용을 입력하여야 한다.
② 경찰서 교통조사계장은 대장을 매 건마다 일일 결재하면서 사고처리상황 및 대장정리 상황을 확인·감독하여야 한다.
③ 교통사고를 조사한 교통조사관은 실황조사서를 작성하여 수결 및 운전면허 벌점부과 등 필요한 조치를 취한 후 이를 교통사고 행정처분 담당자에게 인계하여야 한다.

제39조(교통사고의 행정처분 등) ① 제38조 제3항의 규정에 의하여 실황조사서를 인수받은 행정처분 담당자는 대장에 입력된 사항과 대조하는 등 실황조사서와 대장의 등재내용이 일치하는지 확인하여야 한다.
② 행정처분 담당자는 실황조사서의 내용에 따라 운전면허행정처분, 운전면허대장 기록 등 필요한 행정업무를 처리한다.

제40조(사고처리 진행상황 통지) ① 교통조사관은 접수한 교통사고를 조사할 때에는 그 진행상황을 가해자·피해자에게 통지하여야 한다.
② 제1항에 따라 사고처리 진행상황을 통지할 때에는 구두, 전화, 우편, 모사전송,

이메일, 문자메시지(SMS) 등 가해자·피해자가 희망하는 방법으로 통지할 수 있다.
③ 교통조사관은 사고처리 결과를 입건 전 조사종결, 검찰청에 송치 또는 불송치 기록 송부 타 관서로 이송하는 등 조사를 완료한 때에는 그 날부터 3일 이내에 가해자·피해자에게 조사결과를 통지하여야 한다. 이 경우 제2항의 규정에 불구하고 별지 제6호서식의 사고처리결과 통지에 따라 통지하여야 한다.
④ 경찰공무원은 제1항에서 제3항까지의 통지가 수사 또는 재판에 지장을 주거나 가·피해자 또는 사고관계인의 명예와 권리를 부당히 침해할 우려가 있는 때에는 통지하지 않을 수 있다.

제41조(교통사고 전산관리) ① 고속도로순찰대원 또는 교통조사관은 사고를 접수한 시간부터 24시간 이내에 교통경찰업무관리시스템(TCS)에 다음 각 호의 항목을 우선 입력하여야 한다.
 1. 발생일시 및 장소(도로 구분 포함)
 2. 피해 정도
 3. 사고유형(차종 포함)
 4. 사고 개요
② 고속도로순찰대원 또는 교통조사관은 사망사고의 경우에는 제1항의 규정에도 불구하고 사망사실 확인 후 8시간 이내에 제1항 각 호의 사항을 입력하여야 한다. 다만, 대형사고 처리 등 부득이한 사유가 있는 경우에는 24시간 이내에 입력할 수 있다.
③ 교통조사관은 사고조사가 종결된 후에는 그 날부터 3일 이내에 제1항에서 규정된 항목 이외에 별표 3의 교통사고 통계원표에 표시된 항목을 교통사고관리시스템(TCS)에 입력하여야 한다.

제41조의2(전자적 사건처리) ① 검사가 「형사소송법」 제448조에 따라 약식명령을 청구할 수 있는 사건 중 피의자가 전자적 처리절차에 따를 것을 동의한 다음 각 호의 어느 하나에 해당하는 경우 「약식절차 등에서의 전자문서 이용 등에 관한 법률」 제5조제1항에 따라 관련 수사서류를 전자문서 또는 전자화문서로 작성하여 송치하는 방법으로 처리한다.
 1. 「도로교통법」 제148조의2제2항, 제152조제1호 및 제154조제2호에 해당하는 사건
 2. 제1호에 해당하는 사건과 관련되는 「도로교통법」 제159조에 해당하는 사건

제41조의3(문서 작성) ① 제41조의2의 경우 경찰관은 형사사법정보시스템(KICS)을 통해 전자문서를 작성한 후 송치 기록 송부하고 민원인이 제출한 종이문서나 그 밖에 전자적 형태로 작성되지 아니한 문서(이하 "전자화대상문서"라 한다)는 스캔 후 전자화문서로 변환하여 송치한다.
② 제1항에 따라 작성하는 전자문서 및 전자화문서의 종류는 별표 4와 같다.

제41조의4(전자화대상문서 폐기) ① 제41조의2에 따라 전자적으로 송치한 사건에

대하여 검찰의 처분이나 법원의 판결이 확정된 경우 전자화대상문서는 폐기한다.
② 제1항에 따라 전자화대상문서를 폐기하는 경우 사건을 처리한 조사관은 별지 제5호의2서식의 전자화대상문서 폐기 관리대장을 작성하고 소속 부서장의 결재를 받아 폐기한다.

제42조(사고통계 취합 등) ① 경찰청 강력범죄수사과장은 정확한 교통사고 사망자 통계를 유지하기 위하여 경찰서에서 전산 입력한 교통사고 통계를 매일 취합·정리하여야 한다.
② 경찰청 강력범죄수사과장은 안전행정부, 보험개발원, 각종 공제조합 등 유관기관 또는 단체의 사망자 자료를 정기적으로 수집하여 경찰서에서 입력한 교통사고 통계와 대조·확인하여야 한다.

제43조(수사서류 등) ① 교통사고 조사에 필요한 수사서류는 별표 2와 같다.
② 이 규칙에서 정한 서식 이외에 교통사고 조사에 필요한 서식은 「범죄수사규칙」에서 정한 서식을 준용한다.

제44조(유효기간) 이 규칙은 「훈령·예규 등의 발령 및 관리에 관한 규정」에 따라 이 규칙을 발령한 후의 법령이나 현실 여건의 변화 등을 검토해야 하는 2026년 7월 31일까지 효력을 가진다.

부칙

⟨제1088호, 2023. 7. 31.⟩

이 규칙은 발령한 날부터 시행한다.

3. 교통사고사실의 확인원 발급신청

① 경찰서장으로부터 교통사고 발생사실의 확인을 받으려는 교통사고의 가해자·피해자나 그 대리인은 교통사고사실확인원 발급 신청서(「도로교통법 시행규칙」 별지 제144호의6서식) (대리인이 신청하는 경우에는 발급대상자의 위임장 및 신분증명서 사본을 첨부)를 경찰서장에게 제출하고, 신분증명서를 제시해야 합니다(「도로교통법 시행규칙」 제129조의3제1항 본문).

② 다만, 신청인이 원하는 경우에는 신분증명서 제시를 갈음하여 전자적 방법으로 지문정보를 대조하여 본인 확인을 할 수 있습니다(「도로교통법 시행규칙」 제129조의3제1항 단서).

■ 도로교통법 시행규칙 [별지 제144호의6서식]

교통사고사실확인원 발급 신청서

접수번호		접수일자		처리기간	즉시
발급 대상자 (당사자)	성 명			생년월일	
	주 소			전화번호	
대상 사고	일 시				
	장 소				
용도					

「도로교통법 시행규칙」 제129조의3제1항에 따라 위와 같이 교통사고사실확인원 발급을 신청합니다.

년   월   일

신청인   　　　　　　　(서명 또는 인)

대리인   　　　　　　　(서명 또는 인)

(　　) 경찰서장 귀하

신청인 제출서류	1. 본인이 신청하는 경우: 신분증명서 2. 대리인이 신청하는 경우: 대리인의 신분증명서, 발급 대상자의 위임장 및 신분증명서 사본 등 대리인임을 입증할 수 있는 서류 * 신분증명서는 확인 후 돌려드립니다	수수료 없음

※ 「도로교통법 시행규칙」 제129조의3제1항 단서에 따라 신청인이 원하는 경우에는 신분증명서 제시를 갈음하여 전자적 방법으로 지문정보를 대조하여 본인확인을 할 수 있습니다. 이를 원하는 경우 동의서를 제출해 주시기 바랍니다.
※ 적성검사(갱신)기간 등의 운전면허 정보를 전자우편 및 휴대전화를 통해 제공하고 있습니다. 이를 원하는 경우 동의서를 제출해 주시기 바랍니다.

유의사항

교통사고사실확인원은 정부24 인터넷 홈페이지(www.gov.kr)를 통해서도 발급받을 수 있습니다.

210mm×297mm(백상지 80g/㎡ 또는 중질지 80g/㎡)

Part 3.
교통사고 책임 및 배상문제

1. 교통사고 책임 및 배상

1-1. 보험가입 의무

1-1-1. 인적피해에 대한 배상을 위한 책임보험 가입의무

① 자동차보유자는 자동차의 운행으로 다른 사람이 사망하거나 부상한 경우에 피해자(피해자가 사망한 경우에는 손해배상을 받을 권리를 가진 자를 말함. 이하 같음)에게 일정한 한도금액(사망의 경우 1억5천만원 등)의 범위에서 발생한 손해액을 지급할 책임을 지는 책임보험 또는 책임공제에 가입해야 합니다.

② 여객자동차 운송사업자, 자동차 대여사업자, 화물자동차 운송사업자, 건설기계 대여업자, 생활물류서비스사업자는 책임보험 또는 책임공제 외에도 그 배상책임한도를 초과하여 피해자 1인당 1억원 이상의 금액 또는 피해자에게 발생한 모든 손해액을 지급할 책임을 지는 보험이나 공제에 가입해야 합니다.

1-1-2. 물적피해에 대한 배상을 위한 보험 가입의무

자동차보유자는 책임보험 또는 책임공제에 가입하는 외에 자동차의 운행으로 다른 사람의 재물이 멸실 또는 훼손된 경우에 피해자에게 사고 1건당 1천만원의 범위에서 사고로 인해 발생한 손해액을 지급할 책임을 지는 보험이나 공제에 가입해야 합니다(「자동차손해배상보장법」 제5조제2항).

2. 자동차보험의 개념 및 종류

2-1. 자동차보험의 개념

자동차보험은 피보험자가 자동차를 소유·사용 또는 관리하는 동안에 발생한 사고로 생긴 손해를 보상하는 보험입니다[「상법」 제726조의2 참조].

2-2. 자동차보험의 종류

자동차보험은 다음과 같이 구분할 수 있습니다[「보험업감독업무시행세칙」 별표 15 표준약관 중 자동차보험(이하 "자동차보험 표준약관"이라 함)].

1. 개인용 자동차보험: 법정 정원 10인승 이하의 개인 소유 자가용 승용차. 다만, 인가된 자동차학원 또는 자동차학원 대표자가 소유하는 자동차로서 운전교습, 도로주행교육 및 시험에 사용되는 승용자동차는 제외

2. 업무용 자동차보험: 개인용 자동차를 제외한 모든 비사업용 자동차

3. 영업용 자동차보험: 사업용 자동차

4. 이륜 자동차보험: 이륜자동차 및 원동기장치자전거

5. 농기계 보험: 동력경운기, 농용트랙터 및 콤바인 등 농기계

2-3. 자동차보험의 구성

① 자동차보험은 자동차사고로 인해 타인(제3자)에게 피해를 입힌 경우 이를 보상하는 배상책임과 자신(피보험자)의 피해를 보상하는 배상책임 외의 보장종목으로 나뉩니다.

1. 배상책임: 자동차사고로 인해 피보험자가 손해배상책임을 짐으로써 입은 손해를 보상

담보종목	보상하는 내용
대인배상 I	자동차사고로 다른 사람을 죽게 하거나 다치게 한 경우 「자동차손해배상보장법」에서 정한 한도에서 보상
대인배상 II	자동차사고로 다른 사람을 죽게 하거나 다치게 한 경우, 그 손해가 「대인배상 I」에서 지급하는 금액을 초과하는 경우에 그 초과손해를 보상
대물배상	자동차사고로 다른 사람의 재물을 없애거나 훼손한 경우에 보상

2. 배상책임 이외의 보장종목: 자동차 사고로 인해 피보험자가 입은 손해를 보상

담보종목	보상하는 내용
자기신체사고	피보험자가 죽거나 다친 경우에 보상
무보험자동차에 의한 상해	무보험자동차에 의해 피보험자가 죽거나 다친 경우에 보상
자기차량손해	피보험자동차에 생긴 손해를 보상

3. 자동차보험의 가입의무 등

3-1. 자동차손해배상책임

① 자기를 위해 자동차를 운행하는 사람은 그 운행으로 다른 사람을 죽거나 다치게 한 경우에는 그 손해를 배상할 책임을 져야 합니다(「자동차손해배상 보장법」 제3조 본문).

② 다만, 다음에 해당하는 경우에는 손해를 배상할 책임이 없습니다(「자동차손해배상 보장법」 제3조 단서).

   1. 승객이 아닌 사람이 사망하거나 부상한 경우에 자기와 운전자가 자동차의 운행에 주의를 게을리 하지 않았고, 피해자 또는 자기 및 운전자 외의 제3자에게 고의 또는 과실이 있으며, 자동차의 구조상 결함이나 기능상 장해가 없었다는 것을 증명하는 경우

   2. 승객이 고의나 자살행위로 사망하거나 부상한 경우

3-2. 책임보험 등 가입의무

① 인적피해에 대한 배상을 위한 책임보험 가입의무
자동차보유자(자동차의 소유자나 자동차를 사용할 권리가 있는 자로서 자기를 위하여 자동차를 운행하는 자를 말함)는 자동차의 운행으로 다른 사람이 사망하거나 부상한 경우에 피해자(피해자가 사망한 경우에는 손해배상을 받을 권리를 가진 자를 말함)에게 다음의 보험금 또는 공제금을 지급할 책임을 지는 책임보험이나 책임공제(이하 '책임보험 등'이라 함)에 가입해야 합니다(「자동차손해배상 보장법」 제5조제1항 및 「자동차손해배상 보장법 시행령」 제3조제1항).

   1. 사망한 경우에는 1억5천만원의 범위에서 피해자에게 발생한 손해액. 다만, 그 손해액이 2천만원 미만인 경우에는 2천만원으로 합니다.

2. 부상한 경우에는 「자동차손해배상 보장법 시행령」 별표 1에서 정하는 금액의 범위에서 피해자에게 발생한 손해액. 다만, 그 손해액이 「자동차손해배상 보장법」 제15조제1항에 따른 자동차보험 진료수가(診療酬價)에 관한 기준에 따라 산출한 진료비 해당액에 미달하는 경우에는 「자동차손해배상 보장법 시행령」 별표 1에서 정하는 금액의 범위에서 그 진료비 해당액으로 합니다.

[별표1]

상해의 구분과 책임보험금의 한도금액(제3조제1항제2호 관련)

1. 상해 구분별 한도금액

상해급별	한도금액	상해내용
1급	3천만원	1. 수술 여부와 상관없이 뇌손상으로 신경학적 증상이 고도인 상해 (신경학적 증상이 48시간 이상 지속되는 경우에 적용한다) 2. 양안 안구 파열로 안구 적출술 또는 안구내용 제거술과 의안 삽입술을 시행한 상해 3. 심장 파열로 수술을 시행한 상해 4. 흉부 대동맥 손상 또는 이에 준하는 대혈관 손상으로 수술 또는 스탠트그라프트 삽입술을 시행한 상해 5. 척주(등골뼈) 손상으로 완전 사지마비 또는 완전 하반신마비를 동반한 상해 6. 척수 손상을 동반한 불안정성 방출성 척추 골절 7. 척수 손상을 동반한 척추 신연손상 또는 전위성(회전성) 골절 8. 상완신경총 완전 손상으로 수술을 시행한 상해 9. 위팔 부위 완전 절단(팔꿈치관절 부위 분리절단을 포함한다) 소실로 재접합술을 시행한 상해 10. 불안정성 골반뼈 골절로 수술을 시행한 상해 11. 비구 골절 또는 비구 골절 탈구로 수술을 시행한 상해 12. 넓적다리 부위 완전 절단(무릎관절 부위 분리절단을 포함한다) 소실로 재접합술을 시행한 상해

		13. 골의 분절 소실로 유리생골 이식술을 시행한 상해(근육, 근막 또는 피부 등 연부 조직을 포함한 경우에 적용한다) 14. 화상·좌창·괴사상처 등 연부 조직의 심한 손상이 몸 표면의 9퍼센트 이상인 상해 15. 그 밖에 1급에 해당한다고 인정되는 상해
2급	1,500 만원	1. 뇌손상으로 신경학적 증상이 중등도인 상해(신경학적 증상이 48시간 이상 지속되는 경우로 수술을 시행한 경우에 적용한다) 2. 흉부 기관, 기관지 파열, 폐 손상 또는 식도 손상으로 절제술을 시행한 상해 3. 내부 장기 손상으로 장기의 일부분이라도 적출 수술을 시행한 상해 4. 신장 파열로 수술한 상해 5. 척주 손상으로 불완전 사지마비를 동반한 상해 6. 신경 손상 없는 불안정성 방출성 척추 골절로 수술적 고정술을 시행한 상해 또는 목뼈 골절(치돌기 골절을 포함한다) 또는 탈구로 목뼈고정기(할로베스트)나 수술적 고정술을 시행한 상해 7. 상완 신경총 상부간부 또는 하부간부의 완전 손상으로 수술을 시행한 상해 8. 아래팔 완전 절단(손목관절 부위 분리절단을 포함한다) 소실로 재접합술을 시행한 상해 9. 엉덩관절의 골절성 탈구로 수술을 시행한 상해(비구 골절을 동반하지 않은 경우에 적용한다) 10. 넓적다리뼈머리 골절로 수술을 시행한 상해 11. 넓적다리뼈 윗목부 분쇄 골절, 돌기 아랫부분 분쇄 골절, 관절융기 분쇄 골절, 정강이뼈(경골) 관절융기 분쇄 골절 또는 정강이뼈 먼쪽 관절 내 분쇄 골절 12. 무릎관절의 골절 및 탈구로 수술을 시행한 상해 13. 종아리 완전 절단(발목관절 부위 분리절단을 포함한다) 소실로 재접합술을 시행한 상해 14. 팔다리 연부 조직에 손상이 심하여 유리 피판술을 시행한 상해 15. 그 밖에 2급에 해당한다고 인정되는 상해

급수	금액	상해 내용
3급	1,200만원	1. 뇌손상으로 신경학적 증상이 고도인 상해(신경학적 증상이 48시간 미만 지속되는 경우로 수술을 시행한 경우에 적용한다) 2. 뇌손상으로 신경학적 증상이 중등도인 상해(신경학적 증상이 48시간 이상 지속되는 경우로 수술을 시행하지 않은 경우에 적용한다) 3. 단안 안구 적출술 또는 안구 내용 제거술과 의안 삽입술을 시행한 상해 4. 흉부 대동맥 손상 또는 이에 준하는 대혈관 손상으로 수술을 시행하지 않은 상해 5. 절제술을 제외한 개흉 또는 흉강경 수술을 시행한 상해(진단적 목적으로 시행한 경우는 4급에 해당한다) 6. 요도 파열로 요도 성형술 또는 요도 내시경을 이용한 요도 절개술을 시행한 상해 7. 내부 장기 손상(장간막 파열을 포함한다)으로 장기 적출 없이 재건수술 또는 지혈수술 등을 시행한 상해 8. 척주 손상으로 불완전 하반신마비를 동반한 상해 9. 어깨관절 골절 및 탈구로 수술을 시행한 상해 10. 위팔 부위 완전 절단(팔꿈치관절 부위 분리절단을 포함한다) 소실로 재접합술을 시행하지 않은 상해 11. 팔꿈치관절 부위 골절 및 탈구로 수술을 시행한 상해 12. 손목 부위 완전 절단 소실로 재접합술을 시행한 상해 13. 넓적다리뼈 또는 정강이뼈 골절(넓적다리뼈머리 골절은 제외한다) 14. 넓적다리 부위 완전 절단(무릎관절 부위 분리절단을 포함한다) 소실로 재접합술을 시행하지 않은 상해 15. 무릎관절의 전방 및 후방 십자인대의 파열 16. 발목관절 골절 및 탈구로 수술을 시행한 상해 17. 발목관절의 손상으로 발목뼈의 완전탈구가 동반된 상해 18. 발목 완전 절단 소실로 재접합술을 시행한 상해 19. 그 밖에 3급에 해당한다고 인정되는 상해
4급	1천만	1. 뇌손상으로 신경학적 증상이 고도인 상해(신경학적 증상이

		48시간 미만 지속되는 경우로 수술을 시행하지 않은 경우에 적용한다)
	원	2. 각막 이식술을 시행한 상해
3. 후안부 안내 수술을 시행한 상해(유리체 출혈, 망막 박리 등으로 수술을 시행한 경우에 적용한다)
4. 흉부 손상 또는 복합 손상으로 인공호흡기를 시행한 상해 (기관절개술을 시행한 경우도 포함한다)
5. 진단적 목적으로 복부 또는 흉부 수술을 시행한 상해(복강경 또는 흉강경 수술도 포함한다)
6. 상완신경총 완전 손상으로 수술을 시행하지 않은 상해
7. 상완신경총 불완전 손상(2개 이상의 주요 말초신경 장애를 보이는 손상에 적용한다)으로 수술을 시행한 상해
8. 위팔뼈목 골절
9. 위팔뼈 몸통 분쇄성 골절
10. 위팔뼈 위관절융기 또는 위팔뼈 먼쪽 부위 관절내 골절 (경과 골절, 과간 골절, 내과 골절, 작은 머리 골절에 적용한다)로 수술을 시행한 상해
11. 노뼈 먼쪽 부위 골절과 자뼈머리 탈구가 동반된 상해(갈레아찌 골절을 말한다)
12. 자뼈 몸쪽 부위 골절과 노뼈머리 탈구가 동반된 상해(몬테지아 골절을 말한다)
13. 아래팔 완전 절단(손목관절 부위 분리절단을 포함한다) 소실로 재접합술을 시행하지 않은 상해
14. 노손목관절 골절 및 탈구(손목뼈간 관절 탈구, 먼쪽 노자관절 탈구를 포함한다)로 수술을 시행한 상해
15. 손목뼈 골절 및 탈구가 동반된 상해
16. 무지 또는 다발성 손가락의 완전 절단 소실로 재접합술을 시행한 상해
17. 불안정성 골반뼈 골절로 수술하지 않은 상해
18. 골반고리가 안정적인 골반뼈 골절(엉치뼈 골절 및 꼬리뼈 골절을 포함한다)로 수술을 시행한 상해

		19. 골반뼈 관절의 분리로 수술을 시행한 상해
		20. 바구 골절 또는 바구 골절 탈구로 수술을 시행하지 않은 상해
		21. 무릎관절 탈구로 수술을 시행한 상해
		22. 종아리 완전 절단(발목관절 부위 분리절단을 포함한다) 소실로 재접합술을 시행하지 않은 상해
		23. 목말뼈 또는 발꿈치뼈 골절
		24. 무족지 또는 다발성 발가락의 완전 절단 소실로 재접합술을 시행한 상해
		25. 팔다리의 연부 조직에 손상이 심하여 유경 피판술 또는 원거리 피판술을 시행한 상해
		26. 화상, 좌창, 괴사상처 등으로 연부 조직의 손상이 몸 표면의 약 4.5퍼센트 이상인 상해
		27. 그 밖에 4급에 해당한다고 인정되는 상해
5급	900 만원	1. 뇌손상으로 신경학적 증상이 중등도에 해당하는 상해(신경학적 증상이 48시간 미만 지속되는 경우로 수술을 시행한 경우에 적용한다)
		2. 안와 골절에 의한 겹보임[복시(複視)]으로 안와 골절 재건술과 사시 수술을 시행한 상해
		3. 복강내 출혈 또는 장기 파열 등으로 중재적 방사선학적 시술을 통하여 지혈술을 시행하거나 경피적 배액술 등을 시행하여 보존적으로 치료한 상해
		4. 안정성 추체 골절
		5. 상완 신경총 상부 몸통 또는 하부 몸통의 완전 손상으로 수술하지 않은 상해
		6. 위팔뼈 몸통 골절
		7. 노뼈머리 또는 자뼈 갈고리돌기 골절로 수술을 시행한 상해
		8. 노뼈와 자뼈의 몸통 골절이 동반된 상해
		9. 노뼈 붓돌기 골절
		10. 노뼈 먼쪽부위 관절 내 골절
		11. 손목 손배뼈 골절
		12. 손목 완전 절단 소실로 재접합술을 시행하지 않은 상해

		13. 무지를 제외한 단일 손가락의 완전 절단 소실로 재접합술을 시행한 상해
		14. 엉덩관절의 골절성 탈구로 수술을 시행하지 않은 상해(비구 골절을 동반하지 않은 경우에 적용한다)
		15. 엉덩관절 탈구로 수술을 시행한 상해
		16. 넓적다리뼈머리 골절로 수술을 시행하지 않은 상해
		17. 넓적다리뼈 또는 몸쪽 정강이뼈의 견열골절
		18. 무릎관절의 골절 및 탈구로 수술을 시행하지 않은 상해
		19. 무릎관절의 전방 또는 후방 십자인대의 파열
		20. 무릎뼈 골절
		21. 발목관절의 양과 골절 또는 삼과 골절(내과, 외과, 후과를 말한다)
		22. 발목관절 탈구로 수술을 시행한 상해
		23. 그 밖의 발목뼈 골절(목말뼈 및 발꿈치뼈는 제외한다)
		24. 발목발허리(리스프랑)관절 손상
		25. 3개 이상의 발허리뼈 골절로 수술을 시행한 상해
		26. 발목 완전 절단 소실로 재접합술을 시행하지 않은 상해
		27. 무족지를 제외한 단일 발가락의 완전 절단 소실로 재접합술을 시행한 상해
		28. 아킬레스건, 무릎인대, 넓적다리 사두건 또는 넓적다리 이두건 파열로 수술을 시행한 상해
		29. 팔다리 근육 또는 힘줄 파열로 6개 이상의 근육 또는 힘줄 봉합술을 시행한 상해
		30. 다발성 팔다리의 주요 혈관 손상으로 봉합술 또는 이식술을 시행한 상해
		31. 팔다리의 주요 말초 신경 손상으로 수술을 시행한 상해
		32. 23치 이상의 치과보철을 필요로 하는 상해
		33. 그 밖에 5급에 해당한다고 인정되는 상해
6급	700만원	1. 뇌손상으로 신경학적 증상이 경도인 상해(수술을 시행한 경우에 적용한다)

2. 뇌손상으로 신경학적 증상이 중등도에 해당하는 상해(신경학적 증상이 48시간 미만 지속되는 경우로 수술을 시행하지 않은 경우에 적용한다)
3. 전안부 안내 수술을 시행한 상해(외상성 백내장, 녹내장 등으로 수술을 시행한 경우에 적용한다)
4. 심장 타박
5. 폐타박상(한쪽 폐의 50퍼센트 이상 면적을 흉부 CT 등에서 확인한 경우에 한정한다)
6. 요도 파열로 유치 카테타, 부지 삽입술을 시행한 상해
7. 혈흉(혈액가슴증) 또는 기흉(공기가슴증)이 발생하여 폐쇄식 흉관 삽관수술을 시행한 상해
8. 어깨관절의 회전근개 파열로 수술을 시행한 상해
9. 외상성 상부관절와순 파열로 수술을 시행한 상해
10. 어깨관절 탈구로 수술을 시행한 상해
11. 어깨관절의 골절 및 탈구로 수술을 시행하지 않은 상해
12. 위팔뼈 대결절 견열 골절
13. 위팔뼈 먼쪽 부위 견열골절(외상과 골절, 내상과 골절 등에 해당한다)
14. 팔꿈치관절 부위 골절 및 탈구로 수술을 시행하지 않은 상해
15. 팔꿈치관절 탈구로 수술을 시행한 상해
16. 팔꿈치관절 내측 또는 외측 측부 인대 파열로 수술을 시행한 상해
17. 노뼈 몸통 또는 먼쪽 부위 관절 외 골절
18. 노뼈목 골절
19. 자뼈 팔꿈치머리 부위 골절
20. 자뼈 몸통 골절(몸쪽 부위 골절은 제외한다)
21. 다발성 손목손허리뼈 관절 탈구 또는 다발성 골절탈구
22. 무지 또는 다발성 손가락의 완전 절단 소실로 재접합술을 시행하지 않은 상해
23. 무릎관절 탈구로 수술을 시행하지 않은 상해

		24. 무릎관절 내측 또는 외측 측부인대 파열로 수술을 시행한 상해
25. 반월상(반달모양) 연골 파열로 수술을 시행한 상해
26. 발목관절 골절 및 탈구로 수술을 시행하지 않은 상해
27. 발목관절 내측 또는 외측 측부인대의 파열 또는 골절을 동반하지 않은 먼쪽 정강이뼈·종아리뼈 분리
28. 2개 이하의 발허리뼈 골절로 수술을 시행한 상해
29. 무족지 또는 다발성 발가락의 완전 절단 소실로 재접합술을 시행하지 않은 상해
30. 팔다리 근육 또는 힘줄 파열로 3개 이상 5개 이하의 근육 또는 힘줄 봉합술을 시행한 상해
31. 19치 이상 22치 이하의 치과보철을 필요로 하는 상해
32. 그 밖에 6급에 해당한다고 인정되는 상해
7급	500 만원	1. 다발성 얼굴 머리뼈 골절 또는 뇌신경 손상과 동반된 얼굴 머리뼈 골절
2. 겹보임을 동반한 마비 또는 제한 사시로 사시수술을 시행한 상해
3. 안와 골절로 재건술을 시행한 상해
4. 골다공증성 척추 압박골절
5. 쇄골(빗장뼈) 골절
6. 어깨뼈(어깨뼈가시, 어깨뼈몸통, 가슴우리 탈구, 어깨뼈목, 봉우리돌기 및 부리돌기 포함) 골절
7. 견봉 쇄골인대 및 오구 쇄골인대 완전 파열
8. 상완신경총 불완전 손상으로 수술을 시행하지 않은 상해
9. 노뼈머리 또는 자뼈 갈고리돌기 골절로 수술을 시행하지 않은 상해
10. 자뼈 붓돌기 기저부 골절
11. 삼각섬유연골 복합체 손상
12. 노손목관절 탈구(손목뼈간관절 탈구, 먼쪽 노자관절 탈구를 포함한다)로 수술을 시행한 상해

		13. 노손목관절 골절 및 탈구(손목뼈간관절 탈구, 먼쪽 노자관절 탈구를 포함한다)로 수술을 시행하지 않은 상해 14. 손배뼈 외 손목뼈 골절 15. 손목 부위 손배뼈 · 반달뼈 사이 인대 파열 16. 손목손허리뼈 관절의 탈구 또는 골절탈구 17. 다발성 손허리뼈 골절 18. 손허리손가락관절의 골절 및 탈구 19. 무지를 제외한 단일 손가락의 완전 절단 소실로 재접합술을 시행하지 않은 상해 20. 골반뼈 관절의 분리로 수술을 시행하지 않은 상해 21. 엉덩관절 탈구로 수술을 시행하지 않은 상해 22. 종아리뼈 몸통 골절 또는 뼈머리 골절 23. 발목관절 탈구로 수술을 시행하지 않은 상해 24. 발목관절 내과, 외과 또는 후과 골절 25. 무족지를 제외한 단일 발가락의 완전 절단 소실로 재접합술을 시행하지 않은 상해 26. 16치 이상 18치 이하의 치과보철을 필요로 하는 상해 27. 그 밖에 7급에 해당한다고 인정되는 상해
8급	300 만원	1. 뇌손상으로 신경학적 증상이 경도인 상해(수술을 시행하지 않은 경우에 적용한다) 2. 위턱뼈, 아래턱뼈, 이틀뼈 등의 얼굴 머리뼈 골절 3. 외상성 시신경병증 4. 외상성 안검하수로 수술을 시행한 상해 5. 복합 고막 파열 6. 혈흉 또는 기흉이 발생하여 폐쇄식 흉관 삽관수술을 시행하지 않은 상해 7. 3개 이상의 다발성 갈비뼈 골절 8. 각종 돌기 골절(극돌기, 가로돌기) 또는 후궁 골절 9. 어깨관절 탈구로 수술을 시행하지 않은 상해 10. 위팔뼈 위관절융기 또는 위팔뼈 먼쪽 부위 관절 내 골절

		(경과 골절, 과간 골절, 내과 골절, 작은 머리 골절 등을 말한다)로 수술을 시행하지 않은 상해
11. 팔꿈치관절 탈구로 수술을 시행하지 않은 상해
12. 손허리뼈 골절
13. 손가락뼈의 몸쪽 손가락뼈 사이 또는 먼쪽 손가락뼈 사이 골절 탈구
14. 다발성 손가락뼈 골절
15. 무지 손허리손가락관절 측부인대 파열
16. 골반고리가 안정적인 골반뼈 골절(엉치뼈 골절 및 꼬리뼈 골절을 포함한다)로 수술을 시행하지 않은 상해
17. 무릎관절 십자인대 부분 파열로 수술을 시행하지 않은 상해
18. 3개 이상의 발허리뼈 골절로 수술을 시행하지 않은 상해
19. 손발가락뼈 골절 및 탈구로 수술을 시행한 상해
20. 팔다리의 근육 또는 힘줄 파열로 하나 또는 두 개의 근육 또는 힘줄 봉합술을 시행한 상해
21. 팔다리의 주요 말초 신경 손상으로 수술을 시행하지 않은 상해
22. 팔다리의 감각 신경 손상으로 수술을 시행한 상해
23. 팔다리의 다발성 주요 혈관손상으로 봉합술 혹은 이식술을 시행한 상해
24. 팔다리의 연부 조직 손상으로 피부 이식술이나 국소 피판술을 시행한 상해
25. 13치 이상 15치 이하의 치과보철을 필요로 하는 상해
26. 그 밖에 8급에 해당한다고 인정되는 상해
9급	240 만원	1. 얼굴 부위의 코뼈 골절로 수술을 시행한 상해
2. 2개 이하의 단순 갈비뼈 골절
3. 고환 손상으로 수술을 시행한 상해
4. 음경 손상으로 수술을 시행한 상해
5. 복장뼈(흉골) 골절
6. 추간판 탈출증

		7. 흉쇄관절 탈구 8. 팔꿈치관절 내측 또는 외측 측부 인대 파열로 수술을 시행하지 않은 상해 9. 노손목관절 탈구(손목뼈간관절 탈구, 먼쪽 노자관절 탈구를 포함한다)로 수술을 시행하지 않은 상해 10. 손가락뼈 골절로 수술을 시행한 상해 11. 손가락관절 탈구 12. 무릎관절 측부인대 부분 파열로 수술을 시행하지 않은 상해 13. 2개 이하의 발허리뼈 골절로 수술을 시행하지 않은 상해 14. 발가락뼈 골절 또는 발가락관절 탈구로 수술을 시행한 상해 15. 그 밖에 견열골절 등 제불완전골절 16. 아킬레스건, 무릎인대, 넓적다리 사두건 또는 넓적다리 이두건 파열로 수술을 시행하지 않은 상해 17. 손가락·발가락 폄근힘줄 1개의 파열로 힘줄 봉합술을 시행한 상해 18. 팔다리의 주요 혈관손상으로 봉합술 혹은 이식술을 시행한 상해 19. 11치 이상 12치 이하의 치과보철을 필요로 하는 상해 20. 그 밖에 9급에 해당한다고 인정되는 상해
10급	200 만원	1. 3cm 이상 얼굴 부위 찢김상처(열상) 2. 안검과 누소관 찢김상처로 봉합술과 누소관 재건술을 시행한 상해 3. 각막, 공막 등의 찢김상처로 일차 봉합술만 시행한 상해 4. 어깨관절부위의 회전근개 파열로 수술을 시행하지 않은 상해 5. 외상성 상부관절와순 파열 중 수술을 시행하지 않은 상해 6. 손발가락관절 골절 및 탈구로 수술을 시행하지 않은 상해 7. 다리 3대 관절의 혈관절증 8. 연부조직 또는 피부 결손으로 수술을 시행하지 않은 상해 9. 9치 이상 10치 이하의 치과보철을 필요로 하는 상해 10. 그 밖에 10급에 해당한다고 인정되는 상해

급수	금액	상해 내용
11급	160만원	1. 뇌진탕 2. 얼굴 부위의 코뼈 골절로 수술을 시행하지 않는 상해 3. 손가락뼈 골절 또는 손가락관절 탈구로 수술을 시행하지 않은 상해 4. 발가락뼈 골절 또는 발가락관절 탈구로 수술을 시행하지 않은 상해 5. 6치 이상 8치 이하의 치과보철을 필요로 하는 상해 6. 그 밖에 11급에 해당한다고 인정되는 상해
12급	120만원	1. 외상 후 급성 스트레스 장애 2. 3cm 미만 얼굴 부위 찢김상처 3. 척추 염좌 4. 팔다리 관절의 근육 또는 힘줄의 단순 염좌 5. 팔다리의 찢김상처로 창상 봉합술을 시행한 상해(길이에 관계없이 적용한다) 6. 팔다리 감각 신경 손상으로 수술을 시행하지 않은 상해 7. 4치 이상 5치 이하의 치과보철을 필요로 하는 상해 8. 그 밖에 12급에 해당한다고 인정되는 상해
13급	80만원	1. 결막의 찢김상처로 일차 봉합술을 시행한 상해 2. 단순 고막 파열 3. 흉부 타박상으로 갈비뼈 골절 없이 흉부의 동통을 동반한 상해 4. 2치 이상 3치 이하의 치과보철을 필요로 하는 상해 5. 그 밖에 13급에 해당한다고 인정되는 상해
14급	50만원	1. 방광, 요도, 고환, 음경, 신장, 간, 지라 등 내부장기 손상(장간막파열을 포함한다)으로 수술을 시행하지 않은 상해 2. 손발가락 관절 염좌 3. 팔다리의 단순 타박 4. 1치 이하의 치과보철을 필요로 하는 상해 5. 그 밖에 14급에 해당한다고 인정되는 상해

2. 영역별 세부지침

영역	내용
공통	가. 2급부터 11급까지의 상해 내용 중 2가지 이상의 상해가 중복된 경우에는 가장 높은 등급에 해당하는 상해부터 하위 3등급(예: 상해내용이 2급에 해당하는 경우에는 5급까지) 사이의 상해가 중복된 경우에만 가장 높은 상해 내용의 등급보다 한 등급 높은 금액으로 배상(이하 "병급"이라 한다)한다.
	나. 일반 외상과 치과보철을 필요로 하는 상해가 중복된 경우에는 각각의 상해 등급별 금액을 배상하되, 그 합산액이 1급의 금액을 초과하지 않는 범위에서 배상한다.
	다. 1개의 상해에서 2개 이상의 상향 또는 하향 조정의 요인이 있을 때 등급 상향 또는 하향 조정은 1회만 큰 폭의 조정을 적용한다. 다만, 상향 조정 요인과 하향 조정 요인이 여러 개가 함께 있을 때에는 큰 폭의 상향 또는 큰 폭의 하향 조정 요인을 각각 선택하여 함께 반영한다.
	라. 재해 발생 시 만 13세 미만인 사람은 소아로 인정한다.
	마. 연부 조직에 손상이 심하여 유리 피판술, 유경 피판술, 원거리 피판술, 국소 피판술이나 피부 이식술을 시행할 경우 얼굴 부위는 1등급 상위등급을 적용하고, 손 부위, 발 부위에 국한된 손상에 대해서는 한 등급 아래의 등급을 적용한다.
머리	가. "뇌손상"이란 국소성 뇌손상인 외상성 머리뼈안의 출혈(경막상·하 출혈, 뇌실 내 및 뇌실질 내 출혈, 거미막하 출혈 등을 말한다) 또는 경막하 수활액낭종, 거미막 낭종, 머리뼈 골절(머리뼈 기저부 골절을 포함한다) 등과 미만성 축삭손상을 포함한 뇌 타박상을 말한다.
	나. 4급 이하(4급에서 14급까지를 말한다)에서 의식 외에 뇌신경 손상이나 국소성 신경학적 이상 소견이 있는 경우 한 등급을 상향 조정할 수 있다.
	다. 신경학적 증상은 글라스고우 혼수척도(Glasgow coma scale)로 구분하며, 고도는 8점 이하, 중등도는 9점 이상 12점 이하, 경도는 13점 이상 15점 이하를 말한다.

		라. 글라스고우 혼수척도는 진정치료 전에 평가하는 것을 원칙으로 한다.
		마. 글라스고우 혼수척도 평가 시 의식이 있는 상태에서 기관지 삽관이 필요한 경우는 제외한다.
		바. 의무기록 상 의식상태가 혼수(coma)와 반혼수(semicoma)는 고도, 혼미(stupor)는 중등도, 기면(drowsy)은 경도로 본다.
		사. 두피 타박상, 찢김상처(열창)는 14급으로 본다.
		아. 만성 경막하 혈종으로 수술을 시행한 경우에는 6급 2호를 적용한다.
		자. 외상 후 급성 스트레스 장애는 다른 진단이 전혀 없이 단독 부상 및 질병으로 외상 후 1개월 이내 발병된 경우에 적용한다.
흉·복부		심장타박(6급)의 경우, ①심전도에서 Tachyarrythmia 또는 ST 변화 또는 부정맥, ②심초음파에서 심장막액증가소견이 있거나 심장벽운동저하, ③심장효소치증가(CPK-MB, and Troponin T)의 세가지 요구 충족 시 인정한다.
척추		가. 완전 마비는 근력등급 3 이하인 경우이며, 불완전 마비는 근력등급 4인 경우로 정한다.
		나. 척추관 협착증이나 추간판 탈출증이 외상으로 증상이 발생한 경우나 악화된 경우는 9급으로 본다.
		다. 척주 손상으로 인하여 신경근증 이나 감각이상을 호소하는 경우는 9급으로 본다.
		라. 마미증후군은 척수손상으로 본다.
팔·다리	공통	가. 2급부터 11급까지의 내용 중 팔다리 골절에서 별도로 상해 등급이 규정되지 않은 경우, 보존적 치료를 시행한 골절은 해당 등급에서 2급 낮은 등급을 적용하며, 도수 정복 및 경피적 핀 고정술을 시행한 경우에는 해당 등급에서 1급 낮은 등급을 적용한다.
		나. 2급부터 11급까지의 상해 내용 중 개방성 골절 또는 탈구에서 거스틸로 2형 이상(개방창의 길이가 1cm 이상인 경우를 말한다)의 개방성 골절 또는 탈구에서만 1등급 상위 등급을 적용한다.
		다. 2급부터 11급까지의 상해 내용 중 "수술적 치료를 시행하지 않은

"이라고 명확하게 기록되지 않은 각 등급 손상 내용은 수술적 치료를 시행한 경우를 말하며, 보존적 치료를 시행한 경우가 따로 명시되지 않은 경우는 두 등급 하향 조정함을 원칙으로 한다.

라. 양측 또는 단측을 별도로 규정한 경우에는 병합하지 않으나, 별도 규정이 없는 양측 손상인 경우에는 병합한다.

마. 골절에 주요 말초신경의 손상 동반 시 해당 골절보다 1등급 상위 등급을 적용한다.

바. 재접합술을 시행한 절단소실의 경우 해당부위의 절단보다 2급 높은 등급을 적용한다.

사. 아절단은 완전 절단에 준한다.

아. 관절 분리절단의 경우는 상부위 절단으로 본다.

자. 골절 치료로 인공관절 치환술 시행할 경우 해당부위의 골절과 동일한 등급으로 본다.

차. 팔다리 근육 또는 힘줄의 부분 파열로 보존적으로 치료한 경우 근육 또는 힘줄의 단순 염좌(12급)로 본다.

카. 팔다리 관절의 인공관절 치환 후 재치환 시 해당 부위 골절보다 1등급 높은 등급을 적용한다.

타. 보존적으로 치료한 팔다리 주요관절 골절 및 탈구는 해당관절의 골절 및 탈구보다 3등급 낮은 등급을 적용한다.

파. 수술을 시행한 팔다리 주요 관절 탈구는 해당 관절의 보존적으로 치료한 탈구보다 2등급 높은 등급을 적용한다.

하. 동일 관절 혹은 동일 골의 손상은 병합하지 않으며 상위 등급을 적용한다

거. 분쇄 골절을 형성하는 골절선은 선상(선모양) 골절이 아닌 골절선으로 판단한다.

너. 손발가락 절단 시 절단부위에 따른 차이는 두지 않는다.

더. "근육(근), 힘줄(건), 인대 파열"이란 완전 파열을 말하며, 부분 파열은 수술을 시행한 경우에 완전 파열로 본다.

러. 팔다리뼈 골절 중 상해등급에서 별도로 명시하지 않은 팔다리 뼈 골절(견열골절을 포함한다)은 제불완전골절로 본다. 다만,

		개방정복(피부와 근육 절개 후 골절된 뼈를 바로잡는 시술을 말한다)을 시행한 경우는 해당 부위 골절 항에 적용한다.
		머. 팔다리뼈 골절 시 시행한 외고정술도 수술을 한 것으로 본다.
		버. 소아의 경우, 성인의 동일 부위 골절보다 1급 낮게 적용한다. 다만, 성장판 손상이 동반된 경우와 연부조직 손상은 성인과 동일한 등급을 적용한다.
		서. 주요 동맥 또는 정맥 파열로 봉합술을 시행한 상해의 경우, 주요 동맥 또는 정맥이란 수술을 통한 혈행의 확보가 의학적으로 필요한 경우를 말하며, "다발성 혈관 손상"이란 2개 부위 이상의 주요 동맥 또는 정맥의 손상을 말한다.
	팔	가. 상부관절순 파열은 외상성 파열만 인정한다.
		나. 회전근개 파열 개수에 따른 차등을 두지 않는다.
		다. 6급의 어깨관절 탈구에서 재발성 탈구를 초래할 수 있는 해부학적 병변이 동시 확인된 경우는 수술 여부에 상관없이 6급을 적용한다.
		라. 견봉 쇄골간 관절 탈구, 관절낭 또는 견봉 쇄골간 인대 파열은 견봉 쇄골인대 및 오구 쇄골인대의 완전 파열에 포함되고, 견봉 쇄골인대 및 오구 쇄골인대의 완전 파열로 수술한 경우 7급을 적용하며, 부분 파열로 보존적 치료를 시행한 경우 9급을 적용하고, 단순 염좌의 경우 12급을 적용한다.
	다리	가. 양측 두덩뼈가지(치골지) 골절, 두덩뼈(치골) 위아래 가지 골절 등에서는 병급하지 않는다.
		나. 엉치뼈 골절, 꼬리뼈 골절은 골반뼈 골절로 본다.
		다. 무릎관절 십자인대 파열은 전후방 십자인대의 동시 파열이 별도로 규정되어 있으므로 병급하지 않으나 내외측 측부인대 동시 파열, 십자인대와 측부인대 파열, 반월상 연골판 파열 등은 병급한다.
		라. 후경골건 및 전경골건 파열은 발목관절 측부인대 파열로 수술을 시행한 경우의 등급으로 본다.
		마. 넓적다리뼈 또는 정강이뼈·종아리뼈의 견열성 골절의 경우, 동일 관절의 인대 손상에 대하여 수술적 치료를 시행한 경우는 인대 손상 등급으로 본다.

	바.	정강이뼈 후과의 단독 골절 시 발목관절 내과 또는 외과의 골절로 본다.
	사.	엉덩관절이란 넓적다리뼈머리와 골반뼈의 비구를 포함하며, "골절 탈구"란 골절과 동시에 관절의 탈구가 발생한 상태를 말한다.
	아.	불안정성 골반 골절은 골반고리를 이루는 골간의 골절 탈구를 포함한다.
	자.	"다리의 3대 관절"이란 엉덩관절, 무릎관절, 발목관절을 말한다.
	차.	무릎관절의 전방 또는 후방 십자인대의 파열은 완전파열(또는 이에 준하는 파열)로 인대 복원수술을 시행한 파열에 적용한다.
	카.	골반고리가 안정적인 골반뼈의 수술을 시행한 골절은 두덩뼈 골절로 수술한 경우 등을 포함한다.

3. 부상에 대한 치료를 마친 후 더 이상의 치료효과를 기대할 수 없고 그 증상이 고정된 상태에서 그 부상이 원인이 되어 신체의 장애(이하 '후유장애'라 함)가 생긴 경우에는 「자동차손해배상 보장법 시행령」 별표 2에서 정하는 금액의 범위에서 피해자에게 발생한 손해액

[별표 2]
후유장애의 구분과 책임보험금의 한도금액(제3조제1항제3호 관련)

장애급별	한도금액	신체장애 내용
1급	1억5천만원	1. 두 눈이 실명된 사람 2. 말하는 기능과 음식물을 씹는 기능을 완전히 잃은 사람 3. 신경계통의 기능 또는 정신기능에 뚜렷한 장애가 남아 항상 보호를 받아야 하는 사람 4. 흉복부 장기의 기능에 뚜렷한 장애가 남아 항상 보호를 받아야 하는 사람 5. 반신불수가 된 사람 6. 두 팔을 팔꿈치관절 이상의 부위에서 잃은 사람

급	금액	내용
		7. 두 팔을 완전히 사용하지 못하게 된 사람 8. 두 다리를 무릎관절 이상의 부위에서 잃은 사람 9. 두 다리를 완전히 사용하지 못하게 된 사람
2급	1억 3,500 만원	1. 한쪽 눈이 실명되고 다른 쪽 눈의 시력이 0.02 이하로 된 사람 2. 두 눈의 시력이 각각 0.02 이하로 된 사람 3. 두 팔을 손목관절 이상의 부위에서 잃은 사람 4. 두 다리를 발목관절 이상의 부위에서 잃은 사람 5. 신경계통의 기능 또는 정신기능에 뚜렷한 장애가 남아 수시로 보호를 받아야 하는 사람 6. 흉복부 장기의 기능에 뚜렷한 장애가 남아 수시로 보호를 받아야 하는 사람
3급	1억2천 만원	1. 한쪽 눈이 실명되고 다른 쪽 눈의 시력이 0.06 이하로 된 사람 2. 말하는 기능이나 음식물을 씹는 기능을 완전히 잃은 사람 3. 신경계통의 기능 또는 정신기능에 뚜렷한 장애가 남아 일생 동안 노무에 종사할 수 없는 사람 4. 흉복부 장기의 기능에 뚜렷한 장애가 남아 일생 동안 노무에 종사할 수 없는 사람 5. 두 손의 손가락을 모두 잃은 사람
4급	1억500 만원	1. 두 눈의 시력이 0.06 이하로 된 사람 2. 말하는 기능과 음식물을 씹는 기능에 뚜렷한 장애가 남은 사람 3. 고막이 전부 결손되거나 그 외의 원인으로 인하여 두 귀의 청력을 완전히 잃은 사람 4. 한쪽 팔을 팔꿈치관절 이상의 부위에서 잃은 사람 5. 한쪽 다리를 무릎관절 이상의 부위에서 잃은 사람 6. 두 손의 손가락을 모두 제대로 못쓰게 된 사람 7. 두 발을 발목발허리(리스프랑)관절 이상의 부위에서 잃은 사람
5급	9천만 원	1. 한쪽 눈이 실명되고 다른 쪽 눈의 시력이 0.1 이하로 된 사람 2. 한쪽 팔을 손목관절 이상의 부위에서 잃은 사람 3. 한쪽 다리를 발목관절 이상의 부위에서 잃은 사람

		4. 한쪽 팔을 완전히 사용하지 못하게 된 사람
		5. 한쪽 다리를 완전히 사용하지 못하게 된 사람
		6. 두 발의 발가락을 모두 잃은 사람
		7. 신경계통의 기능 또는 정신기능에 뚜렷한 장애가 남아 특별히 손쉬운 노무 외에는 종사할 수 없는 사람
		8. 흉복부 장기의 기능에 뚜렷한 장애가 남아 특별히 손쉬운 노무 외에는 종사할 수 없는 사람
6급	7,500만원	1. 두 눈의 시력이 0.1 이하로 된 사람 2. 말하는 기능이나 음식물을 씹는 기능에 뚜렷한 장애가 남은 사람 3. 고막이 대부분 결손되거나 그 외의 원인으로 인하여 두 귀의 청력이 귀에 입을 대고 말하지 않으면 큰 말소리를 알아듣지 못하게 된 사람 4. 한 귀가 전혀 들리지 않게 되고 다른 귀의 청력이 40센티미터 이상의 거리에서는 보통의 말소리를 알아듣지 못하게 된 사람 5. 척주(등골뼈)에 뚜렷한 기형이나 뚜렷한 운동장애가 남은 사람 6. 한쪽 팔의 3대 관절 중 2개 관절을 못쓰게 된 사람 7. 한쪽 다리의 3대 관절 중 2개 관절을 못쓰게 된 사람 8. 한쪽 손의 5개 손가락을 잃거나 한쪽 손의 엄지손가락과 둘째손가락을 포함하여 4개의 손가락을 잃은 사람
7급	6천만원	1. 한쪽 눈이 실명되고 다른 쪽 눈의 시력이 0.6 이하로 된 사람 2. 두 귀의 청력이 모두 40센티미터 이상의 거리에서는 보통의 말소리를 알아듣지 못하게 된 사람 3. 한쪽 귀가 전혀 들리지 않게 되고 다른 쪽 귀의 청력이 1미터 이상의 거리에서는 보통의 말소리를 알아듣지 못하게 된 사람 4. 신경계통의 기능 또는 정신기능에 장애가 남아 손쉬운 노무 외에는 종사하지 못하는 사람 5. 흉복부 장기의 기능에 장애가 남아 손쉬운 노무 외에는 종사하지 못하는 사람 6. 한쪽 손의 엄지손가락과 둘째손가락을 잃은 사람 또는 한

급	금액	내용
		쪽 손의 엄지 손가락이나 둘째손가락을 포함하여 3개 이상의 손가락을 잃은 사람 7. 한쪽 손의 5개의 손가락 또는 한쪽 손의 엄지손가락과 둘째손가락을 포함하여 4개의 손가락을 제대로 못쓰게 된 사람 8. 한쪽 발을 발목발허리관절 이상의 부위에서 잃은 사람 9. 한쪽 팔에 가관절(假關節: 부러진 뼈가 완전히 아물지 못하여 그 부분이 마치 관절처럼 움직이는 상태를 말한다. 이하 같다)이 남아 뚜렷한 운동장애가 남은 사람 10. 한쪽 다리에 가관절이 남아 뚜렷한 운동장애가 남은 사람 11. 두 발의 발가락을 모두 제대로 못쓰게 된 사람 12. 외모에 뚜렷한 흉터가 남은 사람 13. 양쪽의 고환을 잃은 사람
8급	4,500 만원	1. 한쪽 눈이 시력이 0.02 이하로 된 사람 2. 척추에 운동장애가 남은 사람 3. 한쪽 손의 엄지손가락을 포함하여 2개의 손가락을 잃은 사람 4. 한쪽 손의 엄지손가락과 둘째손가락을 제대로 못쓰게 된 사람 또는 한쪽 손의 엄지손가락이나 둘째손가락을 포함하여 3개 이상의 손가락을 제대로 못쓰게 된 사람 5. 한쪽 다리가 5센티미터 이상 짧아진 사람 6. 한쪽 팔의 3대 관절 중 1개 관절을 제대로 못쓰게 된 사람 7. 한쪽 다리의 3대 관절 중 1개 관절을 제대로 못쓰게 된 사람 8. 한쪽 팔에 가관절이 남은 사람 9. 한쪽 다리에 가관절이 남은 사람 10. 한쪽 발의 발가락을 모두 잃은 사람 11. 비장 또는 한쪽의 신장을 잃은 사람
9급	3,800 만원	1. 두 눈의 시력이 각각 0.6 이하로 된 사람 2. 한쪽 눈의 시력이 0.06 이하로 된 사람 3. 두 눈에 반맹증·시야협착 또는 시야결손이 남은 사람 4. 두 눈의 눈꺼풀에 뚜렷한 결손이 남은 사람

		5. 코가 결손되어 그 기능에 뚜렷한 장애가 남은 사람
		6. 말하는 기능과 음식물을 씹는 기능에 장애가 남은 사람
		7. 두 귀의 청력이 모두 1미터 이상의 거리에서는 보통의 말소리를 알아듣지 못하게 된 사람
		8. 한쪽 귀의 청력이 귀에 입을 대고 말하지 않으면 큰 말소리를 알아듣지 못하고 다른 쪽 귀의 청력이 1미터 이상의 거리에서는 보통의 말소리를 알아듣지 못하게 된 사람
		9. 한쪽 귀의 청력을 완전히 잃은 사람
		10. 한쪽 손의 엄지손가락을 잃은 사람 또는 둘째손가락을 포함하여 2개의 손가락을 잃은 사람 또는 엄지손가락과 둘째손가락 외의 3개의 손가락을 잃은 사람
		11. 한쪽 손의 엄지손가락을 포함하여 2개의 손가락을 제대로 못쓰게 된 사람
		12. 한쪽 발의 엄지발가락을 포함하여 2개 이상의 발가락을 잃은 사람
		13. 한쪽 발의 발가락을 모두 제대로 못쓰게 된 사람
		14. 생식기에 뚜렷한 장애가 남은 사람
		15. 신경계통의 기능 또는 정신기능에 장애가 남아 노무가 상당한 정도로 제한된 사람
		16. 흉복부 장기의 기능에 장애가 남아 노무가 상당한 정도로 제한된 사람
10급	2,700 만원	1. 한쪽 눈이 시력이 0.1 이하로 된 사람
		2. 말하는 기능이나 음식물을 씹는 기능에 장애가 남은 사람
		3. 14개 이상의 치아에 대하여 치과보철을 한 사람
		4. 한쪽 귀의 청력이 귀에 입을 대고 말하지 않으면 큰 말소리를 알아듣지 못하게 된 사람
		5. 두 귀의 청력이 모두 1미터 이상의 거리에서 보통의 말소리를 듣는 데 지장이 있는 사람
		6. 한쪽 손의 둘째손가락을 잃은 사람 또는 엄지손가락과 둘째 가락 외의 2개의 손가락을 잃은 사람
		7. 한쪽 손의 엄지손가락을 제대로 못쓰게 된 사람 또는 한

		쪽 손의 둘째손가락을 포함하여 2개의 손가락을 제대로 못쓰게 된 사람 또는 한 쪽 손의 엄지손가락과 둘째손가락 외의 3개의 손가락을 제대로 못쓰게 된 사람 8. 한쪽 다리가 3센티미터 이상 짧아진 사람 9. 한쪽 발의 엄지발가락 또는 그 외의 4개의 발가락을 잃은 사람 10. 한쪽 팔의 3대 관절 중 1개 관절의 기능에 뚜렷한 장애가 남은 사람 11. 한쪽 다리의 3대 관절 중 1개 관절의 기능에 뚜렷한 장애가 남은 사람
11급	2,300 만원	1. 두 눈이 모두 근접반사 기능에 뚜렷한 장애가 남거나 뚜렷한 운동장애가 남은 사람 2. 두 눈의 눈꺼풀에 뚜렷한 장애가 남은 사람 3. 한쪽 눈의 눈꺼풀에 결손이 남은 사람 4. 한쪽 귀의 청력이 40센티미터 이상의 거리에서는 보통의 말소리를 알아듣지 못하게 된 사람 5. 두 귀의 청력이 모두 1미터 이상의 거리에서는 작은 말소리를 알아듣지 못하게 된 사람 6. 척주에 기형이 남은 사람 7. 한쪽 손의 가운데손가락 또는 넷째손가락을 잃은 사람 8. 한쪽 손의 둘째손가락을 제대로 못쓰게 된 사람 또는 한쪽 손의 엄지손가락과 둘째손가락 외의 2개의 손가락을 제대로 못쓰게 된 사람 9. 한쪽 발의 엄지발가락을 포함하여 2개 이상의 발가락을 제대로 못쓰게 된 사람 10. 흉복부 장기의 기능에 장애가 남은 사람 11. 10개 이상의 치아에 대하여 치과보철을 한 사람
12급	1,900 만원	1. 한쪽 눈의 근접반사 기능에 뚜렷한 장애가 있거나 뚜렷한 운동장애가 남은 사람 2. 한쪽 눈의 눈꺼풀에 뚜렷한 운동장애가 남은 사람 3. 7개 이상의 치아에 대하여 치과보철을 한 사람

		4. 한쪽 귀의 귓바퀴가 대부분 결손된 사람
		5. 쇄골(빗장뼈), 복장뼈(흉골), 갈비뼈, 어깨뼈 또는 골반뼈에 뚜렷한 기형이 남은 사람
		6. 한쪽 팔의 3대 관절 중 1개 관절의 기능에 장애가 남은 사람
		7. 한쪽 다리의 3대 관절 중 1개 관절의 기능에 장애가 남은 사람
		8. 장관골에 기형이 남은 사람
		9. 한쪽 손의 가운데손가락이나 넷째손가락을 제대로 못쓰게 된 사람
		10. 한쪽 발의 둘째발가락을 잃은 사람 또는 한쪽 발의 둘째 발가락을 포함하여 2개의 발가락을 잃은 사람 또는 한쪽 발의 가운데 발가락 이하의 3개의 발가락을 잃은 사람
		11. 한쪽 발의 엄지발가락 또는 그 외의 4개의 발가락을 제대로 못쓰게 된 사람
		12. 국부에 뚜렷한 신경증상이 남은 사람
		13. 외모에 흉터가 남은 사람
13급	1,500 만원	1. 한쪽 눈의 시력이 0.6 이하로 된 사람
		2. 한쪽 눈에 반맹증, 시야협착 또는 시야결손이 남은 사람
		3. 두 눈의 눈꺼풀의 일부에 결손이 남거나 속눈썹에 결손이 남은 사람
		4. 5개 이상의 치아에 대하여 치과보철을 한 사람
		5. 한쪽 손의 새끼손가락을 잃은 사람
		6. 한쪽 손의 엄지손가락 마디뼈의 일부를 잃은 사람
		7. 한쪽 손의 둘째손가락 마디뼈의 일부를 잃은 사람
		8. 한쪽 손의 둘째손가락의 끝관절을 굽히고 펼 수 없게 된 사람
		9. 한쪽 다리가 1센티미터 이상 짧아진 사람
		10. 한쪽 발의 가운데발가락 이하의 발가락 1개 또는 2개를 잃은 사람
		11. 한쪽 발의 둘째발가락을 제대로 못쓰게 된 사람 또는 한쪽 발이 둘째발가락을 포함하여 2개의 발가락을 제대로 못쓰게 된 사람 또는 한쪽 발의 가운데 발가락 이하의 발가락 3개를 제대로 못쓰게 된 사람

14급	1천만 원	1. 한쪽 눈의 눈꺼풀의 일부에 결손이 있거나 속눈썹에 결손이 남은 사람 2. 3개 이상의 치아에 대하여 치과보철을 한 사람 3. 한쪽 귀의 청력이 1미터 이상의 거리에서는 보통의 말소리를 알아듣지 못하게 된 사람 4. 팔의 노출된 면에 손바닥 크기의 흉터가 남은 사람 5. 다리의 노출된 면에 손바닥 크기의 흉터가 남은 사람 6. 한쪽 손의 새끼손가락을 제대로 못쓰게 된 사람 7. 한쪽 손의 엄지손가락과 둘째손가락 외의 손가락 마디뼈의 일부를 잃은 사람 8. 한 손의 엄지손가락과 둘째손가락 외의 손가락 끝관절을 제대로 못쓰게 된 사람 9. 한 발의 가운데발가락 이하의 발가락 1개 또는 2개를 제대로 못쓰게 된 사람 10. 국부에 신경증상이 남은 사람

비고
1. 신체장애가 둘 이상 있는 경우에는 중한 신체장애에 해당하는 장애등급보다 한 등급 높은 금액으로 배상한다.
2. 시력의 측정은 국제식 시력표로 하며, 굴절 이상이 있는 사람에 대해서는 원칙적으로 교정시력을 측정한다.
3. "손가락을 잃은 것"이란 엄지손가락은 가락뼈사이관절, 그 밖의 손가락은 몸쪽가락뼈사이관절 이상을 잃은 경우를 말한다.
4. "손가락을 제대로 못쓰게 된 것"이란 손가락 끝부분의 2분의 1 이상을 잃거나 손허리손가락관절(중수지관절) 또는 몸쪽가락뼈사이관절(엄지손가락의 경우에는 가락뼈사이관절을 말한다)에 뚜렷한 운동장애가 남은 경우를 말한다.
5. "발가락을 잃은 것"이란 발가락의 전부를 잃은 경우를 말한다.
6. "발가락을 제대로 못쓰게 된 것"이란 엄지발가락은 끝관절의 2분의 1 이상을, 그 밖의 발가락은 끝관절 이상을 잃거나 발허리발가락관절(중족지관절) 또는 몸쪽가락뼈사이관절(엄지발가락의 경우에는 가락뼈사이관절을 말한다)에 뚜렷한 운동장애가 남은 경우를 말한다.
7. "흉터가 남은 것"이란 성형수술을 한 후에도 맨눈으로 식별이 가능한 흔적이 있는 상태를 말한다.
8. "항상 보호를 받아야 하는 것"이란 일상생활에서 기본적인 음식섭취, 배뇨 등을

다른 사람에게 의존해야 하는 것을 말한다.
9. "수시로 보호를 받아야 하는 것"이란 일상생활에서 기본적인 음식섭취, 배뇨 등은 가능하나, 그 외의 일은 다른 사람에게 의존해야 하는 것을 말한다.
10. "항상보호 또는 수시보호를 받아야 하는 기간"은 의사가 판정하는 노동능력상실 기간을 기준으로 하여 타당한 기간으로 정한다.
11. "제대로 못 쓰게 된 것"이란 정상기능의 4분의 3 이상을 상실한 경우를 말하고, "뚜렷한 장애가 남은 것"이란 정상기능의 2분의 1 이상을 상실한 경우를 말하며, "장애가 남은 것"이란 정상기능의 4분의 1 이상을 상실한 경우를 말한다.
12. "신경계통의 기능 또는 정신기능에 뚜렷한 장애가 남아 특별히 손쉬운 노무 외에는 종사할 수 없는 것"이란 신경계통의 기능 또는 정신기능의 뚜렷한 장애로 노동능력이 일반인의 4분의 1 정도만 남아 평생 동안 특별히 쉬운 일 외에는 노동을 할 수 없는 사람을 말한다.
13. "신경계통의 기능 또는 정신기능에 장애가 남아 노무가 상당한 정도로 제한된 것"이란 노동능력이 어느 정도 남아 있으나 신경계통의 기능 또는 정신기능의 장애로 종사할 수 있는 직종의 범위가 상당한 정도로 제한된 경우로서 다음 각 목의 어느 하나에 해당하는 경우를 말한다.
　　가. 신체적 능력은 정상이지만 뇌손상에 따른 정신적 결손증상이 인정되는 경우
　　나. 전간(癲癇) 발작과 현기증이 나타날 가능성이 의학적·타각적(他覺的) 소견으로 증명되는 사람
　　다. 팔다리에 경도(輕度)의 단마비(單痲痹)가 인정되는 사람
14. "흉복부 장기의 기능에 뚜렷한 장애가 남아 특별히 손쉬운 노무 외에는 종사할 수 없는 것"이란 흉복부 장기의 장애로 노동능력이 일반인의 4분의 1 정도만 남은 경우를 말한다.
15. "흉복부 장기의 기능에 장애가 남아 손쉬운 노무 외에는 종사할 수 없는 것"이란 중등도(中等度)의 흉복부 장기의 장애로 노동능력이 일반인의 2분의 1 정도만 남은 경우를 말한다.
16. "흉복부 장기의 기능에 장애가 남아 노무가 상당한 정도로 제한된 것"이란 중등도의 흉복부 장기의 장애로 취업가능한 직종의 범위가 상당한 정도로 제한된 경우를 말한다.

② 물적피해에 대한 배상을 위한 보험 가입의무
　자동차보유자는 책임보험 등에 가입하는 것 외에 자동차의 운행으로 다른 사람의 재물이 멸실되거나 훼손된 경우에 피해자에게

사고 1건당 2천만원의 범위에서 사고로 인하여 피해자에게 발생한 손해액을 지급할 책임을 지는 「보험업법」에 따른 보험이나 「여객자동차 운수사업법」, 「화물자동차 운수사업법」, 「건설기계관리법」 및 「생활물류서비스산업발전법」에 따른 공제에 가입해야 합니다(「자동차손해배상 보장법」 제5조제2항 및 「자동차손해배상 보장법 시행령」 제3조제3항).

3-3. 가입의무 면제

① 보험 등에의 가입의무가 없는 자동차는 다음과 같습니다(「자동차 손해배상 보장법 시행령」 제5조).

    1. 대한민국에 주둔하는 국제연합군대가 보유하는 자동차

    2. 대한민국에 주둔하는 미합중국군대가 보유하는 자동차

    3. 위 두 가지에 해당하지 않는 외국인으로서 국토교통부장관이 지정하는 자가 보유하는 자동차

    4. 견인되어 육지를 이동할 수 있도록 제작된 피견인자동차

4. 보험가입의무 위반시 제재

4-1. 서류제출 명령

특별자치도지사·특별자치시장·시장·군수 또는 구청장은 의무보험에 가입하지 않은 자동차보유자에 대해 지체 없이 10일 이상 15일 이하의 기간을 정해 의무보험에 가입하고 그 사실을 증명할 수 있는 서류를 제출할 것을 명하게 됩니다(「자동차손해배상 보장법」 제6조제3항).

4-2. 자동차등록번호판 영치

① 특별자치도지사·특별자치시장·시장·군수 또는 구청장은 의무보험에 가입되지 않은 자동차의 등록번호판을 영치할 수 있습니다(「자동차손해배상 보장법」 제6조제4항).

② 등록번호판을 부착하지 않은 자동차는 운행할 수 없고(임시운행허가 번호판을 붙인 경우에는 제외), 운행하는 경우 위반횟수에 따라 최고 300만원의 과태료를 부과 받습니다(「자동차관리법」 제10조제4항, 제84조제3항제1호, 「자동차관리법 시행령」 제20조 및 별표 2).

4-3. 의무보험 미가입 자동차의 운행금지

① 의무보험에 가입되어 있지 않은 자동차는 도로에서 운행해서는 안 됩니다(「자동차손해배상 보장법」 제8조 본문).

② 다만, 다음의 자동차는 의무보험에 가입되어 있지 않아도 운행할 수 있습니다(「자동차손해배상 보장법」 제8조 단서 및 「자동차손해배상 보장법 시행령」 제5조).

   1. 대한민국에 주둔하는 국제연합군대가 보유하는 자동차

   2. 대한민국에 주둔하는 미합중국군대가 보유하는 자동차

   3. 위의 두 가지에 해당하지 않는 외국인으로서 국토교통부장관이 지정하는 자가 보유하는 자동차

4. 견인되어 육지를 이동할 수 있도록 제작된 피견인자동차

③ 의무보험에 가입되어 있지 않은 자동차를 운행한 자동차보유자는 1년 이하의 징역 또는 1천만원 이하의 벌금에 처해집니다(「자동차손해배상 보장법」 제46조제3항제2호).

④ 의무보험 미가입 차량 운행금지를 위반한 사람 중 다음에 해당하지 않는 사람은 아래 표와 같은 범칙금을 부과받게 됩니다(「자동차손해배상 보장법」 제50조제2항, 「자동차손해배상 보장법 시행령」 제37조제1항, 제38조 및 별표 6).

1. 범칙행위를 상습적으로 하는 자
2. 죄를 범한 동기·수단 및 결과 등을 헤아려 통고처분을 하는 것이 상당하지 않다고 인정되는 자

의무보험에 가입하지 않고 운행한 자동차		범칙금액
사업용 자동차	승합자동차	200만원
	화물자동차	100만원
	특수자동차	100만원
	건설기계	100만원
	승용자동차	100만원
비사업용 자동차	승합자동차	50만원
	화물자동차	50만원
	특수자동차	50만원
	건설기계	50만원
	승용자동차	40만원
이륜자동차		10만원

⑤ 다만, 의무보험 가입 명령을 받고 2개월 이내에 의무보험에 가입하지 않은 사람과 의무보험에 가입되어 있지 않은 자동차를 운행하다가 교통사고를 일으킨 사람은 범칙자에서 제외됩니다(「자동차손해배상 보장법 시행령」 제38조제2항).

4-4. 과태료의 부과

① 자동차보유자가 의무보험에 가입하지 않으면 300만원 이하의 과태료를 부과받습니다(「자동차손해배상 보장법」 제6조, 제48조제3항제1호 및 「자동차손해배상 보장법 시행령」 별표 5).

※ 인적피해에 대한 배상을 위한 책임보험을 가입하지 않은 경우

자동차의 종류	가입하지 않은 기간	과태료 금액
이륜 자동차	10일 이내인 경우	6천원
	10일을 넘는 경우	6천원에 11일째부터 계산하여 1일마다 1천200원을 더한 금액. 다만, 과태료의 총액은 이륜자동차 1대당 20만원을 넘지 못함.
비사업용자동차	10일 이내인 경우	1만원
	10일을 넘는 경우	1만원에 11일째부터 계산하여 1일마다 4천원을 더한 금액. 다만, 과태료의 총액은 자동차 1대당 60만원을 넘지 못함.
사업용 자동차	10일 이내인 경우	3만원
	10일을 넘는 경우	3만원에 11일째부터 계산하여 1일마다 8천원을 더한 금액. 다만, 과태료의 총액은 자동차 1대당 100만원을 넘지 못함.

※ 물적피해에 대한 배상을 위한 보험을 가입하지 않은 경우

자동차의 종류	가입하지 않은 기간	과태료 금액
이륜 자동차	10일 이내인 경우	3천원
	10일을 넘는 경우	3천원에 11일째부터 기산하여 매 1일당 6백원을 더한 금액. 다만, 과태료의 총액은 이륜자동차 1대당 10만원을 넘지 못함.

비사업용자동차	10일 이내인 경우	5천원
	10일을 넘는 경우	5천원에 11일째부터 계산하여 1일마다 2천원을 더한 금액. 다만, 과태료의 총액은 자동차 1대당 30만원을 넘지 못함.
사업용 자동차	10일 이내인 경우	5천원
	10일을 넘는 경우	5천원에 11일째부터 계산하여 1일마다 2천원을 더한 금액. 다만, 과태료의 총액은 자동차 1대당 30만원을 넘지 못함.

5. 자동차보험가입자의 교통사고 발생 시 특례

5-1. 교통사고 후 공소제기 면제

① 교통사고를 일으킨 차가 보험 또는 공제에 가입된 경우에는 다음 중 어느 하나에 해당하는 죄를 범한 해당 자동차의 운전자에 대해 공소를 제기할 수 없습니다(「교통사고처리 특례법」 제4조제1항 본문).

1. 교통사고로 인한 업무상과실치상죄

2. 교통사고로 인한 중과실치상죄

3. 차의 운전자가 업무상 필요한 주의를 게을리 하거나 중대한 과실로 다른 사람의 건조물이나 그 밖의 재물을 손괴한 경우

② 다만, 다음 어느 하나에 해당하는 경우에는 공소제기가 가능합니다(「교통사고처리 특례법」 제4조제1항 단서).

㉠ 차의 운전자가 교통사고로 인하여 업무상과실치상죄 또는 중과실치상죄를 범하고도 피해자를 구호(救護)하는 등 「도로교통법」 제54조제1항에 따른 조치를 하지 않고 도주하거나 피해자를 사고 장소로부터 옮겨 유기(遺棄)하고 도주한 경우, 같은 죄를 범하고 「도로교통법」 제44조제2항을 위반하여 음주측정 요구에 따르지 않은 경우(운전자가 채혈 측정을 요청하거나 동의한 경우는 제외)와 다음 각 호의 어느 하나에 해당하는 행위로 인하여 같은 죄를 범한 경우

1. 「도로교통법」 제5조에 따른 신호기가 표시하는 신호 또는 교통 정리를 하는 경찰공무원등의 신호를 위반하거나 통행금지 또는 일시정지를 내용으로 하는 안전표지가 표시하는 지시를 위반하여 운전한 경우

2. 「도로교통법」 제13조제3항을 위반하여 중앙선을 침범하거나 같은 법 제62조를 위반하여 횡단, 유턴 또는 후진한 경우

3. 「도로교통법」 제17조제1항 또는 제2항에 따른 제한속도를

시속 20킬로미터 초과하여 운전한 경우

4. 「도로교통법」 제21조제1항, 제22조, 제23조에 따른 앞지르기의 방법·금지시기·금지장소 또는 끼어들기의 금지를 위반하거나 같은 법 제60조제2항에 따른 고속도로에서의 앞지르기 방법을 위반하여 운전한 경우

5. 「도로교통법」 제24조에 따른 철길건널목 통과방법을 위반하여 운전한 경우

6. 「도로교통법」 제27조제1항에 따른 횡단보도에서의 보행자 보호 의무를 위반하여 운전한 경우

7. 「도로교통법」 제43조, 「건설기계관리법」 제26조 또는 「도로교통법」 제96조를 위반하여 운전면허 또는 건설기계조종사면허를 받지 않거나 국제운전면허증을 소지하지 않고 운전한 경우. 이 경우 운전면허 또는 건설기계조종사면허의 효력이 정지 중이거나 운전의 금지 중인 때에는 운전면허 또는 건설기계조종사면허를 받지 않거나 국제운전면허증을 소지하지 아니한 것으로 본다.

8. 「도로교통법」 제44조제1항을 위반하여 술에 취한 상태에서 운전을 하거나 같은 법 제45조를 위반하여 약물의 영향으로 정상적으로 운전하지 못할 우려가 있는 상태에서 운전한 경우

9. 「도로교통법」 제13조제1항을 위반하여 보도(步道)가 설치된 도로의 보도를 침범하거나 같은 법 제13조제2항에 따른 보도 횡단방법을 위반하여 운전한 경우

10. 「도로교통법」 제39조제3항에 따른 승객의 추락 방지의무를 위반하여 운전한 경우

11. 「도로교통법」 제12조제3항에 따른 어린이 보호구역에서 같은 조 제1항에 따른 조치를 준수하고 어린이의 안전에 유의하면서 운전하여야 할 의무를 위반하여 어린이의 신체를 상해(傷害)에 이르게 한 경우

12. 「도로교통법」 제39조제4항을 위반하여 자동차의 화물이 떨어지지 않도록 필요한 조치를 하지 않고 운전한 경우
   ⓛ 피해자가 신체의 상해로 인하여 생명에 대한 위험이 발생하거나 불구(不具)가 되거나 불치(不治) 또는 난치(難治)의 질병이 생긴 경우
   ⓒ 보험계약 또는 공제계약이 무효로 되거나 해지되거나 계약상의 면책 규정 등으로 인하여 보험회사, 공제조합 또는 공제사업자의 보험금 또는 공제금 지급의무가 없어진 경우

5-2. 자동차보험가입자의 형사소추면제에 대한 제한

① 구 「교통사고처리특례법」 제4조제1항 본문 중 업무상 과실 또는 중대한 과실로 인한 교통사고로 말미암아 피해자로 하여금 중상해(신체의 상해로 인해 생명에 대한 위험이 발생하거나 불구 또는 불치나 난치의 질병에 이르게 한 경우)에 이르게 한 경우에 공소를 제기할 수 없도록 규정한 부분이 헌법에 위반된다는 헌법재판소의 선고에 따라 종합보험에 가입하고 사망사고(「형법」 제268조) 또는 「교통사고 처리특례법」 제3조제2항 단서의 사고 후 도주·10대 중과실사고에 해당하지 않더라도 피해자가 중상해에 이르면 「교통사고 처리특례법」 제3조제2항에 따라 피해자와 합의가 이루어지지 않은 경우 공소제기가 되어 처벌이 가능하게 되었습니다(헌법재판소 2009. 2. 26. 선고 2005헌마764 참조).

② 헌법재판소의 이러한 위헌결정내용은 2010년 1월 25일 공포·시행된 「교통사고처리특례법」 제4조제1항에 반영되어 11대 중과실 위반에 해당하는 경우, 피해자가 신체의 상해로 인하여 생명에 대한 위험이 발생하거나 불구(不具)가 되거나 불치(不治) 또는 난치(難治)의 질병이 생긴 경우, 보험계약 또는 공제계약이 무효로 되거나 해지되거나 계약상의 면책 규정 등으로 인하여 보험회사, 공제조합 또는 공제사업자의 보험금 또는 공제금 지급의무가 없어진 경우(「교통사고처리 특례법」 제4조제1항)에는 보험·공제에 가입하였더라도 공소제기가 가능합니다.

6. 중고자동차 보험계약의 승계

6-1. 보험계약한 자동차를 양도하는 경우

① 보험계약자가 보험기간 중에 보험계약한 자동차를 양도한 경우에는 이 보험계약으로 인하여 생긴 권리와 의무는 피보험자동차의 양수인에게 승계되지 않고, 보험계약자가 이 권리와 의무를 양수인에게 이전하려고 한다는 뜻을 서면으로 보험회사에 통지하여 이에 대한 승낙을 얻은 경우에 한하여 보험계약으로 인하여 생긴 권리와 의무가 승계됩니다(「상법」 제726조의4제1항).

② 의무보험에 가입된 자동차가 양도된 경우에 그 자동차의 양도일(양수인이 매매대금을 지급하고 현실적으로 자동차의 점유를 이전받은 날을 말함)부터 「자동차관리법」 제12조에 따른 자동차소유권 이전등록 신청기간이 끝나는 날(자동차소유권 이전등록 신청기간이 끝나기 전에 양수인이 새로운 책임보험등의 계약을 체결한 경우에는 그 계약 체결일)까지의 기간은 「상법」 제726조의4에도 불구하고 자동차의 양수인이 의무보험의 계약에 관한 양도인의 권리의무를 승계합니다(「자동차손해배상 보장법」 제26조제1항).

③ 만일 보험회사가 이 서면통지를 받은 날로부터 10일 이내에 승인 여부를 보험계약자에게 발송하지 않으면, 그 10일 되는 날의 다음 0시에 승인한 것으로 봅니다(「상법」 제726조의4제2항 및 「자동차보험 표준약관」 제48조제2항).

6-2. 보험계약한 자동차를 다른 자동차로 교체(대체)하는 경우

① 보험계약자 또는 기명피보험자가 보험기간 중 기존의 자동차를 폐차 또는 양도하고 그 자동차와 동일한 차종의 다른 자동차로 교체한 경우에는, 보험계약자가 이 보험계약을 교체된 자동차에 승계시키고자 한다는 뜻을 서면으로 보험회사에 통지하여 이에 대한 승인을 청구하고 보험회사가 승인한 때부터 이 보험계약을 교체된

자동차에 적용합니다(「자동차보험 표준약관」 제49조제1항).

② 보험회사가 승인을 하는 경우에는 교체된 자동차에 적용하는 보험요율에 따라 보험계약자에게 보험료를 반환하거나 추가 보험료를 청구할 수 있습니다(「자동차보험 표준약관」 제49조제4항 본문).

③ 이 경우 기존의 피보험자동차를 말소등록한 날 또는 소유권을 이전등록한 날부터 승계를 승인한 날의 전날까지 기간에 해당하는 보험료를 일할로 계산하여 보험계약자에게 반환 됩니다(「자동차보험 표준약관」 제49조제4항 단서).

7. 상담사례

■ 고의로 교통사고를 발생시킨 경우에도 자동차보험이 적용되나요?

Q. 저는 얼마 전 택시기사와의 말다툼 끝에 위 택시기사가 저희 차를 가로막고 진행을 방해하여 "비키지 않으면 치어 버리겠다."라고 경고하였으나 듣지 않아 홧김에 그대로 출발하였습니다. 그런데 예상과 달리 그가 비키지 않아 상해를 입혔는바, 이 경우에도 자동차보험을 적용받을 수 있는지요?

A. 「상법」 제659조는 "보험사고가 보험계약자 또는 피보험자나 보험수익자의 고의 또는 중대한 과실로 인하여 생긴 때에는 보험자는 보험금액을 지급할 책임이 없다."라고 규정하고 있으며, 자동차보험의 약관상으로도 보험회사는 피보험자가 자동차의 사고로 법률상 손해배상책임을 짐으로써 입은 손해를 보험약관에서 정한 바에 따라 보상하는 책임을 지게 되나 보험계약자, 피보험자의 고의에 의한 손해는 보상하지 아니한다고 규정하고 있습니다.

교통사고의 경우는 일반적으로 운전자의 안전운전 주의의무위반, 즉 과실에 의한 사고를 말하지만, 위 사안의 경우는 고의 내지 미필적 고의에 의한 사고로서 형사적으로는 위험한 물건에 의한 상해에 해당하므로 특수상해(형법 제258조의2 제1항)의 처벌까지 받게 된다 하겠습니다.

관련 판례도 "자동차보험약관상 면책사유인 '피보험자의 고의에 의한 사고'에서의 '고의'라 함은 자신의 행위에 의하여 일정한 결과가 발생하리라는 것을 알면서 이를 행하는 심리상태를 말하고, 여기에는 확정적 고의는 물론 미필적 고의도 포함된다고 할 것이며, 고의와 같은 내심의 의사는 이를 인정할 직접적인 증거가 없는 경우에는 사물의 성질상 고의와 상당한 관련성이 있는 간접사실을 증명하는 방법에 의하여 입증할 수밖에 없고, 무엇이 상당한 관련성이 있는 간접사실에 해당할 것인가는 사실관계의 연결상태를 논리와 경험칙(經

驗則)에 의하여 합리적으로 판단하여야 할 것이다."라고 하면서 "출발하려는 승용차 보닛 위에 사람이 매달려 있는 상태에서 승용차를 지그재그로 운행하여 도로에 떨어뜨려 상해를 입게 한 경우, 운전자에게 상해발생에 대한 미필적 고의가 있다."라고 하였습니다(대법원 2001. 3. 9. 선고 2000다67020 판결, 2010. 1. 28. 선고 2009다72209 판결).

따라서 위 사안과 같은 경우는 고의로 평가되는 행위로 인한 사고로서 보험적용을 받을 수 없다 할 것이며 민·형사상의 책임도 면하기는 어려울 것으로 보입니다.

■ 교통사고 피해자가 가해자의 의무보험에 기하여 지급받은 보험금이 압류된 경우, 어떤 조치를 취해야 이 보험금을 인출할 수 있나요?

Q. A는 횡단보도 횡단 중, B가 운전하는 자동차에 부딪혀 다리가 골절되었습니다. A는 B와 의무보험계약이 체결되어 있는 보험회사 D로부터 손해배상금을 계좌로 입금받았는데, 이 계좌는 A의 채권자 C이 압류해놓은 것이어서, A는 인출을 못하고 있습니다. A는 어떤 조치를 취해야 이 보험금을 인출할 수 있나요.

A. 자동차손해배상법 제10조에 따라, 보험가입자에게 손해배상책임이 발생할 경우 피해자는 보험회사 등에게 보험금의 지급을 직접 청구할 수 있고 이 보험금직접청구권은 자동차손해배상법 제40조에 따라 압류가 금지됩니다.

이와 같이 압류가 금지된 채권에 대하여 법원의 압류 및 전부명령이 있는 경우 그 압류 및 전부명령의 효력에 대해 판례는 "규정취지는 자동차사고로 인한 피해자의 보호를 목적으로 책임보험금의 한도안에서 피해자의 보험회사에 대한 직접청구권과 가불금청구권을 제도적으로 보장하기 위하여 그 청구권의 압류를 금지하려는데 있으므로 위 규정은 강행규정이라 할 것이고 따라서 압류가 금지된 위 청구권(채권)에 대하여 법원으로부터 압류 및 전부명령을 받았다 하더라도 그로 인하여 실체법상의 효과를 발생시킬 수 없다."(대법원 1988. 2. 9. 선고 87다카2540 판결 참조)고 하여 그 전부명령의 효력을 부정하고 있습니다.

그렇다면, C의 압류는 압류할 수 없는 채권에 대한 압류라고 볼 수는 없더라도, 원래의 압류금지의 취지는 참작되어야 하므로 채무자의 신청에 의하여 압류명령을 취소하도록 한 것으로서 민사집행법 제246조 제3항과 같은 압류금지채권의 범위변경에 해당한다고 할 것이고, 따라서 A는 압류금지범위변경신청을 통하여 D로부터 지급받은 보험금 범위 내에서 압류를 취소한 뒤, 이를 인출할 수 있을 것입니다.

■ 위탁받은 보험사업자로부터 또다시 피해보상금을 수령한 경우, 위 보험사업자의 부당이득반환청구권의 소멸시효기간은?

Q. A는 1997.경 교통사고를 입고 가해차량이 가입된 보험사로부터 치료비로 700만원, 합의금으로 3,000만원을 지급받았습니다. A는 다시 1998. 11.경 정부의 자동차손해배상 보장사업을 위탁받은 보험사 B에게 가해차량이 무보험차량이라 보험금을 전혀 받지 못하였다고 주장하여 B로부터 피해보상금으로 3,900만원을 지급받았습니다. B는 뒤늦게 2005. 5.경 피해자 甲에게 A가 B로부터 지급받은 보상금은 법률상 원인 없는 부당이득이라 주장하며 그 반환을 청구할 수 있는지요?

A. 이와 유사한 사례에서 판례는, "구 자동차손해배상보장법(1999. 2. 5.법률 제5793호로 전부 개정되기 전의 것) 제14조 제2항은 보험가입자 등(의무보험에 가입한 자와 당해 의무보험 계약의 피보험자)이 아닌 자가 같은 법 제3조의 규정에 의한 손해배상의 책임을 지게 되는 경우에 정부가 피해자의 청구에 따라 책임보험금의 한도 안에서 그가 입은 피해를 보상한다고 규정하고 있을 뿐이고, 같은 법 제14조 이하에서 규정하고 있는 자동차손해배상 보장사업은 정부가 자동차의 보유자를 알 수 없거나 무보험 자동차의 운행으로 인한 사고로

인하여 사망하거나 부상을 입은 피해자의 손해를 책임보험의 보험금의 한도 안에서 보상하는 것을 주된 내용으로 하는 것으로서, 뺑소니 자동차 또는 무보험 자동차에 의한 교통사고의 피해자 보호를 목적으로 하면서 법률상 가입이 강제되는 자동차책임보험제도를 보완하려는 것이지 피해자에 대한 신속한 보상을 주목적으로 하고 있는 것이 아니다(대법원 2007. 12. 27.선고 2007다54450판결).

따라서 피고가 이 사건 가해차량이 가입한 책임보험의 보험자로부터 이 사건 사고로 인한 보험금을 수령하였음에도 불구하고 자동차손해배상 보장사업을 위탁받은 원고회사로부터 또다시 피해보상금을 수령한 것을 원인으로 한 원고회사의 피고에 대한 이 사건 부당이득반환청구권에 관하여는 상법 제64조가 적용되지 아니하고, 그 소멸시효기간은 민법 제162조 제1항에 따라 10년이라고 봄이 상당하다"고 판시하였습니다(대법원 2010. 10. 14. 선고 2010다32276 판결).

따라서 위 사안에서 보험사 B는 피해자 A에게 자신이 지급한 보상금 상당의 부당이득반환채권을 가지게 되고, 이의 소멸시효기간은 10년이라 할 것인데, 부당이득반환채권이 발생한 1998. 11.경부터 B가 A에게 그 반환을 청구한 2005. 5.경에는 10년이 도과하지 않았으므로 부당이득반환을 청구할 수 있습니다.

■ **교통사고로 사망한 자가 생명보험에 가입된 경우에 생명보험금은 배상액에서 공제되나요?**

Q. 저는 1년 전 남편을 피보험자로 생명보험에 가입한 사실이 있는데, 얼마 전 남편이 교통사고로 인하여 사망하였습니다. 현재 가해자 측과 합의를 하려고 하였더니 가해자 측은 생명보험으로부터 받는 보상금액만큼은 제외하고 그 나머지만 배상을 하겠다고 합니다. 그것이 타당한지요?

A. 불법행위로 인한 손해배상은 실손해(實損害)의 전보(塡補)를 목적으로 하는 것인 만큼 피해자로 하여금 실손해 이상의 이익을 취득하게 하

는 것은 손해배상의 본질에 반하는 것이므로, 손해를 입은 것과 동일한 원인으로 인하여 이익을 얻을 때에는 그 이익은 공제되어야 하고, 이것을 '손익상계(損益相計)'라고 합니다(대법원 1978. 3. 14. 선고 76다2168 판결).

따라서 교통사고로 인한 손해배상을 청구할 경우에도 그 사고로 인하여 피해자 측이 이득을 얻었을 경우에는 그 이득을 공제하여야 합니다. 그런데 이러한 경우 생명보험금이 그 이득에 해당하여 공제를 해야 하는지 문제가 되나, 학설은 일치하여 공제대상이 아니라고 합니다. 다만, 그 이론적 근거는 각기 차이가 있습니다.

첫째, 보험계약은 불법한 가해자에게 이익을 주는 객관적 목적을 가진 제도가 아니다라는 정책적 이유라는 것입니다.

둘째, 생명보험금은 손해보험과는 달리 손해의 전보를 목적으로 하는 것이 아니고, 따라서 보험자의 대위가 인정되지 않는다는 것입니다.

셋째, 손익상계를 할 경우 불법행위와 인과관계가 있어야 하는데, 생명보험금은 그 인과관계가 없는 별개의 사유라는 것입니다.

넷째, 생명보험금은 이미 납부한 보험료의 대가일 뿐이라는 이유입니다.

다섯째, 보험청구권의 특수성에 그 근거를 찾아볼 때 생명보험금은 기대권의 변형이며, 불확정기한이 도래된 것으로서 불법행위 그 자체에 의한 이득이 아니라는 것입니다.

일본의 최고재판소의 판례(1980. 5. 1.)에 의하면 "생명보험금은 이미 불입한 보험료의 대가로서 지급되는 것으로서 불법행위의 원인과 관계없이 지급되는 것이니 손해배상액에서 공제될 것이 아니다."라고 하고 있습니다. 따라서 생명보험금은 손해배상금에서 공제할 항목이 아니라 할 것입니다.

■ 보험사가 교통사고 가해자에게 구상할 수 있는 범위는?

Q. 제가 교통사고의 가해자이고, 피해자에게 1억원의 손해를 입히게 되

없습니다. 자동차상해보험계약에 따른 보험금액 7000만원을 보험사가 지급하고, 자배법상의 책임공제금 2000만원을 제가 지급한 결과, 피해자는 아직 1000만원의 손해액이 회복이 되지 않은 상태입니다. 이와 같이 피해자가 전부 손해가 배상되지 않은 상황에서 보험사가 가해자인 저에게 보험자대위를 통하여 직접 7000만원을 구상할 수 있는지요?

A. 피해자가 전부 손해를 회복한 것이 아니라 일부 회복하지 못하고 남는 손해가 있게 되므로, 귀하에 대한 관계에서 보험사가 보험자대위로 취득할 수 있는 권리는 존재하지 않는다고 보는 것이 판례입니다.

자동차상해보험은 피보험자가 피보험자동차를 소유·사용·관리하는 동안에 생긴 피보험자동차의 사고로 인하여 상해를 입었을 때에 보험자가 보험약관에 정한 사망보험금이나 부상보험금 또는 후유장해보험금 등을 지급할 책임을 지는 것으로서 그 성질상 상해보험에 속하므로, 자동차상해보험계약에 따른 보험금을 지급한 보험자는 상법 제729조 단서에 의하여 보험자대위를 허용하는 취지의 약정이 있는 때에 한하여 피보험자의 권리를 해하지 않는 범위 내에서 그 권리를 대위할 수 있는 것입니다.(대법원 2005. 9. 9. 선고 2004다51177 판결, 대법원 2015.11.12. 선고 2013다71227 판결 등 참조).

즉, 보험약관에 보험사가 피보험자에게 자동차상해 특별약관에 따라 보험금을 지급한 경우 그 보험금의 한도 내에서 피보험자의 제3자에 대한 권리를 취득한다고 정하고 있다 하더라도, 피보험자인 피해자가 이 사건 교통사고로 인하여 총 1억원의 손해를 입고 보험사로부터 7천만원의 보험금을 지급받아 나머지 1천만원의 손해를 회복하지 못하고 있는 이 사례에서, 피해자로서는 자동차손해배상 보장법 시행령 제3조 제1항 제2호 본문에 의하여 귀하께서 지급할 의무가 있는 책임공제금 20,000,000원을 전부 지급받더라도 역시 회복하지 못하고 남는 손해가 있게 되므로, 가해자인 귀하에 대한 관계에서 보험사가 보험자대위로 취득할 수 있는 권리는 존재하지 않는다고 보아야 하는 것입니다.

■ 고소작업차의 와이어 단절로 인한 사고의 경우, 보험약관상 '교통사고로 인한 상해'로 볼 수 있는지요?

Q. A는 고소작업차의 작업대에 탑승하여 아파트 10층 높이에서 외벽도장공사를 하던 중 고소작업차의 와이어가 끊어지면서 추락하여 사망하였습니다. 그러나 A를 피보험자로 하는 상해보험의 보험회사는 보험약관상 보험금 지급사유인 '탑승 중 교통사고로 인한 상해의 직접결과로써 사망한 경우'에 해당하지 않음을 주장하며 보험금 지급을 거부하고 있는데, A는 보험금을 받을 수 있는지요?

A. 교통사고만의 담보특약부 상해보험계약에 적용되는 약관상 '운행'이라 함은 자동차손해배상 보장법 제2조에서 규정하고 있는 바와 같이 자동차를 당해 장치의 용법에 따라 사용하고 있는 것을 말하고, 여기서 '당해 장치'라 함은 자동차에 계속적으로 고정되어 있는 장치로서 자동차의 구조상 설비되어 있는 자동차의 고유의 장치를 뜻하는 것인데, 위와 같은 각종 장치의 전부 또는 일부를 각각의 사용 목적에 따라 사용하는 경우에는 운행 중에 있다고 할 것이나, 자동차에 타고 있다가 사망하였다 하더라도 그 사고가 자동차의 운송수단으로서의 본질이나 위험과는 전혀 무관하게 사용되었을 경우까지 자동차의 운행 중의 사고라고 보기는 어렵다고 할 것입니다(대법원 2000. 9. 8. 선고 2000다89 판결 등 참조). 그러나 대법원은 유사한 사안으로서 보험약관에서 보험금 지급사유로 '운행 중인 자동차에 운전을 하고 있지 않은 상태로 탑승 중이거나 운행 중인 기타 교통수단에 탑승하고 있을 때에 급격하고도 우연한 외래의 사고('탑승 중 교통사고')로 인한 상해의 직접결과로써 사망한 경우'를 규정한 사안에서, '고소작업차는 자동차관리법 시행규칙 제2조에 따른 특수자동차로 등록된 차량으로, 보험약관에서 '운행 중인 자동차'로 규정한 특수자동차에 해당하는 점 등에 비추어, 위 사고는 고소작업차의 당해 장치를 용법에 따라 사용하던 중에 발생한 사고로서 보험약관에서 정한 자동차 운행 중의 교통사고에 해당한다'고 판단한 사례가 있습니다(대법원

2015.1.29. 선고 2014다73053 판결). 그러므로 단순히 고소작업차 작업 중의 사망이라고 하여 교통사고에 해당하지 않는 것으로 볼 수는 없으며, 약관 및 계약의 내용 등에 비추어 당해 장치를 그 용법에 따라 사용하던 중에 발생한 사고인 경우에는 보험계약상 보험금 지급사유인 교통사고에 해당한다고 할 수 있습니다.

■ 다른 자동차 운전담보 특별약관'이 교통사고처리특례법상의 '보험'에 해당하는지요?

Q. 무보험 차량을 운전하다가 업무상 과실로 사고를 내자 별도의 차량을 피보험차량으로 한 자동차보험에 들면서 가입해 두었던 '다른 자동차 운전담보 특별약관(대인배상 1은 적용되지 않음)'에 따라 피해자에게 피해액을 배상하였다면 교통사고처리 특례법 제4조 제1항의 '보험'에 해당하나요.

A. 교통사고처리 특례법 제4조 제1항은 교통사고를 일으킨 차가 보험업법, 여객자동차 운수사업법, 화물자동차 운수사업법에 따른 보험 또는 공제에 가입된 경우에는 교통으로 사람을 다치게 한 운전자에 대하여 공소를 제기할 수 없도록 하여 처벌되지 않도록 하고 있습니다(생명에 위험이 발생되거나 불구 등으로 심하게 다친 경우는 제외). 그리고 제2항은 "제1항에서 '보험 또는 공제'란 피해자 간의 손해배상에 관한 합의 여부와 상관없이 피보험자나 공제조합원을 갈음하여 피해자의 치료비에 관하여는 통상비용의 전액을, 그 밖의 손해에 관하여는 보험약관이나 공제약관으로 정한 지급기준금액을 대통령령으로 정하는 바에 따라 우선 지급하되, 종국적으로는 확정판결이나 그 밖에 이에 준하는 집행권원상 피보험자 또는 공제조합원의 교통사고로 인한 손해배상금 전액을 보상하는 보험 또는 공제를 말한다."라고 규정하고 있습니다.

차량이 아닌 운전자만 보험에 가입된 경우와 관련하여 판례는 "특례법상 형사처벌 등 특례의 적용대상이 되는 '보험 또는 공제에 가입된 경우'에는, '교통사고를 일으킨 차'가 위 보험 등에 가입된 경우는 물론 '그 차의 운전자'가 차의 운행과 관련한 보험 등에 가입한 경우에도 그 가입한 보험에 의하여 특례법 제4조 제2항 에서 정하고 있는 교통사고 손해배상금 전액의 신속·확실한 보상의 권리가 피해자에게 주어지는 경우라면 이 또한 여기에 포함된다고 볼 수 있을 것이다."라고 하였습니다(대법원 2008. 6. 12. 선고 2008도2092 판결).

따라서 교통사고처리 특례법 제4조 제2항 에서 정하고 있는 교통사고 손해배상금 전액이 지급되는 경우에는 특례법상의 '보험'에 해당되어 처벌되지 않는다고 할 것인데, 甲의 경우에는 '다른 자동차 운전담보 특별약관'에 의한 배상 범위에서 대인배상 1이 배제되어 있으므로 치료비 전액을 우선 지급 받지 못할 가능성이 존재하기에 특례법상의 '보험'에 해당하지 않습니다.

Part 4.
교통사고 발생시 형사처벌

1. 교통사고에 대한 형사처벌

1-1. 교통사고에 대한 처벌

① 교통사고 가해자 및 교통법규 위반자에 대해 가해지는 금고나 벌금 등을 형사처벌이라고 하고, 이에 관한 법률로는 「도로교통법」, 「형법」, 「교통사고처리 특례법」, 「특정범죄 가중처벌 등에 관한 법률」 등이 있습니다.

② 「도로교통법」에 따르면 차의 운전자가 업무상 필요한 주의를 게을리 하거나 중대한 과실로 다른 사람의 건조물이나 그 밖의 재물을 부서지게 한 때에는 2년 이하의 금고나 500만원 이하의 벌금에 처해지게 됩니다(「도로교통법」 제151조).

③ 차의 운전자가 교통사고로 인하여 업무상 과실 또는 중대한 과실로 인해 사람을 죽거나 다치게 한 경우(「형법」 제268조)에는 5년 이하의 금고 또는 2천만원 이하의 벌금에 처해집니다(「교통사고처리 특례법」 제3조제1항).

④ 자동차 등의 운전자가 「도로교통법」 제12조제3항에 따른 어린이 보호구역에서 「도로교통법」 제12조제1항을 위반하여 어린이(13세 미만)에게 「교통사고처리 특례법」 제3조제1항의 죄를 범한 경우에는 다음 각 호의 구분에 따라 가중처벌됩니다(「특정범죄 가중처벌 등에 관한 법률」 제5조의13).

   1. 어린이를 사망에 이르게 한 경우에는 무기 또는 3년 이상의 징역
   2. 어린이를 상해에 이르게 한 경우에는 1년 이상 15년 이하의 징역 또는 500만원 이상 3천만원 이하의 벌금

※ 법령용어해설

업무상 과실(業務上 過失): 업무상 요구되는 주의를 태만히 한 것을 말합니다. 의사나 자동차운전자와 같이 사람의 생명·신체 등에 위험이 따르는 각종 업무에 종사하고 있는 자가 그 업무상 필요한 주의의무를 게을리하여 사람을 다치게 하거나 사망케 하면 보통의 과실범에 비하여 형이 무겁게 처벌됩니다.

1-2. 상담사례

■ 교통사고 시 민사 이외에 별도로 형사상 위로금을 청구할 수 있는지요?

Q. 저의 남편은 회사에서 퇴근하여 귀가하던 중 횡단보도상에서 과속으로 질주하던 승용차에 치어 현장에서 사망하였습니다. 가해자는 구속되었고, 그 차량은 종합보험에 가입은 되어 있지만, 가해자 측에서는 한 번도 찾아오지 않고 위로의 말 한마디 없습니다. 저는 보험금 이외에 별도로 형사상 위로금을 청구하고 싶은데 그것이 가능한지요?

A. 교통사고가 발생하면 형사상의 처벌문제와 민사상의 손해배상문제가 동시에 발생하는 경우가 많습니다. 결국 형사상의 처벌문제는 국가와 가해운전자와의 관계이고, 민사상 인사사고에 대한 손해배상문제는 피해자와 가해운전자 및 운행의 지배이익을 가지는 자(통상 차주가 될 것임)와의 관계이므로 교통사고로 인한 인사사고의 피해자는 특별한 사정이 없는 한 가해운전자 및 운행의 지배이익을 가지는 자를 상대로 민사상의 손해배상책임을 물을 수 있습니다.

그러나 형사상 위로금, 이른바 형사합의금은 가해운전자 자신이 형사처벌을 조금이라도 가볍게 받기 위하여 피해자에게 임의로 지급하면 받을 수는 있으나, 그렇지 아니한 경우에 민사상 손해배상금 이외에 별도로 법률상 당연히 청구할 수 있는 성질의 것은 아니라 할 것입니다.

참고로 형사합의금의 성질에 관하여 판례는 "불법행위의 가해자에 대한 수사과정이나 형사재판과정에서, 피해자가 가해자로부터 합의금 명목의 금원을 지급받고 가해자에 대한 처벌을 원치 않는다는 내용의 합의를 한 경우에, 그 합의 당시 지급받은 금원을 특히 위자료 명목으로 지급 받는 것임을 명시하였다는 등의 특별한 사정이 없는 한 그 금원은 재산상 손해배상금의 일부로 지급되었다고 봄이 상당하며(대법원 1994. 10. 14. 선고 94다14018 판결), 이 점은 가해자가 형사합의금을 피해자에게 직접 지급하지 않고 형사상의 처벌과 관련하여 금원을 공탁한 경우에도 마찬가지라고 할 것이고, 교통사고의 가해자측이 피해자의 유족들을 피공탁자로 하여 위로금 명목으로 공탁한 돈을 위 유족들이 출급한 경우, 공탁서상의 위로금이라는 표현은 민사상 손해배상금 중 정신적 손해인 위자료에 대한 법률가가 아닌 일반인의 소박한 표현에 불과한 것으로서 그 공탁금은 민사상 손해배상금의 성질을 갖고, 자동차종합보험계약에 의한 보험자의 보상범위에도 속한다."라고 한 사례가 있습니다(대법원 1999. 1. 15. 선고 98다43922 판결).

따라서 형사합의금을 특별히 위로금 등으로 명시하지 아니한 경우에는 민사상 재산적 손해배상으로, 위로금이라고 명시한 경우에는 민사상 정신적 손해배상인 위자료로 보아야 할 것인바, 이 모두가 민사상 손해배상금에 해당하는 것입니다. 결국 형사위로금이라고 하는 것이 민사상 손해배상금 이외에 별도로 청구할 수 있는 그런 권리는 아닌 것입니다.

■ 교통사고처리특례법 제3조가 정한 형사처벌 등의 특례가 형법상 교통방해의 죄에 적용되는지요?

Q. A는 승객 25명을 태우고 버스를 운전하던 중 운행과실로 자동차를 전복시켜 그 차에 타고 있던 승객들에게 뇌진탕 등의 상해를 입게 하였는 바, 승객들과는 원만히 합의하였으나, 업무상과실자동차전복죄로 기소가 되었습니다. 이러한 경우 처벌이 되는지요?

A. 관련 대법원 판례는 없으나, 하급심 판례에 의하면 "교통사고처리특례법 제1조, 제2조 제2호, 제3조 제1항, 제2항의 제반규정을 살펴보면 위 특례법은 업무상과실 또는 중대한 과실로 교통사고를 일으킨 운전자에 대한 형사처벌 등의 특례를 정한 법률로서 그 적용대상이 되는 교통사고는 형법 제268조 및 도로교통법 제151조에 한정되는 것이므로 형법체계상 교통방해죄의 한 태양으로서 공중교통안전을 그 보호법익으로 하는 공공위험죄에 속하는 형법 제189조 제2항, 제187조 소정의 업무상과실자동차전복죄와는 그 입법취지, 보호법익 및 적

용대상 등에 있어 차이가 있다고 할 것이므로 교통사고처리특례법 제3조 제1항이 형법 제189조 제2항, 제187조 에 대한 특별법규라 볼 수 없고 별개의 독립된 구성요건이라고 해석함이 상당하다(춘천지방법원 1988. 1. 28. 선고 87노615 판결)하였습니다.

따라서, 이러한 경우 교통사고처리특례법으로 처벌이 되지 않는다고 하더라도 형법상 업무상과실자동차전복죄가 성립되며, 처벌될 수 있습니다. 다만, 피해자들과 합의한 점을 고려하여 가벼운 처벌이 될 것으로 보입니다.

■ 위험운전치사상죄의 입법 취지 및 교통사고처리특례법 위반죄와의 관계는?

Q. A는 음주의 영향으로 정상적인 운전이 곤란한 상태에서 운전하다 사람을 치어 상해를 입히게 되었습니다. 이 때 甲은 특정범죄가중처벌 등에 관한 법률 위반(위험운전치사상)죄 외에 업무상과실치상으로 인한 교통사고처리특례법 위반죄도 별도로 성립하여 처벌받게 되는지요?

A. 음주로 인한 특정범죄가중처벌 등에 관한 법률 위반(위험운전치사상)죄는 그 입법 취지와 문언에 비추어 볼 때, 주취상태의 자동차 운전으로 인한 교통사고가 빈발하고 그로 인한 피해자의 생명·신체에 대한 피해가 중대할 뿐만 아니라, 사고발생 전 상태로의 회복이 불가능하거나 쉽지 않은 점 등의 사정을 고려하여, 형법 제268조에서 규정하고 있는 업무상과실치사상죄의 특례를 규정하여 가중처벌함으로써 피해자의 생명·신체의 안전이라는 개인적 법익을 보호하기 위한 것입니다. 따라서 그 죄가 성립하는 때에는 차의 운전자가 형법 제268조의 죄를 범한 것을 내용으로 하는 교통사고처리특례법 위반죄는 그 죄에 흡수되어 별죄를 구성하지 않습니다(대법원 2008. 12. 11. 선고 2008도9182 판결).

그러므로 A에게는 특정범죄가중처벌 등에 관한 법률 위반(위험운전치사상)죄만이 성립하고, 교통사고처리특례법 위반죄는 성립하지 않습니다.

2. 「교통사고처리 특례법」에 따른 처벌 특례

2-1. 개념

① 피해의 회복을 신속하게 처리하기 위하여 「교통사고처리 특례법」은 업무상과실(業務上過失) 또는 중대한 과실로 교통사고를 일으킨 운전자에 관한 형사처벌 등의 특례를 정하고 있습니다(「교통사고처리 특례법」 제1조).

② '교통사고'란 차의 교통으로 인하여 사람을 사상(死傷)하거나 물건을 손괴(損壞)하는 것을 말합니다(「교통사고처리 특례법」 제2조제2호).

2-2. 상담사례

■ 「교통사고처리특례법」상 중앙선 침범에 해당하는지요?

> Q. 상대방이 운전하는 차량에 들이받혀 중앙선을 침범하였는데 이로 인하여 반대차선에 있는 차량과 충돌한 경우「교통사고처리특례법」상의 예외사유인 "중앙선 침범"에 해당하는지 궁금합니다.
>
> A. 교통사고처리특례법 제3조 제2항 단서 제2호 전단이 규정하고 있는 '도로교통법 제12조 제3항의 규정에 위반하여 차선이 설치된 도로의 중앙선을 침범하였을 때'라 함은 교통사고의 발생지점이 중앙선을 넘어선 모든 경우를 가리키는 것이 아니라 부득이한 사유가 없이 중앙선을 침범하여 교통사고를 발생케 한 경우를 뜻하며, 여기서 '부득이한 사유'라 함은 진행차로에 나타난 장애물을 피하기 위하여 다른 적절한 조치를 취할 겨를이 없었다거나 자기 차로를 지켜 운행하려고 하였으나 운전자가 지배할 수 없는 외부적 여건으로 말미암아 어쩔 수 없이 중앙선을 침범하게 되었다는 등 중앙선 침범 자체에는 운전자를 비난할 수 없는 객관적 사정이 있는 경우를 말하는 것이라는 것이 대법원의 일관된 견해입니다(대법원 1997. 5. 23. 선고 95도1232 판결 , 1996. 6. 11. 선고 96도1049 판결 , 1994. 9. 27. 선고 94

도1629 판결 , 1991. 10. 11. 선고 91도1783 판결 , 1990. 9. 25. 선고 90도536 판결 , 1988. 3. 22. 선고 87도2171 판결 등 참조).

또한 중앙선 침범행위가 교통사고 발생의 직접적인 원인이 된 이상 사고장소가 중앙선을 넘어선 반대차선이어야 할 필요는 없으나, 중앙선 침범행위가 교통사고 발생의 직접적인 원인이 아니라면 교통사고가 중앙선 침범 운행 중에 사고가 일어났다고 하여 모두 이에 포함되는 것은 아니라고 할 것입니다(대법원 1991. 12. 10. 선고 91도1319 판결 참조).

따라서 상대방 운전차량에 들이받혀 중앙선을 침범하였고 이로 인하여 반대차선의 차량과 충돌하게 된 경우에는 「교통사고처리특례법」에서 규정하고 있는 예외사유에 해당하지 않고 피해자가 처벌불원의 의사를 표시하면 운전자는 처벌을 받지 않습니다.

■ 「교통사고처리특례법」 제4조 제1항에서 규정하고 있는 '당해 차의 운전자'에 해당하는지요?

Q. 26세 이상 가족운전자 한정운전의 특약이 붙은 자동차종합보험에 가입된 피보험자동차를 26세 미만의 가족이나 제3자가 운전한 경우, 교통사고처리특례법 제4조 제1항에서 규정하고있는 '당해 차의 운전자'에 해당하는지요?

A. 교통사고처리특례법 제4조 제1항은 교통사고를 일으킨 차가 보험업법 제4조 및 제126조 내지 제128조, 육운진흥법 제8조 또는 화물자동차운수사업법 제36조 의 규정에 의하여 보험 또는 공제에 가입된 경우에는 제3조 제2항 본문에 규정된 죄를 범한 당해 차의 운전자에 대하여 공소를 제기할 수 없다고 규정하고, 제3항은 제1항의 보험 또는 공제에 가입된 사실은 보험사업자 또는 공제사업자가 제2항의 취지를 기재한 서면에 의하여 증명되어야 한다고 규정하고 있는바, 이와 같은 규정의 내용에 비추어 보면, 26세 이상 가족운전자 한정운전 특약이 붙은 자동차종합보험에 가입된 피보험자동차의 경우에

같은 법 제4조 제1항 에 정하여진 '당해 차의 운전자'라고 함은 보험증권에 기재된 피보험자와 그 가족인 26세 이상인 사람으로서 그들의 배상책임을 보험의 대상으로 하는 경우를 말하고, 피보험자의 명시적이거나 묵시적인 의사에 기하지 아니한 채 26세 미만의 가족이나 제3자가 피보험자동차를 운전한 때에는 26세 이상 한정운전 특별약관에 정하여진 '피보험자동차를 도난당하였을 경우'에 해당하여 보험회사가 보험금을 지급할 책임을 부담한다고 하더라도 이는 기명피보험자의 배상책임을 보험의 대상으로 하여 피해자와 피보험자를 보호함으로써 보험제도의 실효성을 거두기 위한 것에 불과할 뿐, 당해 운전자의 피해자에 대한 배상책임을 보험의 대상으로 하는 것은 아니므로 그와 같은 운전자는 교통사고처리특례법 제4조 제1항 에 정하여진 '당해 차의 운전자'에 해당하지 아니한다고 해석함이 상당하는 것이 대법원 판례의 태도입니다(대법원 2004. 7. 9. 선고 2004도2551 판결).

따라서 26세 이상 가족운전자 한정운전 특약이 붙은 자동차종합보험에 가입된 피보험자동차를 26세 미만의 가족이나 제3자가 운전한 경우, 교통사고처리특례법 제4조 제1항에 정하여진 '당해 차의 운전자'에 해당하지 않습니다.

■ 중앙선 또는 같은 항 단서 제1호 소정의 안전표지에 해당하는지요?

Q. A는 운전 중 도로상 황색 점선을 주의의무를 위반하여 넘어가다가 교통사고를 발생시켰습니다. 그런데 위 황색 점선은 건설회사가 고속도로 건설공사와 관련하여 지방도의 확장공사를 위하여 우회도로를 개설하면서 기존의 도로와 우회도로가 연결되는 부분에 임의로 설치한 것입니다. 이 경우 교통사고처리특례법 제3조 제2항 단서 제1호에 해당하는지요.

A. 차의 운전자가 교통사고로 인하여 업무상 과실 또는 중대한 과실로 인하여 사람을 사상에 이르게 한 경우에는 교통사고처리특례법 제3조

에 의해 처벌 됩니다. 다만 피해자의 명시적인 의사에 반하여 공소를 제기할 수는 없으나(교통사고처리특례법 제3조 제2항 본문), 동조 동항 단서의 각 호 사유에 해당할 경우 피해자의 처벌불원 의사와 상관없이 동조 제1항에 따라 처벌 됩니다.

유사한 사안에서 판례는 "건설회사가 고속도로 건설공사와 관련하여 지방도의 확장공사를 위하여 우회도로를 개설하면서 기존의 도로와 우회도로가 연결되는 부분에 설치한 황색 점선이 도로교통법상 설치권한이 있는 자나 그 위임을 받은 자가 설치한 것이 아니라면 이것을 가리켜 교통사고처리특례법 제3조 제2항 단서 제2호에서 규정하는 중앙선이라고 할 수 없을 뿐만 아니라, 건설회사가 임의로 설치한 것에 불과할 뿐 도로교통법 제64조의 규정에 따라 관할경찰서장의 지시에 따라 설치된 것도 아니고 황색 점선의 설치 후 관할경찰서장의 승인을 얻었다고 인정할 자료도 없다면, 결국 위 황색 점선은 교통사고처리특례법 제3조 제2항 단서 제1호 소정의 안전표지라고 할 수 없다."라고 판시한바 있습니다(대법원 2003. 6. 27. 선고 2003도1895 판결).

따라서 이 사안의 경우 A는 피해자의 처벌불원 의사표시와 상관 없이 교통사고처리특례법 제3조에 의해 처벌될 것입니다.

■ 공장 내에서 교통사고가 난 경우 교통사고특례법이 적용되는지요?

Q. A는 연탄제조공장 내의 작업장에서 업무를 수행하기 위해 차량을 운전하다가 다른 직원을 치어 상해를 입혔습니다. 차량은 보험에 가입이 되어져 있었는데, 甲은 처벌을 받아야 하나요?

A. 교통사고처리 특례법 제4조 제1항은 "교통사고를 일으킨 차가 「보험업법」 제4조, 제126조, 제127조 및 제128조, 「여객자동차 운수사업법」 제60조, 제61조 또는 「화물자동차 운수사업법」 제51조에 따른 보험 또는 공제에 가입된 경우에는 제3조제2항 본문에 규정된 죄를 범한 차의 운전자에 대하여 공소를 제기할 수 없다. 다만, 다음 각 호의 어느

하나에 해당하는 경우에는 그러하지 아니하다."고 규정하고 있습니다. 따라서 이 조항이 적용된다면 A는 처벌되지 아니합니다.

공장 내 작업장에서 발생한 사고에 관하여 판례는 "교통사고처리특례법은 업무상과실 또는 중대한 과실로 교통사고를 일으킨 운전자에 관한 형사처벌 등의 특례를 정함으로써 교통사고로 인한 피해의 신속한 회복을 촉진하고 국민생활의 편의를 증진함을 목적으로 하고 있고(같은 법 제1조) 같은 법에서 교통사고라 함은 차의 교통으로 인하여 사람을 사상하거나 물건을 손괴하는 모든 경우를 말하는 것이므로(같은 법 제2조 제2호) 이를 도로교통법이 정하는 도로에서의 교통사고의 경우로 제한하여 새겨야 할 아무런 근거가 없다고 보는 것이 당원의 견해이다(당원 1987.11.10. 선고 87도1727 판결). 원심이 이와 달리 교통사고처리특례법은 공공의 도로교통에 있어서 행하여진 범죄행위의 경우에만 적용된다는 견해에서 피고인의 이 사건 범죄행위를 교통사고처리특례법이 아닌 형법상의 업무상과실치사죄로 처단하였음은 교통사고처리특례법의 법리를 오해한 위법이 있다 할 것이므로 이 점을 지적하는 상고논지는 그 이유 있다."고 하였습니다(대법원 1988. 5. 24. 선고 88도255 판결).

위 판례에 따르면 도로가 아닌 공장 내의 작업장에서 일어난 교통사고에도 교통사고처리 특례법 제4조 제1항이 적용되는 것으로 해석되므로, 보험에 가입된 차량을 운전한 甲은 처벌되지 않을 것입니다.

■ 「교통사고처리특례법」상 예외사유에는 어떤 것이 있는지요?

Q. 「교통사고처리특례법」상 예외사유에는 어떤 것이 있는지요?

A. 「교통사고처리특례법」이란 업무상과실 또는 중대한 과실로 교통사고를 일으킨 운전자에 관한 형사처벌 등의 특례를 정함으로써 교통사고로 인한 피해의 신속한 회복을 촉진하고 국민생활의 편의을 증진함을 목적으로 제정된 법률입니다.

이에 의하면 교통사고 피해자가 사망하지 않고, 피해자가 운전자의 처벌을 원치 않을 때에는 검사가 공소를 제기하지 못하도록 되어 있습니다. 피해자가 운전자의 처벌을 원치 않을 경우란 통상 피해자와 합의를 함으로써 인정되고, 또한 가해차량이 자동차종합보험이나 공제조합에 가입되어 있을 경우에도 마찬가지입니다(같은 법 제4조).

그러나 피해자가 사망한 경우와 차의 운전자가 피해자를 구호조치하지 않고 도주하거나 피해자를 사고장소로부터 옮겨 유기하고 도주한 경우의 뺑소니운전자 및 같은 법 제3조 제2항 단서 규정의 11가지 사유에 해당되는 경우에는 피해자와의 합의나 종합보험가입 여부에 상관없이 처벌을 받게됩니다. 특례의 예외규정 11가지는 다음과 같습니다.

1) 신호위반: 교통신호기 또는 교통정리를 위한 경찰관(이를 보조하는 교통순시원, 전투경찰대원 포함)의 신호나 통행의 금지 또는 일시정지를 내용으로 하는 안전표지가 표시하는 지시에 위반한 경우
2) 중앙선 침범: 차선이 설치된 도로의 중앙선을 침범하거나 횡단, 회전이 금지된 도로에서 횡단 또는 회전하는 경우
3) 속도위반: 제한속도를 시속 20킬로미터를 초과하여 운전한 경우
4) 앞지르기방법 또는 금지 위반의 경우
5) 건널목 통과방법 위반의 경우
6) 보행자보호 위반과 횡단보도상의 사고
7) 무면허운전
8) 음주운전
9) 보도 설치된 도로의 보도를 침범하거나, 보도횡단방법에 위반한 경우
10) 승객의 추락방지의무를 위반하여 운전한 경우
11) 어린이보호구역에서 어린이에게 상해를 가한 경우

한편 교통사고처리 특례법(시행 2010. 1.25. 법률 제9941호) 개정으로 교통사고를 일으킨 차가 종합보험 등에 가입되어 있는 경우에는 업무상 과실 또는 중대한 과실로 인한 교통사고로 피해자가 중상

해에 이르게 된 때에도 공소를 제기할 수 없도록 규정한 부분에 대하여 헌법재판소가 재판절차 진술권 및 중상해자와 사망자 사이의 평등권을 침해한다는 이유로 위헌결정(헌재 2009. 2. 26. 선고 2005헌마764, 2008헌마118 병합)함에 따라, 이 경우 피해자가「형법」제258조 제1항 또는 제2항의 중상해에 이르게 된 때에는 공소를 제기할 수 있도록 개정되었으며, 교통사고 야기자가 술에 취한 상태에서 자동차 등을 운전하였다고 인정할 만한 상당한 이유가 있음에도 경찰공무원의 음주측정요구에 불응할 경우 음주운전 사고 운전자와 동일하게 처벌하도록 신설하였습니다.

■ 긴급자동차 우선이 교통사고처리특례법에서도 적용되는지요?

Q. 경기가 들어 다리가 꼬이고 거품을 내며 숨을 제대로 못쉬는 2세된 애기를 태우고 병원으로 가고 있는 중에, 정지신호를 무시하고 교차로를 통행하던 중 교통사고를 일으킨 경우, 교통사고특례법 제3조 제2항 단서 제1호의 신호위반에 해당하지 아니하므로 같은법 제4조 제1항 에 의하여 공소를 제기할 수 없는 것인지 궁금합니다.

A. 판례는 '구 도로교통법(1984.8.4. 법률 제3744호로 개정되기 전의 것) 제24조 제2항 의 취의는 단순히 긴급자동차는 이 법 또는 이 법에 의한 명령의 규정에 의하여 정지하여야 할 경우에도 불구하고 정지하지 않을 수 있다는 것을 규정할 뿐 도로교통법이 정하는 일절의 의무규정의 적용을 배제하는것이 아님은 물론 진행방향에 사람 또는 차량이 통행하고 있음에도 불구하고 정지하지 아니하고 계속 전진할 수 있다는 규정이 아니다'라고 판시하였습니다.

따라서 생명이 위급한 상병인을 운반중인 긴급자동차라도 이로써 진행방향에 사람 또는 차량이 통행하고 있음을 확인하였음에도 계속 전진할 수 있다고 해석할 수 는 없다고 할 것입니다.

■ 교통사고처리특례법상의 "안전표지가 표시하는 지시에 위반하여 운전한 경우"에 해당하는지요?

> Q. A는 일방통행도로를 역행하던 중 주위를 잘 살피지 아니하고 노폭이 좁은 도로에서 빠르게 달린 과실로 승용차의 우측 후사경으로 피해자 B의 배를 충격하여 그에게 약 2주간의 치료를 요하는 복부좌상을 입혔습니다. 이 경우 안전표지가 표시하는 지시에 위반하여 운전한 것으로 볼 수 있는가요.
>
> A. 도로교통법 제13조 제4항 제1호는 도로가 일방통행인 경우 차마의 운전자는 도로의 중앙이나 좌측 부분을 통행할 수 있다고 규정하고 있습니다. 그리고 교통사고처리특례법 제3조 제2항 단서 제1호는 "안전표지가 표시하는 지시를 위반하여 운전한 경우"를 11대 주의의무 위반 중 하나로 규정하고 있습니다.
>
> 일방통행도로 역주행과 관련해 판례는 "특별한 다른 사정이 없는 한 피고인이 일방통행도로를 역행하여 차를 운전한 것은 교통사고처리특례법 제3조 제2항 단서 제1호 소정의 '통행의 금지를 내용으로 하는 안전표지가 표시하는 지시에 위반하여 운전한 경우'에 해당한다고 보아야 할 것이므로, 그렇다면 피해자가 피고인의 처벌을 원하지 않고 있다고 하여 형사소송법 제327조 제2호 에 해당한다는 이유로 공소를 기각할 수는 없을 것이다."라고 하였습니다(대법원 1993. 11. 9. 선고 93도2562 판결).
>
> 따라서 A는 안전표지가 표시하는 지시를 위반한 것으로 이는 11대 주의의무 위반에 해당됩니다.

■ 교통사고처리특례법상 승객의 추락방지의무를 위반한 것인지요?

> Q. 저는 화물차를 운전하는 운전자인데 화물자동차에서 철근을 적재하는 피해자가 작업이 끝난 이후에 하차하는 것을 확인하지 않고 출발했습니다. 이로 인하여 피해자는 전치 16주의 상해를 입게 되었는

데 저는 저의 화물자동차를 전국화물자동차운송사업자의 공제조합에 가입하였습니다. 저는 종합보험에 가입되어 있기 때문에 처벌을 받지 않을 것이라 생각했는데, 피해자의 상해이유가 승객의 추락방지의무를 위반한 것이기 때문에 종합보험에 가입되어 있어도 처벌을 받는다고 합니다. 저의 행위가 교통사고처리특례법상 승객의 추락방지의무를 위반한 것인지요.

A. 교통사고처리특례법 제3조 제2항 단서 제10호는 "도로교통법 제35조 제2항(현행 도로교통법 제39조 제3항)의 규정에 의한 승객의 추락방지의무를 위반하여 운전한 경우"라고 규정함으로써 그 대상을 "승객"이라고 명시하고 있고, 도로교통법 제35조 제2항 역시 "모든 차의 운전자는 '운전중' 타고 있는 사람 또는 타고 내리는 사람이 떨어지지 아니하도록 하기 위하여 문을 정확히 여닫는 등 필요한 조치를 취하여야 한다."고 규정하고 있습니다.

판례는 교통사고처리특례법 제3조 제2항 단서 제10호는 "도로교통법 제35조 제2항 의 규정에 의한 승객의 추락방지의무를 위반하여 운전한 경우"라고 규정함으로써 '승객'이라는 표현을 명시하고 있고, 위 단서 10호와 도로교통법 제35조 제2항 의 해석상 위 단서 10호의 입법취지는 '폐문발차'에 의한 '승객'의 추락을 방지하기 위한 것이라는 점에 비추어 보면, 위 단서 10호 소정의 의무는 그것이 주된 것이든 부수적인 것이든 사람의 운송에 공하는 차의 운전자가 그 승객에 대하여 부담하는 의무라고 봄이 상당하다고 할 것이므로 이러한 사고는 위 특례 법 제3조 제2항 단서 제10호 소정의 의무를 위반함으로써 일어난 사고에 해당하지 않는다고 할 것이라고 판시하였습니다.(대법원 2000. 2. 22. 선고 99도3716 판결 참조)

따라서 귀하의 화물차가 종합보험에 가입되어 있고, 이 사건 사고가 교통사고처리특례법상 추락방지의무를 위반한 것이 아니기 때문에 교통사고처리특례법 제4조 제1항에 따라 공소기각사유에 해당할 것으로 보입니다.

3. 공소의 제기

① 차의 교통으로 「형법」 제268조의 죄 중 업무상과실치상죄(業務上過失致傷罪) 또는 중과실치상죄(重過失致傷罪)와 「도로교통법」 제151조의 죄를 범한 운전자에 대하여는 피해자의 명시적인 의사에 반하여 공소(公訴)를 제기할 수 없습니다(「교통사고처리 특례법」 제3조제2항 본문).

② 다만, 차의 운전자가 위의 죄 중 업무상과실치상죄 또는 중과실치상죄를 범하고도 피해자를 구호(救護)하는 등 「도로교통법」 제54조제1항에 따른 조치를 하지 않고 도주하거나 피해자를 사고 장소로부터 옮겨 유기(遺棄)하고 도주한 경우, 같은 죄를 범하고 「도로교통법」 제44조제2항을 위반하여 음주측정 요구에 따르지 않은 경우(운전자가 채혈 측정을 요청하거나 동의한 경우는 제외함)와 다음 어느 하나에 해당하는 행위로 인하여 같은 죄를 범한 경우에는 피해자의 명시적인 의사에 반하여도 공소를 제기할 수 있습니다(「교통사고처리 특례법」 제3조제2항 단서).

1. 「도로교통법」 제5조에 따른 신호기가 표시하는 신호 또는 교통정리를 하는 경찰공무원등의 신호를 위반하거나 통행금지 또는 일시정지를 내용으로 하는 안전표지가 표시하는 지시를 위반하여 운전한 경우

2. 「도로교통법」 제13조제3항을 위반하여 중앙선을 침범하거나 「도로교통법」 제62조를 위반하여 횡단, 유턴 또는 후진한 경우

3. 「도로교통법」 제17조제1항 또는 제2항에 따른 제한속도를 시속 20킬로미터 초과하여 운전한 경우

4. 「도로교통법」 제21조제1항, 제22조, 제23조에 따른 앞지르기의 방법·금지시기·금지장소 또는 끼어들기의 금지를 위반하거나 「도로교통법」 제60조제2항에 따른 고속도로에서의 앞지르기 방법을 위반하여 운전한 경우

5. 「도로교통법」 제24조에 따른 철길건널목 통과방법을 위반하여 운전한 경우
6. 「도로교통법」 제27조제1항에 따른 횡단보도에서의 보행자 보호 의무를 위반하여 운전한 경우
7. 「도로교통법」 제43조, 「건설기계관리법」 제26조 또는 「도로교통법」 제96조를 위반하여 운전면허 또는 건설기계조종사면허를 받지 않거나 국제운전면허증을 소지하지 않고 운전한 경우. 이 경우 운전면허 또는 건설기계조종사면허의 효력이 정지 중이거나 운전의 금지 중인 때에는 운전면허 또는 건설기계조종사면허를 받지 않거나 국제운전면허증을 소지하지 않은 것으로 봄.
8. 「도로교통법」 제44조제1항을 위반하여 술에 취한 상태에서 운전을 하거나 같은 법 제45조를 위반하여 약물의 영향으로 정상적으로 운전하지 못할 우려가 있는 상태에서 운전한 경우
9. 「도로교통법」 제13조제1항을 위반하여 보도(步道)가 설치된 도로의 보도를 침범하거나 「도로교통법」 제13조제2항에 따른 보도 횡단방법을 위반하여 운전한 경우
10. 「도로교통법」 제39조제3항에 따른 승객의 추락 방지의무를 위반하여 운전한 경우
11. 「도로교통법」 제12조제3항에 따른 어린이 보호구역에서 「도로교통법」 제12조제1항에 따른 조치를 준수하고 어린이의 안전에 유의하면서 운전하여야 할 의무를 위반하여 어린이의 신체를 상해(傷害)에 이르게 한 경우
12. 「도로교통법」 제39조제4항을 위반하여 자동차의 화물이 떨어지지 않도록 필요한 조치를 하지 않고 운전한 경우

4. 치료비와 손해를 전액 보상하는 보험 또는 공제에 가입된 경우

4-1. 교통사고 후 공소제기 면제

① 교통사고를 일으킨 차가 「보험업법」 제4조, 제126조, 제127조 및 제128조, 「여객자동차 운수사업법」 제60조, 제61조 또는 「화물자동차 운수사업법」 제51조에 따른 보험 또는 공제에 가입된 경우에는 「교통사고처리 특례법」 제3조제2항 본문에 규정된 죄를 범한 차의 운전자에 대하여 공소를 제기할 수 없습니다(「교통사고처리 특례법」 제3조제2항 및 제4조제1항 본문).

② 다만, 아래의 어느 하나에 해당하는 경우에는 공소를 제기할 수 있습니다(「교통사고처리 특례법」 제4조제1항 단서).

   1. 위 1부터 12까지(「교통사고처리 특례법」 제3조제2항 단서)에 해당하는 경우

   2. 피해자가 신체의 상해로 인하여 생명에 대한 위험이 발생하거나 불구(不具)가 되거나 불치(不治) 또는 난치(難治)의 질병이 생긴 경우

   3. 보험계약 또는 공제계약이 무효로 되거나 해지되거나 계약상의 면책 규정 등으로 인하여 보험회사, 공제조합 또는 공제사업자의 보험금 또는 공제금 지급의무가 없어진 경우

③ '보험 또는 공제'란 교통사고의 경우 「보험업법」에 따른 보험회사나 「여객자동차 운수사업법」 또는 「화물자동차 운수사업법」에 따른 공제조합 또는 공제사업자가 인가된 보험약관 또는 승인된 공제약관에 따라 피보험자와 피해자 간 또는 공제조합원과 피해자 간의 손해배상에 관한 합의 여부와 상관없이 피보험자나 공제조합원을 갈음하여 피해자의 치료비에 관하여는 통상비용의 전액을, 그 밖의 손해에 관하여는 보험약관이나 공제약관으로 정한 지급

기준금액을 다음의 우선 지급할 치료비에 관한 통상비용의 범위에 따라 지급하되, 종국적으로는 확정판결이나 그 밖에 이에 준하는 집행권원(執行權原)상 피보험자 또는 공제조합원의 교통사고로 인한 손해배상금 전액을 보상하는 보험 또는 공제를 말합니다(「교통사고처리 특례법」 제4조제2항 및 「교통사고처리 특례법 시행령」 제2조제1항).

1. 진찰료
2. 일반병실의 입원료. 다만, 진료 상 필요로 일반 병실보다 입원료가 비싼 병실에 입원한 경우에는 그 병실의 입원료
3. 처치·투약·수술 등 치료에 필요한 모든 비용
4. 의지·의치·안경·보청기·보철구 기타 치료에 부수하여 필요한 기구 등의 비용
5. 호송·전원·퇴원 및 통원에 필요한 비용
6. 보험약관 또는 공제약관에서 정하는 환자식대·간병료 및 기타 비용

4-2. 자동차보험가입자의 형사소추면제에 대한 제한

① 구「교통사고처리 특례법」 제4조제1항 본문 중 업무상 과실 또는 중대한 과실로 인한 교통사고로 말미암아 피해자로 하여금 중상해(신체의 상해로 인해 생명에 대한 위험이 발생하거나 불구 또는 불치나 난치의 질병에 이르게 한 경우)에 이르게 한 경우에 공소를 제기할 수 없도록 규정한 부분이 헌법에 위반된다는 헌법재판소의 선고에 따라 종합보험에 가입하고 사망사고(「형법」 제268조) 또는 「교통사고 처리특례법」 제3조제2항 단서의 사고 후 도주·10대 중과실사고에 해당하지 않더라도 피해자가 중상해에 이르면 「교통사고 처리특례법」 제3조제2항에 따라 피해자와 합의가 이루어지지 않은 경우 공소제기가 되어 처벌이 가능하게 되었습니다(헌법재판소 2009. 2. 26. 선고 2005헌마764 참조).

② 헌법재판소의 이러한 위헌결정내용은 2010년 1월 25일 공포·시

행된 「교통사고처리 특례법」 제4조제1항에 반영되어 11대 중과실 위반에 해당하는 경우, 피해자가 신체의 상해로 인하여 생명에 대한 위험이 발생하거나 불구(不具)가 되거나 불치(不治) 또는 난치(難治)의 질병이 생긴 경우, 보험계약 또는 공제계약이 무효로 되거나 해지되거나 계약상의 면책 규정 등으로 인하여 보험회사, 공제조합 또는 공제사업자의 보험금 또는 공제금 지급의무가 없어진 경우(「교통사고처리 특례법」 제4조제1항)에는 보험·공제에 가입하였더라도 공소제기가 가능합니다.

4-3. '보험 또는 공제에 가입된 경우'란

"특례법상 형사처벌 등 특례의 적용대상이 되는 '보험 또는 공제에 가입된 경우'란 '교통사고를 일으킨 차'가 위 보험 등에 가입되거나 '그 차의 운전자'가 차의 운행과 관련한 보험 등에 가입한 경우에 그 가입한 보험에 의하여 특례법 제4조 제2항에서 정하고 있는 교통사고 손해배상금 전액의 신속·확실한 보상의 권리가 피해자에게 주어지는 경우를 가리킨다"고 법원은 판단하고 있습니다(대법원 2012.10.25, 선고, 2011도6273 판결).

5. 관련판례

☐ 대법원 2012.3.15, 선고, 2011도17117 판결

[판시사항]

교통사고처리 특례법 제3조 제2항 제1호, 제4조 제1항 제1호에서 보험 또는 공제에 가입한 경우에도 교통사고를 일으킨 차의 운전자에 대하여 공소를 제기할 수 있도록 규정한 '신호기에 의한 신호에 위반하여 운전한 경우'의 의미

[판결요지]

교통사고처리 특례법 제3조 제2항 제1호, 제4조 제1항 제1호의 규정에 의하면, 신호기에 의한 신호에 위반하여 운전한 경우에는 같은 법 제4조 제1항에서 정한 보험 또는 공제에 가입한 경우에도 공소를 제기할 수 있으나, 여기서 '신호기에 의한 신호에 위반하여 운전한 경우'란 신호위반행위가 교통사고 발생의 직접적인 원인이 된 경우를 말한다.

☐ 대법원 2012.10.25, 선고, 2011도6273 판결

[판시사항]

교통사고처리 특례법상 형사처벌 등 특례의 적용대상이 되는 '보험 또는 공제에 가입된 경우'의 의미

[판결요지]

교통사고처리 특례법(이하 '특례법'이라고 한다)의 목적 및 취지와 아울러 특례법 제4조 제2항에서 제1항의 '보험 또는 공제'의 정의에 관하여 '보험업법에 따른 보험회사나 여객자동차 운수사업법 또는 화물자동차 운수사업법에 따른 공제조합 또는 공제사업자가 인가된 보험약관 또는 승인된 공제약관에 따라 피보험자와 피해자 간 또는 공제조합원과 피해자 간의 손해배상에 관한 합의 여부와 상관없이 피보험

자나 공제조합원을 갈음하여 피해자의 치료비에 관하여는 통상비용의 전액을, 그 밖의 손해에 관하여는 보험약관이나 공제약관으로 정한 지급기준금액을 대통령령으로 정하는 바에 따라 우선 지급하되, 종국적으로는 확정판결이나 그 밖에 이에 준하는 집행권원상 피보험자 또는 공제조합원의 교통사고로 인한 손해배상금 전액을 보상하는 보험 또는 공제'라고 명시하고 있음에 비추어 볼 때, 위 특례법상 형사처벌 등 특례의 적용대상이 되는 '보험 또는 공제에 가입된 경우'란 '교통사고를 일으킨 차'가 위 보험 등에 가입되거나 '그 차의 운전자'가 차의 운행과 관련한 보험 등에 가입한 경우에 그 가입한 보험에 의하여 특례법 제4조 제2항에서 정하고 있는 교통사고 손해배상금 전액의 신속·확실한 보상의 권리가 피해자에게 주어지는 경우를 가리킨다.

☐ **대법원 2011.7.28, 선고, 2011도3630 판결**

[판시사항]

[1] 구 교통사고처리 특례법 제3조 제2항 단서 각 호에서 정한 예외사유의 의의(= 같은 법 제3조 제1항 위반죄의 공소제기 조건) 및 위 단서 각 호의 사유가 경합하는 경우 죄수 관계(=일죄)

[2] 구 교통사고처리 특례법 위반죄가 유죄로 인정되는 경우, 공소사실에 기재된 주의의무 위반 유형 중 일부 인정되지 아니하는 유형에 대하여 따로 무죄판단을 하여야 하는지 여부(소극)

[판결요지]

[1] 교통사고로 업무상과실치상죄 또는 중과실치상죄를 범한 운전자에 대하여 피해자의 명시한 의사에 반하여 공소를 제기할 수 있는 구 교통사고처리 특례법(2010. 1. 15. 법률 제9941호로 개정되기 전의 것) 제3조 제2항 단서 각 호에서 규정한 신호위반 등의 예외사유는 같은 법 제3조 제1항 위반죄의 구성요건요소가 아니라 공소제기의 조건에 관한 사유이므로, 단서 각 호의 사유가 경합하더라도 하나의 교통사고처리 특례법 위반죄가 성립할

뿐 각 호마다 별개의 죄가 성립하는 것은 아니다.

[2] 구 교통사고처리 특례법 위반죄가 유죄로 인정되는 이상 공소사실에 기재된 업무상 과실을 이루는 주의의무 위반 유형 중 일부 인정되지 아니하는 유형이 있더라도 이에 대하여 따로 무죄로 판단할 것은 아니고, 범죄사실 성립 여부에 관한 쟁점이나 양형의 전제사실로 판단하면 충분하다.

대법원 2007. 4.12. 선고 2007도828

[판시사항]

[1] 사고 운전자가 피해자를 구호하는 등 도로교통법 제50조 제1항에 의한 조치를 취할 필요가 있었다고 인정되지 아니하는 경우, 특정범죄 가중처벌 등에 관한 법률 제5조의3 제1항 위반죄로 처벌할 수 있는지 여부(소극)

[2] 유죄로 인정한 교통사고처리 특례법 위반죄의 범죄사실이, 기소된 특정범죄가중처벌 등에 관한 법률 위반(도주차량)의 공소사실에 포함되어 있으며, 교통사고처리 특례법 위반의 점에 관하여 충분한 심리가 이루어졌다고 보아, 공소장변경 없이 피고인을 교통사고처리 특례법 위반죄로 처벌하더라도 피고인의 방어권의 행사에 실질적 불이익을 초래할 염려가 없다고 본 사례

[판결요지]

[1] 특정범죄 가중처벌 등에 관한 법률 제5조의3 제1항의 도주차량 운전자의 가중처벌에 관한 규정은 교통의 안전이라는 공공의 이익을 보호함과 아울러 교통사고로 사상을 당한 피해자의 생명·신체의 안전이라는 개인적 법익을 보호하기 위하여 제정된 것이므로, 그 입법 취지와 보호법익에 비추어 볼 때, 사고의 경위와 내용, 피해자의 상해의 부위와 정도, 사고 운전자의 과실 정도, 사고 운전자와 피해자의 나이와 성별, 사고 후의 정황 등을 종합적

으로 고려하여 사고 운전자가 실제로 피해자를 구호하는 등 도로교통법 제50조 제1항에 의한 조치를 취할 필요가 있었다고 인정되지 아니하는 경우에는 사고 운전자가 피해자를 구호하는 등 도로교통법 제50조 제1항에 규정된 의무를 이행하기 이전에 사고현장을 이탈하였더라도 특정범죄 가중처벌 등에 관한 법률 제5조의3 제1항 위반죄로는 처벌할 수 없다.

[2] 유죄로 인정한 교통사고처리 특례법 위반죄의 범죄사실이, 기소된 특정범죄 가중처벌 등에 관한 법률 위반(도주차량)의 공소사실에 포함되어 있으며, 교통사고처리 특례법 위반의 점에 관하여 충분한 심리가 이루어졌다고 보아, 공소장변경 없이 피고인을 교통사고처리 특례법 위반죄로 처벌하더라도 피고인의 방어권의 행사에 실질적 불이익을 초래할 염려가 없다고 본 사례.

□ 대법원 2007. 4.12. 선고 2006도4322

[판시사항]

[1] 이미 범칙금을 납부한 범칙행위와 같은 일시·장소에서 이루어진 별개의 형사범죄행위에 대하여 범칙금의 납부로 인한 불처벌의 효력이 미치는지 여부(소극)

[2] 교통사고처리 특례법 제3조 제2항 단서의 각 호에서 규정한 예외사유가 같은 법 제3조 제1항 위반죄의 구성요건 요소인지, 아니면 그 공소제기의 조건에 관한 사유인지 여부(=공소제기의 조건에 관한 사유)

[3] 신호위반을 이유로 도로교통법에 따라 범칙금을 납부한 자를 교통사고처리 특례법에 따라 그 신호위반으로 인한 업무상과실치상죄로 다시 처벌할 수 있는지 여부(적극)

[판결요지]

[1] 도로교통법(2005. 5. 31. 법률 제7545호로 전문 개정되기 전의

것) 제119조 제3항에 의하면, 범칙금 납부 통고를 받고 범칙금을 납부한 사람은 그 범칙행위에 대하여 다시 벌받지 아니한다고 규정하고 있는바, 범칙금의 통고 및 납부 등에 관한 같은 법의 규정들의 내용과 취지에 비추어 볼 때 범칙자가 경찰서장으로부터 범칙행위를 하였음을 이유로 범칙금 통고를 받고 그 범칙금을 납부한 경우 다시 벌받지 아니하게 되는 행위는 범칙금 통고의 이유에 기재된 당해 범칙행위 자체 및 그 범칙행위와 동일성이 인정되는 범칙행위에 한정된다고 해석함이 상당하므로, 범칙행위와 같은 때, 같은 곳에서 이루어진 행위라 하더라도 범칙행위와 별개의 형사범죄행위에 대하여는 범칙금의 납부로 인한 불처벌의 효력이 미치지 아니한다.

[2] 교통사고로 인하여 업무상과실치상죄 또는 중과실치상죄를 범한 운전자에 대하여 피해자의 명시한 의사에 반하여 공소를 제기할 수 있도록 하고 있는 교통사고처리 특례법 제3조 제2항 단서의 각 호에서 규정한 신호위반 등의 예외사유는 같은 법 제3조 제1항 위반죄의 구성요건 요소가 아니라 그 공소제기의 조건에 관한 사유이다.

[3] 교통사고처리 특례법 제3조 제2항 단서 각 호에서 규정한 예외사유에 해당하는 신호위반 등의 범칙행위와 같은 법 제3조 제1항 위반죄는 그 행위의 성격 및 내용이나 죄질, 피해법익 등에 현저한 차이가 있어 동일성이 인정되지 않는 별개의 범죄행위라고 보아야 할 것이므로, 교통사고처리 특례법 제3조 제2항 단서 각 호의 예외사유에 해당하는 신호위반 등의 범칙행위로 교통사고를 일으킨 사람이 통고처분을 받아 범칙금을 납부하였다고 하더라도, 업무상과실치상죄 또는 중과실치상죄에 대하여 같은 법 제3조 제1항 위반죄로 처벌하는 것이 도로교통법 제119조 제3항에서 금지하는 이중처벌에 해당한다고 볼 수 없다.

6. 헌법재판소 결정례

☐ **헌법재판소 2012.12.27. 선고 2012헌바60**

[판시사항]

청구인이 주장하는 입법의 결함이 헌법재판소의 위헌결정에 의하여 발생한 경우에 그와 같은 입법의 결함, 즉 부진정입법부작위의 위헌 확인을 구하는 헌법소원 심판청구의 적법 여부(소극)

[결정요지]

헌법재판소법 제47조 제2항과 제75조 제6항은 위헌으로 결정된 법률 또는 법률조항은 원칙적으로 그 결정이 있는 날로부터 효력을 상실하도록 규정하고 있는바, 법규범에 대한 헌법재판소의 위헌결정은 소송당사자나 국가기관 이외의 일반 사인에게도 그 효력이 미치고, 일반 국민은 헌법재판소가 위헌으로 선언한 법규범이 적용되지 않는 것을 수인해야 한다. 헌법재판소에 의하여 이미 위헌 선언되어 효력이 상실된 법률조항 부분이 입법의 결함에 해당한다고 주장하는 이 사건 헌법소원 심판청구는 종전의 위헌결정에 대한 불복이거나, 위헌으로 선언된 규범의 유효를 주장하는 것이어서 법률조항에 대한 위헌결정의 법규적 효력에 반하여 허용될 수 없으므로 부적법하다.

☐ **헌법재판소 2009.2.26. 선고 2005헌마764**

[판시사항]

교통사고처리 특례법(2003. 5. 29. 법률 제6891호로 개정된 것) 제4조 제1항 본문 중 업무상 과실 또는 중대한 과실로 인한 교통사고로 말미암아 피해자로 하여금 중상해에 이르게 한 경우에 공소를 제기할 수 없도록 규정한 부분은 헌법에 위반된다.

[결정요지]

업무상과실 또는 중대한 과실로 인한 교통사고로 말미암아 피해자로 하여금 중상해에 이르게 한 경우에 공소를 제기할 수 없도록 규정한 부분은 청구인들의 재판절차진술권 및 평등권을 침해하여 헌법에 위반되는바, 종전에 헌법재판소가 이 결정과 견해를 달리하여 구 교통사고처리 특례법(1984. 8. 4. 법률 제3744호로 개정되고, 1997. 8. 30. 법률 제5480호로 개정되기 전의 것) 제4조 제1항이 헌법에 위반되지 아니한다고 판시한 1997. 1. 16. 90헌마110 등 결정은 이 결정과 저촉되는 범위 내에서 이를 변경하기로 하여 주문과 같이 결정한다.

□ 헌법재판소 1997. 1.16. 선고 90헌마110

[판시사항]

[1] 불처벌의 특례규정에 관한 위헌결정의 소급효(소극)

[2] 주관적 권리보호의 이익은 결여되었지만 헌법적 해명의 필요성이 있어 헌법소원의 이 익이 있다고 본 예

[3] 심판청구에서의 침해된 기본권의 특정 정도

[4] 교통사고처리 특례법(이하 "특례법"이라 한다) 제4조 제1항이 헌법에 위반되는지 여부

[결정요지]

[1] 특례법 제4조 제1항은 비록 형벌에 관한 것이기는 하지만 불처벌의 특례를 규정한 것이어서 위 법률조항에 대한 위헌결정의 소급효를 인정할 경우 오히려 형사처벌을 받지 않았던 자들에게 형사상의 불이익이 미치게 되므로 이와 같은 경우까지 헌법재판소법 제47조 제2항 단서의 적용범위에 포함시키는 것은 그 규정취지에 반하고, 따라서 위 법률조항이 헌법에 위반된다고 선고되더라도 형사처벌을 받지 않았던 자들을 소급하여 처벌할 수 없다.

[2] 심판청구가 주관적인 권리보호의 이익을 결여하고 있다 하더라도 헌법소원은 개인의 주관적 권리구제의 기능뿐만 아니라 객관적인

헌법질서의 보장기능도 수행하는 것이므로, 기본권 침해행위가 이미 종료되어서 이를 취소할 여지가 없기 때문에 헌법소원이 주관적 권리구제에 별 도움이 되지 않는 경우에도 그러한 침해행위가 앞으로도 반복될 위험이 있거나 당해분쟁의 해결이 헌법질서의 수호·유지를 위하여 긴요한 사항이어서 그 해명이 헌법적으로 중대한 의미를 지니고 있는 경우에는 헌법소원의 이익을 인정하여야 할 것인바, 특례법 제4조 제1항이 정작 위헌인 경우에도 그로 인한 불기소처분이 어차피 취소될 수 없다는 이유로 이에 대한 헌법적 해명을 하지 아니한다면, 향후 교통사고 피해자는 헌법소원을 제기할 수 없고, 교통사고 가해자는 그에게 유리한 위 법률조항에 대한 헌법소원이나 위헌여부확인심판의 제청신청도 할 리 없으며, 법원이 직권으로 위헌법률심판제청을 하는 경우도 기대하기 어려워져 결국 앞으로는 위헌적인 위 법률조항에 의한 위헌적 불기소처분을 방지할 수 있는 길은 영영 없게 되어, 불기소처분으로 인한 교통사고 피해자들의 평등권과 형사피해자의 재판절차상의 진술권 등의 기본권이 침해될 것이 예상되므로, 이에 대한 헌법적 해명이 필요하다고 할 것이다.

[3] 헌법재판소법 제71조 제1항 제2호가 규정하는 헌법소원의 심판청구서에의 침해된 권리의 기재는 헌법재판소법 제68조 제1항에 비추어 헌법재판소로 하여금 헌법상 보장된 기본권의 침해가 있다는 주장인 것으로 인식할 수 있는 정도의 표시로 족하고, 헌법재판소의 심판에 있어서는 반드시 그 표시된 권리에 구애되는 것이 아니라 청구인이 주장하는 침해된 기본권과 침해의 원인이 되는 공권력의 행사를 직권으로 조사하여 판단할 수 있는 것이다.

[4] 재판관 김문희, 재판관 정경식, 재판관 고중석, 재판관 신창언의 합헌의견

(1) (평등원칙 및 과잉금지원칙 위반 여부) 어떤 행위를 범죄로 하고 이를 어떻게 처벌해야 하는가, 즉 범죄의 유형과 형량을 결정하는 것은 원칙적으로 형성의 자유를 갖는 입법자의 결정

사항에 속하는바, 다른 국가기관의 행위의 합헌성을 심사하는 헌법재판소에게 헌법은 재판규범 즉 통제규범을 의미하고, 통제규범으로서의 평등원칙은 단지 자의적인 입법의 금지기준만을 의미하게 되므로 헌법재판소는 입법자의 위와 같은 결정에서 차별을 정당화할 수 있는 합리적인 이유를 찾아볼 수 없는 경우에만 평등원칙의 위반을 선언하게 된다. 특례법 제4조 제1항의 경우 입법자는 입법목적을 실현하기 위하여 형사처벌의 여부를 결정하는데 있어서 행위의 경과실·중과실을 차별의 기준으로 삼았는바, 경과실·중과실이란 차별의 기준은 법이 의도하는 입법목적을 달성하기에 적합한 것이며, 또한 경과실·중과실간의 그 성질과 비중에 있어서 확인될 수 있는 차이가 형사처벌에 관한 차별대우를 정당화한다 하겠고, 나아가 입법자가 교통사고와 같은 대중적 현상을 규율하기 위하여 규율대상을 유형화함에 있어 규율대상을 빠짐없이 포착한다는 것이 불가능한 것이기 때문에 언제나 불가피하게 소수의 불이익이 따르기 마련이고, 이에 대하여 입법자가 법률제정 이후 이미 한 차례 그 사이의 경험을 토대로 현실에 나타난 규율의 결점을 보완하였으며, 계속적인 차별화를 통하여 평등원칙에 합치하려는 노력을 기울였으므로, 중과실로 인하여 발생하는 교통사고로 말미암아 신체의 피해를 입게 된 일부를 특례법 제3조 제2항 단서에 포함시키지 못한 것은 범죄의 유형화에 따른 어쩔 수 없는 결과이므로 그 이유만으로 평등원칙에 반한다고 할 수 없고, 같은 이유로 범죄유형화로 말미암아 그 당연한 결과로 발생하는 일부 소수 형사피해자의 재판절차진술권에 대한 제한은 특례법이 달성하려고 하는 입법목적에 비추어 정당화된다고 할 것이므로 이 사건 법률조항은 과잉제한금지의 원칙에 위반되지 않는다.

(2) (기본권보호의무 위반 여부) 국가의 기본권보호의무의 이행은 입법자의 입법을 통하여 비로소 구체화되는 것이고, 국가가 그

보호의무를 어떻게 어느 정도로 이행할 것인지는 원칙적으로 한 나라의 정치·경제·사회·문화적인 제반여건과 재정사정 등을 감안하여 입법정책적으로 판단하여야 하는 입법재량의 범위에 속하는 것이다. 국가의 보호의무를 입법자가 어떻게 실현하여야 할 것인가 하는 문제는 입법자의 책임범위에 속하므로, 헌법재판소는 권력분립의 관점에서 소위 과소보호금지원칙을, 즉 국가가 국민의 법익보호를 위하여 적어도 적절하고 효율적인 최소한의 보호조치를 취했는가를 기준으로 심사하게 되어, 결국 헌법재판소로서는 국가가 특정조치를 취해야만 당해 법익을 효율적으로 보호할 수 있는 유일한 수단인 특정조치를 취하지 않은 때에 보호의무의 위반을 확인하게 된다.

국가의 신체와 생명에 대한 보호의무는 교통과실범의 경우 발생한 침해에 대한 사후처벌뿐이 아니라, 무엇보다도 우선적으로 운전면허취득에 관한 법규 등 전반적인 교통관련법규의 정비, 운전자와 일반국민에 대한 지속적인 계몽과 교육, 교통안전에 관한 시설의 유지 및 확충, 교통사고 피해자에 대한 보상제도 등 여러가지 사전적·사후적 조치를 함께 취함으로써 이행되고, 교통과실범에 대한 국가형벌권의 범위를 확대한다고 해서 형벌권의 행사가 곧 확실하고도 효율적인 법익의 보호로 이어지는 것도 의문이므로, 형벌은 이 경우 국가가 취할 수 있는 유효적절한 수많은 수단 중의 하나일 뿐이지, 결코 형벌까지 동원해야만 보호법익을 유효적절하게 보호할 수 있다는 의미의 최종적인 유일한 수단이 될 수 없다. 따라서 국가가 취한 제반의 보호조치와 교통과실범에 대한 형사처벌조항을 고려한다면, 단지 일정 과실범에 대하여 형벌권을 행사할 수 없는 법망의 틈새가 존재한다고 하여, 그것이 곧 국가 보호의무의 위반을 의미하지는 않는다.

[4] 재판관 김진우, 재판관 이재화, 재판관 조승형의 위헌의견

　(1) (기본권보호의무 위반 여부) 생명·신체라는 기본권적 법익이 헌

법질서에서 차지하는 의미와 비중의 중대성에 비추어 볼 때, 가해자에 대한 사적 복수를 허용하지 아니하고 국가기관이 공소권을 독점하는 법제도 아래에서는 그 침해의 사전예방 및 그 침해행위에 대한 사후제재를 위하여 형벌이라는 최종적 수단을 이를 대체할 만한 다른 효과적인 방안이 마련되지 않는 가운데서 포기할 수 없고 이때 비로소 국민의 생명·신체·재산에 대한 국가의 보호의무를 다하는 것이라고 할 것이다. 특례법 제3조 제2항 단서에 해당되지 않는 중대한 과실로 인한 교통사고로 말미암아 피해자에게 신체에 대한 중대한 침해 즉, 생명에 대한 위험을 발생시킨 경우나 불구 또는 불치나 난치의 질병 즉 중상해에 이르게 한 경우에 교통사고를 일으킨 차량이 종합보험 등에 가입되어 있다는 사정만으로 공소조차 제기하지 못하도록 한 것은 국가의 국민의 생명·신체에 대한 보호로서는 너무도 부족하여 과소보호금지의 원칙에 반한다.

(2) (평등원칙 위반 여부) 특례법 제4조 제1항이 중과실로 중상해를 유발한 교통사고의 일부에 대하여 가해차량이 종합보험 등에 가입되어 있다는 이유로 아예 형사처벌의 대상에서 제외하고 있는 것은 동질의 행위들에 대해서는 원칙적으로 같은 형법적 평가가 내려져야 한다는 형사적 정의에 반할 뿐만 아니라, 동법 제3조 제2항 단서에 해당하는 교통사고의 피해자들과 같은 단서조항에 규정된 경우에 해당하지 아니한 중과실로 인한 교통사고로 중상해를 입은 피해자를 그 생명·신체의 보호에 있어서 차별하고 있는바, 형벌권행사를 통한 기본권보호에 있어서의 이와 같은 차별을 정당화할 만한 중대한 공익의 실현을 위한 불가피한 사유가 존재하지 않으므로 평등의 원칙에도 저촉된다.

Part 5.
교통사고 발생시 손해보상

1. 손해배상

1-1. 자동차 운전에 따른 손해 배상

자동차를 운행 중 타인의 신체나 재물을 손상시켰을 때에는 그 손해를 배상해야 합니다(「자동차손해배상 보장법」 제3조 및 「민법」 제750조 참고).

1-2. 「자동차손해배상 보장법」에 따른 손해배상

① 「자동차손해배상 보장법」은 자동차의 운행으로 사람이 사망 또는 부상하거나 재물이 멸실 또는 훼손된 경우에 있어서의 손해배상을 보장하는 제도를 확립함으로써 피해자를 보호하고 자동차운행의 건전한 발전을 촉진하려고 제정된 법으로 「민법」의 특별법입니다.

② 자기를 위하여 자동차를 운행하는 자의 손해배상책임에 대하여는 「자동차손해배상 보장법」 제3조에 따른 경우 외에는 「민법」에 따릅니다(「자동차손해배상 보장법」 제4조).

1-3. 자동차 보유자의 손해배상 책임

① 자기를 위해 자동차를 운행하는 자는 그 운행으로 다른 사람을 사망하게 하거나 부상하게 한 경우에는 그 손해를 배상할 책임을 집니다(「자동차손해배상 보장법」 제3조 본문).

② 다만, 다음의 경우에는 손해배상책임을 지지 않습니다(「자동차손해배상 보장법」 제3조 단서).

   1. 승객이 아닌 자가 사망하거나 부상한 경우에는 다음을 증명하는 경우
      - 자기와 운전자가 자동차의 운행에 주의를 게을리 하지 않았을 것
      - 피해자 또는 자기 및 운전자 외의 제3자에게 고의 또는 과실이 있음
      - 자동차의 구조상의 결함이나 기능상의 장해가 없었다는 것
   2. 승객이 고의나 자살행위로 사망하거나 부상한 경우

1-4.「민법」에 따른 손해배상

① 자기를 위해 자동차를 운행하는 자의 손해배상책임에 관해서는「자동차손해배상 보장법」제3조에 따르는 경우 외에는「민법」을 따릅니다. 여기서 말하는「민법」은 주로 같은 법 제3편제5장 불법행위(제750조부터 제766조까지)의 규정을 말합니다.

② 따라서 손해배상의 성립 요건, 손해배상의 범위, 손해배상의 방법, 과실상계, 손해배상자의 대위, 손해배상청구권자의 범위, 손해배상청구권의 상속, 법정대리, 손해배상청구권의 소멸, 손익상계, 감액청구, 공동불법행위, 사용자책임 등에 관하여도「민법」의 규정이 적용됩니다.

③ 고의 또는 과실로 인한 위법행위로 타인에게 손해를 가한 자는 그 손해를 배상할 책임이 있습니다(「민법」제750조).

2. 상담사례

■ 고속도로에서 교통사고시 보행자의 책임

Q. 동생이 음주후 고속도로를 보행 중 뒤에 오던 외제차와 추돌하였다는 소식을 들었습니다. 이로 인하여 동생은 왼손 골절, 다리 양다리 골절, 왼쪽 갈비뼈 7개 골절, 머리 뇌출혈 등으로 사경을 헤메고 있습니다. 그러나 보험사측에서 고속도로 보행자 야간 사고시에는 무조건 보행자가 전부 책임을 져야 한다고 합니다. 이에 동생이 가해자가 되어 동생의 병원치료비는 물론 고가의 외제차 수리비와 운전자 치료비까지 막대한 금액의 소요가 예상됩니다. 그러나 상대 외제차량 블랙박스는 고장이 났다고 하는 등 어디서 어떻게 사고가 났는지 확인할 방법은 없고, 출동 당시 구급대원과 경찰 진술만 확인할 수 있었으며, 고속도로경찰대에 사진 확인결과 차량은 갓길에 똑바로 주차되어 있고 운전석 유리가 심하게 파손된 상태인데, 동생은 가해차량 약 4-5m앞에 갓길에 누워있었습니다. 이에 사고경위에 관하여 여러 의심이 드는 상황인데, 어찌해야 하는지요?

A. 술에 취한 보행자가 야간에 고속도로상에서 무단횡단을 하여 교통사고가 발생한 경우, 고속도로를 운행하는 운전자에게 어떠한 과실이 인정되기 어려운 것이 일반적입니다("도로교통법 제58조는 보행자는 고속도로를 통행하거나 횡단할 수 없다고 규정하고 있으므로 고속도로를 운행하는 자동차의 운전자로서는 특별한 사정이 없는 한 보행자가 고속도로를 통행하거나 횡단할 것까지 예상하여 급정차를 할 수 있도록 대비하면서 운전할 주의의무는 없다 할 것이고, 따라서 고속도로를 무단횡단하는 피해자를 충격하여 사고를 발생시킨 경우라도 운전자가 상당한 거리에서 그와 같은 무단횡단을 미리 예상할 수 있는 사정이 있었고, 그에 따라 즉시 감속하거나 급제동하는 등의 조치를 취하였다면 피해자와의 충돌을 면할 수 있었다는 등의 특별한 사정이 인정되지 아니하는 한 자동차 운전자에게 과실이 있다고는 볼

수 없다.", 대법원 1996. 10. 15. 선고 96다22525 판결, 대법원 1998. 4. 28. 선고 98다5135 판결 등 참조).

다만 자동차사고에 있어서 과실비율 및 그에 따른 손해배상의 책임분배는 사건양태가 다양하고 복잡한 특수성상 일률적으로 이르기는 어려운 것이므로, 가령 사고 당사자인 운전자 또한 과속하여 운전(과속운전)하고 있었거나, 술에 취한 상태로 운전(음주운전)을 하고 있던 상태였던 경우, 혹은 본래 주행차로로 인정되지 아니하는 갓길에서 사고가 발생한 경우(갓길주행), 보행자에게 이유가 있는 경우(가령 주간에 편도2차로의 고속도로에서 A차량이 중앙분리대를 들이받은 사고를 내 1, 2차로에 걸쳐 정차한 상태에서 차량에서 내려 수신호를 보낼 뿐 안전표지를 설치하거나 차량의 비상등을 켜는 등의 안전조치의무를 태만히 하고 있는 사이, 마침 2차로에서 주행 중인 B차량이 전방주시의무를 태만하여 뒤늦게 A차량을 발견하고 1차로로 차선을 바꾸었으나 갓길에 있던 A차량 운전자를 충격한 사안에서 B차량의 과실을 60%로 판단한 사례, 대법원 2012. 1. 12. 선고 2011다80180 판결 참조) 등 구체적인 상황에 따라서는 운전자에게 일정 부분의 책임이 발생할 수도 있습니다.

사안의 경우, 보행자의 음주, 야간(새벽 2-3시)이라는 시기, 고속도로라는 장소(보행자의 존재를 예견하기 어려워 운전자의 주의의무가 경감되는 곳) 등의 요소는 매우 불리한 사정으로 보이나 실제 사고발생의 경위가 의심스러운 사정이 있는 경우, 그에 관한 증거자료가 있다면 책임이 경감될 여지도 있어 보입니다. 즉 사안에서는 사고가 '갓길'에서 발생하였는지 '2차로'에서 발생하였는지가 관건일 것으로 보이는바, 그에 관한 자료확보가 중요할 것으로 보입니다. 따라서 상황에 따라서는 고장난 블랙박스의 복원이나 기타 다양한 자료확보방법을 강구하시는 것도 필요하고 이에 관한 선행 수사절차에서 최대한 유리한 사실확정 및 자료확보에 주력하셔야 하며, 이에 기초하여 민사절차에서도 일관적으로 다투셔야 합니다. 한편 위와 같은 자료확보가 어렵고 관련 수사절차가 불리하게 진행되는 경우에는 상대방과 최대한 협의하는 것이 적절할 것으로 보입니다.

■ **보행자에 대한 교통사고의 경우 손해배상책임은 누구에게 있나요?**

Q. 제가 편도 2차선의 도로를 제한속도 범위에서 주행하던 중 신호등이 없는 횡단보도 부근에서 보행자를 충격하여 사고가 발생하였습니다. 보행자는 횡단보도가 아닌 일단정지선 10m 전방에서 횡단하고 있었으므로 제 책임이 없는 것 같은데, 이러한 경우에도 전부 제가 배상해야 할 책임이 있는지요?

A. 도로교통법 제27조에 규정된 바에 따르면, 모든 운전자에게는 보행자에 대한 보호의무가 부여됩니다. 따라서 자동차전용도로, 고속도로 등의 특수한 장소가 아닌 한, 자동차의 보행자에 대한 사고에서는 기본적으로 자동차에게 높은 비율의 과실이 인정됩니다. 다만 도로교통법 제10조에 따르면, 보행자 또한 횡단보도가 설치된 곳에서는 횡단보도를 이용하여야 하는 등 그 횡단방법에 따라 횡단할 의무가 인정되는바, 사안의 경우 보행자는 횡단보도가 설치된 도로에서 그 횡단보도를 이용하지 아니하고 무단히 횡단한 의무위반이 있다고 할 것이어서, 보행자에게도 일정 부분의 과실이 있다고 할 것입니다.

이와 관련하여 대법원은 유사한 사례에서 '횡단보도에 보행자를 위한 보행등이 설치되어 있지 않다고 하더라도 횡단보도표시가 되어 있는 이상 그 횡단보도는 도로교통법에서 말하는 횡단보도에 해당하므로, 이러한 횡단보도를 진행하는 차량의 운전자가 도로교통법 제24조 제1항의 규정에 의한 횡단보도에서의 보행자보호의무를 위반하여 교통사고를 낸 경우에는 교통사고처리특례법 제3조 제2항 단서 제6호 소정의 횡단보도에서의 보행자보호의무 위반의 책임을 지게 되는 것이며, 비록 그 횡단보도가 교차로에 인접하여 설치되어 있고 그 교차로의 차량신호등이 차량진행신호였다고 하더라도 이러한 경우 그 차량신호등은 교차로를 진행할 수 있다는 것에 불과하지, 보행등이 설치되어 있지 아니한 횡단보도를 통행하는 보행자에 대한 보행자보호의무를 다하지 아니하여도 된다는 것을 의미하는 것은 아니므로 달리 볼 것은 아니라고 할 것이다.'라고 판시하였는 바(대법원 2003.

10. 23. 선고 2003도3529 판결), 원칙적으로는 귀하에게 주된 책임이 있는 것으로 볼 수 있습니다.

다만 자동차사고에 있어서 과실비율 및 그에 따른 손해배상의 책임 분배는 사건양태가 다양하고 복잡한 특수성상 일률적으로 이르기는 어렵습니다. 가령 야간 신호등 없는 편도 3차로 도로에서 차량이 3차로를 따라 운행 중 전방주시의무를 태만한 과실로, 술에 취한 채 위 도로에 설치된 횡단보도를 조금 벗어난 지점을 횡단하던 보행자를 충격한 사안에서 차량의 과실비율을 70%로 본 사례(서울지방법원 2008. 9. 24. 선고 2008가단43332 판결), 야간에 차량 통행이 빈번한 왕복7차로의 신호등 없는 삼거리 교차로에서 차량이 편도 3차로 중 1차로를 따라 진행하던 중 전방주시의무를 태만히 한 과실로, 횡단보도 부근(20m) 좌측에서 우측으로 무단횡단 하던 보행자를 들이 받은 사고에서 차량의 과실비율을 50%로 본 사례(부산지방법원 2009. 4. 17. 선고 2008가단23466) 등을 참조하시기 바랍니다.

■ 피해자의 후유증이 교통사고와 기왕증이 경합하여 발생한 경우 손해배상 범위 판정방법은 어떻게 되나요?

Q. 저는 교통사고 이후 입원치료를 받던 중 뇌출혈로 2차 피해를 입게 되었습니다. 그럴 경우 가해자에게 구할 수 있는 손해배상 범위는 어떻게 되나요?

A. 법원은 "교통사고로 인한 피해자의 후유증이 사고와 피해자의 기왕증이 경합하여 나타난 것이라면 사고가 후유증이라는 결과 발생에 기여하였다고 인정되는 정도에 따라 상응한 배상액을 부담하게 하는 것이 손해의 공평한 부담이라는 견지에서 타당하고, 법원이 기왕증의 후유증 전체에 대한 기여도를 정할 때에는 반드시 의학적으로 정확히 판정하여야 하는 것이 아니고 변론에 나타난 기왕증의 원인과 정도, 기왕증과 후유증의 상관관계, 피해자 연령과 직업, 건강상태 등 제반 사정을 고려하여 합리적으로 판단할 수 있다(대법원 2011. 5. 13.

선고 2009다100920 판결 참조)."고 판시하고 있습니다. 결국 법원에서 피해자의 기왕증과 발생한 후유증의 기여도를 판단하여 손해배상의 범위를 결정하게 될 것입니다.

■ **교통사고 피해자가 기 지급받은 치료비가 감액될 수도 있나요?**

Q. 교통사고 피해자인데, 병원 치료비의 경우 가해자의 보험사로부터 이미 지급받았습니다. 기타 손해에 대하여 손해배상 소송을 진행하고자 하는데 기 지급받은 치료비가 감액될 수도 있나요?

A. 판례는 교통사고의 피해자가 가해자가 가입한 자동차보험회사로부터 치료비를 지급받은 경우 그 치료비 중 피해자의 과실비율에 상당하는 부분은 가해자의 재산상 손해배상액에서 공제되어야 한다(대법원 1999. 3. 23. 선고 98다64301 판결 , 대법원 2002. 9. 4. 선고 2001다80778 판결 등 참조)고 보고 있습니다. 따라서 교통사고 발생에 있어서 피해자의 과실이 인정된다면 기 지급받은 치료비가 감액될 수 있습니다. 예를 들어 교통사고 발생에 가해자의 과실이 70%, 피해자의 과실이 30%가 인정되고, 기 지급받은 치료비가 1,000만원이라면 피해자의 과실에 해당하는 30% 상당의 치료비 300만원이 공제되어야 합니다.

■ **자동차의 복수의 운행자 중 1인이 다른 운행자에게 교통사고에 따른 손해배상을 구할 수 있는지요?**

Q. 甲은 자동차 소유명의자인 乙로부터 사용허락을 받아 자동차를 운행하던 중 술을 마신 관계로 丙에게 대리운전을 의뢰하였다가 丙이 자동차를 운전하다가 교통사고가 발생하였습니다. 甲은 乙이 가입한 보험회사로부터 책임보험금을 수령할 수 있는지요?

A. 자동차손해배상보장법 제3조에서는 " 자기를 위하여 자동차를 운행하는 자는 그 운행으로 다른 사람을 사망하게 하거나 부상하게 한 경우

에는 그 손해를 배상할 책임을 진다"라고 규정하고 있습니다. 자동차 손해배상 보장법 제3조 소정의 '다른 사람'이란 자기를 위하여 자동차를 운행하는 자 및 당해 자동차의 운전자를 제외한 그 이외의 자를 지칭하는 것이므로, 동일한 자동차에 대하여 복수로 존재하는 운행자 중 1인이 당해 자동차의 사고로 피해를 입은 경우에도 사고를 당한 그 운행자는 다른 운행자에 대하여 자신이 법 제3조 소정의 타인임을 주장할 수 없는 것이 원칙이고, 다만 사고를 당한 운행자의 운행지배 및 운행이익에 비하여 상대방의 그것이 보다 주도적이거나 직접적이고 구체적으로 나타나 있어 상대방이 용이하게 사고의 발생을 방지할 수 있었다고 보이는 경우에 한하여 비로소 자신이 타인임을 주장할 수 있을 뿐입니다(대법원 1997. 8. 29. 선고 97다12884 판결, 대법원 2000. 10. 6. 선고 2000다32840 판결 등 참조).

그런데 이 사건 사고는 甲이 乙로부터 이 사건 승용차를 빌린 다음 대리운전자인 丙으로 하여금 운전하게 하고 자신은 그 차량에 동승하였다가 발생한 것이므로, 甲은 사고 당시 이 사건 승용차에 대하여 현실적으로 운행을 지배하여 그 운행이익을 향수하는 자로서 자동차손해배상보장법 소정의 운행자라고 할 것이나, 공동운행자인 대리운전자와 甲 사이의 내부관계에 있어서는 단순한 동승자에 불과하므로 甲은 丙을 상대로 손해배상을 구할 수 있다 할 것이지만, 그러나 다른 한편, 乙 역시 이 사건 승용차의 보유자로서 운행자의 지위를 여전히 가지고 있다고 할 것이고, 이 사건 사고 당시 甲의 운행지배 및 운행이익에 비하여 이 사건 승용차에 동승하지도 아니한 乙의 그것이 보다 주도적이거나 직접적이고 구체적으로 나타나 있어 乙이 용이하게 사고의 발생을 방지할 수 있었다고는 보이지 아니하므로, 甲과 乙의 관계에서는 甲은 乙에 대하여 위 법 제3조 소정의 '다른 사람'임을 주장할 수 없다고 할 것이고, 따라서 을이 가입한 보험사는 甲에게 책임보험금을 지급할 의무를 부담하지 않는다고 할 것입니다.

■ **교통사고 피해자 가족의 위자료의 지급을 청구할 수 있는지요?**

Q. 교통사고로 상해 피해를 입은 피해자의 가족들이 가해자가 가입한 자동차보험사를 상대로 그들의 정신적 고통에 대한 위자료의 지급을 청구할 수 있는지요?

A. 자동차손해배상 보장법 제10조는 보험가입자에게 손해배상책임이 발생한 경우에 피해자로 하여금 보험자에게 책임보험금의 한도 내에서 보험금을 직접 청구할 수 있도록 규정하고 있는바, 위 규정에 의한 피해자의 책임보험자에 대한 직접청구권의 법적 성질은 책임보험자가 피보험자의 피해자에 대한 손해배상채무를 병존적으로 인수한 것으로서 피해자가 책임보험자에 대하여 가지는 손해배상청구권이고, 피보험자의 책임보험자에 대한 보험금청구권의 변형 내지 이에 준하는 권리가 아니라고 할 것이므로(대법원 1999. 2. 12. 선고 98다44956 판결 참조), 피해자가 책임보험자를 상대로 자배법 제10조 에 의한 직접청구권을 행사하는 경우에 있어서 책임보험자가 피해자에게 지급하여야 할 금액은 단순히 보통약관의 보험금 지급기준에 의하여 산출된 보험금이 아니라 자배법시행령에 정하여진 책임보험금의 한도 내에서 피해자가 실제로 입은 손해액이라고 할 것입니다.

또한 민법 제750조 내지 제752조 에 의하면, 불법행위 피해자의 가족은 그 정신적 고통에 관한 입증을 함으로써 가해자에게 위자료의 지급을 청구할 수 있다고 할 것이고, 경험칙상 타인의 불법행위로 부당하게 신체상해를 입은 피해자의 처와 자식은 특별한 사정이 없는 한 그로 인하여 정신적 고통을 받았다고 보아야 할 것이므로, 그 경우 피해자의 처와 자식은 가해자에게 그들의 정신적 고통에 대한 위자료의 지급을 청구할 수 있다고 할 것입니다.(대법원 1999. 4. 23. 선고 98다41377 판결 참조).

따라서 교통사고로 상해 피해를 입은 피해자의 가족들은 자배법 제10조 에 의하여 가해자의 손해배상채무를 병존적으로 인수한 책임보험자인 보험사에게 그들의 정신적 고통에 대한 위자료의 지급을 청구할 권리가 있다고 할 것입니다.

■ 교통사고 피해자와 가해자간 손해배상소송 판결의 기판력 범위는?

Q. 피해자와 가해자(피보험자)간의 손해배상 소송 확정판결의 기판력이 피해자와 가해자가 가입한 보험자 간의 손해배상청구 소송에 미치는지요?

A. 법원은 "교통사고 피해자의 보험자(가해자가 가입한 보험사)에 대한 손해배상채권과 피해자의 피보험자(가해자)에 대한 손해배상채권은 별개 독립의 것으로서 병존하고, 피해자와 피보험자 사이에 손해배상책임의 존부 내지 범위에 관한 판결이 선고되고 그 판결이 확정되었다고 하여도 그 판결의 당사자가 아닌 보험자에 대하여서까지 판결의 효력이 미치는 것은 아니므로, 피해자가 보험자를 상대로 하여 손해배상금을 직접 청구하는 사건의 경우에 있어서는, 특별한 사정이 없는 한 피해자와 피보험자 사이의 전소판결과 관계없이 피해자의 보험자에 대한 손해배상청구권의 존부 내지 범위를 다시 따져 보아야 하는 것이다(대법원 2000. 6. 9. 선고 98다54397 판결 등 참조)."라고 판시한바 있습니다.

■ 교통사고로 인한 손해배상청구권 시효소멸기간의 진행시점은?

Q. 甲은 2013.경 교통사고로 상해를 입고 그에 따른 치료비 등을 받았으나, 약 11년후 예기치 못한 교통사고 후유증이 발생하였습니다. 이런 경우에도 손해배상 청구가 가능한지요?

A. 불법행위로 인한 손해배상청구권은 민법 제766조 제1항 에 의하여 피해자나 그 법정대리인이 그 손해 및 가해자를 안 날로부터 3년간 행사하지 아니하면 시효로 인하여 소멸하게 됩니다. 그러나 여기에서 그 손해를 안다는 것은 손해의 발생사실을 알면 되는 것이고 그 손해의 정도나 액수를 구체적으로 알아야 하는 것은 아니므로, 통상의 경우 상해의 피해자는 상해를 입었을 때 그 손해를 알았다고 보아야 할 것이지만, 그 후 후유증 등으로 인하여 불법행위 당시에는 전혀 예견할 수 없었던 새로운 손해가 발생하였다거나 예상외로 손해가 확대된

경우에 있어서는 그러한 사유가 판명된 때에 새로이 발생 또는 확대된 손해를 알았다고 보아야 할 것이고, 이와 같이 새로이 발생 또는 확대된 손해 부분에 대하여는 그러한 사유가 판명된 때로부터 민법 제766조 제1항 에 의한 시효소멸기간이 진행된다고 할 것입니다.

따라서 11년 후에 甲에게 발생한 후유증이 교통사고로 인한 것이고, 그 후유증이 교통사고 시점에 예측할 수 없었던 것이라면 그 후유증이 발생한 때부터 소멸시효기간이 진행된다고 할 것이므로 손해배상 청구가 가능합니다.

■ 교통사고 피해자가 자살한 경우 손해배상청구가 가능한지요?

Q. 고등학교 1학년 여학생이 교통사고로 상해 피해를 입고 우울증에 시달리다 자살한 경우 자살에 따른 손해를 교통사고 가해자에게 구할 수 있는지요?

A. 법원은 "교통사고로 오른쪽 하퇴부에 광범위한 압궤상 및 연부조직 손상 등의 상해를 ○○고등학교 1학년 여학생이 사고 후 12개월 동안 병원에서 치료를 받았으나 다리부위에 보기 흉한 흉터가 남았고 목발을 짚고 걸어다녀야 했으며 치료도 계속하여 받아야 했는데 이로 인하여 사람들과의 접촉을 피하고 심한 우울증에 시달리다가 자신의 상태를 비관, 농약을 마시고 자살한 경우, 교통사고와 사망 사이에 상당인과관계가 있다(대법원 1999. 7. 13. 선고 99다19957 판결)"고 판시한 바 있습니다. 따라서 자살에 따른 손해배상 청구는 가능할 것으로 보입니다. 다만 피해액이 감액될 가능성이 높습니다.

■ 미성년자가 교통사고를 낸 경우 부모에 대한 손해배상 청구가 가능한지요?

Q. 고등학교 1학년(만 16세)이 가해자가 무면허로 오토바이를 운전하다 사고를 낸 경우 부모에게 손해배상 청구가 가능한지요?

A. 만 16세 ○○고등학교 1학년 학생이 무면허로 오토바이를 운전하다 사고를 낸 경우, 사고 당시의 연령과 수학정도 등에 비추어 불법행위에 대한 책임을 변식할 능력은 있었으나, 경제적인 면에서 전적으로 그의 부모에게 의존하며 그들의 보호·감독을 받고 있었으므로, 부모로서는 그 자에 대하여 면허 없이 오토바이를 운전하지 못하도록 하는 등 보호·감독을 철저히 하여야 할 주의의무가 있는데도 이를 게을리한 잘못이 있다고 하여 그 부모에게도 교통사고에 대한 손해배상책임이 있다할 것입니다. 다만 만16세의 고등학생이 부모와 경제적으로 독립한 상태로 부모의 보호·감독을 받고 있지 않는 상태였다면 부모에 대한 손해배상청구가 인정되지 않을 수도 있습니다.

■ 교통사고 피해자가 손해배상청구 포기 약정을 한 경우, 그 효력이 피해자 부모들이 가지는 위자료 청구권에 미치는지요?

Q. 교통사고 피해자 본인이 합의금을 수령하고 손해배상청구권 포기 약정을 한 경우, 그 효력이 부모들이 가지는 위자료 청구권에 미치는지요?

A. 교통사고의 경우, 피해자 본인과는 별도로 그의 부모들도 그 사고로 말미암아 그들이 입은 정신적 손해에 대하여 고유의 위자료청구권을 가진다 할 것이므로, 피해자 본인이 합의금을 수령하고 가해자 측과 나머지 손해배상청구권을 포기하기로 하는 등의 약정을 맺었다 하더라도 그의 부모들이 합의 당사자인 피해자 본인과 가해자 사이에 합의가 성립되면 그들 자신은 별도로 손해배상을 청구하지 아니하고 손해배상청구권을 포기하겠다는 뜻을 명시적 혹은 묵시적으로 나타낸 바 있다는 등의 특별한 사정이 없는 한 위 포기 등 약정의 효력이 당연히 고유의 손해배상청구권을 가지는 그의 부모들에게까지 미친다고는 할 수 없다 할 것입니다(대법원 1999. 6. 22. 선고 99다7046 판결 참조).

■ 자동차의 소유자로부터 수리를 의뢰받은 수리업자가 다시 다른 수리업자에게 수리를 의뢰하여, 다른 수리업자가 자동차를 운전하여 자신의 작업장으로 돌아가던 중 교통사고를 일으킨 경우 원래의 수리업자도 다른 수리업자와 공동으로 손해배상책임을 지는지요?

Q. 카센터를 운영하는 甲은 乙로부터 자동차 수리를 의뢰받은 후 직접 수리하기가 곤란하자 乙의 의사를 확인하지 않은 채 다시 다른 수리업자인 丙에게 수리를 의뢰하였습니다. 丙은 甲의 카센터에 들러 위 자동차를 인도받아 자신의 작업장 방면으로 운행하다가 전방주시를 제대로 하지 않은 과실로 교통사고를 냈습니다. 이 경우 위 교통사고에 대해 甲도 손해배상책임을 지는지요?

A. 이와 유사한 사례에서 판례는, "피고는 위 김×현으로부터 이 사건 자동차의 수리를 의뢰받은 후 위 김×현의 의사를 확인하지 않은 채 다시 다른 수리업자인 소외 권병연에게 전화를 걸어 이 사건 승용차의 수리를 의뢰하였고, 이에 따라 피고가 운영하는 카센터에 도착한 위 윤슌이(위 권병연의 동업자이다)는 피고로부터 직접 이 사건 승용차를 건네받으며, 수리할 부분에 관한 설명과 지시를 받은 사실, 통상적으로 카센터에서 타 수리업자에게 수리를 의뢰할 경우 카센터 업자는 자신이 받은 수리비 중 소개비조로 일부를 공제한 후 나머지만을 타 수리업자에게 지급하는데, 이 사건 당시도 수리비용은 피고가 위 김×현으로부터 직접 받았던 사실을 알 수 있는바, 사정이 이와 같다면, 이 사건 사고 당시 피고는 이 사건 승용차의 운행지배를 완전히 상실하였다고 할 수는 없고, 다른 수리업자인 위 윤슌이와 공동으로 이 사건 승용차의 운행지배와 운행이익을 가지고 있었다고 보아야 할 것이다"라고 판시하였습니다(대법원 2005. 4. 14. 선고 2004다68175 판결). 위 사안에서 甲이 乙로부터 수리비용을 받았는지는 불명확하나, 乙의 의사를 확인하지 않은 채 다시 다른 수리업자인 丙에게 수리를 의뢰하였으므로 위 자동차에 대한 운행지배를 상실하였다고 볼 수 없고 丙과 공동으로 운행지배와 운행이익을 가진다고 보

아야 할 것입니다. 따라서 甲은 위 교통사고에 대해 丙과 공동으로 자동차손해배상보장법상의 손해배생책임을 진다 할 것입니다.

■ 공상군경이 교통사고로 사망한 경우 손해배상액 산정시 유족보상금이 공제되는지요?

Q. 甲은 공상군경 6급으로서「국가유공자 등 예우 및 지원에 관한 법률」에 의한 보상금을 지급받고 있었는데, 乙의 과실로 인하여 발생된 교통사고로 사망하였습니다. 이 경우 甲의 상속인이 청구할 손해배상액의 산정에서 유족보상금이 공제되는지요?

A. 전상군경, 공상군경, 4·19혁명부상자, 4·19혁명공로자 및 특별공로상이자로서 상이등급이 6급 이상인 상이자가 사망한 경우 그 유족 중 선순위자 1인에게는 그 사망의 원인을 불문하고 유족보상금이 지급됩니다(국가유공자 등 예우 및 지원에 관한 법률 제12조 제1항 제1호, 같은 법 시행령 제20조 제1항).

그러므로 공상군경으로「국가유공자 등 예우 및 지원에 관한 법률」에 의한 보상금을 지급받고 있던 甲이 교통사고로 사망한 경우 甲의 상속인이 청구할 손해배상액의 산정에 있어서 유족보상금이 공제되는지 문제됩니다.

이에 관하여 판례는 "국가유공자등예우및지원에관한법률상 공상군경이 지급받는 연금이나 그가 사망한 경우에 그 유족이 지급받는 유족연금은 모두 수급권자의 생활안정과 복지향상을 도모하기 위한 동일한 목적과 성격을 지닌 급부라고 할 것이므로, 연금을 지급받던 공상군경이 타인의 불법행위로 인하여 사망한 경우에 그 유족이 망인의 연금 상당의 손해배상청구권을 상속함과 동시에 유족연금을 지급받게 되었다면 그 유족은 동일목적의 급부를 이중으로 취득하게 되고, 따라서 그 상속인의 손해액을 산정함에 있어서는 망인의 연금액에서 유족연금액을 공제하는 것이 형평의 이념에 비추어 상당하다."

라고 하였습니다(대법원 1993. 10. 22. 선고 93다29372 판결).

또한, "국가유공자등예우및지원에관한법률상의 연금을 받던 공상군경이 타인의 불법행위로 사망한 경우, 공상군경의 유족이 지급 받을 손해액을 산정할 때 공상군경의 연금액에서 유족연금액을 공제하는 취지가 동일한 목적과 내용의 급부가 이중으로 지급되는 것을 막는 데 있는 이상, 사망한 사람의 연금액에서 공제하여야 하는 유족연금액의 범위는 사망한 사람의 기대여명기간이 끝날 때까지 그 유족이 받을 금액에 한정되고, 그 뒤 유족이 불법행위로 인한 사망과 관계없이 받을 수 있는 유족연금액은 이에 포함되지 아니한다."라고 하였습니다(대법원 2002. 5. 28. 선고 2002다5019 판결).

따라서 甲의 일실수입을 산정하면서 보훈보상금을 상실한 손해를 산정할 경우, 甲의 보상금에서 甲의 기대여명기간이 끝날 때까지 甲의 상속인이 수령할 유족보상금은 공제하여야 할 것이나, 甲의 기대여명기간이 끝난 뒤 甲의 상속인의 여명기간까지의 유족보상금까지 공제하여서는 아니 될 것입니다.

■ 교사임용 전에 당한 교통사고 후유증으로 교직을 그만 둔 경우 일실수입을 산정 할 수 있는지요?

Q. 甲(23세)은 횡단보도를 건너던 중 乙회사소속 관광버스에 교통사고를 당하여 그 충격으로 뇌좌상 등의 상해를 입었습니다. 그런데 甲은 위 사고 당시에는 교육대학교 4학년에 재학 중인 여학생이었다가 그 후 졸업을 하고 초등학교에 여교사로 임용되어 근무하다가 위 사고로 인한 후유증으로 퇴직을 하였습니다. 그러므로 乙회사를 상대로 손해배상청구의 소송을 제기하려고 하는데, 이 경우 甲의 일실수입을 대학졸업자 여자 20세 이상 24세 미만의 통계소득을 기준으로 하여 산정하여야 하는지, 아니면 초등학교 교사로 취업할 것을 전제로 한 일반통계에 의한 수입의 평균수치 등을 기초로 하여 일실수입을 산정 할 수 있는지요?

A. 전문직 양성의 대학에 재학 중인 피해자가 상해를 입은 경우, 일실수입의 산정기준에 관하여 판례는 "전문직 양성의 대학에 재학 중인 피해자가 상해를 입은 경우에는 그 일실이익을 산정 함에 있어서 그 피해자가 대학을 졸업한 후 그 전문직을 선택하지 아니할 특별사정이 없는 한 그 전문직 취업자의 일반통계에 의한 수입의 평균수치를 기초사실로 하여 산정 하여야 하고, 이를 특별사정에 속하는 것으로 보고 사고 당시에 그 특별사정을 알았거나 알 수 있었는지의 여부를 심리하여 그 판단여하에 따라 기초사실을 달리할 것은 아니다."라고 하였으며, "피해자가 교통사고 당시 교육대학교 4학년에 재학 중이었고 그 후 대학을 졸업한 다음 초등학교의 교사로 임용되어 근무하다가 교통사고로 인한 후유증으로 퇴직한 경우, 피해자의 일실수입은 초등학교 교사로 취업할 것을 전제로 한 일반통계에 의한 수입의 평균수치 등을 기초로 산정하여야 한다."라고 한 사례가 있습니다(대법원 2000. 12. 26. 선고 2000다9437 판결).

따라서 위 사안에서도 甲의 후유장해로 인한 일실수입을 산정 할 경우 대학졸업자 여자 20세 이상 24세 미만의 통계소득을 기준으로 하여 산정해서는 안되고, 초등학교 교사로 취업할 것을 전제로 한 일반통계에 의한 수입의 평균수치 등을 기초로 하여 일실수입을 산정하여야 할 것으로 보입니다.

■ 교통사고피해자의 보험회사에 대한 책임보험 배상청구권의 소멸시효기간이 정해져 있는지요?

Q. 저는 교통사고를 당하였으나 가해운전자 겸 차량소유자가 재산이 없어 저의 개인비용으로 치료를 하다가 가해차량이 책임보험에 가입한 사실을 알고 보험회사에 대하여 직접 책임보험한도의 배상청구를 하려고 합니다. 이 경우 책임보험한도의 배상청구를 할 수 있는 기간이 정해져 있는지요?

A. 「자동차손해배상 보장법」에서 자기를 위하여 자동차를 운행하는 자는 그 운행으로 다른 사람을 사망하게 하거나 부상하게 한 경우에는 그 손해를 배상할 책임을 지고 다만, ①승객이 아닌 자가 사망하거나 부상한 경우에 자기와 운전자가 자동차의 운행에 주의를 게을리 하지 아니하였고, 피해자 또는 자기 및 운전자 외의 제3자에게 고의 또는 과실이 있으며, 자동차의 구조상의 결함이나 기능상의 장해가 없었다는 것을 증명한 경우, ②승객이 고의나 자살행위로 사망하거나 부상한 경우에는 그러하지 아니하다고 규정하고(자동차손해배상 보장법 제3조), 자동차보유자는 자동차의 운행으로 다른 사람이 사망하거나 부상한 경우에 피해자(피해자가 사망한 경우에는 손해배상을 받을 권리를 가진 자)에게 대통령령으로 정하는 금액을 지급할 책임을 지는 책임보험이나 책임공제에 가입하여야 한다고 규정하고 있습니다(자동차손해배상 보장법 제5조 제1항). 또한, 보험가입자 등에게 자동차손해배상 보장법 제3조에 따른 손해배상책임이 발생하면 그 피해자는 대통령령으로 정하는 바에 따라 보험회사 등에게 「상법」 제724조 제2항에 따라 보험금 등을 자기에게 직접 지급할 것을 청구할 수 있고, 이 경우 피해자는 자동차보험진료수가에 해당하는 금액은 진료한 의료기관에 직접 지급하여 줄 것을 청구할 수 있다고 규정하고(자동차손해배상 보장법 제10조 제1항), 「자동차손해배상 보장법」 제10조, 제11조 제1항, 제29조 제1항 또는 제30조 제1항에 따른 청구권은 3년간 행사하지 아니하면 시효로 소멸한다고 규정하고 있습니다(자동차손해배상 보장법 제41조).

그리고 자동차손해배상 보장법 제10조 제1항에 의한 직접청구권의 법적성질에 관해서는 상법 제724조 제2항을 인용하여 피해자의 보험자에 대한 직접청구권을 규정하고 있고, 상법 제724조 제2항 직접청구권의 성질은 보험자가 피보험자의 피해자에 대한 손해배상채무를 중첩적으로 인수한 결과 피해자가 보험자에 대하여 가지게 된 손해배상청구권으로 보고 있으므로(대법원 2010. 10. 28. 선고 2010다53754 판결), 자동차손해배상 보장법상의 직접청구권 역시 그 법적성질은 '손해배상청구권'으로 볼 수 있을 것이고, 자동차손해배상보장법상의 직접청구권의 범위는 자동차손해배상 보장법 제5조 제1항에 의하여 강제되는 의무보험금의 범위에 한정되게 될 것입니다(대법원 2007. 4. 26. 선고 2006다54781 판결).

그런데 자동차손해배상 보장법 제41조에 의하여 같은 법 제10조 1항에 의한 직접청구권의 소멸시효기간은 3년이 되고, 그 소멸시효기산점은 민법 제766조 제1항에 의하여 피해자가 손해 및 가해자를 안 날이 되어 원칙적으로 사고발생일이 될 것입니다.

따라서 자동차손해배상 보장법에 의하여 보험회사 등에게 직접 청구할 수 있는 손해배상청구는 사고발생시로부터 3년이 지나면 청구할 수 없을 것입니다.

참고로 자동차종합보험(대인배상Ⅰ,Ⅱ 포함)의 피보험자가 자동차사고로 인하여 손해배상책임을 지는 경우, 피해자가 상법 제724조 제2항에 따라 보험자에게 직접 청구하는 손해배상청구권은 자동차손해배상 보장법 제9조(현행 제10조)

에 의하여 행사할 수 있는 손해배상청구권과 그 범위를 달리하므로 두 청구권은 별개의 청구라 할 것이고, 자동차손해배상 보장법 제9조(현행 제10조)에 적용되는 같은 법 제33조(현행 제41조)의 소멸시효규정이 상법 제724조 제2항에 의한 손해배상청구에 대하여 적용될 수는 없다는 판례(대법원 2005. 10. 7. 선고 2003다6774 판결)가 있으므로, 가해차량이 자동차종합보험에 가입된 경우에는 가해자측(가해운전자, 가해차량소유자 등)뿐만 아니라 가해차량보험회사를 상대로도 손해 및 가해자를 안 날로부터 3년, 불법행위를 한 날로부터 10년 이내에는 불법행위로 인한 손해배상을 청구할 수 있을 것으로 보입니다.

■ 교통사고 16년 후 후유증 발생 시 손해배상청구권의 소멸시효 기산점은?

Q. 甲의 아들 乙은 16년 전 당시 만 2세의 유아로서 丙이 운전한 그 소

유차량에 치어 상해를 입었으나, 丙의 재산이 전혀 없었고 무보험차량이었던 관계로 치료비 및 소액의 위자료만 지급받고 바로 합의해 준 적이 있었는데, 乙이 고교 1학년에 재학 중 우연히 병원에 갔다가 위 교통사고 당시 좌족부의 성장판을 다쳐 그 변형에 따른 후유장해가 잔존해 있음을 알게 되었습니다. 이 경우 지금이라도 가해자인 丙에게 추가로 손해배상청구권을 행사할 수 있는지요?

A. 「민법」 제766조에서 불법행위로 인한 손해배상의 청구권은 피해자나 그 법정대리인이 그 손해 및 가해자를 안 날로부터 3년간 이를 행사하지 아니하면 시효로 인하여 소멸하고, 불법행위를 한 날로부터 10년을 경과한 때에도 마찬가지라고 규정하고 있습니다.

그런데 불법행위 당시에는 전혀 예견할 수 없었던 새로운 손해가 발생하거나 손해가 확대된 경우, 그 부분에 대한 손해배상청구권의 소멸시효기산점에 관한 판례를 보면, 불법행위로 인한 손해배상청구권은 피해자나 그 법정대리인이 그 손해 및 가해자를 안 날부터 3년간 행사하지 아니하면 시효로 인하여 소멸하는 것인데, 여기에서 '손해를 안 날'이란 피해자나 그 법정대리인이 손해를 현실적이고도 구체적으로 인식하는 것을 뜻하고 손해발생의 추정이나 의문만으로는 충분하지 않으며, 통상의 경우 상해의 피해자는 상해를 입었을 때 그 손해를 알았다고 볼 수가 있지만, 그 후 후유증 등으로 인하여 불법행위 당시에는 전혀 예견할 수 없었던 새로운 손해가 발생하였다거나 예상외로 손해가 확대된 경우에는 그러한 사유가 판명된 때에 새로이 발생 또는 확대된 손해를 알았다고 보아야 하고, 이처럼 새로이 발생 또는 확대된 손해부분에 대하여는 그러한 사유가 판명된 때로부터 시효소멸기간이 진행된다고 하였으며(대법원 2010. 4. 29. 선고 2009다99105 판결), 가해행위와 이로 인한 현실적인 손해의 발생 사이에 시간적 간격이 있는 불법행위에 기초한 손해배상채권의 경우, 소멸시효의 기산점이 되는 '불법행위를 한 날'의 의미는 단지 관념적이고 부동적인 상태에서 잠재적으로만 존재하고 있는 손해가 그 후 현실화되었다고 볼 수 있는 때, 다시 말하자면 손해의 결과발생이 현실적인 것으로 되었다고 할 수 있는 때로 보아야 한다고 하였습니다(대법원 2007. 11. 16. 선고 2005다55312 판결).

또한, 사고 당시 피해자는 만 2세 남짓한 유아로서 좌족부의 성장판을 다쳐 의학적으로 뼈가 성장을 멈추는 만 18세가 될 때까지는 위 좌족부가 어떻게 변형될지 모르는 상태였던 경우, 피해자가 고등학교 1학년 재학 중에 담당의사에게 진찰을 받은 결과 비로소 피해자의 좌족부 변형에 따른 후유장해의 잔존 및 그 정도 등을 가늠할 수 있게 되었다면 피해자의 법정대리인도 그때서야 현실화된 손해를 구체적으로 알았다고 보아 그 무렵을 기준으로 소멸시효기산점을 산정하여야 한다고 한 사례가 있습니다(대법원 2001. 1. 19. 선고 2000다11836 판결).

따라서 위 판례의 취지에 비추어 볼 때 위 사안에서도 후유장해에 대한 손해배상청구권의 소멸시효기간이 경과되었다고 할 수 없을 것으로 보이므로, 법정대리인 甲은 불법행위 당시에는 전혀 예견할 수 없었던 새로운 손해가 발생하였다거나 예상 외로 손해가 확대된 경우임을 입증하여 손해배상청구를 해볼 수 있을 것입니다.

■ 교통사고 후 피해자가 받은 근로수당을 손해배상액에서 공제되어야 하나요?

Q. 甲은 교통사고를 당하여 상해를 입었습니다. 그렇지만 甲은 부양해야 할 가족이 있었으므로 상해를 당하였음에도 종전 다니던 회사를 그만두지 않고 계속 다니면서 월급을 받았습니다. 한편 가해자인 乙은 이에 대하여 월급을 받고 있으므로 甲이 별다른 손해를 받고 있지 아니하여 월급 부분 상당액을 손해배상액에서 공제하여야 한다고 주장합니다. 甲의 손해배상액은 공제되어야 하나요?

A. 민사상 손익상계라 함은 손해와 이익이 같은 사안으로 인하여 발생한 경우 이익에서 손해를 공제하겠다는 것입니다. 그러나 손익상계에 의하여 공제하여야 할 이익의 범위는 배상하여야 할 손해의 범위와 마찬가지로 손해배상책임의 원인인 불법행위와 상당인과관계가 있는

것에 국한됩니다.

만약 교통사고의 피해자가 사고로 상해를 입은 후에도 계속하여 종전과 같이 직장에 근무하여 종전과 같은 보수를 지급받고 있다 하더라도 그와 같은 보수는 사고와 상당인과관계가 있는 이익이라고 볼 수 없습니다(대법원 1992. 12. 22. 선고 92다31361 판결).

따라서 乙(을)은 甲(갑)의 월급을 손해배상액에서 공제하겠다고 주장할 수 없습니다.

■ 교통사고로 상해를 입고 입원 후 치료받던 중 병원시설의 하자로 인하여 사망한 경우 교통사고 가해자와 병원의 공동불법행위가 성립하는지요?

Q. 甲은 트럭운전수 乙이 운전하던 트럭에 치어 뇌를 다쳐 丙병원에 입원하여 치료를 받던 중 병실을 빠져나와 비상계단 아래의 땅으로 추락하여 사망하였습니다. 이 경우 운전수 乙과 丙병원은 甲의 사망으로 인한 손해 전부에 대하여 배상책임을 지는지요?

A. 이와 유사한 사례에서 판례는, 공동불법행위가 성립하려면 행위자 사이에 의사의 공통이나 행위공동의 인식이 필요한 것은 아니지만 객관적으로 보아 피해자에 대한 권리침해가 공동으로 행하여졌다고 보여지고 그 행위가 손해발생에 대하여 공통의 원인이 되었다고 인정되는 경우라야 한다고 하면서, 운전수의 불법행위는 피해자를 차로 치어 그 결과 뇌 부위의 상해가 발생한 것이며 병원의 시설하자 및 그 직원의 불법행위는 피해자가 비상계단에서 추락사한 결과를 발생케 한 것이므로 양 행위가 시간과 장소에 괴리가 있고 결과발생에 있어서도 양 행위가 경합하여 단일한 결과를 발생시킨 것이 아니고 각 행위의 결과발생을 구별할 수 있으므로 그러한 경우에는 공동불법행위가 성립한다고 하기 어렵다고 판시하였습니다(대법원 1989. 5. 23. 선고 87다카2723 판결). 따라서 위 사안에서 운전수 乙과 丙병원은 甲의 사망에 대해 공동불법행위가 성립하지 않습니다. 결국 운전수 乙은

피해자가 교통사고로 부상한 결과 입게 된 손해에 대해서만 배상책임을 지고, 丙병원은 피해자가 병원에서 추락사하여 발생된 손해에 대해서만 배상책임(이 경우 교통사고로 인한 손해액과 중첩되지 아니하도록 손해배상액을 정하여야 합니다)을 지게 됩니다.

■ 교통사고로 의식불명인 자의 배우자에게 법률행위대리권이 있는지요?

Q. 甲은 乙이 운전하는 그의 차량에 치어 의식불명상태가 되었고, 乙이 보험가입한 자동차보험회사 丁의 치료비지급보증으로 치료를 받고 있었는데, 丁회사는 치료비지급보증을 중단하고 甲을 상대로 채무부존재확인소송을 제기하였고, 甲의 남편 丙은 丁회사에게 우선 치료비지급보증을 하여 줄 것을 요청하면서, 丁회사가 甲의 치료비에 대한 지급보증을 하는 대신 위 채무부존재확인소송에서 丁회사가 승소할 경우 지급한 치료비 및 치료비지급보증에 따라 발생하는 치료비일체를 甲이 丁회사에게 지체 없이 반환하기로 하는 약정을 하였고, 위 소송에서 丁회사가 승소하였는데, 이 경우 甲이 배우자 丙과 丁회사간의 약정대로 丁회사에게 위와 같은 치료비일체를 지급하여야 하는지요?

A. 대리행위의 효력에 관하여「민법」제114조 제1항에서 대리인이 그 권한 내에서 본인을 위한 것임을 표시한 의사표시는 직접 본인에게 대하여 효력이 생긴다고 규정하고, 부부간의 가사대리권에 관하여「민법」제827조 제1항에서 부부는 일상의 가사에 관하여 서로 대리권이 있다고 규정하고 있으므로, 부부간에는 일상가사에 관해서는 서로간에 대리권이 있다 할 것입니다.

그런데 위 사안과 같이 부부일방이 교통사고로 의식불명상태에 있어 사회통념상 대리관계를 인정할 필요가 있다는 사정만으로 그 배우자가 당연히 모든 법률행위에 관하여 대리권을 갖는지 문제될 수 있는데, 이에 관련된 판례를 보면, 대리가 적법하게 성립하기 위해서는 대리행위를 한 자, 즉 대리인이 본인을 대리할 권한을 가지고 그 대리권의 범위 내에서 법률행위를 하였음을 요하며, 부부의 경우에도 일상가사가 아닌 법률행위를 배우자를 대리하여 행함에 있어서는 별도로 대리권을 수여하는 수권행위가 필요한 것이지, 부부일방이 의식불명상태에 있어 사회통념상 대리관계를 인정할 필요가 있다는 사정만으로 그 배우자가 당연히 채무의 부담행위를 포함한 모든 법률행위에 관하여 대리권을 갖는다고 볼 것은 아니라고 하였습니다(대법원 2000. 12. 8. 선고 99다37856 판결).

위 사안에서 배우자 丙이 의식불명상태의 본인 甲으로부터 丁회사의 승소를 조건으로 한 치료비반환약정에 대하여 구체적인 대리권을 수여받았다거나, 특별한 사정으로 丙이 甲의 대리권을 갖고 있다거나 또는 甲이 나중에 丙의 대리행위를 추인하였다는 등의 사실이 없다면 丙의 위 약정은 대리권 없는 무권대리행위가 될 것으로 보이고, 丁회사가 위 채무부존재확인판결의 내용 등에 따른 부당이득반환청구가 가능한 것인지는 별론으로 하고, 단순히 위 약정에 기하여 甲에게 위 치료비일체의 반환을 청구할 수는 없을 것으로 보입니다.

■ 교통사고로 인한 손해배상액을 산정할 때 피해자에게 초기 치매 증세가 있다는 이유로 일실소득을 감액할 수 있을까요?

Q. 甲은 초기 치매 증상을 보이고 있던 중, 교통사고가 발생하였습니다. 이 때 일실소득을 산정할 때 초기 치매 증상을 이유로 감액할 수 있을까요?

A. 서울고등법원은 "일반적으로 초기 치매인 경우 가까운 보호자가 아니라면 환자의 기억력 저하를 잘 느끼지 못할 수 있고, 비록 최근 사건에 대한 기억력이 떨어지기는 하지만 그 밖의 인지 기능은 잘 유지되는 경우가 많아 일상생활에 심한 문제를 유발하지는 않는 점을 인정할 수 있다"며 "김씨가 사고 당시 알츠하이머병으로 인해 노동능력이 상당 부분 감퇴된 상태였다고 인정하기 어렵다"고 하면서, 일실소득을 산정할 때 알츠하이머병으로 인한 예상장해율만큼 감액하여서는 안된다고 판단하였습니다.

따라서 甲은 일실소득 전액을 지급받을 수 있을 것입니다.

■ **교통사고로 인한 손해배상청구 시 부대항소로 청구취지 확장 가능한지요?**

Q. 저는 공무원으로 근무하던 중 교통사고를 당하여 가해차량의 소유자를 상대로 800만원의 손해배상청구소송을 제기하여 600만원의 승소판결을 받았습니다. 그런데 패소한 상대방이 항소를 제기하면서 저의 과실이 제1심에서 인정된 정도 보다 크다고 주장하고 있고 위 주장이 인정될 가능성이 많습니다. 이 경우 항소를 하지 않은 제가 제1심에서 청구하지 않았던 일실수익 중 수당에 대하여 항소심에서 청구할 수 있는지, 또한, 제1심 청구금액 800만원을 초과하여 더 청구할 수도 있는지요?

A. '부대항소(附帶抗訴)'라 함은 민사소송법상 피항소인이 항소인의 항소에 의하여 개시된 항소심절차를 이용하여, 항소심의 심판의 범위를 자기에게 유리하게 확장시켜서 원심판결의 취소·변경을 구하는 취지의 주장을 하고 그 당부에 관하여 심판을 구하는 공격적 신청을 말하며, 항소심에서 양당사자를 공평하게 보호하기 위해 피항소인에게 인정된 권리입니다.

「민사소송법」제403조는 "피항소인은 항소권이 소멸된 뒤에도 변론이 종결될 때까지 부대항소(附帶抗訴)를 할 수 있다."라고 규정하고 있으므로 이에 의하여 피항소인은 항소기간 내에 항소를 제기하지 아니하였다든지 항소권을 포기하였다든지 하여 독립하여 항소를 할 수 없게 된 경우에도 상대방이 제기한 항소의 존재를 전제로 하여 이에 부대해서 원판결 중 자기에게 불이익한 부분의 변경을 구하는 신청을 할 수 있습니다. 그리고 판례는 "부대항소란 피항소인의 항소권이 소멸하여 독립하여 항소를 할 수 없게 된 후에도 상대방이 제기한 항소의 존재를 전제로 이에 부대(附帶)하여 원판결을 자기에게 유리하게 변경을 구하는 제도로서, 피항소인이 부대항소를 할 수 있는 범위는 항소인이 주된 항소에 의하여 불복을 제기한 범위에 의하여 제한을 받지 아니한다."라고 하였습니다(대법원 2003. 9. 26. 선고 2001다68914 판결).

또한, "제1심에서 원고가 전부 승소하여 피고만이 항소한 경우에 원고는 항소심에서도 청구취지를 확장할 수 있고, 이는 부대항소를 한 것으로 의제(擬制)된다."라고 하였고(대법원 1992. 12. 8. 선고 91다43015 판결), "피고만이 항소한 항소심에서 원고가 청구취지를 확장·변경한 경우에는 그에 의하여 피고에게 불리하게 되는 한도에서 부대항소를 한 취지라고 볼 것이므로, 항소심이 제1심판결의 인용금액을 초과하여 원고 청구를 인용하더라도 불이익변경금지의 원칙에 위배되는 것이 아니다."라고 하였습니다(대법원 2000. 2. 25. 선고 97다30066 판결).

따라서 귀하는 항소심의 변론종결 전까지 부대항소장을 법원에 제출하여 위 패소부분에 대하여 다툴 수 있고, 제1심에서 청구하지 않았던 수당을 청구하여 제1심 청구금액 800만원을 초과하여 확장할 수도 있다 할 것입니다.

그러나 부대항소는 주된 항소를 전제로 하기 때문에 항소가 취하되거나 부적법하여 각하 된 때에는 그 효력을 잃게 됩니다. 다만, 적법한 항소기간 이내에 제기된 부대항소는 독립된 항소로 간주되기 때문에 실효되지 않습니다(민사소송법 제404조).

■ 교통사고로 인한 후유장애와 손해배상금의 산정방법은?

Q. 甲은 오토바이를 운전하여 신호등에 의해 교통정리가 행하여지고 있는 교차로를 통과하던 중 신호를 위반하고 진행하는 乙의 택시와 충돌하였습니다. 이로 인해 甲은 전치 12주의 개방성 골절 등 상해를 입어 약 4개월간 입원치료를 받았고, 추후 발목에 고정하여 둔 철심을 제거하는 추가적인 수술도 받아야 하며, 근전도 검사 결과 노동능력이 12% 정도 상실되었다는 영구장해진단을 받았습니다. 사고당시 취직 중이었던 회사에서는 월 평균 200만 원 정도의 급여를 받고 있었습니다. 乙은 甲이 입원해있는 동안 350만 원 정도를 치료비조로 지급하였을 뿐인데, 甲이 향후 乙에게 청구할 수 있는 손해배상의 내용은 어떻게 되는지요?

A. 손해배상금은 크게 세 가지 항목으로 나눌 수 있습니다.

① 적극적 재산상 손해

병원에서 수술 등 치료를 받아 지출하게 된 치료비, 입원기간 동안 거동이 불편하여 간병인을 고용하였다면 그에 따라 지출하게 된 개호비 등이 적극적 손해의 대표적인 예입니다.

특히 치료비의 경우에는, 이미 지출하신 기왕의 치료비 외에 장래에 지출하게 될 치료비도 손해배상금에 포함될 수 있습니다. 입원 치료를 받으시면서 지출하신 치료비 외에, 향후 철심 제거 등을 위한 추가적인 수술이 필요하다면 그 비용 등을 청구할 수도 있을 것으로 판단됩니다.

② 소극적 재산상 손해

일실수익은 교통사고 피해로 말미암아 얻을 수 있었던 소득을 얻지 못하게 된 손해를 말합니다.

귀하께서는 사고 당시 월 평균 200만 원 정도의 소득을 얻고 있었으므로, 입원기간인 약 4개월 동안 일을 하지 못해 소득을 얻지 못했다면, 같은 기간 동안의 급여 상당액(약 800만 원)을 손해배상으로 청구할 수 있을 것입니다.

나아가 교통사고로 인하여 영구장해진단을 받았으므로 노동능력상실율에 따른 장래의 일실수익 상당액도 청구할 수 있을 것으로 판단됩니다.

장래 일실수익의 계산방법은, (사고당시의 월 수입액) X (노동능력상실율) X (가동연한까지의 잔여개월 수에 따른 호프만 수치) 의 공식에 의합니다.

③ 정신상 손해에 대한 위자료

정신상 손해에 대한 위자료의 경우 그 구체적인 금액은 법원의 재량에 속하는 사항으로, 재판부에서 사고와 관련된 여러 가지 제반사항을 참작하여 결정하게 됩니다.

다만, 유사한 사건들 사이의 형평성을 고려하여 실무에서는 일정한 기준을 적용하기도 하는데, 일반적으로 (5,000만 원) X (노동능력상 실율) X (1 - 피해자의 과실 X 0.6) 의 산출식에 따라 결정하는 경우가 많은 것으로 알려져 있습니다.

결론적으로 위 항목들에 따라 귀하가 청구할 수 있는 손해배상금의 액수는, {(① + ②) X (상대방의 과실비율)} + ③) 의 식에 따라 계산된 금액이 될 것입니다. 다만, 약 350만 원을 치료비조로 이미 지급받았다고 하였으므로, 그 금액은 손해배상금의 일부를 미리 받은 것으로 보아 공제될 것입니다.

■ 교통사고로 인한 후유증 치료비청구권의 소멸시효 기산점은?

Q. 저는 3년 전 甲회사 소속 영업용택시를 타고 가던 중 운전기사의 과실로 철길건널목사고를 당하여 골반골절, 우관절후방탈구 등 상해를 입고 치료를 받았으나, 사고시로부터 1년 6개월이 지난 후 그 후유증인 우측대퇴골두무혈증괴사증이 발견되어 추가로 치료비를 지출하였습니다. 위 차량이 종합보험에 가입한 보험회사에서는 시효가 소멸되었다는 이유로 후유증치료비의 지급을 거절하는데 이를 청구할 수 없는지요?

A. 「상법」 제724조 제2항에서 제3자는 피보험자가 책임을 질 사고로 입은 손해에 대하여 보험금액의 한도 내에서 보험자에게 직접 보상을 청구할 수 있다고 규정하고, 위 규정에 의한 직접청구권의 법적성질에 관한 판례를 보면, 상법 724조 제2항에 의하여 피해자에게 인정되는 직접청구권의 법적성질은 보험자가 피보험자의 피해자에 대한 손해배상채무를 중첩적으로 인수한 결과 피해자가 보험자에 대하여 가지게 된 손해배상청구권이고, 중첩적 채무인수에서 인수인이 채무자의 부탁으로 인수한 경우 채무자와 인수인은 주관적 공동관계가 있는 연대채무관계에 있는바, 보험자의 채무인수는 피보험자의 부탁(보험계약이나 공제계약)에 따라 이루어지는 것이므로 보험자의 손해배상채무와 피보험자의 손해배상채무는 연대채무관계에 있다고 하였습니다(대법원 2010. 10. 28. 선고 2010다53754 판결). 그리고 위와

같은 직접청구권의 소멸시효에 관하여, 상법 제724조 제2항에 따라서 피해자가 보험자에게 갖는 직접청구권은 보험자가 피보험자의 피해자에 대한 손해배상채무를 병존적으로 인수한 것으로서 피해자가 보험자에 대하여 가지는 손해배상청구권이므로 민법 제766조 제1항에 따라 피해자 또는 그 법정대리인이 그 손해 및 가해자를 안 날로부터 3년간 이를 행사하지 아니하면 시효로 인하여 소멸한다고 하였습니다(대법원 2005. 10. 7. 선고 2003다6774 판결).

그런데 불법행위 당시에는 전혀 예견할 수 없었던 새로운 손해가 발생하거나 손해가 확대된 경우, 그 부분에 대한 손해배상청구권의 소멸시효기산점에 관하여 판례를 보면, 불법행위로 인한 손해배상청구권은 피해자나 그 법정대리인이 그 손해 및 가해자를 안 날부터 3년간 행사하지 아니하면 시효로 인하여 소멸하는 것인바, 여기에서 '손해를 안 날'이란 피해자나 그 법정대리인이 손해를 현실적이고도 구체적으로 인식하는 것을 뜻하고 손해발생의 추정이나 의문만으로는 충분하지 않으며, 통상의 경우 상해의 피해자는 상해를 입었을 때 그 손해를 알았다고 볼 수가 있지만, 그 후 후유증 등으로 인하여 불법행위 당시에는 전혀 예견할 수 없었던 새로운 손해가 발생하였다거나 예상외로 손해가 확대된 경우에는 그러한 사유가 판명된 때에 새로이 발생 또는 확대된 손해를 알았다고 보아야 하고, 이와 같이 새로이 발생 또는 확대된 손해부분에 대하여는 그러한 사유가 판명된 때로부터 시효소멸기간이 진행된다고 하였는데(대법원 2010. 4. 29. 선고 2009다99105 판결), 이 경우 소멸시효기산점인 피해자가 손해를 안 때는 시효이익을 주장하는 자에게 이를 입증할 책임이 있습니다(대법원 2008. 7. 10. 선고 2008다21518 판결).

따라서 후유증 등으로 인하여 불법행위 당시에는 전혀 예견할 수 없었던 새로운 손해가 발생하였다거나 예상외로 손해가 확대된 경우에는 그러한 사유가 판명된 때에 새로이 발생 또는 확대된 손해를 알았다고 보아야 하고, 이처럼 새로이 발생 또는 확대된 손해부분에 대하여는 그러한 사유가 판명된 때로부터 시효소멸기간이 진행된다고 하여야 할 것이고, 귀하가 후유증 등으로 인하여 불법행위 당시에는 전혀 예견할 수 없었던 새로운 손해가 발생하였다거나 예상외로 손해가 확대된 경우라는 것을 입증할 수 있다면 그로 인한 추가치료비 등의 청구를 해볼 수 있을 것이고, 손해를 안 때에 관해서는 보험회사가 입증하여야 할 것입니다.

■ 교통사고로 정신적 장해가 발생한 경우 개호비 손해가 인정되는지요?

Q. 교통사고의 피해자가 지적 또는 정신적 장해로 타인의 감독 내지 보호가 필요한 경우에도 개호비 손해가 인정되는지요?

A. 개호라 함은 신체적 장해를 가진 자를 위하여 타인의 노동이 직접 필요한 경우에 한정되는 것이 아니라 지적 또는 정신적 장해로 인하여 타인의 감독 내지 보호가 필요한 경우도 포함된다(대법원 2001. 9. 14. 선고 99다42797 판결 참조) 할 것입니다. 따라서 정신적 장해로 타인의 감독 내지 보호가 필요한 경우 개호비를 손해배상 청구할 수 있습니다.

■ 교통사고의 공동불법행위자 사이 구상금채권의 소멸시효기간은?

Q. 甲회사소속 고속버스와 乙의 승용차가 충돌하는 사고로 인하여 버스 승객 丙이 상해를 입었으며, 위 사고는 乙의 전적인 과실로 인하여 발생되었습니다. 그런데 甲회사의 자동차보험가입회사인 丁보험사가 丙의 손해를 전부 배상한 후 사고발생 후 3년이 지나서 乙에 대하여 구상금청구를 하였는바, 이러한 경우 丁보험사의 乙에 대한 구상권의 소멸시효기간이 경과된 것이 아닌지요?

A. 「자동차손해배상 보장법」제3조는 "자기를 위하여 자동차를 운행하는 자는 그 운행으로 다른 사람을 사망하게 하거나 부상하게 한 때에는 그 손해를 배상할 책임을 진다.다만, 다음 각 호의 어느 하나에 해당하면 그러하지 아니하다."라고 규정하면서, 단서 제2호에서 "승객

이 고의나 자살행위로 사망하거나 부상한 경우"라고 면책사유를 규정하고 있습니다.

그러므로 승객이 사망 또는 부상을 당한 경우 운행지배자는 본인 및 피용자의 고의·과실유무에 불구하고 사고가 그 승객의 고의 또는 자살행위로 인한 것이라는 사실을 입증하지 못하면 책임을 면하지 못하는 것입니다(대법원 1970. 1. 27. 선고 69다1606 판결).

그리고 판례는 "승용차운전자인 甲과 乙회사소유 화물차운전자의 과실이 경합하여 丙회사의 버스승객들이 상해를 입은 사고에서, 丙회사는 그 운전자의 과실이 없다고 하더라도 위 버스의 운행자로서 위 피해자들에 대하여 자동차손해배상 보장법상의 배상책임을 부담하고, 한편 乙회사와 甲 역시 위 화물차 및 승용차의 운행자 또는 공동불법행위자로서 위 피해자들에 대하여 손해배상책임을 부담하며, 丙회사와 乙회사 및 甲의 위 각 책임은 부진정연대채무의 관계에 있다."라고 하였습니다(대법원 1998. 12. 22. 선고 98다40466 판결).

따라서 위 사안에서 甲회사와 乙은 공동불법행위자로서 丙의 손해에 대하여 부진정연대채무를 부담하게 되는데, 甲회사의 보험자인 丁보험사가 丙에 대한 손해를 전부 배상하였으므로 丁보험회사가 乙에 대하여 구상권을 행사할 수 있는지, 그것이 가능할 경우 그 구상권의 소멸시효기간은 어떻게 되는지 문제됩니다.

먼저 구상권에 관하여 판례는 "공동불법행위자는 채권자(피해자)에 대한 관계에서 연대책임(부진정연대책임)을 지되, 공동불법행위자들 내부관계에서는 일정한 부담부분이 있고, 이 부담부분은 공동불법행위자의 채권자(피해자)에 대한 가해자로서의 과실정도에 따라 정하여진다."라고 하였습니다(대법원 2000. 8. 22. 선고 2000다29028 판결). 그리고 「상법」제682조는 "손해가 제3자의 행위로 인하여 발생한 경우에 보험금을 지급한 보험자는 그 지급한 금액의 한도에서 그 제3자에 대한 보험계약자 또는 피보험자의 권리를 취득한다. 다만, 보험자가 보상할 보험금의 일부를 지급한 경우에는 피보험자의 권리를 침해하지 아니하는 범위에서 그 권리를 행사할 수 있다."라고 규정하고 있습니다.

따라서 丁보험사는 乙에 대하여 구상권을 취득하게 됩니다.

공동불법행위자간의 구상권의 소멸시효에 관하여 판례는 "피해자에게 손해배상을 한 공동불법행위자의 다른 공동불법행위자에 대한 구상권은 피해자의 다른 공동불법행위자에 대한 손해배상채권과는 그 발생원인과 법적 성질을 달리하는 별개의 독립한 권리이므로, 공동불법행위자가 다른 공동불법행위자에 대한 구상권을 취득한 이후에 피해자의 그 다른 공동불법행위자에 대한 손해배상채권이 시효로 소멸되었다고 하여 그러한 사정만으로 이미 취득한 구상권이 소멸된다고 할 수는 없다."라고 하였으며(대법원 1994. 1. 11. 선고 93다32958 판결), "교통사고의 피해자들에게 손해배상을 한 공동불법행위자의 1인의 다른 공동불법행위자에 대한 구상금채권은 일반채권과 같이 구상권자가 현실로 피해자에게 손해금을 지급한 때로부터 10년 간 이를 행사하지 아니하면 시효소멸 한다."라고 하였습니다(대법원 1979. 5. 15. 선고 78다528 판결).

그런데 보험회사는 상법상 상인이므로 위와 같은 구상권에도 상사시효 5년이 적용될 수 있을 것인지 문제되는데, 판례는 "공동불법행위로 피해자에게 가한 손해를 연대하여 배상할 책임이 있는 공동불법행위자 중의 1인과 체결한 보험계약에 따라 보험자가 피해자에게 그 손해배상금을 보험금액으로 모두 지급함으로써 공동불법행위자들이 공동면책 된 경우에, 보험금액을 지급한 보험자는 상법 제682조 소정의 '보험자대위'에 의하여 그 공동불법행위자가 공동면책 됨으로써 다른 공동불법행위자의 부담부분에 대하여 행사할 수 있는 구상권을 취득하며, 그러한 구상권의 소멸시효의 기산점과 그 기간은 대위에 의하여 이전되는 권리자체를 기준으로 판단하여야 하며, 그 소멸시효에 관하여 법률에 따로 정한 바가 없으므로 일반원칙으로 돌아가 일반채권과 같이 그 소멸시효는 10년으로 완성된다고 해석함이 상당하고 그 기산점은 구상권이 발생한 시점, 즉 구상권자가 현실로 피해자에게 지급한 때이다."라고 하였으며(대법원 1994. 1. 11. 선고 93다32958 판결, 1998. 12. 22. 선고 98다40466 판결, 1999. 6. 11. 선고 99다3143 판결), "공동불법행위자의 다른 공동불법행위자에 대한 구상권의 소멸시효는 그 구상권이 발생한 시점, 즉 구상권자가 공동면책행위를 한 때로부터 기산하여야 할 것이고, 그 기간도 일반채권과 같이 10년으로 보아야 하고, 공제조합이 공동불법행위자 중의 1인과 체결한 공제계약에 따라 그 공동불법행위자를 위하여 직접 피해자에게 배상함으로써 그 공동불법행위자의 다른 공동불법행위자에 대한 구상권을 '보험자대위의 법리'에 따라 취득한 경우, 공제계약이 상행위에 해당한다고 하여 그로 인하여 취득한 구상권 자체가 상사채권으로 변한다고 할 수 없다."라고 하였습니다(대법원 1996. 3. 26. 선고 96다3791판결).

그러므로 위 사안에서 丁보험회사는 乙에 대하여 「상법」 제682조에 의한 구상권을 행사할 수 있을 것으로 보이고, 그 구상권의 소멸시효기간은 10년이라고 하여야 할 것입니다.

■ 교통사고의 손해배상에 관한 합의 시 불공정행위로 무효가 되는 경우 손해배상을 청구할 수는 없는지요?

Q. 저의 남편 甲은 사업을 하다가 교통사고로 사망하였는데, 甲은 채무가 많아서 채권자들이 甲의 사망으로 인한 손해배상금에 대하여 법적조치를 할 우려가 많고, 그 손해배상금도 채권자들의 법적조치 전에 수령하지 않으면 어린 자녀들을 부양할 대책이 없어 저는 사고 후 4일만에 가해차량 보험회사인 乙회사가 제시하는 금액에 합의를 하였는바, 그 후 알아본 바로는 너무 적은 금액에 합의를 하였다고 하므로 위 합의를 번복하고 추가로 손해배상을 청구할 수는 없는지요?

A. 귀하가 乙회사와 행한 합의는 그 성질상 「민법」상의 화해계약으로 보아야 할 것인데, 화해는 당사자가 상호 양보하여 당사자 사이의 분

쟁을 종지(終止)할 것을 약정함으로써 그 효력이 생기는 계약으로서 (민법 제731조), 화해계약은 당사자일방이 양보한 권리가 소멸되고 상대방이 화해로 인하여 그 권리를 취득하는 효력(화해의 창설적 효력)이 있습니다(민법 제732조). 그러므로 위 사안에서 귀하도 위와 같은 '화해의 창설적 효력'으로 인하여 화해(합의)의 내용에 따라야 함이 원칙입니다.

그러나 화해계약도 법률행위이므로 법률행위의 무효·취소·해제 등 법률행위에 관한 통칙적 규정이 모두 적용됩니다. 다만, 화해계약은 착오를 이유로 하여 취소하지 못하지만, 화해당사자의 자격 또는 화해의 목적인 분쟁이외의 사항에 착오가 있는 때에는 착오로 인한 취소도 가능합니다(민법 제733조).

그런데 「민법」 제104조에서는 당사자의 궁박(窮迫), 경솔 또는 무경험으로 인하여 현저하게 공정을 잃은 법률행위는 무효로 한다고 규정하여 '불공정한 법률행위'를 무효로 한다고 규정하고 있습니다. 이러한 불공정한 법률행위의 요건 및 판단기준에 관하여 판례를 보면, 「민법」 제104조에 규정된 불공정한 법률행위는 객관적으로 급부와 반대급부 사이에 현저한 불균형이 존재하고, 주관적으로 그와 같이 균형을 잃은 거래가 피해당사자의 궁박, 경솔 또는 무경험을 이용하여 이루어진 경우에 성립하는 것으로서, 약자적 지위에 있는 자의 궁박, 경솔 또는 무경험을 이용한 폭리행위를 규제하려는 데에 그 목적이 있고, 불공정한 법률행위가 성립하기 위한 요건인 궁박, 경솔, 무경험은 모두 구비되어야 하는 요건이 아니라 그 중 일부만 갖추어져도 충분한데, 여기에서 '궁박'이란 '급박한 곤궁'을 의미하는 것으로서 경제적 원인에 기인할 수도 있고 정신적 또는 심리적 원인에 기인할 수도 있으며, 당사자가 궁박한 상태에 있었는지는 그의 나이와 직업, 교육 및 사회경험의 정도, 재산 상태 및 그가 처한 상황의 절박성의 정도 등 여러 사정을 종합하여 구체적으로 판단하여야 하며, 한편 피해당사자가 궁박한 상태에 있었더라도 그 상대방당사자에게 그러한 피해자 측의 사정을 알면서 이를 이용하려는 의사,

즉 폭리행위의 악의가 없었다거나 또는 객관적으로 급부와 반대급부 사이에 현저한 불균형이 존재하지 아니한다면 「민법」 제104조에 규정된 불공정 법률행위는 성립하지 않는다고 하였으며(대법원 2011. 1. 27. 선고 2010다53457 판결), 교통사고로 스포츠용품 대리점과 실내골프연습장을 운영하던 피해자가 사망한 후 망인의 채권자들이 그 손해배상청구권에 대하여 법적 조치를 취할 움직임을 보이자 전업주부로 가사를 전담하던 망인의 처가 망인의 사망 후 5일 만에 친지와 보험회사 담당자의 권유에 따라 보험회사와 사이에 보험약관상 인정되는 최소금액의 손해배상금만을 받기로 하고 부제소(不提訴)합의를 한 경우, 그 합의는 불공정한 법률행위에 해당한다고 한 바 있습니다(대법원 1999. 5. 28. 선고 98다58825 판결, 2002. 10. 22. 선고 2002다38927 판결).

그렇다면 귀하도 위 판례에 비추어 귀하의 궁박을 이용한 乙보험회사와의 위 합의의 무효를 주장해보는 것도 가능할 듯합니다.

■ 교통사고의 손해배상청구 시 보험회사를 상대로 바로 할 수 있는지요?

Q. 저는 교통사고를 당하여 치료를 끝낸 후 가해자를 상대로 손해배상청구소송을 제기하려고 하였으나 가해자가 주민등록지에 거주하지 아니하고, 소재도 파악이 안되고 있습니다. 이 경우 보험회사를 상대로 직접 소송을 제기하는 것이 가능한지요?

A. 「상법」 제724조 제2항은 "제3자는 피보험자가 책임을 질 사고로 입은 손해에 대하여 보험금액의 한도 내에서 보험자에게 직접 보상을 청구할 수 있다. 그러나 보험자는 피보험자가 그 사고에 관하여 가지는 항변으로써 제3자에게 대항할 수 있다."라고 규정하고 있습니다.

이러한 직접청구권의 법적 성질에 관하여 판례는 "상법 제724조 제2항에 의하여 피해자에게 인정되는 직접청구권의 법적 성질은 보험자가 피보험자의 피해자에 대한 손해배상채무를 병존적(竝存的)으로 인수한 것으로서, 피해자가 보험자에 대하여 가지는 손해배상청구권이고 피보험자의 보험자에 대한 보험금청구권의 변형 내지는 이에 준하는 권리가 아니다."라고 하였습니다(대법원 1999. 2. 12. 선고 98다44956 판결, 2000. 6. 9. 선고 98다54397 판결).

또한, 위 규정의 취지가 법원이 보험회사가 보상하여야 할 손해액을 산정함에 있어서 자동차종합보험약관상의 지급기준(과실상계, 위자료, 장례비, 일실수입에 관한 기준)에 구속되는 것도 아니며(대법원 1994. 5. 27. 선고 94다6819 판결), 피보험자에게 지급할 보험금액에 관하여 확정판결에 의하여 피보험자가 피해자에게 배상하여야 할 지연손해금을 포함한 금액으로 규정하고 있는 자동차종합보험약관의 규정 취지에 비추어 보면, 보험자는 피해자와 피보험자 사이에 판결에 의하여 확정된 손해액은 그것이 피보험자에게 법률상 책임이 없는 부당한 손해라는 등의 특별한 사정이 없는 한 원본이든 지연손해금이든 모두 피보험자에게 지급할 의무가 있습니다(대법원 2000. 10. 13. 선고 2000다2542 판결).

따라서 위 사안에서도 귀하는 가해자가 가입한 보험회사를 상대로 직접 보험금을 청구할 수 있을 것입니다.

■ 교통사고피해자의 보험회사에 대한 책임보험 배상청구권의 소멸시효기간은?

Q. 저는 교통사고를 당하였으나 가해운전자 겸 차량소유자가 재산이 없어 저의 개인비용으로 치료를 하다가 가해차량이 책임보험에 가입한 사실을 알고 보험회사에 대하여 직접 책임보험한도의 배상청구를 하려고 합니다. 이 경우 책임보험한도의 배상청구를 할 수 있는 기간이 정해져 있는지요?

A. 「자동차손해배상 보장법」에서 자기를 위하여 자동차를 운행하는 자는 그 운행으로 다른 사람을 사망하게 하거나 부상하게 한 경우에는 그 손해를 배상할 책임을 지고 다만, ①승객이 아닌 자가 사망하거나 부상한 경우에 자기와 운전자가 자동차의 운행에 주의를 게을리 하지

아니하였고, 피해자 또는 자기 및 운전자 외의 제3자에게 고의 또는 과실이 있으며, 자동차의 구조상의 결함이나 기능상의 장해가 없었다는 것을 증명한 경우, ②승객이 고의나 자살행위로 사망하거나 부상한 경우에는 그러하지 아니하다고 규정하고(자동차손해배상 보장법 제3조), 자동차보유자는 자동차의 운행으로 다른 사람이 사망하거나 부상한 경우에 피해자(피해자가 사망한 경우에는 손해배상을 받을 권리를 가진 자)에게 대통령령으로 정하는 금액을 지급할 책임을 지는 책임보험이나 책임공제에 가입하여야 한다고 규정하고 있습니다(자동차손해배상 보장법 제5조 제1항). 또한, 보험가입자 등에게 자동차손해배상 보장법 제3조에 따른 손해배상책임이 발생하면 그 피해자는 대통령령으로 정하는 바에 따라 보험회사 등에게 「상법」 제724조 제2항에 따라 보험금 등을 자기에게 직접 지급할 것을 청구할 수 있고, 이 경우 피해자는 자동차보험진료수가에 해당하는 금액은 진료한 의료기관에 직접 지급하여 줄 것을 청구할 수 있다고 규정하고(자동차손해배상 보장법 제10조 제1항), 「자동차손해배상 보장법」 제10조, 제11조 제1항, 제29조 제1항 또는 제30조 제1항에 따른 청구권은 3년간 행사하지 아니하면 시효로 소멸한다고 규정하고 있습니다(자동차손해배상 보장법 제41조).

그리고 자동차손해배상 보장법 제10조 제1항에 의한 직접청구권의 법적성질에 관해서는 상법 제724조 제2항을 인용하여 피해자의 보험자에 대한 직접청구권을 규정하고 있고, 상법 제724조 제2항 직접청구권의 성질은 보험자가 피보험자의 피해자에 대한 손해배상채무를 중첩적으로 인수한 결과 피해자가 보험자에 대하여 가지게 된 손해배상청구권으로 보고 있으므로(대법원 2010. 10. 28. 선고 2010다53754 판결), 자동차손해배상 보장법상의 직접청구권 역시 그 법적성질은 '손해배상청구권'으로 볼 수 있을 것이고, 자동차손해배상 보장법상의 직접청구권의 범위는 자동차손해배상 보장법 제5조 제1항에 의하여 강제되는 의무보험금의 범위에 한정되게 될 것입니다(대법원 2007. 4. 26. 선고 2006다54781 판결).

그런데 자동차손해배상 보장법 제41조에 의하여 같은 법 제10조 1항에 의한 직접청구권의 소멸시효기간은 3년이 되고, 그 소멸시효기산점은 민법 제766조 제1항에 의하여 피해자가 손해 및 가해자를 안 날이 되어 원칙적으로 사고발생일이 될 것입니다.

따라서 자동차손해배상 보장법에 의하여 보험회사 등에게 직접 청구할 수 있는 손해배상청구는 사고발생시로부터 3년이 지나면 청구할 수 없을 것입니다.

참고로 자동차종합보험(대인배상Ⅰ,Ⅱ 포함)의 피보험자가 자동차사고로 인하여 손해배상책임을 지는 경우, 피해자가 상법 제724조 제2항에 따라 보험자에게 직접 청구하는 손해배상청구권은 자동차손해배상 보장법 제9조(현행 제10조)

에 의하여 행사할 수 있는 손해배상청구권과 그 범위를 달리하므로 두 청구권은 별개의 청구라 할 것이고, 자동차손해배상 보장법 제9조(현행 제10조)에 적용되는 같은 법 제33조(현행 제41조)의 소멸시효규정이 상법 제724조 제2항에 의한 손해배상청구에 대하여 적용될 수는 없다는 판례(대법원 2005. 10. 7. 선고 2003다6774 판결)가 있으므로, 가해차량이 자동차종합보험에 가입된 경우에는 가해자측(가해운전자, 가해차량소유자 등)뿐만 아니라 가해차량보험회사를 상대로도 손해 및 가해자를 안 날로부터 3년, 불법행위를 한 날로부터 10년 이내에는 불법행위로 인한 손해배상을 청구할 수 있을 것으로 보입니다.

■ 기획여행계약 중 교통사고시 여행업자에게 대하여 손해배상 청구를 할 수 있나요?

Q. 기획여행계약에 따라 해외여행을 하던 중 여행업자가 선정한 현지 운전자의 과실로 교통사고가 발생하였습니다. 여행업자에 대하여 손해배상 청구를 할 수 있나요?

A. 기본적으로 여행약관을 살펴보아야 겠습니다. 일반적인 여행약관에는 여행중에 일어난 손해에 대해서 포괄적인 손해배상을 하도록 약정하고 있습니다. 약관에 따라 손해배상청구를 할 수있는지를 우선적으로 검토해야 겠습니다. 서울중앙지방법원 2009. 6. 30. 선고 2008가합107783 판결에서는 '여행업자는 통상 여행 일반은 물론 목적지의 자연적.사회적 조건에 관하여 전문적 지식을 가진 자로서 우월적 지위에서 행선지나 여행시설의 이용 등에 관한 계약 내용을 일방적으로 결정하는 반면, 여행자는 그 안전성을 신뢰하고 여행업자가 제시하는 조건에 따라 여행계약을 체결하게 되는 점을 감안할 때, 여행업자는 기획여행계약의 상대방인 여행자에 대하여 기획여행계약상의 부수의무로서, 여행자의 생명.신체.재산 등의 안전을 확보하기 위하여, 여행목적지 · 여행일정 · 여행행정 · 여행서비스기관의 선택 등에 관하여 미리 충분히 조사 · 검토하여 전문업자로서의 합리적인 판단을 하고, 또한 그 계약 내용의 실시에 관하여 조우할지 모르는 위험을 미리 제거할 수단을 강구하거나 또는 여행자에게 그 뜻을 고지하여 여행자 스스로 그 위험을 수용할지 여부에 관하여 선택의 기회를 주는 등의 합리적 조치를 취할 신의칙상의 주의의무를 지고(대법원 1998. 11. 24. 선고 98다25061 판결 참조), 이 사건 여행약관에서 그 여행업자의 여행자에 대한 책임의 내용 및 범위 등에 관한 규정내용은 여행업자의 위와 같은 안전배려의무를 구체적으로 명시한 것으로 보아야 할 것이다.

위 인정 사실에 의하면, 이 사건 사고는 피고1 주식회사가 선정한 현지 운전자 소외 1의 과실로 인하여 발생한 것이라 할 것이므로, 피고 1 주식회사는 이 사건 여행약관에 따라 이 사건 사고로 인하여 원고들이 입은 모든 손해를 배상할 책임이 있다.' 고 판시한 바 있습니다.

■ 보험사 지급 가불금이 교통사고 손해배상청구권 중 재산상 손해에만 미치는지요?

Q. 아버지가 교통사고 상해를 입고 치료를 받다가 사망하셨는데, 치료비는 5000만원이 들었습니다. 돌아가시 전에 보험회사로부터 6000만원의 가불금을 지급받았는데, 별도로 위자료로 계산된 1000만원을 받을 수 있을까요? 치료비와 위자료를 합쳐서 이미 가불금으로 전부 지급받았다고 하면서 보험회사로부터 위자료를 받지 못하는 건가요?

A. 네 그렇습니다. 자동차손해배상 보장법 제11조에 따라 보험회사 등이 피해자에게 지급하는 가불금의 효력이 재산상 손해 외 위자료에도 미치므로, 귀하께서 지급받으신 6000만원의 가불금은 재산상 손해배상 청구권과 위자료 청구권 전부에 미치므로, 별도로 위자료로 계산된 1000만원은 기존의 치료비 5000만원을 넘어서는 6000만원의 가불금에서 지급된 위자료가 되는 것입니다.

대법원 2013.10.11. 선고 2013다42755 판결 역시 자동차손해배상 보장법 제3조에 기한 보험자의 배상책임은 사고와 상당인과관계 있는 법률상 손해 일체를 내용으로 하는 것으로서, 사망사고의 경우 배상의 대상이 되는 손해에는 치료비 등 적극적 손해, 일실 수입 등 소극적 손해 및 정신적 손해 모두를 포함하는 것이라고 하였습니다. 또한 이 판결에서는 자배법 및 자배법 시행령은 보험회사 등이 피해자에게 지급하는 가불금이 피해자에게 발생한 '손해액'으로서 지급되는 것이고, 후에 손해배상액이 확정되면 보험회사 등이 '지급하여야 할 보험금'에서 기지급한 가불금을 공제하여 정산할 것을 전제로 하여 가불금이 초과 지급되었을 경우 그 반환을 청구할 수 있도록 정하고 있을 뿐, 가불금이 사고로 인하여 발생한 손해 중 피해자의 재산상 손해에만 한정하여 지급되는 것이라고 볼 만한 근거는 찾아볼 수 없다고 하였습니다.

따라서 가불금 지급의 효력은 재산상 손해뿐만 아니라 위자료에도 미치는 것입니다.

■ 운전자들의 공동불법행위로 인한 교통사고로 인해 한쪽 차량에 타고 있던 호의동승자가 사망한 경우, 호의동승을 이유로 한 책임감경이 공동불법행위자들 모두에게 적용되는지요?

Q. C는 남자친구 A와 벚꽃구경을 가기 위해 A의 승용차에 동승해 이동하던 중 덤프트럭(운전사 B)과의 충돌 사고로 사망했습니다. C의 어머니 甲은 딸의 남자친구 A가 가입한 보험회사와 합의금으로 받고 합의했습니다. 하지만, 그 후 甲은 덤프트럭 운전자 B의 乙보험회사를 상대로도 손해배상 청구를 했습니다. 이 경우, 乙보험회사의 손해배상액에서도 C의 호의동승을 이유로 한 손해배상액 감경이 인정될 수 있는지요?

A. 대법원(대법원 2014. 3. 27. 선고 2012다87263 판결)은, '2인 이상의 공동불법행위로 인하여 호의동승한 사람이 피해를 입은 경우 공동불법행위자 상호간의 내부관계에서는 일정한 부담부분이 있으나 피해자에 대한 관계에서는 부진정연대책임을 지므로, 동승자가 입은 손해에 대한 배상액을 산정함에 있어서는 먼저 호의동승으로 인한 감액비율을 참작하여 공동불법행위자들이 동승자에 대하여 배상하여야 할 수액을 정하여야 한다'고 전제하였습니다.

이 사건과 같은 사안에서 '이러한 법리에 비추어 보면 이 사건에서 망인의 사망과 관련한 공동불법행위자들인 소외 2와 소외 1이 부담할 손해배상액을 산정함에 있어서도 먼저 망인의 호의동승으로 인한 감액 비율을 고려하여 두 사람이 원고에 대한 관계에서 연대하여 부담하여야 할 손해액을 산정하여야 하고, 그 당연한 귀결로서 위와 같은 책임제한은 동승 차량 운전자인 소외 2뿐만 아니라 상대방 차량 운전자인 소외 1 및 그 보험자인 피고에게도 적용된다 할 것이다.'고 판시하였습니다.

따라서 C의 호의동승을 이유로 한 손해배상액 감경은 甲과 乙보험회사 사이의 손해배상 청구소송에서도 인정될 것입니다.

■ **일반 국도상의 적설로 인한 교통사고 발생 시 손해배상청구는 어디에 해야 하나요?**

Q. 저는 야간에 일반도로를 승용차로 정상속도를 유지하여 주행하다가 강설로 인하여 결빙된 지점인 것을 미처 알지 못하여 결빙구간에서 차량이 도로 밖으로 미끄러져 차량이 파손되는 피해를 입었는바, 이러한 경우 위 도로를 설치·관리하는 기관은 제설작업을 하거나 제설제를 살포하는 등의 조치를 하지도 않았고, 결빙구간의 위험표시도 하지 않았으므로 위와 같은 사고에 대해 책임이 인정되지 않는지요?

A. 「민법」 제758조 제1항에서 공작물의 설치 또는 보존의 하자로 인하여 타인에게 손해를 가한 때에는 공작물점유자가 손해를 배상할 책임이 있고, 다만 점유자가 손해의 방지에 필요한 주의를 게을리 하지 아니한 때에는 그 소유자가 손해를 배상할 책임이 있다고 규정하고 있으며, 「국가배상법」 제5조 제1항 전문에서 도로·하천, 그 밖의 공공의 영조물의 설치나 관리에 하자가 있기 때문에 타인에게 손해를 발생하게 하였을 때에는 국가나 지방자치단체는 그 손해를 배상하여야 한다고 규정하고 있습니다.

「국가배상법」 제5조 제1항에 정한 '영조물설치 또는 관리의 하자'의 의미에 관한 판례를 보면, 「국가배상법」 제5조 제1항에 정하여진 '영조물 설치·관리상의 하자'란 공공의 목적에 공여된 영조물이 그 용도에 따라 통상 갖추어야 할 안전성을 갖추지 못한 상태에 있음을 말하는바, 영조물의 설치 및 관리에 있어서 항상 완전무결한 상태를 유지할 정도의 고도의 안전성을 갖추지 아니하였다고 하여 영조물의 설치 또는 관리에 하자가 있다고 단정할 수 없는 것이고, 영조물의 설치자 또는 관리자에게 부과되는 방호조치의무는 영조물의 위험성에 비례하여 사회통념상 일반적으로 요구되는 정도의 것을 의미하므로 영조물인 도로의 경우도 다른 생활필수시설과의 관계나 그것을 설치하고 관리하는 주체의 재정적, 인적, 물적 제약 등을 고려하여 그것을 이용하는 자의 상식적이고 질서 있는 이용방법을 기대한 상대적인 안전성을 갖추는 것으로 충분하다고 하고 있으며(대법원 2002. 8. 23.선고 2002다9158 판결), 도로의 설치·관리상의 하자는 도로의 위치 등 장소적인 조건, 도로의 구조, 교통량, 사고시에 있어서의 교통사정 등 도로의 이용상황과 본래의 이용목적 등 제반 사정과 물적 결함의 위치, 형상 등을 종합적으로 고려하여 사회통념에 따라 구체적으로 판단하여야 하는데(대법원 2008. 3. 13. 선고 2007다29287, 29294 판결), 특히 강설은 기본적 환경의 하나인 자연현상으로서 그것이 도로교통의 안전을 해치는 위험성의 정도나 그 시기를 예측하기 어렵고 통상 광범위한 지역에 걸쳐 일시에 나타나고 일정한 시간을 경과하면 소멸되는 일과성을 띠는 경우가 많은 점에 비하여, 이로 인하여 발생되는 도로상의 위험에 대처하기 위한 완벽한 방법으로서 도로자체에 융설설비를 갖추는 것은 현대의 과학기술의 수준이나 재정사정에 비추어 사실상 불가능하고, 가능한 방법으로 인위적으로 제설작업을 하거나 제설제를 살포하는 등의 방법을 택할 수밖에 없는데, 그러한 경우에 있어서도 적설지대에 속하는 지역의 도로라든가 최저속도의 제한이 있는 고속도로 등 특수목적을 갖고 있는 도로가 아닌 일반 보통의 도로까지도 도로관리자에게 완전한 인적·물적 설비를 갖추고 제설작업을 하여 도로통행상의 위험을 즉시 배제하여 그 안전성을 확보하도록 하는 관리의무를 부과하는 것은 도로의 안전성의 성질에 비추어 적당하지 않고, 오히려 그러한 경우의 도로통행의 안전성은 그와 같은 위험에 대면하여 도로를 이용하는 통행자 개개인의 책임으로 확보하여야 한다. 강설의 특성, 기상적 요인과 지리적 요인, 이에 따른 도로의 상대적 안전성을 고려하면 겨울철 산간지역에 위치한 도로에 강설로 생긴 빙판을 그대로 방치하고 도로상황에 대한 경고나 위험표지판을 설치하지 않았다는 사정만으로 도로관리상의 하자가 있다고 볼 수 없다고 한 경우가 있습니다(대법원 2000. 4. 25. 선고 99다54998 판결).

따라서 위 사안에 있어서도 귀하가 위 도로의 설치·관리상의 하자를 이유로 설치·관리자에 대하여 손해배상을 청구하기는 어려울 것으로 보입니다.

참고로 강설에 대처하기 위하여 완벽한 방법으로 도로자체에 융설 설비를 갖추는 것이 현대의 과학기술수준이나 재정사정에 비추어 사실상 불가능하다고 하더라도, 최저속도의 제한이 있는 고속도로의 경우에 있어서는 도로관리자가 도로의 구조, 기상예보 등을 고려하여 사전에 충분한 인적·물적 설비를 갖추어 강설시 신속한 제설작업을 하고 나아가 필요한 경우 제때에 교통통제 조치를 취함으로써 고속도로로서의 기본적인 기능을 유지하거나 신속히 회복할 수 있도록 하는 관리의무가 있고, 고속도로의 관리상 하자가 인정되는 이상 고속도로의 점유관리자는 그 하자가 불가항력에 의한 것이거나 손해의 방지에 필요한 주의를 게을리 하지 아니하였다는 점을 주장·입증하여야 비로소 그 책임을 면할 수 있으며, 폭설로 차량운전자 등이 고속도로에서 장시간 고립된 사안에서, 고속도로의 관리자가 고립구간의 교통정체를 충분히 예견할 수 있었음에도 교통제한 및 운행정지 등 필요한 조치를 충실히 이행하지 아니하였으므로 고속도로의 관리상 하자가 있다고 한 사례가 있습니다(대법원 2008. 3. 13. 선고 2007다29287, 29294 판결).

■ 직업이 있었던 장애인이 교통사고로 사망한 경우 일실수입상실액을 산정함에 있어서 손해배상액은 어떻게 하는지요?

Q. 甲은 신체장애자로서 노동능력 29%를 상실한 장애인임에도 불구하고 이용사로서 이용업에 종사하면서 가정을 꾸려오던 중 교통사고를 당하여 사망하였는바, 이러한 경우 甲의 일실수입상실액을 산정함에 있어서 기존의 노동능력상실률을 어느 정도 고려하여 위 사고로 인한 손해배상을 산정하여야 하는지요?

A. 이와 유사한 경우에 판례는 "이미 약 30퍼센트 정도의 노동능력을 상실한 기존신체장애자가 상차하역부로 종사하다가 본 건 불법행위로 다시 약 50퍼센트 정도의 농촌일용노동능력을 상실하였음을 이유로 손해배상을 소구한 경우에 기대수입상실액을 계산함에 있어서는 하역

부로서 종사하여 얻었던 순수입금액에서 남은 노동능력(20퍼센트)으로 농촌일용노동에 종사하여 벌 수 있는 예상수입만을 공제하면 된다."라고 하였습니다(대법원 1975. 6. 24. 선고 75다321 판결).

즉, 비록 피해자가 이 사고 이전에 그 사고와는 관계없이 이미 30퍼센트 정도의 농촌일용노동능력을 상실한 상태였다고 할지라도 위와 같이 일정부분 상실된 노동능력으로 벌 수 있는 수입금에서 다시 이 중으로 기존의 노동능력상실률을 공제할 수는 없다는 것입니다.

따라서 위 사안의 경우에도 甲이 이용사로서 사망직전까지 수익한 순수입금액을 전부 상실한 것으로 산정할 수 있을 것으로 보입니다.

3. 자동차손해배상 보장사업

■ 정부의 자동차사고 피해자 보상

① 정부는 다음 어느 하나에 해당하는 경우에는 피해자의 청구에 따라 책임보험의 보험금 한도에서 그가 입은 피해를 보상합니다(「자동차손해배상 보장법」 제30조제1항 본문).

1. 자동차보유자를 알 수 없는 자동차의 운행으로 사망하거나 부상한 경우

2. 보험가입자 등이 아닌 자가 「자동차손해배상 보장법」 제3조에 따라 손해배상의 책임을 지게 되는 경우. 다만, 다음의 자동차 운행으로 인한 경우는 제외합니다(「자동차손해배상 보장법」 제5조제 4항 및 「자동차손해배상 보장법 시행령」 제5조).

    - 대한민국에 주둔하는 국제연합군대가 보유하는 자동차
    - 대한민국에 주둔하는 미합중국군대가 보유하는 자동차
    - 위의 두 가지에 해당하지 않는 외국인으로서 국토교통부장관이 지정하는 자가 보유하는 자동차
    - 견인되어 육지를 이동할 수 있도록 제작된 피견인자동차
    - 도로(「도로교통법」 제2조제1호에 따른 도로를 말함)가 아닌 장소에서만 운행하는 자동차

3. 자동차보유자를 알 수 없는 자동차의 운행 중 해당 자동차로부터 낙하된 물체로 인하여 사망하거나 부상한 경우

② 다만, 정부는 피해자가 청구하지 않는 경우에도 직권으로 조사하여 책임보험의 보험금 한도에서 그가 입은 피해를 보상할 수 있습니다(「자동차손해배상 보장법」 제30조제1항 단서).

4. 교통사고 피해자의 지원

정부는 자동차의 운행으로 인한 사망자나 중증 후유장애인(重症 後遺障碍人)의 유자녀(幼子女) 및 피부양가족이 경제적으로 어려워 생계가 곤란하거나 학업을 중단해야 하는 문제 등을 해결하고 중증 후유장애인이 재활할 수 있도록 지원할 수 있습니다(「자동차손해배상 보장법」 제30조제2항).

4-1. 지원대상자

정부가 지원할 수 있는 대상자는 다음 각 호의 요건을 모두 갖춘 사람으로서 「자동차손해배상 보장법 시행령」 제23조제2항에 따라 지원대상자로 결정된 사람입니다(「자동차손해배상 보장법 시행령」 제21조제1항 본문).

- 중증 후유장애인, 사망자 또는 중증 후유장애인의 유자녀 및 피부양가족일 것
- 생활형편이 「국민기초생활 보장법」에 따른 기준 중위소득을 고려하여 국토교통부장관이 정하는 기준에 해당되어 생계 유지, 학업 또는 재활치료(중증 후유장애인인 경우만 해당)를 계속하기 곤란한 상태에 있을 것

4-2. 지원 기준(「자동차손해배상 보장법 시행령」 제22조제1항)

(1) 중증후유장애인의 경우:

　가. 「의료법」에 따른 의료기관 또는 「장애인복지법」에 따른 재활 시설을 이용하거나 그 밖에 요양을 하기 위하여 필요한 비용의 보조

　나. 학업의 유지를 위한 학업장려금의 지급

(2) 유자녀의 경우:

　가. 생활자금의 대출

　나. 학업의 유지를 위한 학업장려금의 지급

다. 자립지원을 위하여 유자녀의 보호자(유자녀의 친권자, 후견인, 유자녀를 보호·양육·교육하거나 그 의무가 있는 자 또는 업무·고용 등의 관계로 사실상 유자녀를 보호·감독하는 자를 말함)가 유자녀의 명의로 저축한 금액에 따른 지원자금(이하 '자립지원금' 이라 함)의 지급

(3) 피부양가족: 노부모 등의 생활의 정도를 고려한 보조금의 지급

(4) 위의 (1)부터 (3)까지의 규정에 해당하는 사람에 대한 심리치료 등의 정서적 지원 사업

4-3. 지원금액

① 지원을 위한 재원을 고려하여 국토교통부장관이 기준금액의 2분의 1의 범위에서 가감하여 정하는 금액을 지원합니다(「자동차손해배상 보장법 시행령」 제22조제2항 및 별표 4).

유자녀 등에 대한 지원의 기준금액

지원 대상	지원 구분	기준금액
1. 중증 후유장애인	가. 재활보조금 지급	월 20만원
	나. 학업장려금 지급	분기 30만원
2. 유자녀	가. 생활자금의 무이자 대출	월 25만원
	나. 학업장려금 지급	분기 30만원
	다. 자립지원금 지급	월 6만원
3. 피부양가족	보조금 지급	월 20만원

*비고: 유자녀에 대한 생활자금의 무이자 대출은 유자녀가 30세가 되는 날부터 20년 이내에 유자녀의 선택에 따라 일시 또는 분할로 상환하도록 하되, 대출 및 상환에 관한 구체적인 조건은 제23조제3항에 따른 지원업무의 처리에 관한 규정에 따른다.

② 자동차사고 피해자지원업무는 자동차손해배상진흥원에서 위임받아 시행하고 있습니다(「자동차손해배상 보장법 시행령」 제35조제3항).

5. 자동차사고 피해자 지원사업

5-1. 자동차사고 피해자 지원사업이란?

자동차손해배상보장법에 의거하여, 자동차사고로 인한 사망 또는 중증후유장애로 인하여 어려움을 겪고 있는 가족이 경제적, 정서적 어려움을 해소할 수 있도록 운영하는 각종 사업을 의미합니다.

5-2. 지원대상자

① 중증 후유장애를 입은 사람
  자동차사고로 인하여 시행령 별표2에 의한 1급~4급에 해당하는 중 증후유장애를 얻은 사람

② 유자녀(幼子女)
  자동차사고로 인하여 사망하거나 중증후유장애를 입은 사람의 0세부터 18세 미만의 자녀(고등학교 재학의 경우 20세 이하)

③ 피부양노부모 다음 각목의 어느 하나에 해당하는 경우
  1. 자동차사고로 인하여 사망하거나 중증후유장애를 입은 사람이 사고 당시 부양하고 있던 직계존속 또는 배우자의 직계존속으로서 현재 부양의무자가 없거나, 부양능력이 없거나 부양을 받을 수 없는 65세 이상의 노부모
  2. 사망자 또는 중증후유장애인의 직계존속 또는 배우자의 직계존속이면서 현재 중증후유장애인 또는 유자녀와 생계를 같이 하는 자로서 부양의무자가 없거나 부양의무자가 있어도 부양능력이 없거나 부양을 받을 수 없는 65세 이상인 자

5-3. 지원요건

국민기초생활보장법에 의한 수급자, 차상위계층
  1. 수급자: 국민기초생활 보장법에 따라 생계급여, 주거급여, 의료급여, 교육급여, 해산급여 및 자활급여를 받는 수혜자

2. 차상위계층: 기초생활수급자가 아닌 저소득층으로서 소득인정액이 기준 중위소득의 100분의 50 이하이지만 고정재산이 있거나 자신을 부양할 만한 연령대의 가구원이 있어 기초생활보장 대상자에서 제외된 사람

5-4. 경제적 지원사업

재활보조금, 장학금, 유자녀 생활자금대출, 유자녀 자립지원금, 피부양보조금 등 자동차사고 피해자의 생계유지를 위한 각종 재정 지원사업을 운영합니다.

① 재활보조금
자동차사고로 인하여 경제적 어려움을 겪고 있는 중증후유장애인에게 의료기관 또는 재활시설을 이용하거나 기타 요양에 필요한 비용을 보조

② 생활자금대출
자동차사고로 인한 사망자나 중증후유장애를 입어 생계가 곤란한 사람의 유자녀(幼子女)에게 생활자금을 무이자로 대출해 줌으로써 건전한 사회 구성원으로서의 성장을 돕기 위함

③ 자립지원금
자동차사고로 유자녀(幼子女)의 원활한 사회진출을 도모하는 적금 형태의 지원
  * 유자녀희망계좌(직접납입, 10만원 한도) + 정부매칭계좌(적립지원, 7만원 한도)

④ 피부양보조금
자동차사고로 인한 사망자나 중증후유장애인의 피부양가족 중 경제적 어려움을 겪고 있는 노부모 등에게 부양을 위한 비용을 보조

⑤ 지원내용

지원대상	지원구분		주기	지원금액	지원기간
중증후유 장애인	재활보조금		월	22만원	사망시까지(매년 재심사)
	장학금	초등학생	분기	25만원	18세까지
		중학생	분기	35만원	
		고등학생	분기	45만원	
유자녀 (幼子女)	생활자금대출 (무이자)		월	25만원	18세 또는 재학 중인 경우 졸업 시까지 (2년마다 재심사)
	장학금	초등학생	분기	25만원	18세까지
		중학생	분기	35만원	
		고등학생	분기	45만원	
	자립지원금		월	7만원 한도 매칭	18세 또는 재학 중인 경우 졸업 시까지
피부양노모	피부양보조금 (무상)		월	22만원	사망 시까지(매년 재심사)

⑥ 처리절차

서류제출	▶	제출서류 검토	▶	지원통보	▶	지원개시
연중 상시 (주말,공휴일 제외)		미비서류 보완요청 등		지원자 개별통보		지원통보일 기준 익월부터 지급

* 제출서류는 사업별로 상이하므로, 신청 전 문의사항이 있으신 경우 자동차손해배상진흥원으로 연락 바랍니다.

⑦ 자주하는 질문

[질문] 자동차사고 피해자 지원사업 신청기간은 정해져 있나요?
[답변]
장학금을 제외한 경제적 지원사업은 연중 수시 신청 가능하십니다. (장학금은 신청기간 별도 안내)

[질문] 피해자 지원사업 지원대상인데, 어떤 서류를 제출해야 하나요?
[답변]
지원신청서, 자동차사고로 인한 사망 또는 중증 후유장애 증명서류, 주민등록등본, 생활형편 증명서류, 가족관계증명서, 예금통장 사본 등이며, 신청하시는 사업에 따라 별도 추가 서류를 요청할 수 있습니다. 자세한 내용은 홈페이지 또는 1544-0049(2번)에 문의해주시기 바랍니다.
* 행정정보공동이용 사전동의를 완료하신 분은 일부 서류의 실물 제출을 면제받으실 수 있습니다. 자세한 내용은 자동차사고피해가족지원 홈페이지 (https://tvsis.tacss.or.kr/tvsis/) > 경제적 지원 > 행정정보공동이용 사전동의를 참고하여 주시기 바랍니다.

[질문] 지원금을 신청했는데, 언제부터 받을 수 있나요?
[답변]
심사 완료일 기준 다음달 말일부터 신청 계좌로 지급됩니다. 서류 미비 등으로 심사 완료가 지연될 수 있음을 사전 안내드립니다.

[질문] 지원제도를 늦게 신청했는데 소급 지원이 되나요?
[답변]
서류접수 후 지원결정이 속한 다음달부터 매월 지급되므로, 소급 지원은 어려움을 안내드립니다.

[질문] 지원금을 받고 있다가 사망한 경우는 어떻게 해야 하나요?
[답변]
사망 즉시 자동차손해배상진흥원으로 통보 후, 증명서류를 제출

하셔야 합니다. 사망 이후 지원된 금액이 확인될 시에는 반납을 요청드릴 수 있음을 참고해주시기 바랍니다.

[질문] 서류제출은 어디로 해야 하나요?

[답변]
자동차손해배상진흥원으로 서류 사전 문의 후 우편 또는 팩스로 발송 바랍니다.

5-5. 정서적 지원사업

① 지원사업
방문케어서비스, 유자녀 멘토링, 심리안정 지원 등 자동차사고 피해자의 정서적 안정 및 치유를 위한 사업을 운영합니다.

1. 방문케어서비스
   자동차사고 피해 중증후유장애인과 피부양가족을 대상으로 맞춤형 돌봄과 생활지원 서비스 제공

2. 유자녀멘토링
   자동차사고 피해가정 유자녀와 대학생 멘토의 1:1 매칭하여 교과 학습, 체험학습, 진로설계 등 멘토링 활동을 진행

3. 심리안정지원
   자동차사고로 인한 심리적 충격과 외상 후 스트레스 장애로 정신적 고통을 받고 있는 가정을 대상으로 전문 상담사 매칭을 통한 심리안정 서비스를 제공

4. 기타
   출산상조용품 지원, 주거환경 개선 및 외부재원을 활용한 추가 사업 시행 예정

② 지원내용

사업명	세부 지원내용	신청시기
방문케어 서비스	수혜가정이 필요로 하는 서비스를 7종으로 분류하여, 방문케어 봉사단원이 직접 방문하여 활동 진행 * 7종 서비스: 생활환경 개선, 건강 서비스, 행정 서비스, 여가 서비스, 의사소통, 식사 서비스, 생활 서비스	1월 ~ 2월
유자녀 멘토링(대면)	상담, 학습지도, 체험학습, 문화활동, 진로탐색, 친목도모 등 수혜가정과 대학생 멘토의 협의하에 자유롭게 활동 구성	3월 ~
심리안정지원	심리상담 전문기관의 심리검사 결과를 바탕으로 전문 상담사의 방문상담 진행	1월 ~ 2월
출산· 상조용품	자동차사고 피해자 지원사업 수혜가정 자녀 출생 축하, 지원대상자 사망시 상조용품 지원	연중 상시
주거환경개선	자동차사고 중증후유장애인 가정의 특성을 고려하여 적합하고 안전한 생활환경을 조성	5월
기 타	만원의 행복보험 등 기존 지원사업 유지, 추후 각종 외부기관과의 협업을 통하여 추가 지원사업 기획, 운영 예정	개별안내

* 운영상황에 따라 실제 신청 시기는 달라질 수 있음(홈페이지 게시, 문자, 우편 등으로 별도 안내문 발송 예정)

③ 자주하는 질문

[질문] 지원대상 요건은 무엇인가요?

[답변]
자동차손해배상보장법에 의거하여, 자동차사고로 인한 사망 또는 중증후유장애로 인하여 어려움을 겪고 있는 가족으로, 경제적 지원사업 지원대상과 동일합니다.

[질문] 봉사단원, 멘토 활동은 어떻게 진행되나요?

[답변]
수혜가정 모집 및 봉사단원·멘토 모집 완료 후 활동 참여자 간 주거지, 기타 요청사항 등을 고려하여 매칭(사전 안내 후 승인 여부 개별 통지), 매칭 이후 수혜가정과 봉사자 간 커뮤니케이션을 통해 일정 조율하여 활동 가능합니다.

[질문] 봉사시간을 인정받을 수 있나요?

[답변]
활동실적 검토 후 희망자에 한하여 봉사시간 인정 예정입니다.

[질문] 대면 멘토링 서비스만 제공하나요?

[답변]
외부 교육기관과의 협업을 통한 비대면(온라인) 멘토링 서비스도 제공 예정입니다.

[질문] 사업신청 안내는 어떻게 받을 수 있나요?

[답변]
자동차사고피해가족지원 홈페이지, 우편, SMS 등 다양한 방법을 통하여 사업 내용, 신청기간, 문의처 등을 안내드릴 예정입니다.
* 원활한 안내를 위하여 주소, 전화번호 등이 변경되었을 경우 자동차손해배상진흥원으로 변경내용을 통보하여 주시면 감사드리겠습니다.

[질문] 신청 시 서류제출은 어디로 해야 하나요?

[답변]
자동차손해배상진흥원 담당자에게 우편 또는 팩스로 제출 가능합니다.

6. 공제분쟁조정

6-1. 자동차손해배상보장위원회 공제분쟁조정분과위원회란?

자동차손해배상보장법 제23조의3에 근거하여 설치된 국토교통부 산하 자동차손해배상보장위원회의 분과위원회로 공제조합과 자동차사고 피해자 및 기타 이해관계인 사이에 발생하는 분쟁을 심의·의결 또는 조정합니다.

6-2. 조정대상

공제분쟁조정분과위원회는 공제조합과 자동차사고 피해자, 기타 이해관계인 사이에 발생한 다음의 분쟁 사안을 조정합니다.

- 공제계약에 관한 분쟁
- 공제금의 지급에 관한 분쟁
- 자동차사고로 인한 피해자의 손해사정에 관한 분쟁
- 다른 법령에 따라 위원회에 조정을 신청할 수 있는 분쟁
- 기타 자동차 사고와 관련된 공제사업자 간의 분쟁

6-3. 분과위원회 구성

분과위원회는 위원장 1인을 포함한 15인 이내의 위원으로 구성됩니다. 본 위원회의 위원은 비상근으로 국토교통부 장관이 위촉하며, 위촉의 기준은 다음과 같습니다.

1. 국토교통부의 자동차손해배상 관련 업무 담당 과장 또는 팀장
2. 법 제39조의13제2항에 따라 법 제39조의11에 따른 자동차사고 피해지원기금의 관리·운용에 관한 사무를 위탁받은 단체의 소속 임직원 중에서 해당 단체의 장이 지명하는 사람
3. 다음 각 목의 사람 중에서 국토교통부장관이 위촉하는 사람

가. 교통·의료·건축 또는 장애인복지 분야에서 5급 이상의 공무원(고위공무원단에 속하일반직 공무원을 포함한다)으로서 3년 이상 근무한 사람

나. 「고등교육법」 제2조제1호에 따른 대학에서 경제·경영·법률·의료·교통·건축·장애인복지·재활 또는 자동차보험 관련 분야의 조교수 이상으로 3년 이상 재직한 사람

다. 판사·검사 또는 변호사로 3년 이상 재직한 사람

라. 「의료법」에 따른 전문의로 3년 이상 종사한 사람

마. 그 밖에 경제·경영·법률·의료·교통·건축·장애인복지·재활·소비자보호 또는 자동차보험 분야의 전문지식과 경험이 풍부한 사람

6-4. 조정기간

자동차손해배상보장법 시행령 제16조의13(분쟁 조정의 절차 등) 제3항에 따라 분과위원회는 분쟁 조정을 신청 받은 날부터 30일 이내에 조정안을 작성하는 것이 원칙이나 부득이한 사정이 있으면 분과위원회의 의결로 30일 이내의 범위에서 그 기간을 연장할 수 있습니다. 처리기간에 산입하지 아니하는 기간에 대하여는 행정절차법 시행령 제11조를 준용합니다.

6-5. 조정의 효력

자동차손해배상보장법 제23조의4 제3항에 따라 각 당사자가 조정안을 수락한 경우에는 당사자 간에 조정조서와 동일한 내용의 합의가 성립된 것으로 봅니다.

6-6. 조정신청 방법

접수방법

1) 시스템접수

   자동차손해배상보장위원회 공제분쟁조정분과위원회 홈페이지 (url: https://admc.tacss.or.kr)로 접속(온라인, 모바일) 후 본인인증 절차를 거쳐 접수할 수 있습니다.

2) 서면접수

   공제분쟁조정 신청 서식을 작성하여 입증자료와 함께 우편 또는 FAX 송신의 방법으로 서면 접수할 수 있습니다.

   ※ 필요 시 담당자가 추가자료 제출을 요청할 수 있으며 모든 서류의 주민등록번호 뒷자리는 삭제 후 사본으로 제출해주시기 바랍니다.

   우편 자동차손해배상진흥원 소비자보호부 분쟁조정팀
   [서울특별시 영등포구 선유로52길11, 2층 (당산동6가)]
   팩스 02-2283-5748

6-7. 신청서식

공제분쟁조정 신청서				처리기간
				30 일
신청인	성 명		주민등록번호	
	주 소		전 화 번 호	
피신청인	상 호		대 표 자	
	소 재 지		전 화 번 호	
조정을 받으려는 사항				
분쟁이 발생하게 된 사유 와 당사자 간 교섭 경과				

「자동차손해배상보장법」제23조3에 따라 공제분쟁조정을 신청합니다.

               년   월   일

신청인 또는 대리인: 주 소
                      성 명   (서명 또는 인)

자동차손해배상보장위원회 공제분쟁조정분과위원회 귀하

	수수료 : 없음

※ 첨부서류
1. 당사자 간의 교섭경위서(분쟁발생 시부터 신청 시까지의 교섭내용과 그 증명자료)
2. 그 밖에 분쟁조정 신청사건의 심사·조정에 참고가 될 수 있는 객관적인 자료

210mm×297mm(신문용지 54g/㎡)

당사자 교섭 및 조정전 합의경위

□ 당사자 교섭경위

신청인		피신청인	
년월일	내 용	년월일	내 용

□ 조정전 합의경위

년월일	

당사자 교섭 및 조정전 합의경위(*작성예시*)

□ 당사자 교섭경위

신청인		피신청인	
년월일	내 용	년월일	내 용
2017.12.0.	교통사고 발생		
2019.12.01	후유장애진단서 발급	2019.12.20	의료자문결과 회신
2018.01.03	공제금 1차 청구	2018.01.0.	공제금 분쟁 발생
2019.07.04	공제금 2차 청구	2019.07.05	공제금 분쟁 발생
2019.12.30	손해배상금 23,000,000원 산출	2019.12.30	대인손해배상금 500만원 제시, 합의진행 종료
2020.01.	무과실, 영구장애 주장	2020.01.	과실 10%, 한시장애 주장

□ 조정전 합의경위

년월일	
2019.12.30.	○ 신청인 측 23,000,000원 청구하였으나 피신청인 측 보상담당자 대인손해배상금 총액 5,000,000원 제시함.
2020.01.10.	○ 과실 및 장애율에 대하여 합의에 이르지 못하여 공제분쟁조정 신청.

* 개인정보 이용·수집 제공 동의서
* 주장사항을 입증할 수 있는 객관적인 서류 일체
* 신청서류 및 공제분쟁조정 관련 문의는
  자동차손해배상진흥원 분쟁조정팀(02-2283-5771~2)로 연락주시기 바랍니다.

6-8. 분쟁조정 업무처리 절차

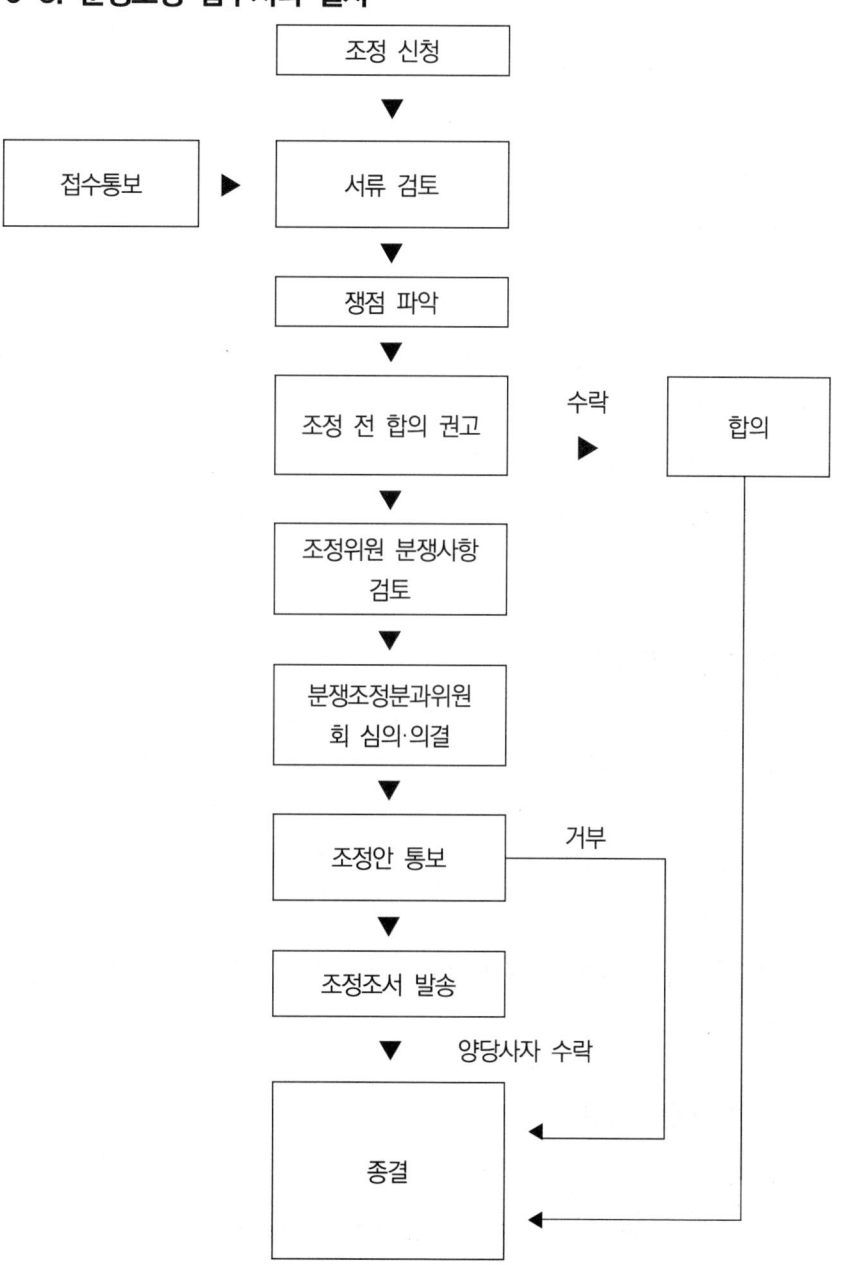

7. 의료전문심사

7-1. 의료전문심사란?

공제분쟁조정분과위원회 내에 구성된 의료전문위원을 통해 자동차 사고 피해자와 공제조합간의 의료분쟁에 대한 전문소견을 받을 수 있는 의료전문심사 절차입니다.

7-2. 의료전문심사 대상

공제조합과 자동차사고 피해자 사이에 발생한 다음의 의료분쟁 사안에 대해 심사를 합니다.

- 피해자의 치료와 사고와의 인관관계(관여여부)에 대한 분쟁
- 피해자의 장애평가의 적정여부 및 예상장애의 평가에 대한 분쟁
- 기타 진료내용 등 의료관련 분쟁

7-3. 의료전문위원의 구성

의료전문위원은 자동차사고로 발생할 수 있는 상해에 해당되는 다양한 진료과의 전문의로 구성됩니다. 의료전문위원은 국토교통부 장관의 승인을 받아 위원장이 위촉하며, 위촉의 기준은 다음과 같습니다.

1. 국·공립의료기관, 의과대학부속병원 기타 종합병원 등에 종사하는 과장급 이상 및 이에 준하는 경력 있는 자
2. 의과대학의 부교수급 이상 및 이에 준하는 경력 있는 자
3. 기타 전문의로서 제1호 및 제2호에 상당하는 임상경력을 갖춘 자

7-4. 의료전문심사 결과의 효력

의료전문심사의 결과는 의료분쟁 당사자간 분쟁 해결을 위한 참고자료일 뿐, 심사 결과가 법적 강제력을 지니고 있지 않습니다.

7-5. 의료전문심사 신청방법

심사신청가이드 및 첨부서류 체크리스트 안내

① 접수방법

  1) 신청서 및 심사자료 접수

    의료전문심사 신청은 신청서식을 작성하여 우편 또는 전산을 통해 접수하셔야 합니다.

    ※ 필요 시 담당자가 추가자료 제출을 요청할 수 있으며 모든 서류의 주민등록번호 뒷자리는 삭제 후 사본으로 제출해 주시기 바랍니다.

    우편: 자동차손해배상진흥원 의료정책팀
          우) 서울특별시 영등포구 선유로52길 11, 6층 (당산동6가)
    팩스: FAX 02-2283-5749
    이메일: E-mail hyeyun.jeong@tacss.or.kr
    전산접수: http://admc.tacss.or.kr 접속하여 신청 및 심사자료 업로드

    * 홈페이지 접속하여 본인인증 후 심사신청가능

② 신청서식

심사의뢰서

20 . . .

자동차손해배상보장위원회 공제분쟁조정분과위원회 위원장 귀하
다음 내용에 대한 심사를 얻고자 관계자료를 첨부하여 심사를 의뢰합니다

1. 사고개요
   가. 사고일시 : *0000. 00. 00 00:00*
   나. 공제조합 : *○○공제조합(○○지부)*
      담당자 : *○○○(전화번호 : 000-0000-0000)*
   다. 접수번호 : *2021-12-1111*
   라. 피해자 성별 및 생년월일 : *홍길동, 000000-1*

2. 분쟁내용 및 쟁점
   ☐ 후유장해 적정평가 ☐ 향후치료비 ☐ 사고와의 인과관계여부 ☐ 기타

3. 심사의뢰내용 (*별첨 양식 작성 부탁드립니다.)

4. 첨부자료
   1) 사고차량사진
   2) 후유장해진단서 또는 소견서 등
   3) 의료기록 사본(경과기록지 등)
   4) CD 및 판독지

5. 대리인 유무 (*대리인이 있는 경우 작성하시기를 바랍니다.)
   - 대리인 성함 및 전화번호 : *○○○, 000-0000-0000*

※ 의료심사를 위해 제출된 자료는 분쟁 상대방이 열람할 수 있습니다.
위 내용을 확인하고 심사의뢰 하오니 그 결과를 회신하여 주시기 바랍니다.

신청인 :   ㉘

심사 의뢰 내용

피해자		성 명		만 세	남 / 여	직업	
사고 관련 사항	사고형태	차대차 / 차대인 / 기타 (　　　　)					
	차량파손정도 (차대차)	탑승차량 : 대파 / 중파 / 소파 상대차량 : 대파 / 중파 / 소파					
	사고내용						
치료 관련 사항	주요병명	1. 2.					
	치료병원		치료병원	진료과목	치료기간		입원/외래
		1	OO병원	정형외과	00.00.00 ~ 00.00.00		입원
		2					
		3					
	주요 치료과정						
주장 사항	공제조합측	*의료자문 시행하였다면 자문서소견 기재					
	피해자측	*후유장애진단서, 소견서 또는 향후치료비추정서 등 내용 기재 ex) 고관절 부전강직 II-A-1항 12% 한시 5년 [0000.00.00. 후유장애진단서 - oo대학병원 정형외과 ooo 교수]					
심사의뢰사항 (30자 내외)		1. 2. 3.					

* 개인정보 이용·수집 제공 동의서
* 진단서, CT, MRI 등 의료심사에 필요한 기초 판단 자료

③ 문의
  신청서류 및 의료전문심사 관련 문의는 자동차손해배상진흥원 의료정책팀 (02-2283-5773)로 연락주시기 바랍니다.

7-6. 의료전문심사 업무처리 절차

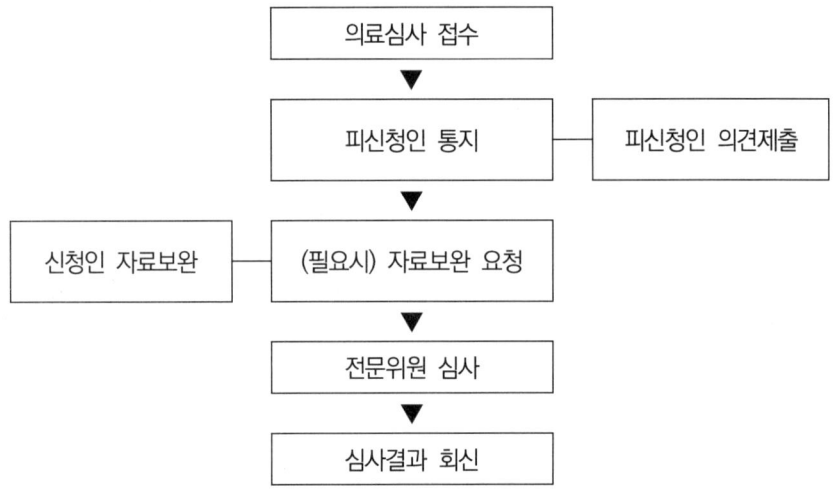

8. 피해자의 배상 청구

8-1. 보험금 등의 청구

① 교통사고가 발생하는 경우 피해자는 보험사업자 등에 대해 보험금 등을 자기에게 직접 지급할 것을 청구할 수 있고, 자동차보험진료수가에 해당하는 금액을 진료를 한 의료기관에 직접 지급할 것을 청구할 수 있습니다(「자동차손해배상 보장법」 제10조제1항).

② 의무보험에 가입한 자와 그 의무보험 계약의 피보험자(이하 '보험가입자 등'이라 함) 또는 「자동차손해배상 보장법」 제10조제1항 후단에 따른 피해자가 청구하거나 그 밖의 원인으로 교통사고환자가 발생한 것을 안 경우에는 지체 없이 그 교통사고환자를 진료하는 의료기관에 해당 진료에 따른 자동차보험진료수가의 지급의사 유무와 지급 한도를 알려야 합니다(「자동차손해배상 보장법」 제12조제1항).

③ 보험가입자 등은 보험회사(공제사업자를 포함함. 이하 '보험회사 등'이라 함)가 보험금등을 지급하기 전에 피해자에게 손해에 대한 배상금을 지급한 경우에는 보험회사 등에게 보험금 등의 보상한도에서 그가 피해자에게 지급한 금액의 지급을 청구할 수 있습니다(「자동차손해배상 보장법」 제10조제2항).

8-2. 피해자에 대한 가불금

① 보험가입자 등이 자동차의 운행으로 다른 사람을 사망하게 하거나 부상하게 한 경우에는 피해자는 「자동차손해배상 보장법 시행령」 제7조의 절차에 따라 보험회사 등에게 자동차보험진료수가에 대하여는 그 전액을, 그 외의 보험금 등에 대하여는 다음과 같이 정한 금액을 「자동차손해배상 보장법」 제10조에 따른 보험금 등을 지급하기 위한 가불금(假拂金)으로 지급할 것을 청구할 수 있습니다(「자동차손해배상 보장법」 제11조제1항).

② 피해자 1명당 다음의 구분에 따른 금액의 범위에서 피해자에게 발생한 손해액의 100분의 50에 해당하는 금액(「자동차손해배상 보장법 시행령」 제10조)
- 사망의 경우: 1억 5천만원
- 부상한 경우: 「자동차손해배상 보장법 시행령」 별표 1에서 정하는 상해 내용별 한도금액
- 후유장애가 생긴 경우: 「자동차손해배상 보장법 시행령」 별표 2에서 정하는 신체장애 내용별 한도금액

8-3. 교통사고 피해자에 대한 손해배상 절차

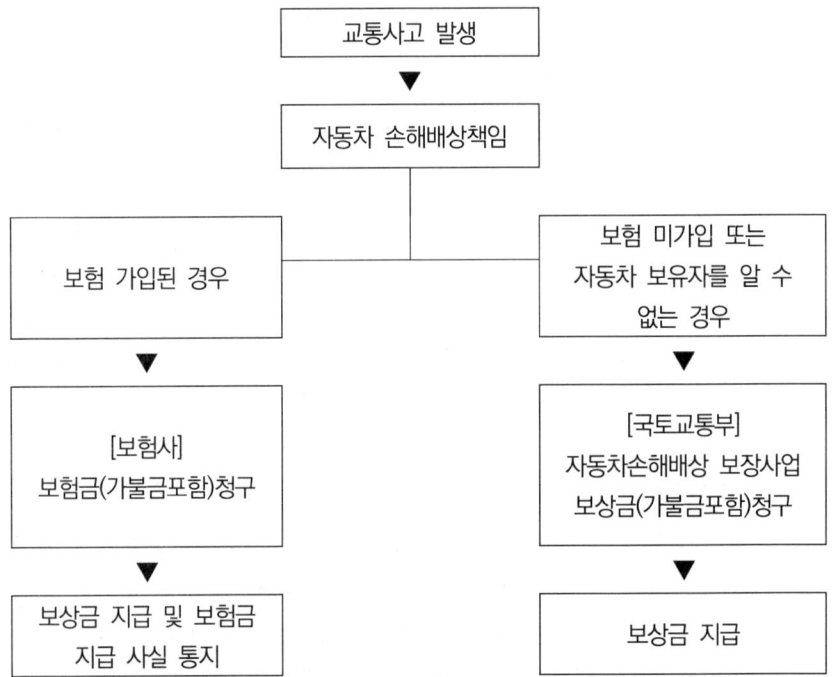

8-4. 보험금 청구시 구비서류

☐ 보험금 지급청구서
①청구인 성명, 주소, ②청구인과 사망자의 관계, ③피해자 및 가해자의 성명, 주소, ④사고발생의 일시·장소·개요, ⑤사고자동차의 종류 및 등록번호, ⑥보험가입자의 성명, 주소, ⑦청구금액과 그 산출기초를 기재함.

☐ 진단서 또는 검안서

☐ 증명서류 (②,③,④를 증명하는 서류)

☐ 치료비의 내역별로 단위,단가,수량 및 금액을 명시해 의료기관이 발행한 치료비 청구명세서 및 치료비 추정서 (주치의의 치료에 대한 의견 표시)

8-5. 자동차손해배상 보장사업 보상금 청구시 구비서류

☐ 보험금 지급청구서
① 청구인의 성명 및 주소, ② 청구인과 사망자의 관계(피해자가 사망한 경우만 해당함), ③ 피해자 및 가해자(자동차보유자를 알 수 없는 자동차의 운행으로 사망·부상하거나 자동차보유자를 알 수 없는 자동차의 운행 중 해당 자동차로부터 낙하된 물체로 인하여 사망하거나 부상한 경우는 제외함)의 성명 및 주소, ④ 사고발생의 일시·장소 및 개요, ⑤해당 자동차의 종류 및 등록번호(자동차보유자를 알 수 없는 자동차의 운행으로 사망하거나 부상한 경우는 제외함), ⑥청구금액을 기재함.

☐ 진단서 또는 검안서
②,③,④를 증명할 수있는 서류(④를 증명하는 서류는 사고장소를 관할하는 경찰서장의 확인이 있을 것)

8-6. 도로의 관리부족으로 차량 파손 등 손해발생시 국가배상청구

□ 도로 관리청의 확인

도로의 관리청은 다음의 구분에 따릅니다(「도로법」 제20조제1항).

- 국도(지선을 포함): 국토교통부장관
- 국가지원지방도: 특별자치시장·도지사·특별자치도지사(특별시와 광역시에 있는 구간은 해당 시장)
- 그 밖의 도로: 해당 노선을 인정한 행정청

□ 국가배상청구

'국가배상청구'란 공무원의 직무상 불법행위나 도로·하천과 같은 영조물의 설치·관리의 잘못으로 손해를 입은 국민이 국가 또는 지방자치단체를 상대로 손해배상을 청구하는 것을 말합니다(「국가배상법」 제2조 및 제5조).

□ 배상심의회에 배상 신청

배상금의 지급을 받으려는 사람은 그 사람의 주소지·소재지 또는 배상원인 발생지를 관할하는 지구심의회에 배상신청을 해야 합니다(「국가배상법」 제12조제1항).

□ 배상심의회에는 본부배상심의회(법무부)와 그 소속 지구배상심의회(전국 14개)가 있습니다.

※ 국가배상청구에 대한 자세한 내용은 〈법무부 사이트 법무정보업무지원 송무업무〉에서 확인할 수 있습니다.

※ 한국도로교통공단은 '도로이용불편신고센터'(☎080-048-2000)를 운영하고 있으며, 이곳에서 파손된 도로에 의한 피해보상과 관련된 사항을 접수 및 안내를 하고 있습니다.

8-7. 상담사례

■ 파손된 도로에 의한 피해보상

Q. 운전 중에 갑자기 차량의 충격이 느껴져 갓길로 차를 세워 확인해 보니 타이어가 파손되었습니다. 길을 살펴보니 도로가 파손되어 있었습니다. 이런 경우 피해보상을 받을 수 있을까요?

A. 도로의 관리청을 상대로 국가배상청구를 할 수 있습니다. 이와 유사한 사례에서 법원은 "도로관리자인 국가는 도로의 설치 또는 관리상 하자로 인하여 발생한 사고에 의한 손해를 배상할 책임이 있다"고 판시하고 있습니다.

■ 교통신호기의 고장으로 교통사고 발생 시 누가 책임지는지요?

Q. 甲지방자치단체장이 횡단보도와 함께 설치하고, 乙지방경찰청장에게 관리권한이 위임된 교통신호기가 낙뢰로 고장이 발생하여 보행자신호기와 차량신호기에 동시에 녹색등이 표시되게 되었는데, 그 관리업무를 담당하는 교통종합관제센터(甲지방자치단체 소속 공무원과 乙지방경찰청 소속 공무원이 합동근무함)에서 신고를 받고 수리업체에 신고하도록 하였으나, 수리업체직원이 고장난 신호등을 찾지 못하여 위 신호기가 고장난 채 방치되어 있던 중 보행자신호기의 녹색등을 보고 횡단보도를 건너던 丙이 차량신호기의 녹색등을 보고 도로를 주행하던 丁의 승용차에 충격 되어 상해를 입는 교통사고가 발생하였습니다. 그런데 丁은 무보험차량을 운전하였고, 재산도 거의 없습니다. 이 경우 丙은 교통신호기의 관리책임을 물어 국가배상청구를 하려고 하는데, 누구를 상대로 배상청구를 하여야 하는지요?

A. 「국가배상법」제5조 제1항 전문에서 도로·하천, 그 밖의 공공의 영조물의 설치나 관리에 하자가 있기 때문에 타인에게 손해를 발생하게

하였을 때에는 국가나 지방자치단체는 그 손해를 배상하여야 한다고 규정하고 있습니다. 그러므로 이 사건의 경우 사고가 발생한 도로의 관리하자를 입증할 수 있다면 국가배상을 청구할 수 있습니다.

그리고 「도로교통법」 제3조 제1항에서 특별시장·광역시장·제주특별자치도지사 또는 시장·군수(광역시의 군수를 제외)는 도로에서의 위험을 방지하고 교통의 안전과 원활한 소통을 확보하기 위하여 필요하다고 인정하는 때에는 신호기 및 안전표지를 설치·관리하여야 하고, 「도로교통법시행령」 제86조 제1항 제1호에서는 특별시장·광역시장이 위 법률규정에 의한 신호기 및 안전표지의 설치·관리에 관한 권한을 지방경찰청장에게 위임하는 것으로 규정하고 있습니다. 또한, 법령상 지방자치단체의 장이 처리하도록 하고 있는 사무가 자치사무인지 기관위임사무인지의 판단기준에 관해서 판례를 보면, 법령상 지방자치단체의 장이 처리하도록 하고 있는 사무가 자치사무인지 아니면 기관위임사무인지를 판단함에 있어서는 그에 관한 법령의 규정형식과 취지를 우선 고려하여야 할 것이지만, 그 밖에 그 사무의 성질이 전국적으로 통일적인 처리가 요구되는 사무인지, 그에 관한 경비부담과 최종적인 책임귀속의 주체가 누구인지 등도 함께 고려하여 판단하여야 한다고 하였습니다(대법원 2010. 12. 9. 선고 2008다71575 판결).

그런데 지방자치단체장이 설치하여 관할지방경찰청장에게 관리권한이 위임된 교통신호기의 고장으로 인하여 교통사고가 발생한 경우, 누가 그 배상책임을 지는지 판례를 보면, 행정권한이 기관위임 된 경우 권한을 위임받은 기관은 권한을 위임한 기관이 속하는 지방자치단체의 산하행정기관의 지위에서 그 사무를 처리하는 것이므로 사무귀속의 주체가 달라진다고 할 수 없고, 따라서 권한을 위임받은 기관소속의 공무원이 위임사무처리에 있어 고의 또는 과실로 타인에게 손해를 가하였거나 위임사무로 설치·관리하는 영조물의 하자로 타인에게 손해를 발생하게 한 경우에는 권한을 위임한 관청이 소속된 지방자치단체가 「국가배상법」 제2조 또는 제5조에 의한 배상책임을 부담하고, 권한을 위임받은 관청이 속하는 지방자치단체 또는 국가가 국가배상법 제2조 또는 제5조에 의한 배상책임을 부담하는 것이 아니므로, 지방자치단체장이 교통신호기를 설치하여 그 관리권한이 구「도로교통법」제71조의2 제1항(현행 도로교통법 시행령 제86조 제1항)의 규정에 의하여 관할지방경찰청장에게 위임되어 지방자치단체소속공무원과 지방경찰청소속공무원이 합동근무 하는 교통종합관제센터에서 그 관리업무를 담당하던 중 위 신호기가 고장난 채 방치되어 교통사고가 발생한 경우,「국가배상법」제2조 또는 제5조에 의한 배상책임을 부담하는 것은 지방경찰청장이 소속된 국가가 아니라, 그 권한을 위임한 지방자치단체장이 소속된 지방자치단체라고 할 것이나, 한편「국가배상법」제6조 제1항은「국가배상법」제2조, 제3조 및 제5조의 규정에 의하여 국가 또는 지방자치단체가 손해를 배상할 책임이 있는 경우에 공무원의 선임·감독 또는 영조물의 설치·관리를 맡은 자와 공무원의 봉급·급여 기타의 비용 또는 영조물의 설치·관리의 비용을 부담하는 자가 동일하지 아니한 경우에는 그 비용을 부담하는 자도 손해를 배상하여야 한다고 규정하고 있으므로 교통신호기를 관리하는 지방경찰청장 산하경찰관들에 대한 봉급을 부담하는 국가도「국가배상법」제6조 제1항에 의한 배상책임을 부담한다고 하였습니다(대법원 1999. 6. 25. 선고 99다11120 판결, 2000. 1. 14. 선고 99다24201 판결).

따라서 위 사안에서도 丙은 국가와 甲지방자치단체를 모두에게 그들의 연대책임을 물어 국가배상청구를 해볼 수 있을 것입니다.

참고로「국가배상법」에 의한 손해배상청구의 소송은 배상심의회에 배상신청을 하지 아니하고도 이를 제기할 수 있습니다(같은 법 제9조).

■ 상호 모순된 교통신호기의 신호로 교통사고 발생한 경우 국가배상청구를 할 수 있는지요?

Q. 甲은 乙지방자치단체에서 설치하여 관리하는 가변차로의 신호등에 이

상이 생겨 양방향 모두 진행신호가 켜져 있는 중앙선 쪽 1차선으로 진입하다가 반대방향에서 같은 차로를 달려오는 乙의 차량과 충돌하여 중상을 입고 차량은 거의 모두 파손되었습니다. 이 경우 위 신호등의 설치 또는 관리의 책임을 물어 乙지방자치단체를 상대로 국가배상청구를 할 수 있는지요?

A. 「국가배상법」 제5조 제1항 전문에서 도로·하천, 그 밖의 공공의 영조물의 설치나 관리에 하자가 있기 때문에 타인에게 손해를 발생하게 하였을 때에는 국가나 지방자치단체는 그 손해를 배상하여야 한다고 규정하고 있습니다.

그런데 「국가배상법」 제5조 제1항에 정해진 영조물의 설치 또는 관리의 하자의 의미 및 그 판단기준에 관하여 판례를 보면, 「국가배상법」 제5조 제1항에 정해진 영조물의 설치 또는 관리의 하자라 함은 영조물이 그 용도에 따라 통상 갖추어야 할 안전성을 갖추지 못한 상태에 있음을 말하는 것이며, 다만 영조물이 완전무결한 상태에 있지 아니하고 그 기능상 어떠한 결함이 있다는 것만으로 영조물의 설치 또는 관리에 하자가 있다고 할 수 없는 것이고, 위와 같은 안전성의 구비여부를 판단함에 있어서는 당해 영조물의 용도, 그 설치장소의 현황 및 이용상황 등 제반사정을 종합적으로 고려하여 설치·관리자가 그 영조물의 위험성에 비례하여 사회통념상 일반적으로 요구되는 정도의 방호조치의무를 다하였는지를 그 기준으로 삼아야 하며, 만일 객관적으로 보아 시간적·장소적으로 영조물의 기능상 결함으로 인한 손해발생의 예견가능성과 회피가능성이 없는 경우, 즉 그 영조물의 결함이 영조물의 설치·관리자의 관리행위가 미칠 수 없는 상황 아래에 있는 경우임이 입증되는 경우라면 영조물의 설치·관리상의 하자를 인정할 수 없다고 하면서, 가변차로에 설치된 신호등의 용도와 오작동시에 발생하는 사고의 위험성과 심각성을 감안할 때, 만일 가변차로에 설치된 두 개의 신호기에서 서로 모순되는 신호가 들어오는 고장을 예방할 방법이 없음에도 그러한 신호기를 설치하여 그와 같은 고장을 발생하게 한 것이라면, 그 고장이 자연재해 등 외부요인에 의한 불가항력에 기인한 것이 아닌 한 그 자체로 설치·관리자의 방호조치의무를 다하지 못한 것으로서 신호등이 그 용도에 따라 통상 갖추어야 할 안전성을 갖추지 못한 상태에 있었다고 할 것이고, 설령 적정전압보다 낮은 저전압이 원인이 되어 위와 같은 오작동이 발생하였고 그 고장은 현재의 기술수준상 부득이한 것이라고 가정하더라도 그와 같은 사정만으로 손해발생의 예견가능성이나 회피가능성이 없어 영조물의 하자를 인정할 수 없는 경우라고 단정할 수 없다고 한 사례가 있습니다(대법원 2001. 7. 27. 선고 2000다56822 판결).

따라서 위 사안에서 甲도 乙지방자치단체를 상대로 국가배상청구를 해볼 수 있을 듯합니다.

■ 교통할아버지의 수신호 잘못으로 교통사고 발생한 경우 국가배상청구

Q. 甲지방자치단체는 교통할아버지 봉사활동계획을 수립한 후 봉사원을 선정하여 그들에게 활동시간과 장소까지 지정해주면서 그 활동시간에 비례한 수당을 지급하고, 그 활동에 필요한 모자, 완장 등 물품을 공급함으로써, 甲지방자치단체의 복지행정업무에 해당하는 어린이보호, 교통안내, 거리질서확립 등의 공무를 위탁하였는데, 그 봉사원 乙은 지정된 시간 중에 위탁받은 업무범위를 넘어 교차로 중앙에서 교통정리를 하다가 수신호의 잘못으로 인하여 교통사고가 발생되었습니다. 이 경우 乙의 과실로 인한 손해배상을 甲지방자치단체가 하여야 하는지요?

A. 「국가배상법」 제2조 제1항 본문에서 국가나 지방자치단체는 공무원 또는 공무를 위탁받은 사인이 직무를 집행하면서 고의 또는 과실로 법령을 위반하여 타인에게 손해를 입히거나, 「자동차손해배상 보장법」에 따라 손해배상의 책임이 있을 때에는 이 법에 따라 그 손해를 배상하여야 한다고 규정하고 있습니다.

그런데 공무원의 의미와 관련하여 판례를 보면, 「국가배상법」 제2조에서 정한 '공무원'이란 「국가공무원법」이나 「지방공무원법」에 의하여 공무원으로서의 신분을 가진 자에 국한하지 않고, 널리 공무를 위탁받아 실질적으로 공무에 종사하고 있는 일체의 자를 가리키는 것으로서, 공무의 위탁이 일시적이고 한정적인 사항에 관한 활동을 위한 것이어도 달리 볼 것은 아니라고 하였습니다(대법원 2001. 1. 5. 선고 98다39060 판결).

그리고 국가배상청구의 요건인 '공무원의 직무'의 범위에 관하여 판례를 보면, 국가배상청구의 요건인 '공무원의 직무'에는 권력적 작용만이 아니라 비권력적 작용도 포함되며, 단지 행정주체가 사경제주체로서 하는 활동만 제외된다고 하였고(대법원 2004. 4. 9. 선고 2002다10691 판결), 「국가배상법」 제2조 제1항에서 정한 '직무를 집행하면서'의 의미에 관해서는, 구「국가배상법」(2008. 3. 14. 법률 제8897호로 개정되기 전의 것) 제2조 제1항의 '직무를 집행함에 당하여'라 함은 직접 공무원의 직무집행행위이거나 그와 밀접한 관련이 있는 행위를 말하고, 이를 판단함에 있어서는 행위자체의 외관을 관찰하여 객관적으로 공무원의 직무행위로 보일 때에는 비록 그것이 실질적으로 직무행위가 아니거나 또는 행위자로서는 주관적으로 공무집행의 의사가 없었다고 하더라도 공무원이 '직무를 집행함에 당하여' 한 행위로 보아야 한다고 하였습니다(대법원 2008. 6. 12. 선고 2007다64365 판결).

그런데 위 사안과 유사한 사례에 대한 판례를 보면, 지방자치단체가 '교통할아버지 봉사활동계획'을 수립한 후 관할동장으로 하여금 교통할아버지를 선정하게 하여 어린이보호, 교통안내, 거리질서확립 등의 공무를 위탁하여 집행하게 하던 중 '교통할아버지'로 선정된 노인이 위탁받은 업무범위를 넘어 교차로 중앙에서 교통정리를 하다가 교통사고를 발생시킨 경우, 지방자치단체가 「국가배상법」 제2조에서 정한 배상책임을 부담한다고 한 사례가 있습니다(대법원 2001. 1. 5. 선고 98다39060 판결).

따라서 위 사안에 있어서도 甲지방자치단체는 위 사고에 대하여 배상책임을 부담하여야 할 듯합니다.

■ 보행자 신호기가 고장 난 횡단보도 상에서 교통사고가 발생한 경우 국가배상책임이 인정될 수 있을까요?

Q. 보행자 신호기가 고장 난 횡단보도 상에서 교통사고가 발생한 경우, 위 보행자 신호기가 적색등의 전구가 단선되어 있었다면 지방자치단체의 배상책임이 인정될 수 있을까요?

A. 국가배상법 제5조 제1항 에 정해진 영조물의 설치 또는 관리의 하자라 함은 영조물이 그 용도에 따라 통상 갖추어야 할 안전성을 갖추지 못한 상태에 있음을 말하는 것이며, 다만 영조물이 완전무결한 상태에 있지 아니하고 그 기능상 어떠한 결함이 있다는 것만으로 영조물의 설치 또는 관리에 하자가 있다고 할 수 없고, 위와 같은 안전성의 구비 여부를 판단함에 있어서는 당해 영조물의 용도, 그 설치장소의 현황 및 이용 상황 등 제반 사정을 종합적으로 고려하여 설치·관리자가 그 영조물의 위험성에 비례하여 사회통념상 일반적으로 요구되는 정도의 방호조치의무를 다하였는지 여부를 그 기준으로 삼아야 할 것이며, 만일 객관적으로 보아 시간적·장소적으로 영조물의 기능상 결함으로 인한 손해발생의 예견가능성과 회피가능성이 없는 경우, 즉 그 영조물의 결함이 영조물의 설치·관리자의 관리행위가 미칠 수 없는 상황 아래에 있는 경우임이 입증되는 경우라면 영조물의 설치·관리상의 하자를 인정할 수 없다고 할 수 있습니다. (대법원 2000. 2. 25. 선고 99다54004 판결 , 대법원 2001. 7. 27. 선고 2000다56822 판결 등 참조)

횡단보도에 설치된 보행자 신호기가 고장이 나서 그 신호기의 신호와 차량용 신호기의 신호가 불일치 또는 모순되는 경우 교통사고가 발생할 위험성이 큰 점 등을 고려할 때, 지방자치단체가 자신이 관리하는 영조물인 이 사건 보행자 신호기의 위험성에 비례하여 사회통념상 일반적으로 요구되는 정도의 방호조치의무를 다하였다고는 볼 수 없고, 객관적으로 보아 시간적·장소적으로 영조물의 기능상 결함으로 인한 손해발생의 예견가능성과 회피가능성이 없는 경우에 해당한다고 볼 수도 없다는 이유로, 이 사건 사고 당시 적색등의 전구가 단선되어 있었던 이 사건 보행자 신호기에는 그 용도에 따라 통상 갖추어야 할 안전성을 갖추지 못한 관리상의 하자가 있었다고 본 판례가 있습니다.(대법원 2007. 10. 26. 선고 2005다51235 판결)

■ 교통사고로 인도에 설치된 전신주가 넘어지면서 화재가 발생한 경우 인도에 전주를 설치한 한국전력공사에게 청구할 수는 없는지요?

Q. 甲회사의 11톤 트럭이 시속 50킬로미터로 내리막길을 진행하다가 승객을 승차시키기 위하여 일시 정차해있던 乙회사의 시내버스를 충격하였고, 그 시내버스가 다시 인도에 설치된 전주를 충격하여 전신주가 넘어지면서 고압선이 떨어져 인근의 공장에서 화재가 발생한 경우, 그 공장의 화재로 인한 손해배상을 甲·乙회사 및 인도에 전주를 설치한 한국전력공사에게 청구할 수는 없는지요?

A. 「민법」제758조 제1항에서 공작물의 설치 또는 보존의 하자로 인하여 타인에게 손해를 가한 때에는 공작물점유자가 손해를 배상할 책임이 있고, 다만 점유자가 손해의 방지에 필요한 주의를 게을리 하지 아니한 때에는 그 소유자가 손해를 배상할 책임이 있다고 규정하고 있으며,「실화책임에 관한 법률」(법률 제9648호로 전부개정, 2009. 5. 8. 부터 시행되는 것)은 실화의 특수성을 고려하여 실화자에게 중대한 과실이 없는 경우 그 손해배상액의 경감에 관한 「민법」제765조의 특례를 정함을 목적으로 하고(같은 법 제1조), 실화로 인하여 화재가 발생한 경우 연소(延燒)로 인한 부분에 대한 손해배상청구에 한하여 적용하고 있습니다(같은 법 제2조).

한편, 판례는 2009.5.8.법률 제9648호로 전부 개정된 실화책임에 관한 법률(이하 '개정 실화책임법'이라고 한다)은 구 실화책임에 관한 법률(2009.5.8.법률 제9648호로 전부 개정되기 전의 것)과 달리 손해배상액의 경감에 관한 특례 규정만을 두었을 뿐 손해배상의무의 성립을 제한하는 규정을 두고 있지 아니하므로, 공작물의 점유자 또는 소유자가 공작물의 설치·보존상의 하자로 인하여 생긴 화재에 대하여 손해배상책임을 지는지는 다른 법률에 달리 정함이 없는 한 일반 민법의 규정에 의하여 판단하여야 한다. 따라서 공작물의 설치·보존상의 하자에 의하여 직접 발생한 화재로 인한 손해배상책임뿐만 아니라 그 화재로부터 연소한 부분에 대한 손해배상책임에 관하여도 공작물의 설치·보존상의 하자와 손해 사이에 상당인과관계가 있는 경우에는 민법 제758조 제1항이 적용되고, 실화가 중대한 과실로 인한 것이 아닌 한 그 화재로부터 연소한 부분에 대한 손해의 배상의무자는 개정 실화책임법 제3조 에 의하여 손해배상액의 경감을 받을 수 있다고 보았습니다(대법원 2013. 3. 28. 선고 2010다71318 판결).

그런데 공작물의 설치·보존의 하자의 판단기준에 관하여 판례를 보면, 「민법」 제758조 제1항에 규정된 공작물의 설치·보존상의 하자란 공작물이 그 용도에 따라 통상 갖추어야 할 안전성을 갖추지 못한 상태에 있음을 말하는 것으로서, 이러한 안전성의 구비여부를 판단함에 있어서는 당해 공작물의 설치·보존자가 그 공작물의 위험성에 비례하여 사회통념상 일반적으로 요구되는 정도의 방호조치의무를 다하였는지를 기준으로 삼아야 할 것이므로, 공작물에서 발생한 사고라도 그것이 공작물의 통상의 용법에 따르지 아니한 이례적인 행동의 결과 발생한 사고라면, 특별한 사정이 없는 한 공작물의 설치·보존자에게 그러한 사고에까지 대비하여야 할 방호조치 의무가 있다고 할 수는 없다고 하였습니다(대법원 2006. 1. 26. 선고 2004다21053 판결). 또한, 공작물의 설치 또는 보존상의 하자로 인한 사고는 공작물의 설치 또는 보존상의 하자만이 손해발생의 원인이 되는 경우만을 말하는 것이 아니고, 공작물의 설치 또는 보존상의 하자가 사고의 공동원인의 하나가 되는 이상 사고로 인한 손해는 공작물의 설치 또는 보존상의 하자에 의하여 발생한 것이라고 보아야 한다. 그리고 화재가 공작물의 설치 또는 보존상의 하자가 아닌 다른 원인으로 발생하였거나 화재의 발생 원인이 밝혀지지 않은 경우에도 공작물의 설치 또는 보존상의 하자로 인하여 화재가 확산되어 손해가 발생하였다면 공작물의 설치 또는 보존상의 하자는 화재사고의 공동원인의 하나가 되었다고 볼 수 있다고 하였습니다(대법원 2010.4.29. 선고 2009다101343 판결, 대법원 2015. 2. 12. 선고 2013다61602 판결).

위 사안과 관련하여 인도에 설치한 전신주의 설치·보존상의 하자로 인한 한국전력공사의 책임여부에 관하여 살펴보면, 한국전력공사로서는 전주를 인도에 설치하였다고 하여 그러한 사유만으로 공작물의 설치·보존의 하자가 있다고 할 수 없고, 인도에 설치된 전주를 시내버스가 충격할 것까지 예상하여 안전시설이나 보호장치를 갖추어 전신주 및 변압기를 설치하여야 할 주의의무가 있다고 보기 어려우며, 그밖에 달리 전신주 및 변압기에 설치·보존의 하자가 있음을 인정할 수 없고, 또한 그 전신주에 과전류차단기나 지락전류를 차단하기 위한 중성선 등의 장치 및 접지선과 접지봉 등 접지시설이 설치되어 있었으므로 그러한 시설을 제대로 설치·보존하지 않았다거나 관할변전소의 계전기의 기기상의 하자가 있었다고 인정할 수 없어, 한국전력공사소유인 그 전신주의 하자로 인하여 화재가 발생하였음을 이유로 한 손해배상청구를 배척한 조치는 정당하다고 하였습니다(대법원 1997. 10. 10. 선고 96다52311 판결).

그리고 위 사안의 경우 甲회사운전자가 약 30톤가량의 화물을 적재한 11톤 카고트럭을 운전하여 내리막길을 진행함에 있어 전방 및 좌우를 살피지 아니한 채 기어를 중립에 둔 상태에서 카고트럭 및 화물자체의 중량으로 내리막길에서 미끄러져 내려가는 탄력을 이용하여 시속 약 50킬로미터로 진행한 것은 구「실화책임에 관한 법률」(법률 제9648호로 2009. 5. 8. 전부개정되기 전의 것)이 규정하는 중과실이라고 단정하기 어렵다고 하였으나, 현행「실화책임에 관한 법률」은 중대한 과실이 아닐 경우에도 손해배상액의 경감을 청구할 수 있음에 그치도록 규정하고 있으므로 일응「실화책임에 관한 법률」의 적용대상이 될 것으로 보이지만, 乙회사운전자는 시내버스를 버스정류장에서 약 19미터 떨어진 지점에 정차하여 승객을 승하차시켰다는 사정만으로 화재발생의 원인이 되는 과실이 있었다고 볼 수 없을 것이므로 「실화책임에 관한 법률」의 적용여지도 없을 것으로 보입니다.

그런데 채무불이행으로 인한 손해배상범위에 관하여 「민법」 제393조 제2항에서 특별한 사정으로 인한 손해는 채무자가 그 사정을 알았거나 알 수 있었을 때에 한하여 배상의 책임이 있다고 규정하고, 이 규정은 「민법」 제763조에 의하여 불법행위로 인한 손해배상에 준용하도록 규정하고 있는데, 관련판례를 보면 불법행위의 직접적 대상에 대한 손해가 아닌 간접적 손해는 특별한 사정으로 인한 손해로서 가해자가 그 사정을 알았거나 알 수 있었을 것이라고 인정되는 경우에만 배상책임이 있다고 하였습니다(대법원 2006. 3. 10. 선고 2005다31361 판결). 위 사안과 관련하여 사례를 보면, 甲회사운전자가 카고트럭으로 乙회사 운전자가 운전하는 시내버스를 부딪쳐 그 충격으로 시내버스가 특고압전선이 설치된 전신주를 충격할 경우 전신주에 설치된 특고압전선이 떨어져 지락전류로 인하여 인근공장에 화재가 발생함으로써 손실을 입게 될지는 불확실할 뿐만 아니라, 이러한 손실은 가해행위와 너무 먼 손해라고 할 것이므로, 당시 甲회사운전자나 乙회사운전자가 인근공장에 그러한 손실이 발생할 것이라는 것을 알거나 알 수 있었다고 보기 어렵다고 하였습니다(대법원 1997. 10. 10. 선고 96다52311 판결).

그렇다면 위 사안에서 공장주가 甲·乙회사 및 그들의 운전자, 한국전력공사에게 손해배상을 청구하기는 어려울 것으로 보입니다.

■ **뺑소니 사고를 당했습니다. 가해자가 누구인지 알 수 없는데, 보상받을 수 있는 방법이 없나요?**

Q. 남편이 뺑소니 사고를 당했습니다. 가해자가 누구인지 알 수 없는데, 보상받을 수 있는 방법이 없나요?

A. 자동차사고로 인한 피해자나 그 가족이 다른 구제수단으로는 전혀 보

상받을 수 없는 경우 「자동차손해배상 보장법」에 따라 정부로부터 피해 보상 등의 지원을 받을 수 있습니다.

보상을 받기 위해서는 반드시 관할 경찰서에 신고해야 하고, 피해보상 청구는 사고발생일부터 3년 이내에 해야 합니다.

◇ 자동차손해배상 보장사업 보상금 청구

① 자동차보유자를 알 수 없는 자동차의 운행으로 사망하거나 부상한 경우와 보험가입자 등이 아닌 자가 「자동차손해배상 보장법」 제3조에 따라 손해배상의 책임을 지게 되는 경우에는 정부가 피해자의 청구에 따라 책임보험의 보험금 한도에서 그가 입은 피해를 보상합니다.

② 다만, 정부는 피해자가 청구하지 않는 경우에도 직권으로 조사하여 책임보험의 보험금 한도에서 그가 입은 피해를 보상할 수 있습니다.

◇ 교통사고 피해자의 지원

① 정부는 자동차의 운행으로 인한 사망자나 중증 후유장애인(重症後遺障碍人)의 유자녀(幼子女) 및 피부양가족이 경제적으로 어려워 생계가 곤란하거나 학업을 중단해야 하는 문제 등을 해결하고 중증 후유장애인이 재활할 수 있도록 지원할 수 있습니다.

② 정부가 지원할 수 있는 대상자는 다음 각 호의 요건을 모두 갖춘 사람으로서 「자동차손해배상 보장법 시행령」 제23조제2항에 따라 지원대상자로 결정된 사람입니다.

- 중증 후유장애인, 사망자 또는 중증 후유장애인의 유자녀 및 피부양가족일 것

- 생활형편이 「국민기초생활 보장법」에 따른 기준 중위소득을 고려하여 국토교통부장관이 정하는 기준에 해당되어 생계유지, 학업 또는 재활치료(중증 후유장애인인 경우만 해당)를 계속하기 곤란한 상태에 있을 것

◇ 자동차손해배상 보장사업 보상금 청구 시 구비서류

- 보험금 지급청구서(① 청구인의 성명 및 주소, ② 청구인과 사망자의 관계(피해자가 사망한 경우만 해당함), ③ 피해자 및 가해자(자동차보유자를 알 수 없는 자동차의 운행으로 사망하거나 부상한 경우는 제외함)의 성명 및 주소, ④ 사고 발생의 일시·장소 및 개요, ⑤해당 자동차의 종류 및 등록번호(자동차보유자를 알 수 없는 자동차의 운행으로 사망하거나 부상한 경우는 제외함), ⑥청구금액을 기재함)
- 진단서 또는 검안서
- ②,③,④를 증명할 수 있는 서류(④를 증명하는 서류는 사고 장소를 관할하는 경찰서장의 확인이 있을 것)

8-8. 관련판례

☐ **대법원 2012.8.17, 선고, 2010다28390, 구상금**

[판시사항]

[1] 선행차량이 사고 등의 사유로 고속도로에서 안전조치를 취하지 아니한 채 주행차로에 정지해 있는 사이에 뒤따라온 자동차에 의하여 연쇄추돌사고가 발생한 경우, 안전조치 미이행 또는 선행사고 발생 등으로 인한 정지와 후행 추돌사고 및 그로 인한 연쇄적인 사고들 사이에 인과관계가 인정되는지 여부(원칙적 적극) 및 이때 선행차량 운전자의 과실이 후행사고들로 인한 손해배상책임에 관한 분담범위를 정할 때에 참작되어야 하는지 여부(적극)

[2] 공동불법행위의 성립에 공동불법행위자 상호 간 의사의 공통이나 공동의 인식이 필요한지 여부(소극)

[3] 甲이 고속도로에서 차량을 운전하던 중 앞에서 서행하던 차량을

추돌하고 안전조치를 취하지 않은 채 주행차로에 정차해 있는 사이에 뒤따라온 차량들에 의해 추돌사고가 연쇄적으로 발생하였는데, 그 중 乙이 운전하던 차량이 다른 사고차량을 추돌하면서 앞선 사고차량에서 흘러나온 휘발유 등에 불이 붙어 화재가 발생한 사안에서, 甲이 乙의 후행사고 및 화재에 대하여 공동불법행위자로서 책임을 진다고 보기 어렵다고 한 원심판결에 상당인과관계와 공동불법행위의 성립에 관한 법리오해의 위법이 있다고 한 사례

[판결요지]

[1] 선행차량이 사고 등의 사유로 고속도로에서 안전조치를 취하지 아니한 채 주행차로에 정지해 있는 사이에 뒤따라온 자동차에 의하여 추돌사고가 발생한 경우에, 안전조치를 취하지 아니한 정차 때문에 후행차량이 선행차량을 충돌하고 나아가 주변의 다른 차량이나 사람들을 충돌할 수도 있다는 것을 충분히 예상할 수 있으므로, 선행차량 운전자가 정지 후 안전조치를 취할 수 있었음에도 과실로 이를 게을리하였거나, 또는 정지 후 시간적 여유 부족이나 부상 등의 사유로 안전조치를 취할 수 없었다고 하더라도 정지가 선행차량 운전자의 과실로 발생된 사고로 인한 경우 등과 같이 그의 과실에 의하여 비롯된 것이라면, 안전조치 미이행 또는 선행사고의 발생 등으로 인한 정지와 후행 추돌사고 및 그로 인하여 연쇄적으로 발생된 사고들 사이에는 특별한 사정이 없는 한 인과관계가 있고, 손해의 공평한 분담이라는 손해배상제도의 이념에 비추어 볼 때에 선행차량 운전자의 과실은 후행사고들로 인한 손해배상책임에 관한 분담범위를 정할 때에 참작되어야 한다.

[2] 공동불법행위의 성립에는 공동불법행위자 상호 간 의사의 공통이나 공동의 인식이 필요하지 아니하고 객관적으로 각 행위에 관련 공동성이 있으면 되며, 관련공동성 있는 행위에 의하여 손해가 발생하였다면 손해배상책임을 면할 수 없다.

[3] 甲이 고속도로에서 차량을 운전하던 중 전방의 시야가 확보되지

않은 탓에 앞에서 서행하던 차량을 추돌하였고, 사고 후 안전조
치를 취하지 않은 채 주행차로에 정차해 있는 사이에 뒤따라온
차량들에 의해 추돌사고가 연쇄적으로 발생하였는데, 그 중 乙이
운전하던 차량이 다른 사고차량을 추돌하면서 앞선 사고차량에서
흘러나온 휘발유 등에 불이 붙어 화재가 발생한 사안에서, 선행
사고 후 필요한 조치를 다하지 않은 甲의 과실과 전방주시의무·
안전거리 유지의무 등을 게을리하여 후행사고를 일으킨 乙의 과
실 등이 경합하여 화재가 발생하였고, 선행사고와 후행사고는 시
간적·장소적으로 근접하여 발생한 일련의 연쇄추돌 사고 중 일부
로서 객관적으로 행위에 관련공동성이 있으므로 甲과 乙은 공동
불법행위자로서 화재로 인한 손해에 대하여 연대배상책임을 부담
한다고 할 것임에도, 이와 달리 본 원심판결에 상당인과관계와
공동불법행위의 성립에 관한 법리오해의 위법이 있다고 한 사례.

☐ 대법원 2006. 3. 9. 선고 2005다16904 손해배상(자)

[판시사항]

[1] 불법행위 당시 일정한 수입을 얻고 있던 피해자의 일실수입손해
액의 산정 방법

[2] 피해자의 사고 당시 실제수입을 확정할 수 있는 객관적 자료가
현출되어있는 경우, 피해자의 일실수입의 산정 기준

[3] 불법행위 당시 피해자가 일정한 수입을 얻고 있었으나 신빙성 있
는 실제수입에 대한 증거가 현출되지 아니한 경우, 피해자의 일
실수입의 산정기준

[4] 택시회사 운전사인 피해자의 사고 당시 실제수입 중 택시회사로
부터 사납금을 기초로 하여 지급받은 급여를 제외한 나머지 수입
에 관한 객관적인자료가 현출되지 않은 경우, 그 일실수입은 통
계소득에 의하여 산정하여야한다고 한 사례

[5] 사고로 인한 입원기간 동안에는 노동능력을 전부 상실하였다고

보아야하는지 여부

[6] 상해의 부위 및 정도, 입원기간, 기왕증 기여도 등을 고려하여 12개월20여 일의 입원기간 중 사고일로부터 3개월 동안에 대하여만 노동능력의 100%상실을 인정한 원심의 판단을 수긍한 사례

[판결요지]

[1] 불법행위 당시 일정한 수입을 얻고 있던 피해자의 일실수입손해액은 객관적이고 합리적인 자료에 의하여 피해자가 사고 당시에 실제로 얻고 있었던 수입금액을 확정하여 이를 기초로 산정하여야 하고, 이 경우 피해자가 세무당국에 신고한 소득이 있을 때에는 신고소득액을 사고 당시의 수입금액으로 보는 것이 원칙이라 할 것이지만, 만일 신고된 소득액이 피해자의 직업, 나이, 경력 등에 비추어 현저히 저액이라고 판단되거나 신고소득 이외에 다른 소득이 있었다는 점에 대한 객관적이고 합리적인 자료가 있다면 신고소득액만을 피해자의 사고 당시 수입금액으로 삼을 수는 없다.

[2] 피해자에 대한 사고 당시의 실제수입을 확정할 수 있는 객관적인 자료가 현출되어 있어 그에 기하여 합리적이고 객관성 있는 기대수입을 산정할 수 있다면, 사고 당시의 실제수입을 기초로 일실수입을 산정하여야 하고, 임금구조기본통계조사보고서 등의 통계소득이 실제수입보다 높다고 하더라도 사고 당시에 실제로 얻고 있던 수입보다 높은 통계소득만큼 수입을 장차 얻을 수 있으리라는 특수사정이 인정되는 경우에 한하여 그러한 통계소득을 기준으로 일실수입을 산정하여야 한다.

[3] 불법행위로 인한 손해배상사건에서 피해자의 일실수입은 사고 당시 피해자의 실제소득을 기준으로 하여 산정할 수도 있고 통계소득을 포함한 추정소득에 의하여 평가할 수도 있는 것인바, 피해자가 일정한 수입을 얻고 있었던 경우 신빙성 있는 실제수입에 대한 증거가 현출되지 아니하는 경우에는 피해자가 종사하였던 직종과 유사한 직종에 종사하는 자들에 대한 통계소득에 의하여

피해자의 일실수입을 산정하여야 한다.

[4] 택시회사 운전사인 피해자의 사고 당시 실제수입 중 택시회사로부터 사납금을 기초로 하여 지급받은 급여를 제외한 나머지 수입에 관한 객관적인 자료가 현출되지 않은 경우, 그 일실수입은 통계소득에 의하여 산정되어야 한다고 한 사례.

[5] 일반적으로 사고로 인하여 입원치료를 받는 경우 그 치료가 당해 사고와 관계가 없는 상해에 대한 것이거나 의학적으로 입원치료가 필요하지 않음에도 치료를 빙자하여 입원을 한 것이라거나 상해의 부위나 정도, 치료의 경과 등에 비추어 입원기간이 명백하게 장기이어서 과잉진료로 인정되는 사정이 있다는 등 그 입원치료의 전부 또는 일부가 상당하지 아니한 것이라고 볼 만한 특별한 사정이 없는 한, 사고로 인한 입원기간 동안에는 노동능력을 전부 상실하였다고 보아야 한다.

[6] 상해의 부위 및 정도, 입원기간, 기왕증 기여도 등을 고려하여 12개월 20여 일의 입원기간 중 사고일로부터 3개월 동안에 대하여만 노동능력의 100% 상실을 인정한 원심의 판단을 수긍한 사례.

8-9. 헌법재판소 결정례

□ 헌법재판소 2004. 2.26. 선고 2002헌바97 자동차손해배상보장법 제11조 제5항

[판시사항]

가. 의료기관의 교통사고환자에 대한 진료비의 직접청구를 제한하고 그 위반에 대하여 과태료를 부과하는 구 자동차손해배상보장법 제11조 제5항 본문 및 제40조 제2항 제1호(이하 '이 사건 법률조항들'이라 한다)가 재산권을 침해하는지 여부(소극)

나. 이 사건 법률조항들이 평등의 원칙에 위반되는지 여부(소극)

다. 이 사건 법률조항들이 교통사고환자의 행복추구권을 침해하는지 여부(소극)

[결정요지]

가. (1) 이 사건 법률조항들의 입법목적은 의료기관이 보험사업자로부터 자동차보험 진료수가의 지급의사 및 지급한도의 통지를 받아 보험사업자에게 자동차보험 진료수가를 청구할 수 있음에도 불구하고 교통사고환자에게 진료비를 청구할 수 있도록 하면, 교통사고환자가 보험사업자에 대한 청구에 앞서 먼저 진료비를 마련하여야 하는 부담을 안게 되는 등의 피해를 방지하는 데 있으므로 그 정당성이 인정되고, 또한 대환자청구(對患者請求)의 금지와 과태료의 부과가 위와 같은 입법목적을 달성하기 위한 효과적이고 적절한 방법의 하나가 될 수 있다.

(2) 의료기관으로서는 교통사고환자에 대한 청구권이 일정한 범위에서 제한되는 대신에 충분한 경제적 능력을 갖추고 있다고 보여지는 보험사업자에 대한 진료비 청구권을 취득하게 되어 대환자청구의 금지가 의료기관에게 반드시 불리한 규정이라고만 볼 수는 없고, 대환자청구금지조항에 대하여는 같은 법 제11조 제5항 단서에서 충분한 예외규정을 두어 의료기관이 대환자청구의 금지에 의하여 부당하게 피해를 입지 않도록 배려하고 있으며, 보험사업자는 자동차보험 진료수가분쟁심의회에 심사청구를 하는 방법에 의하지 아니하고는 의료기관의 지급청구액을 삭감하지 못하도록 하여 의료기관으로 하여금 정당한 진료수가를 보장받게 하는 제도적 장치가 마련되어 있으므로, 대환자청구금지조항은 피해 최소성의 원칙에 어긋나지 않는다.

또한 일정한 경우 환자에 대한 진료비의 청구를 금지하고 이에 대한 제재방법으로 행정형벌보다 그 정도가 약한 행정질서벌인 과태료를 선택하고 있고, 이 사건 법률조항들 중 과태료 조항이 정한 2,000만원 이하의 과태료가 지나치게 과중한 것으로 보기 어려우므로, 과태료조항 또한 피해의 최소성 원칙에 어긋나지 않는다.

(3) 의료기관이 대환자청구의 금지에 의하여 입게 되는 재산상의 불이익에 비하여 교통사고에 의한 다수의 환자에게 보다 적절한 치료를 보장함으로써 개인과 가정 그리고 사회가 얻게 되는 사회적 공익은 매우 크다고 볼 수 있으므로, 공익에 비하여 사익이 과도하게 침해된다고 하는 법익형량상의 문제도 존재하지 않는다.

(4) 결국 이 사건 법률조항들 중 대환자청구금지조항 및 과태료조항에 의한 진료비청구권의 제한은 과잉금지의 원칙에 위배되지 아니하므로 청구인의 재산권을 침해하는 것이라고 볼 수 없다.

나. 교통사고 피해자의 가해자에 대한 손해배상청구권은 피해자의 보험사업자에 대한 직접청구권을 이유로 제한되지 아니함에도 불구하고 의료기관의 교통사고환자에 대한 진료비청구권은 의료기관이 보험사업자에게 진료비를 청구할 수 있다고 하여 이를 제한하는 것은, 우선적으로 보호를 받아야 할 교통사고의 환자와 우선 보호의 대상이 아닌 의료기관 사이의 차이에 상응하여 양자를 달리 취급하는 것으로서 합리적인 이유가 있는 것이므로 평등의 원칙에 위배되지 아니한다.

또한 약국경영자가 교통사고환자에게 약제비를 직접 청구함을 법이 허용하면서 의료기관의 대환자 진료비청구를 부정하는 것은, 약제비가 진료비에 비하여 상대적으로 소액인 데다가 약국까지 법의 규율대상으로 할 경우 보험처리가 매우 번잡하여질 우려가 있음을 고려한 결과라고 할 것이므로, 위와 같은 차별 역시 합리적 근거가 있는 것이어서 평등원칙에 위배되지 아니한다.

다. 의료법상 의료기관의 진료의무가 규정되어 있으므로 이 사건 조항들로 인하여 교통사고환자가 진료거절의 위험에 처하게 된다고는 보기 어렵고, 오히려 교통사고환자에게 진료비를 청구할 수 있도록 하면 진료비지급능력이 없는 교통사고환자의 경우 정당한 치료를 받지 못하는 결과가 발생할 우려가 더욱 크다고 할 수 있으며, 또한 교통사고환자는 불가피한 경우가 아니더라도 자기가 진료비를 부담하는 조건으로 스스로의 선택이나 요구에 의하여 의료기관으로부터 선택진료를 받거나 상급병실을 사용할 수 있는 길도 열려 있으므로, 어느 모로 보나 이 사건 조항들이 교통사고환자가 충분한 진료를 받을 수 있는 기회를 박탈함으로써 행복추구권을 침해하는 것으로는 볼 수 없다.

Part 6.
출퇴근시 교통사고가 발생하면 해야 할 사항

1. 교통사고가 났다면 당황하지 마시고 이렇게 대처하세요.

1-1. 교통사고시 대처방법

자동차나 오토바이 출퇴근자에게 안전운전의 생활화는 기본 중의 기본입니다. 하지만 운전을 하다보면 부득이하게 내 자신이나 상대방의 실수로 사고가 나는 경우가 있을 수 있는데요. 교통사고가 났다면 당황하지 마시고 이렇게 대처하세요.

1-1-1. 먼저 사상자를 구호하세요.

① 자동차나 오토바이 교통사고로 인하여 사람을 사상하거나 물건을 손괴한 경우 그 차의 운전자는 즉시 정차하여 사상자를 구호하는 등 필요한 조치와 피해자에게 인적 사항(성명·전화번호·주소 등을 말함)을 제공해야 합니다(「도로교통법」 제54조제1항).

② 이를 위반하여 교통사고 발생 시 필요한 조치를 하지 않은 사람(주·정차된 차만 손괴한 것이 분명한 경우에 「도로교통법」 제54조제1항 제2호에 따라 피해자에게 인적 사항을 제공하지 않은 사람은 제외)은 5년 이하의 징역이나 1천 500만원 이하의 벌금에 처해집니다(「도로교통법」 제148조).

1-1-2. 추가 교통사고 방지조치를 취하세요.

① 사고직후 후속차량에 의해 추가 교통사고가 발생하지 않도록 조치를 하여야 합니다. 특히 고속도로나 자동차전용도로 등 추가사고가 대형사고로 이어질 위험성이 있는 곳에서는 후속조치가 매우 중요합니다.

② 사고가 나면 본인의 안전뿐만 아니라 타인의 안전을 위하여 그 차량을 고속도로 또는 자동차전용도로가 아닌 다른 곳으로 옮겨 놓는 등의 필요한 조치를 하고, 그 자동차의 후방에서 접근하는 자동차의 운전자가 확인할 수 있는 위치에 안전삼각대를 설치해

야 합니다(「도로교통법」 제66조 및 「도로교통법 시행규칙」 제40조제1항제1호·제3항).

③ 밤인 경우에는 사방 500미터 지점에서 식별할 수 있는 적색의 섬광신호·전기제등 또는 불꽃신호를 해야 합니다(「도로교통법 시행규칙」 제40조제1항제2호).

④ 사고차량의 안전조치가 끝난 후에는 운전자도 자신의 안전을 위해 도로 밖으로 신속히 대피해야 합니다. 특히 고속도로에서 사고가 난 경우 언뜻 고속도로상 갓길이 안전하다고 생각할 수 있지만 실제 갓길에서도 안전사고가 많이 발생하므로 반드시 도로 밖의 안전지대로 대피하세요.

1-1-3. 사고현장을 보존하고 목격자 및 증거물 등을 확보하세요.

교통사고가 나면 당황한 나머지 현장에서의 증거확보를 게을리한 탓에 가해자와 피해자가 바뀌는 경우가 종종 있습니다. 이러한 피해를 입지 않기 위해서라도 다음과 같이 침착하게 사고현장을 보존하고 목격자 및 증거물 등을 확보하세요.

1-1-4. 스프레이 표시 등으로 사고현장을 보존하세요.

① 현장사진을 찍어두세요. 사고현장에서 최종적인 차의 위치는 사고원인을 파악하는데 중요한 단서가 된답니다. 그러므로 차를 이동시키기 전에 사고차량이 다 나오도록 전체적인 현장을 찍어두세요. 상대방 파손부위와 번호판도 찍으면 좋습니다.

② 현장증거를 확보하세요. 최근 블랙박스 교통사고 발생시 가장 중요한 증거물이 되고 있으므로 블랙박스를 설치하시면 좋습니다. 실제로 블랙박스의 녹화화면은 종종 미궁에 빠질 뻔한 사고의 진실을 밝히는데 결정적인 단서가 되고 있습니다. 블랙박스가 없다면 갖고 계신 스마트폰으로 블랙박스 어플을 다운받아 사용하셔도 됩니다. 더불어 주변에 CCTV가 있는지도 확인해보세요.

③ 가해자의 신원과 가해차량 및 보험가입 여부를 확인하고 메모해 둡니다.

1-2. 보험접수 및 교통사고 신고하세요.

① 가벼운 사고라고 생각하거나 피해자가 괜찮다고 하는 등의 사유로 신고를 하지 않은 채 현장을 떠나시면 뺑소니범으로 처벌받을 수 있습니다. 그러므로 교통사고가 발생하면 차의 운전자 등은 경찰에 지체 없이 신고해야 합니다(「도로교통법」 제54조제2항 본문).

② 다만, 차만 손괴된 것이 분명하고 도로에서의 위험방지와 원활한 소통을 위해 필요한 조치를 한 경우에는 신고를 하지 않아도 되며 보험사를 불러 처리하시면 됩니다(「도로교통법」 제54조제2항 단서).

※ 위에 따른 사고발생 시 조치상황을 신고하지 않은 사람은 30만원 이하의 벌금 또는 구류에 처해집니다(「도로교통법」 제154조제4호).

2. 교통사고 발생 시 어떤 책임을 지고 피해보상은 어떻게 이루어지나요?

2-1. 민사책임 및 피해보상

① 자동차나 오토바이 출퇴근중 실수로 교통사고를 내어 사람을 사상하거나 물건을 손괴한 경우 「자동차손해배상 보장법」 제3조 또는 「민법」 제750조에 따라 그 손해를 배상해야 합니다.

※ 호의동승 사고발생 시 손해배상액이 경감되나요?
야근하다 늦게 퇴근하거나 집으로 가는 방향이 같은 경우 회사동료를 차에 태워주는 경우가 있을 수 있습니다. 안전하게 데려다 준 경우라면 뿌듯하고 기분 좋겠지만 자칫 호의를 베풀었다가 사고라도 나면 낭패인데요. 이처럼 자동차나 오토바이로 출퇴근하는 길에 호의로 회사동료를 태워주었다가 사고가 나서 동료가 다쳤다면 일반적인 사고의 경우에 비해 손해배상액이 경감될까요?
결론적으로 대법원은 이에 대해 부정적인 입장인데요.
즉 대법원은 차량의 운행자가 아무런 대가를 받지 않고 동승자의 편의와 이익을 위하여 동승을 허락하고 동승자도 그 자신의 편의와 이익을 위하여 그 제공을 받은 경우 그 운행 목적, 동승자와 운행자의 인적관계, 그가 차에 동승한 경위, 특히 동승을 요구한 목적과 적극성 등 여러 사정에 비추어 가해자에게 일반 교통사고와 동일한 책임을 지우는 것이 신의법칙이나 형평의 원칙으로 보아 매우 불합리하다고 인정될 때에는 그 배상액을 경감할 수 있으나, 사고 차량에 단순히 호의로 동승하였다는 사실만 가지고 바로 이를 배상액 경감사유로 삼을 수 있는 것은 아니라고 판시 하였습니다(대법원 1999. 2. 9. 선고 98다53141 판결).

② 또한, 「자동차손해배상 보장법」에 따라 자동차나 오토바이 보유자가 보험에 가입한 경우 교통사고로 인한 인적, 물적 피해의 배상은 해당 보험에 의하여 처리됩니다. 만약 가해자동차나 오토바이 보유자가 보험에 가입하지 않았다면 피해자는 국토교통부에 교통사고 피해에 대한 보상금지급을 청구할 수 있습니다(「자동차손해배상 보장법」 제5조 및 제30조).

2-2. 형사책임

교통사고를 일으킨 자동차 또는 오토바이가 피해자의 통상 치료비 전액과 손해배상금 전액을 보상하는 보험 또는 공제에 가입된 경우에는 자동차 또는 오토바이 운전자에 대해 공소를 제기할 수 없습니다. 다만, 다음의 어느 하나에 해당하는 경우에는 공소를 제기할 수 있습니다(「교통사고처리특례법」 제4조제1항).

- 사망사고
- 사고 후 도주
- 신체의 상해로 인하여 생명에 대한 위험이 발생하거나 불구(不具)가 되거나 불치(不治) 또는 난치(難治)의 질병이 생긴 경우
- 보험계약 또는 공제계약이 무효로 되거나 해지되거나 계약상의 면책 규정 등으로 인하여 보험회사, 공제조합 또는 공제사업자의 보험금 또는 공제금 지급의무가 없어진 경우
- 12대 중과실 사고인 경우

※ "12대 중과실"이란 무엇인가요?
교통사고 발생 시 피해자의 의사와 관계없이 반드시 공소를 제기해야 하는 12대 중과실 사고에서 말하는 "12대 중과실"이란 다음의 어느 하나에 해당하는 경우를 말합니다(「교통사고처리특례법」 제3조제2항 단서).
- 신호 및 지시 위반
- 중앙선 침범
- 제한속도 20km/h 초과
- 앞지르기 및 끼어들기 위반
- 철길건널목 통과 방법 위반
- 횡단보도 보행자 보호의무 위반
- 무면허 운전
- 음주운전 및 약물중독운전
- 보도 침범 및 보도 횡단방법 위반

- 승객의 추락 방지의무 위반
- 어린이 보호구역(스쿨존)에서 안전운전의무 위반으로 어린이의 신체에 상해를 입힌 경우
- 자동차의 화물이 떨어지지 않도록 필요한 조치를 위반

3. 출퇴근길에 교통사고가 난 경우 산재보상 보험급여를 받을 수 있나요?

3-1. "산업재해보상 보험급여"란

① 산업재해보상 보험급여는 산업재해보상보험에 가입된 사업장의 근로자가 업무상의 재해를 당한 경우에 지급됩니다.

② "업무상의 재해"란 업무상의 사유에 따른 근로자의 부상·질병·장해 또는 사망을 말합니다(「산업재해보상보험법」 제5조제1호).

3-2. 출퇴근길 교통사고, 업무상 재해로 인정되나요?

① 공무원이 통상적인 경로와 방법으로 출퇴근하던 중 발생한 교통사고로 부상을 입은 경우는 공무상 부상에 해당하며, 공무상 부상 또는 그 부상으로 장해를 입거나 사망한 경우에는 공무상 재해로 봅니다. 다만, 공무와 사이에 상당한 인과관계가 없는 경우에는 공무상 재해로 보지 않습니다(「공무원 재해보상법」 제4조제1항제1호나목).

② 공무원이 공무상 부상으로 요양을 하는 경우(재요양 포함) 공무상 재해보상심의회의 심의를 거쳐 요양급여를 받습니다(「공무원 재해보상법」 제22조제1항).

③ 일반근로자의 경우 출퇴근하던 중에 다음의 어느 하나에 해당하는 사고로 부상·질병 또는 장해가 발생하거나 사망하면 업무상 재해로 봅니다. 다만, 업무와 재해 사이에 상당인과관계(相當因果關係)가 없는 경우에는 그렇지 않습니다(「산업재해보상보험법」 제37조제1항제3호).

- 사업주가 제공한 교통수단이나 그에 준하는 교통수단을 이용하는 등 사업주의 지배관리하에서 출퇴근하는 중 발생한 사고
- 그 밖에 통상적인 경로와 방법으로 출퇴근하는 중 발생한 사고

④ 참고로 대법원이 자동차나 오토바이 출퇴근중 발생한 교통사고의 피해에 대해 업무상 재해에 해당한다고 판단한 사례를 살펴보면 다음과 같습니다.

※ 회사에서 다른 용도로 운행하는 차량을 근로자들이 사실상 출근 수단으로 이용하고 있음에도 회사가 이를 묵인하여 온 경우, 근로자가 그 차량에 탑승하고 출근하던 중 일어난 교통사고는 업무상 재해에 해당한다고 판시 하였습니다(대법원 1999. 9. 3. 선고 99다24744 판결).

※ 일용직 산불감시원이 자기 소유의 오토바이를 타고 출근하다가 산불감시업무 담당구역과 상당히 떨어진 곳에서 중앙선을 침범하여 교통사고로 사망한 사안에서, 망인이 자기 소유의 오토바이를 이용하여 산불감시업무를 수행하는 것을 조건으로 채용되었고 망인의 집에서 소속 면사무소까지 출근시간에 맞추어 도착할 수 있는 대중교통수단이 없었으며 망인이 맡은 산불감시대상지역이 매우 넓어 도보나 자전거를 이용한 업무수행이 곤란하고 망인이 집에서 소속 면사무소로 출근하기 위하여 선택한 경로가 최단경로로서 합리적인 경로라고 볼 수 있는 점 등에 비추어 망인의 사망이 업무상 재해에 해당한다고 판시 하였습니다(대법원 2005. 9. 29. 선고 2005두4458 판결).

※ 근로자가 사업주의 지시에 따라 급여 외에 일정한 대가를 받고 자신의 승용차에 동료 직원을 태워 통상적인 경로에 따라 출근하다가 발생한 교통사고로 상해를 입은 사안에서, 근로자의 출퇴근 과정이 사업주의 지배·관리하에 있다고 판시 하였습니다(대법원 2008. 5. 29. 선고 2008두1191 판결).

※ 인력업체가 제공한 차량을 운전하고 건설회사의 공사현장으로 출근하던 근로자가 교통사고를 당한 사안에서, 사고 당시 출근 방법과 경로의 선택이 사업주인 건설회사의 객관적 지배·관리 아래 있었다고 볼 여지가 충분하다고 판시 하였습니다(대법원 2010. 4. 29. 선고 2010두184 판결).

3-3. 산재보상 보험급여결정이 불만족스럽다면 이렇게 하세요.

□ **근로복지공단에 심사(재심사)청구하기**

① 산재보상 보험급여의 결정은 근로복지공단이 내리게 되는데 해당 보험급여 결정에 불복하는 사람은 이의제기를 할 수 있으며 이를 심사청구라고 합니다. 또한, 심사청구 결과 결정된 내용에 불복하는 경우 다시 이의제기를 할 수도 있는데 이는 재심사청구라고 합니다(「산업재해보상보험법」 제103조제1항 및 제106조제1항 본문).

② 심사(재심사)청구는 보험급여 등의 결정이 있음을 안 날(재심사의 경우는 심사 청구에 대한 결정이 있음을 안 날)부터 90일 이내에 그 보험급여 등의 결정을 한 근로복지공단 지역본부 또는 지사에 접수해야 하며, 일반적으로 다음의 절차를 거쳐 이루어집니다(「산업재해보상보험법」 제103조제2항·제3항 및 제106조제2항·제3항).

③ 산재보상 보험급여 심사(재심사) 청구절차 안내 이미지입니다.

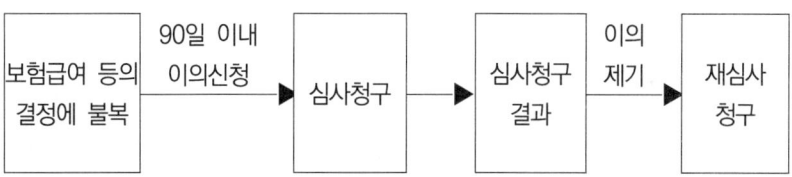

④ 근로복지공단의 심사(재심사)청구절차는 반드시 거쳐야 하는 절차는 아니므로 보험급여 결정에 불복하는 사람은 이를 거치지 않고 곧바로 행정소송을 제기할 수도 있습니다.

4. 상담사례

■ 교통사고로 지체장애 판정을 받은 공무원에 대한 직권면직 처분이 적법한가요?

Q. 甲은 공무원으로 임용되어 근무하여 왔는데, 여행을 하던 중 교통사고로 신체장애를 입어 지체장애 판정을 받았습니다. 관할시청은 甲이 지방공무원법상 '직무를 감당할 수 없을 때'에 해당한다고 이유로 甲에게 직권면직 처분을 하였습니다. 이러한 직권면직 처분이 적법한가요?

A. 지방공무원법 제62조 제1항 제2호는 "임용권자는 공무원이 휴직기간이 끝나거나 휴직사유가 소멸된 후에도 직무에 복귀하지 아니하거나 직무를 감당할 수 없을 때에는 직권으로 면직시킬 수 있다."라고 규정하고 있습니다.

공무원이 신체장애를 입은 경우 지방공무원법상 위 규정에 의한 직권면직 사유에 해당하는지 여부에 대하여, 판례는 "재직 중 장애를 입은 지방공무원이 장애로 지방공무원법 제62조 제1항 제2호에서 정한 '직무를 감당할 수 없을 때'에 해당하는지는, 장애의 유형과 정도에 비추어, 장애를 입을 당시 담당하고 있던 기존 업무를 감당할 수 있는지만을 기준으로 판단할 것이 아니라, 그 공무원이 수행할 수 있는 다른 업무가 존재하는지 및 소속 공무원의 수와 업무 분장에 비추어 다른 업무로의 조정이 용이한지 등을 포함한 제반 사정을 종합적으로 고려하여 합리적으로 판단하여야 한다."라고 판시하였습니다(대법원 2016. 4. 12. 선고 2015두45113 판결).

A가 소방공무원으로 임용되어 소방서에서 근무하여 왔는데, 가족여행을 하던 중 교통사고로 하반신마비의 신체장애를 입어 지체장애 1급 판정을 받은 사안에서 하급심 판례는 "소방공무원인 A가 가족여행 중 교통사고로 하반신마비의 신체장애를 입어 지체장애 1급 판정을 받자 관할 행정청이 지방공무원법 제62조 제1항 제2호에서 정한 '직무를 감당할 수 없을 때'에 해당한다고 보고 A에게 직권면직 처

분을 한 사안에서, 甲이 하반신마비로 소방공무원의 외근 업무인 화재진압, 구조활동 등을 수행할 수 없게 되었지만, A가 휠체어 등 보조기구를 통하여 모든 일상생활 동작을 독립적으로 할 수 있고, 인지 기능과 상지 기능에는 아무런 문제가 없기 때문에 소방공무원의 내근 업무에 해당하는 행정업무와 통신업무 등을 수행할 능력은 여전히 존재하고 있는 점 등에 비추어, A가 '직무를 감당할 수 없을 때'에 해당한다고 인정하기 부족하다는 등의 이유로 위 처분이 위법하다고 판시하였으며(인천지방법원 2014. 10. 31. 선고 2014구합339 판결) 위 판시는 대법원에서 그대로 확정된 바 있습니다.

그렇다면 이 사건의 경우 甲은 장애의 정도에 비추어 소속기관에서 종사할 수 있는 업무가 존재하고 甲이 해당 업무를 수행할 수 있는 능력이 충분하며 해당 업무로의 조정이 용이하다는 등 사유를 들어 甲은 직권면직 처분에 대하여 다투어볼 여지가 있을 것으로 보이고 구체적인 제반사정에 따라 처분이 취소될 가능성도 있을 것으로 보입니다.

■ 승용차에 다른 근로자를 동승시켜 출근하다가 교통사고를 당한 경우 업무상의 재해에 해당하는지요?

Q. 근로자 甲은 야간 근무를 위해 동료 근로자인 乙을 자신의 소유 승용차에 태우고 이를 운전하여 출근하던 결빙된 도로 위에 뿌려진 모래에 미끄러져 중앙선을 침범하고 반대편 차로의 옹벽을 들이받은 후 마주 오던 차에 부딪히는 사고를 당해 A은 현장에서 사망하고 甲은 상해를 입었습니다. 甲은 이 사건 상병이 업무상 재해에 해당한다는 이유로 요양을 신청했으나 요양불승인처분을 받았습니다. 이 경우 甲은 요양불승인처분을 다툴 수 있는 근거가 있는지요?

A. 산업재해보상보험법 제5조 제1호는 "업무상의 재해란 업무상의 사유에 따른 근로자의 부상·질병·장해 또는 사망을 말한다."고 규정하고 있습니다.

산업재해보상보험법은 사업주의 지배·관리하에 있는 경우에만 업무상 재해로 본다고 규정하고 있지 않고, 사업주의 지배·관리하에 있는 통근과 관련하여 통근 중 사고 가운데 사용자가 제공한 안전하고 편리한 교통수단을 이용한 근로자의 교통사고는 사업주의 지배·관리하에 있는 경우로 보아 업무상 재해로 인정하는 데 반해 불안전하고 불편한 대중교통이나 도보로 통근하는 근로자의 교통사고는 그렇지 않은 경우로 보아 업무상 재해로 인정하지 않는 것은 불합리하며, 산업재해보상보험제도는 무과실책임의 특수한 손해배상제도라는 성격 외에 근로자의 생존권을 보장하기 위한 사회보장적 성격도 갖고 있으므로 사회보장적 관점에서 볼 때에도 일정한 범위의 통근재해를 산업재해의 하나로 보호할 필요가 있고, 입법에 의하지 않더라도 통근행위의 업무 관련성, 법의 통일적 해석, 법 적용의 형평성 등을 고려할 때 통근재해가 업무상 재해에 해당한다는 해석이 가능하며, 공무원연금법 시행규칙과의 법체계, 공무원과 일반 근로자의 형평 등을 고려한다면 적어도 근로자가 통상적인 경로와 방법에 의하여 통근 중 발생한 사고로 인하여 부상 또는 사망한 경우를 업무상 재해로 보아야 할 것입니다.

근로자가 사업주의 카풀권장책에 호응하여 자신의 승용차에 다른 근로자를 동승시켜 출근하다가 교통사고로 부상을 입은 경우, 승용차가 적어도 출·퇴근시에는 사업주에 의하여 근로자들의 출·퇴근에 제공된 차량에 준하는 교통수단으로서 출·퇴근시 승용차에 대한 사용·관리권은 근로자에게 전속된 것이 아니라 사업주인 회사에 속해 있었으므로, 근로자의 출·퇴근이 사업주의 지배·관리하에 있었다고 볼 수 있어 위 부상은 산업재해보상보험법 제5조 제1호의 업무상의 재해에 해당한다고 보아야 할 것입니다.

따라서 甲의 경우 이 사건 상병이 업무상 재해에 해당한다는 이유로 요양불승인처분에 대해 행정소송으로 다투어볼 여지가 있을 것으로 보입니다.

■ 사업주 명의의 자동차로 배송업무를 하다가 당한 교통사고로 지급받은 자기신체사고보험금이 산업재해보상보험급여에서 공제되는지요?

Q. 근로자 甲은 사업주 명의의 자동차를 운전하여 배송업무를 하던 중 교통사고를 당하여 위 차량이 가입된 보험회사로부터 자기신체사고보험금을 지급받았습니다. 그 후 甲은 근로복지공단에 업무상 재해에 대한 요양급여를 신청하였으나 자기신체사고보험금은 산업재해보상보험급여에서 공제되어야 한다는 이유로 요양급여를 불승인하는 처분을 받았습니다. 甲이 산업재해보상보험급여를 받을 수 있는 방법이 있는지요?

A. 산업재해보상보험법 제80조 제1항 내지 제3항 및 같은 법 제87조 제1항 내지 제2항은 다음과 같이 규정하고 있습니다.

산업재해보상보험법 제80조 (다른 보상이나 배상과의 관계)

① 수급권자가 이 법에 따라 보험급여를 받았거나 받을 수 있으면 보험가입자는 동일한 사유에 대하여 「근로기준법」에 따른 재해보상 책임이 면제된다.

② 수급권자가 동일한 사유에 대하여 이 법에 따른 보험급여를 받으면 보험가입자는 그 금액의 한도 안에서 「민법」이나 그 밖의 법령에 따른 손해배상의 책임이 면제된다. 이 경우 장해보상연금 또는 유족보상연금을 받고 있는 자는 장해보상일시금 또는 유족보상일시금을 받은 것으로 본다.

③ 수급권자가 동일한 사유로 「민법」이나 그 밖의 법령에 따라 이 법의 보험급여에 상당한 금품을 받으면 공단은 그 받은 금품을 대통령령으로 정하는 방법에 따라 환산한 금액의 한도 안에서 이 법에 따른 보험급여를 지급하지 아니한다. 다만, 제2항 후단에 따라 수급권자가 지급받은 것으로 보게 되는 장해보상일시금 또는 유족보상일시금에 해당하는 연금액에 대하여는 그러하지 아니하다.

산업재해보상보험법 제87조(제3자에 대한 구상권) ① 공단은 제3자의 행위에 따른 재해로 보험급여를 지급한 경우에는 그 급여액의 한도 안에서 급여를 받은 자의 제3자에 대한 손해배상청구권을 대위(代位)한다. 다만, 보험가입자인 2 이상의 사업주가 같은 장소에서 하나의 사업을 분할하여 각각 행하다가 그 중 사업주를 달리하는 근로자의 행위로 재해가 발생하면 그러하지 아니하다.

② 제1항의 경우에 수급권자가 제3자로부터 동일한 사유로 이 법의 보험급여에 상당하는 손해배상을 받으면 공단은 그 배상액을 대통령령으로 정하는 방법에 따라 환산한 금액의 한도 안에서 이 법에 따른 보험급여를 지급하지 아니한다.

위 각 규정의 취지는 산업재해로 인하여 손실 또는 손해를 입은 근로자는 재해보상 청구권과 산재보험급여수급권을 행사할 수 있고, 아울러 일정한 요건이 충족되는 경우 사용자에 대하여 불법행위로 인한 손해배상청구권도 행사할 수 있으므로, 이들 청구권 상호 간의 관계와 손실의 이중전보를 방지하기 위한 보상 또는 배상액의 조정문제를 규율하는 데에 있습니다.

한편 판례는 "산업재해보상보험법 제80조 제3항에서 말하는 '동일한 사유'란 산업재해보상보험급여의 대상이 되는 손해와 근로기준법 또는 민법이나 그 밖의 법령에 따라 보전되는 손해가 같은 성질을 띠는 것이어서 산재보험급여와 손해배상 또는 손실보상이 상호 보완적 관계에 있는 경우를 의미한다. 근로자가 사업주 명의의 자동차를 운전하여 배송업무를 하던 중 교통사고를 당하여 위 차량이 가입된 보험회사로부터 자기신체사고보험금을 지급받은 후 근로복지공단에 업무상 재해에 대한 요양급여를 신청하였으나 자기신체사고보험금은 산업재해보상보험급여에서 공제되어야 한다는 이유로 요양급여를 불승인하는 처분을 받은 사안에서, 사용자가 가입한 자기신체사고보험에 의해 근로자가 지급받은 보험금은 사용자의 손해배상의무의 이행으로 지급받은 것이 아니므로 산업재해보상보험급여에서 공제될 수 없다"

라고 판시하였습니다(대법원 2015. 1. 15. 선고 2014두724 판결).

따라서 甲의 사용자가 가입한 자기신체사고보험에 의해 근로자 甲이 지급받은 보험금은 사용자의 손해배상의무의 이행으로 지급받은 것이 아니므로 산업재해보상보험급여에서 공제될 수 없어 결국 甲은 산업재해보상보험급여를 받을 수 있을 것으로 보입니다.

■ 퇴근길에 교통사고를 당한 경우 업무상 재해에 해당하는지요?

Q. 근로자 甲은 직장 회식을 마치고 술에 취한 상태에서 회사 차량을 운전하여 귀가하다가 운전부주의로 교통사고를 일으켜 상해를 입었습니다. 그런데 위 회식에 참석이 강제되지는 않았고, 甲은 퇴근 후 회식자리로 가면서 다음날 출차하는 조건으로 회사 건물의 경비원의 승낙을 받아 건물 내 주차장에 차량을 주차하였다가 퇴근의 편의를 위해 당일에 회사 차량을 출차하여 운행하였습니다. 甲은 요양급여를 신청하였다가 요양불승인처분을 받았는데 이를 다툴 수 있는 방법이 있는지요?

A. 산업재해보상보험법 소정의 업무상의 재해라 함은 근로자가 사업주와의 근로계약에 기하여 사업주의 지배·관리하에서 근로업무의 수행 또는 그에 수반되는 통상적인 활동을 하는 과정에서 이러한 업무에 기인하여 발생한 재해를 말하므로, 출·퇴근 중의 근로자는 일반적으로 그 방법과 경로를 선택할 수 있어 사용자의 지배 또는 관리하에 있다고 볼 수 없고, 따라서 출·퇴근 중에 발생한 재해가 업무상의 재해로 인정되기 위하여는 사용자가 근로자에게 제공한 차량 등의 교통수단을 이용하거나 사용자가 이에 준하는 교통수단을 이용하도록 하여 근로자의 출·퇴근 과정이 사용자의 지배·관리하에 있다고 볼 수 있는 경우에 해당되어야 합니다.

이러한 견지에서 판례는 甲의 경우와 동일한 사안에서 "근로자가 직장 회식을 마치고 술에 취한 상태에서 회사 차량을 운전하고 귀가하다가 운전부주의로 교통사고를 일으켜 상해를 입은 사안에서, 위 회식에 참석이 강제되지 않았고, 근로자가 회사 차량을 운행한 주된 목적이 다음날 회사 업무로 차량에 적재된 물품을 배달하기 위한 것이라기보다는 퇴근의 편의에 있었으며, 근로자는 퇴근 후 회식자리로 가면서 다음날 출차하는 조건으로 회사 사무실이 있는 건물의 경비원의 승낙을 받아 건물 내 주차장에 차량을 주차하였던 것인데도 술에 취한 상태에서 무리하게 회사 차량을 출차하여 임의로 운전한 점 등에 비추어 볼 때, 위 상해가 산업재해보상보험법의 '업무상의 재해'에 해당하지 않는다"라고 판시하였습니다.

따라서 비록 갑이 직장 회식 후 퇴근하다가 사고를 당하였다 하더라도 회식의 참석 강제 여부, 차량 운전의 경위, 차량을 운행한 목적 등에 비추어 볼 때 이를 산업재해보상보험법상 업무상 재해로 볼 수 없으므로 결국 요양불승인처분을 다투기는 어려울 것으로 보입니다.

■ 회사원이 자기 소유의 승용차를 운전하고 출근하던 도중 교통사고가 발생하여 재해를 당한 경우 업무상 재해에 해당하는지요?

Q. 회사원 甲은 출근방법과 그 경로를 임의로 선택하여 그 소유의 차량을 운전하고 출근하던 도중 중앙선을 침범하는 교통사고를 야기하여 재해를 당하였습니다. 비록 회사의 규정에 따라 회사가 그 차량의 유류를 보조하였다 하더라도 차량에 대한 관리·사용권한은 실제로 위 회사원에게 속하여 있었으므로, 사고 당시 위 회사원의 통근과정이 사용자인 회사의 지배·관리하에 있었다고 볼 수 없어 위 회사원이 교통사고로 입은 재해는 업무상 재해에 해당하지 않는 것인가요?

A. 판례는 "산업재해보상보험법 제4조 제1호 소정의 업무상의 재해라 함은 근로자가 사업주와의 근로계약에 기하여 사업주의 지배·관리하에서 근로업무의 수행 또는 그에 수반되는 통상적인 활동을 하는 과정에서 이러한 업무에 기인하여 발생한 재해를 말하므로, 출·퇴근 중의

근로자는 일반적으로 그 방법과 경로를 선택할 수 있어 사용자의 지배 또는 관리하에 있다고 볼 수 없고, 따라서 출·퇴근 중에 발생한 재해가 업무상의 재해로 인정되기 위하여는 사용자가 근로자에게 제공한 차량 등의 교통수단을 이용하거나 사용자가 이에 준하는 교통수단을 이용하도록 하여 근로자의 출·퇴근 과정이 사용자의 지배·관리하에 있다고 볼 수 있는 경우에 해당되어야 한다. " 라고 하면서 "회사원이 출근방법과 그 경로를 임의로 선택하여 그 소유의 차량을 운전하고 출근하던 도중 중앙선을 침범하는 교통사고를 야기하여 재해를 당한 경우, 비록 회사의 규정에 따라 회사가 그 차량의 유류를 보조하였다 하더라도 차량에 대한 관리·사용권한은 실제로 위 회사원에게 속하여 있었으므로, 사고 당시 위 회사원의 통근과정이 사용자인 회사의 지배·관리하에 있었다고 볼 수 없어 위 회사원이 교통사고로 입은 재해는 업무상 재해에 해당하지 않는다." 라고 판시한 바 있습니다(대법원 1997. 11. 14. 선고 97누13009 판결 참조). 그러므로 회사의 규정에 따라 회사가 그 차량의 유류를 보조하였다 하더라도 차량에 대한 관리·사용권한은 실제로 위 회사원에게 속하여 있는 등으로 위 회사원의 통근과정이 사용자인 회사의 지배·관리하에 있었다고 볼 수 없다면, 위 회사원이 교통사고로 입은 재해는 업무상 재해에 해당하지 않는다고 볼 수 있습니다. 그러나 헌법재판소 2016. 9. 29. 자 2014헌바254 결정으로 인해 향후 다른 결론이 도출될 수 있습니다.

헌법재판소 2016. 9. 29. 2014헌바254 결정으로 인해 현행 산업재해보상법이 2017.10.24. 법률 제14933호로 일부개정되어 2018. 1. 1.부터 시행되게 됩니다. 개정된 산업재해보상법에 따르면 "출퇴근"이란 취업과 관련하여 주거와 취업장소 사이의 이동 또는 한 취업장소에서 다른 취업장소로의 이동을 말하며(제5조 제8호 신설), 사업주가 제공한 교통수단이나 그에 준하는 교통수단을 이용하는 등 사업주의 지배관리하에서 출퇴근하는 중 발생하였거나 그 밖에 통상적인 경로와 방법으로 출퇴근하는 중 발생한 사고로 인하여 근로자가 부상·질병 또는 장해가 발생하거나 사망하면 업무와 재해 사이에 상당

> 인과관계가 부정되는 경우가 아닌 한 출퇴근 재해로서 업무상의 재해에 해당하게 됩니다(제37조 제1항 제3호 신설).
>
> 귀하의 사안에 있어, 회사원 甲이 통상적인 경로와 방법으로 출근하던 중 사고가 발생한 것이라면 개정된 산업재해보상법에 따를 때에는 업무상의 재해에 해당할 수 있을 것이라 판단됩니다.

■ 근로자가 사업주로부터 전근명령을 받고 자신의 승용차를 운전하고 신임지로 부임하던 도중 발생한 교통사고로 입은 재해가 업무상 재해인지요?

Q. 근로자가 사업주로부터 전근명령을 받고 자신의 승용차를 운전하고 신임지로 부임하던 도중 발생한 교통사고로 입은 재해가 업무상 재해에 해당하는 것인가요?

A. 판례는 "구 산업재해보상보험법(1994. 12. 22. 법률 제4826호로 전문 개정되기 이전의 것) 제3조 제1항 소정의 '업무상의 재해'라 함은 근로자가 사업주와의근로계약에 기하여 사업주의 지배·관리하에서 당해 근로업무의 수행 또는 그에 수반되는 통상적인 활동을 하는 과정에서 이러한 업무에 기인하여 발생한 재해를 말하므로, 전근명령을 받아 신임지에 부임 중인 근로자는 일반적으로 그 방법과 경로를 선택할 수 있어 사업주의 지배 또는 관리하에 있다고 볼 수 없고, 따라서 전근명령을 받아 신임지에 부임 중에 발생한 재해가 업무상의재해로 인정되기 위하여는 사업주가 근로자에게 제공한 차량 등의 교통수단을 이용하거나 사업주가 이에 준하는 교통수단을 이용하도록 하여 근로자의 신임지 부임 과정이 사업주의 지배·관리하에 있다고 볼 수 있는 경우에 해당되어야 한다. " 라고 하면서, "근로자가 사업주로부터 전근명령(이동발령)을 받고 신임지로 부임하는 일시, 방법과 그 경로를 임의로 선택하여 자기 소유의 승용차를 운전하고 신임지로 부임하던 도중에 교통사고가 발생하여 재해를 당한 사안에서, 비록 위 사업주의 차량관리요령에 의하면 사업주가 그 차량을 회사의 업무와 대내외활동을 위하여 운행하게 할 수 있도록 되어 있고 그 차량에 대하

여 유지비를 보조하도록 되어 있다고 하더라도, 그 차량에 대한 관리, 사용권한은 실제로 근로자에게 속하여 있었던 것이라고 할 것이어서 사고 당시 신임지 부임과정이 사업주의 지배·관리하에 있었다고 볼 수 없다는 이유로, 그 근로자가입은 재해는 업무상 재해에 해당하지 않는다."라고 판시한 바 있습니다(대법원 1996. 9. 20. 선고 96누8666 판결 참조). 그러므로 근로자가 사업주로부터 전근명령을 받고 자신의 승용차를 운전하고 신임지로 부임하던 도중 발생한 교통사고로 입은 재해라 할지라도 신임지 부임과정이 사업주의 지배·관리하에 있었다고 볼 수 없었다면 업무상 재해로 인정되지 않을 수 있습니다. 그러나 헌법재판소 2016. 9. 29. 자 2014헌바254 결정으로 인해 향후 다른 결론이 도출될 수 있습니다.

헌법재판소 2016. 9. 29. 2014헌바254 결정으로 인해 현행 산업재해보상법이 2017.10.24. 법률 제14933호로 일부개정되어 2018. 1. 1.부터 시행되게 됩니다. 개정된 산업재해보상법에 따르면 "출퇴근"이란 취업과 관련하여 주거와 취업장소 사이의 이동 또는 한 취업장소에서 다른 취업장소로의 이동을 말하며(제5조 제8호 신설), 사업주가 제공한 교통수단이나 그에 준하는 교통수단을 이용하는 등 사업주의 지배관리하에서 출퇴근하는 중 발생하였거나 그 밖에 통상적인 경로와 방법으로 출퇴근하는 중 발생한 사고로 인하여 근로자가 부상·질병 또는 장해가 발생하거나 사망하면 업무와 재해 사이에 상당인과관계가 부정되는 경우가 아닌 한 출퇴근 재해로서 업무상의 재해에 해당하게 됩니다(제37조 제1항 제3호 신설).

귀하의 사안에 있어, 근로자가 사업주로부터 전근명령을 받고 자신의 승용차를 운전하고 신임지로 부임하는 것은 법 제5조 제8호에서 정한 '한 취업장소에서 다른 취업장소로의 이동'에 해당할 수 있다고 판단되며, 이러한 근로자의 신임지 부임이 통상적인 경로와 방법으로 이루어졌다면 그 과정에서 발생한 사고는 개정된 산업재해보상법에 따를 때에는 출퇴근 재해로서 업무상의 재해에 해당할 수 있을 것이라 판단됩니다.

■ 회사 소속 택시운전사가 근무 교대 시 교대근무자의 택시를 타고 퇴근하다가 교통사고를 당한 경우 업무상 재해에 해당하는지요?

Q. 택시회사 소속 운전사로서의 근무를 마치고 교대근무자가 운전하던 택시에 타고 자기 집으로 퇴근하다가 사고를 당한 경우, 퇴근하던 운전사의 사망은 업무상 재해에 해당된다고 할 것이어서 그 운전사는 근로기준법에 의한 재해보상을 받을 수 있는지 여부가 궁금합니다.

A. 판례는 "택시회사 소속 운전사로서의 근무를 마치고 교대근무자가 운전하던 택시에 타고 자기 집으로 퇴근하다가 사고를 당한 경우, 그것이 위 택시회사가 묵시적으로 이용하도록 한 교통수단을 이용하여 퇴근하던 중 발생한 사고라면, 위 회사의 피용자들의 노동력 제공에는 위 차량을 이용한 퇴근이 필연적인 사실에 비추어 위 퇴근하던 운전사의 사망은 업무상 재해에 해당된다고 할 것이어서 그 운전사는 근로기준법에 의한 재해보상을 받을 수 있다" 고 본 사례가 있습니다(대법원 1992. 1. 21. 선고 90다카25499 판결 참조). 그러므로 택시회사 소속 운전사로서의 근무를 마치고 교대근무자가 운전하던 택시에 타고 자기 집으로 퇴근하다가 사고를 당한 경우라도, 회사가 묵시적으로 이용하도록 한 교통수단을 이용하여 퇴근하던 중 사고가 발생한 것이고, 회사의 피용자들의 노동력 제공에는 위 차량을 이용한 퇴근이 필연적인 사실 등이 인정된다면 업무상 재해에 해당할 수 있다고 보입니다.

더불어, 헌법재판소 2016. 9. 29. 2014헌바254 결정으로 인해 현행 산업재해보상법이 2017.10.24. 법률 제14933호로 일부개정되어 2018. 1. 1.부터 시행되게 됩니다. 개정된 산업재해보상법에 따르면 "출퇴근"이란 취업과 관련하여 주거와 취업장소 사이의 이동 또는 한 취업장소에서 다른 취업장소로의 이동을 말하며(제5조 제8호 신설), 사업주가 제공한 교통수단이나 그에 준하는 교통수단을 이용하는 등 사업주의 지배관리하에서 출퇴근하는 중 발생하였거나 그 밖에 통상적인 경로와 방법으로 출퇴근하는 중 발생한 사고로 인하여 근로자가 부상·질병 또는 장해가 발생하거나 사망하면 업무와 재해 사이에 상당인과관계가 부정되는 경우가 아닌 한 출퇴근 재해로서 업무상의 재해에 해당하게 됩니다(제37조 제1항 제3호 신설).

개정된 산업재해보상법에서 업무상의 재해를 더 넓게 규정하고 있으므로, 귀하의 사안의 경우 개정된 산업재해보상법이 적용될 경우 업무상의 재해로 인정받을 가능성이 더 높을 것이라 생각됩니다.

■ 출장 가던 중 교통사고로 중상을 입은 경우 산재처리가 가능한지요?

Q. 저는 회사 승용차를 타고 출장가던 중 중앙선을 침범해 온 트럭과 충돌하여 다리를 절단 당하는 상해를 입고 회사까지 그만두었습니다. 가해차량은 종합보험에 가입되지 않았고 상대방 운전사와 차주는 산재보험으로 충분히 보상받을 수 있으니 1,000만원에 민·형사상 합의를 하자고 합니다. 어떻게 해야 하는지요?

A. 근로자가 업무상 사유로 부상당하거나 사망한 경우에는 「근로기준법」이 정하는 바에 따라 요양보상, 휴업보상, 장해보상 또는 유족보상 등을 받게 되며, 위와 같은 보상의무를 부담하는 사용자는 그 의무이행을 위해 「산업재해보상보험법」이 정하는 바에 따라 산업재해보상보험에 가입하도록 되어 있습니다. 근로자가 제3자의 불법행위로 인하여 업무상 부상을 입게 된 경우에는 산재보험금을 받게 되는 한편, 가해자에 대하여는 「민법」상 손해배상청구권을 아울러 취득하게 됩니다.

그러므로 위와 같은 사고를 당한 귀하는 산재보험금을 받을 수 있는 한편 상대편 사고운전자에게는 불법행위책임에 기한 손해배상청구를, 상대편 트럭차주나 회사에 대하여는 자동차손해배상보장법에 기한 손해배상청구를 할 수 있지만, 두 가지 배상을 모두 받을 수 있는 것은 아니며 누구한테든지 손해액 전부를 배상 받으면 그 사고와 관련된 손해배상은 종결됩니다.

「산업재해보상보험법」제87조 제1항은 "공단은 제3자의 행위에 따른 재해로 보험급여를 지급한 경우에는 그 급여액의 한도 안에서 급여를 받은 자의 제3자에 대한 손해배상청구권을 대위한다."라고 규정하고 있고, 같은 법 제87조 제2항은 "제1항의 경우에 수급권자가 제3자로부터 동일한 사유로 인하여 이 법의 보험급여에 상당하는 손해배상을 받은 경우에는 공단은 그 배상액을 대통령령이 정하는 방법에 따라 환산한 금액의 한도 내에서 이 법에 의한 보험급여를 지급하지 아니한다."라고 규정하고 있습니다.

따라서 상대방과 합의를 보아 손해배상청구권을 포기하면 그 액수만큼 산업재해보상금도 줄어들게 되므로 성급히 민·형사상 합의를 해주어서는 안되며, 산재보험처리 후 보전되지 못한 손해액에 대하여 민사상 손해배상청구소송이나 형사상 합의를 고려하여야 할 것입니다.

■ 견인 회사에 레커차를 지입하고 견인업무를 하다가 이동 중 교통사고로 사망한 경우 유족보상금이 지급될 수 있나요?

Q. 甲은 자기 소유의 레커차를 차량보험서비스 견인업 등을 영위하고 있는 회사에 지입하고 위 레커차를 이용하여 견인 업무를 하여 왔습니다. 그런데 甲은 사고 차량을 견인하기 위하여 위 레커차를 운전하여 사고 지점으로 이동하던 중 도로 중앙선 부근에 설치된 가드레일과 승용차를 연이어 충격하는 교통사고로 사망하였습니다. 甲의 유족은 망인의 사망이 업무상 재해로 인한 것이라고 하면서 근로복지공단을 상대로 유족보상금 및 장의비 지급을 청구하였으나, 甲은 지입차주로서 개인사업자에 해당할 뿐 근로기준법상의 근로자로 인정할 수 없다는 이유에서 유족보상금 및 장의비 지급을 거부하는 처분을 하였습니다. 갑이 위 처분을 다투어 취소소송을 할 수 있는지요?

A. 산업재해보상보험법 제5조 제1호는 "업무상의 재해"란 업무상의 사유에 따른 근로자의 부상·질병·장해 또는 사망을 말한다고 규정하고 있고, 같은 조 제2호는 "근로자"란 근로기준법에 따른 "근로자"를 말

한다고 규정하고 있습니다. 또한 근로기준법 제2조 제1항 제1호는 "근로자"란 직업의 종류와 관계없이 임금을 목적으로 사업이나 사업장에 근로를 제공하는 자를 말한다고 규정하고 있습니다.

판례는 "산업재해보상보험법이 보호대상으로 삼은 근로기준법상의 근로자에 해당하는지 여부는 계약의 형식이 고용계약인지 도급계약인지보다 그 실질에 있어 근로자가 사업 또는 사업장에 임금을 목적으로 종속적인 관계에서 사용자에게 근로를 제공하였는지 여부에 따라 판단하여야 한다. 그리고 위에서 말하는 종속적인 관계가 있는지 여부는 업무 내용을 사용자가 정하고 취업규칙 또는 복무(인사)규정 등의 적용을 받으며 업무 수행 과정에서 사용자가 상당한 지휘·감독을 하는지, 사용자가 근무 시간과 근무 장소를 지정하고 근로자가 이에 구속을 받는지, 노무제공자가 스스로 비품·원자재나 작업도구 등을 소유하거나 제3자를 고용하여 업무를 대행하게 하는 등 독립하여 자신의 계산으로 사업을 영위할 수 있는지, 노무 제공을 통한 이윤의 창출과 손실의 초래 등 위험을 스스로 안고 있는지와, 보수의 성격이 근로 자체의 대상적 성격인지, 기본급이나 고정급이 정하여졌는지 및 근로소득세의 원천징수 여부 등 보수에 관한 사항, 근로 제공 관계의 계속성과 사용자에 대한 전속성의 유무와 그 정도, 사회보장제도에 관한 법령에서 근로자로서 지위를 인정받는지 등의 경제적·사회적 여러 조건을 종합하여 판단하여야 한다(대법원 2010. 5. 27. 선고 2007두9471판결, 대법원 2014. 2. 13. 선고 2011다78804판결 등). 다만 기본급이나 고정급이 정하여졌는지, 근로소득세를 원천징수하였는지, 사회보장제도에 관하여 근로자로 인정받는지 등의 사정은 사용자가 경제적으로 우월한 지위를 이용하여 임의로 정할 여지가 크다는 점에서 그러한 점들이 인정되지 않는다는 것만으로 근로자성을 쉽게 부정하여서는 안 된다(대법원 2006. 12. 7. 선고 2004다29736판결, 대법원 2010. 5. 27. 선고 2007두9471판결 등 참조)."라고 판시하여 산업재해보상보험법이 보호대상으로 삼은 근로기준법상의 근로자에 대한 판단 기준을 설시하였습니다.

이 사건으로 돌아와 견인업을 영위하는 회사에 레커차를 지입하고 견인업무를 하던 사람이 사고 차량을 견인하기 위하여 이동하던 중 교통사고로 사망한 경우 위 사람을 근로자로 볼 수 있는지에 관하여, 판례는 "차량보험서비스 견인업 등을 영위하는 회사에 레커차를 지입하고 견인 업무를 하던 사람이 사고 차량을 견인하기 위하여 이동하던 중 교통사고로 사망하자 그 유족이 유족보상금 및 장의비 지급을 청구하였는데, 근로복지공단이 위 사람은 지입차주로서 개인사업자에 해당할 뿐 근로기준법상 근로자가 아니라는 이유로 거부처분을 한 사안에서, 회사는 보험회사와 개인운전자 등에게서 자동차 견인 요청을 받으면, 이를 당직자 등을 통하여 위 사람을 비롯한 지입차주들에게 미리 교부한 무전기로 안내하고, 지입차주들로 하여금 자동차를 견인하도록 하였고, 지입차주들은 그 지시에 따라 견인업무를 한 점 등을 종합하면, 위 사람은 임금을 목적으로 종속적인 관계에서 회사에 근로를 제공한 근로자에 해당한다"고 하여 위 사람에 대한 유족급여 및 장의비 부지급 처분이 위법하다고 판시하였습니다(서울행정법원 2015. 9. 11. 선고 2015구합58522 판결).

따라서 이 사건의 경우 비록 구체적 제반사정에 따라 결론이 달라질 것으로 보이기는 하나, 갑의 유족은 근로복지공단의 유족급여 및 장의비 부지급 처분에 대하여 행정소송을 제기하여 다투어볼 여지가 있을 것으로 보입니다.

5. 관련판례

□ 대법원 2010.4.29. 선고 2010두184 판결

[판시사항]

[1] 출퇴근 중에 발생한 재해를 사업주의 지배·관리 아래에 있는 업무상의 사유로 발생한 것으로 볼 수 있는 경우

[2] 인력업체가 제공한 차량을 운전하고 건설회사의 공사현장으로 출근하던 근로자가 교통사고를 당한 사안에서, 사고 당시 출근 방법과 경로의 선택이 사업주인 건설회사의 객관적 지배·관리 아래 있었다고 볼 여지가 충분하다고 한 사례

[판결요지]

[1] 출퇴근 중에 발생한 재해와 관련하여, 사업주가 제공한 교통수단을 근로자가 이용하거나 또는 사업주가 이에 준하는 교통수단을 이용하도록 하는 경우를 비롯하여, 외형상으로는 출퇴근의 방법과 그 경로의 선택이 근로자에게 맡겨진 것으로 보이나 출퇴근 도중에 업무를 행하였다거나 통상적인 출퇴근시간 이전 혹은 이후에 업무와 관련한 긴급한 사무처리나 그 밖에 업무의 특성이나 근무지의 특수성 등으로 출퇴근의 방법 등에 선택의 여지가 없어 실제로는 그것이 근로자에게 유보된 것이라고 볼 수 없고 사회통념상 아주 긴밀한 정도로 업무와 밀접·불가분의 관계에 있다고 판단되는 경우에는, 그러한 출퇴근 중에 발생한 재해와 업무 사이에는 직접적이고도 밀접한 내적 관련성이 존재하여 그 재해는 사업주의 지배·관리 아래 업무상의 사유로 발생한 것이라고 볼 수 있다.

[2] 인력업체가 제공한 차량을 운전하고 건설회사의 공사현장으로 출근하던 근로자가 교통사고를 당한 사안에서, 위 차량은 건설회사가 제공한 교통수단에 준하는 것으로 볼 수 있고, 근로자가 건설회사의 공사현장에 매일 출근한 것이 아니라 공사현장을 바꾸어

가며 근무하였다고 하더라도 사고 당일의 출근과정에 대한 건설회사의 지배·관리를 부정할 사유로 보기 어려우며, 근로자로서도 위 차량을 이용한 출근 외에 다른 합리적인 선택의 기대가능성이 없는 점 등의 사정에 비추어, 사고 당시 출근 방법과 경로의 선택이 사실상 근로자에게 유보되었다고 볼 수 없고 사업주인 건설회사의 객관적 지배·관리 아래 있었다고 볼 수 있는 여지가 충분하다고 한 사례.

□ 대법원 2008. 5. 29. 선고 2008두1191 판결

[판시사항]

근로자가 사업주의 지시에 따라 급여 외에 일정한 대가를 받고 자신의 승용차에 동료 직원을 태워 통상적인 경로에 따라 출근하다가 발생한 교통사고로 상해를 입은 사안에서, 근로자의 출퇴근 과정이 사업주의 지배·관리하에 있다고 보아 구「산업재해보상보험법」제4조제1호에 정한 "업무상의 재해"에 해당한다고 한 사례

□ 대법원 2007.10.26. 선고 2007두2791 판결[요양불승인처분취소]

[판시사항]

[1] 구「산업재해보상보험법」제4조제1호에 정한 "업무상의 재해"의 의미 및 근로자의 출퇴근 중에 발생한 재해를 업무상 재해로 인정하기 위한 요건

[2] 휴일에 사무실의 이사회 준비를 위하여 지하철을 이용하여 출근하던 중에 발생한 재해에 대하여 출근에 이용한 지하철노선이 사업주의 지배·관리하에 있는 교통수단이라고 볼 수 없다는 이유로 그로 인한 상병(傷病)은 업무상 재해에 해당하지 않는다고 본 사례

□ 대법원 2007. 9. 28. 선고 2005두12572 전원합의체 판결

[판시사항]

[1] 구 「산업재해보상보험법」 제4조제1호에 정한 "업무상의 재해"의 의미 및 근로자의 출퇴근 중에 발생한 재해를 업무상 재해로 인정하기 위한 요건

[판결요지]

구 「산업재해보상보험법」(2007. 4. 11. 법률 제8373호로 전문 개정되기 전의 것) 제4조제1호에 정한 "업무상의 재해"란 근로자와 사업주 사이의 근로계약에 터 잡아 사업주의 지배·관리하에서 당해 근로업무의 수행 또는 그에 수반되는 통상적인 활동을 하는 과정에서 이러한 업무에 기인하여 발생한 재해를 말한다. 그런데 비록 근로자의 출퇴근이 노무의 제공이라는 업무와 밀접·불가분의 관계에 있다 하더라도, 일반적으로 출퇴근 방법과 경로의 선택이 근로자에게 유보되어 있어 통상 사업주의 지배·관리하에 있다고 할 수 없고, 산업재해보상보험법에서 근로자가 통상적인 방법과 경로에 따라 출퇴근하는 중에 발생한 사고를 업무상 재해로 인정한다는 특별한 규정을 따로 두고 있지 않은 이상, 근로자가 선택한 출퇴근 방법과 경로의 선택이 통상적이라는 이유만으로 출퇴근 중에 발생한 재해가 업무상의 재해로 될 수는 없다. 따라서 출퇴근 중에 발생한 재해가 업무상의 재해로 되기 위하여는 사업주가 제공한 교통수단을 근로자가 이용하거나 또는 사업주가 이에 준하는 교통수단을 이용하도록 하는 등 근로자의 출퇴근 과정이 사업주의 지배·관리하에 있다고 볼 수 있는 경우라야 한다.

□ 대법원 2005. 9. 29. 선고 2005두4458 판결

[판시사항]

[1] 출퇴근 중에 발생한 재해가 「산업재해보상보험법」 제4조제1호에 정한 "업무상의 재해"에 해당하기 위한 요건

[2] 오토바이를 타고 출근하던 일용직 산불감시원이 교통사고로 사망한 사안에서 위 사망이 업무상 재해에 해당한다고 한 사례

[판결요지]

[1] 「산업재해보상보험법」 제4조제1호에 정한 "업무상의 재해"라 함은 근로자가 사업주와의 근로계약에 기하여 사업주의 지배·관리하에서 당해 근로업무의 수행 또는 그에 수반되는 통상적인 활동을 하는 과정에서 이러한 업무에 기인하여 발생한 재해를 말하는데, 근로자의 출퇴근시에 발생한 재해는 비록 출퇴근이 노무의 제공이라는 업무와 밀접·불가분의 관계에 있다 하더라도, 일반적으로 출퇴근 방법과 경로의 선택이 근로자에게 유보되어 있어 통상 사업주의 지배·관리하에 있다고 할 수 없으므로, 출퇴근 중에 발생한 재해가 업무상의 재해가 되기 위하여는 사업주가 제공한 교통수단을 근로자가 이용하거나 또는 사업주가 이에 준하는 교통수단을 이용하도록 하는 등 근로자의 출퇴근과정이 사업주의 지배·관리하에 있다고 볼 수 있는 경우여야 한다.

[2] 일용직 산불감시원이 자기 소유의 오토바이를 타고 출근하다가 산불감시업무 담당구역과 상당히 떨어진 곳에서 중앙선을 침범하여 교통사고로 사망한 사안에서, 망인이 자기 소유의 오토바이를 이용하여 산불감시업무를 수행하는 것을 조건으로 채용되었고, 망인의 집에서 소속 면사무소까지 출근시간에 맞추어 도착할 수 있는 대중교통수단이 없었으며, 망인이 맡은 산불감시대상지역이 매우 넓어 도보나 자전거를 이용한 업무수행이 곤란하고, 망인이 집에서 소속 면사무소로 출근하기 위하여 선택한 경로가 최단경로로서 합리적인 경로라고 볼 수 있는 점 등에 비추어 망인의 사망이 업무상 재해에 해당한다고 한 사례.

□ 대법원 2002. 9. 4. 선고 2002두5290 판결

[판시사항]

[1] 수인의 근로자가 함께 출장명령을 받고 각자 주거지로부터 일정한 장소에 집합하여 그 중 1인의 승용차로 업무수행장소로 이동

하는 경우, "출장 중"과 "출퇴근 중"의 범위

[2] 근로자가 팀장 등 동료 근로자들과 함께 출장업무를 수행한 다음 집합장소로 돌아와 해산한 후에 귀가의 수단으로 근로자 자신의 자가용승용차를 운전하여 가던 중 교통사고로 사망한 경우, 업무상 재해로 볼 수 없다고 한 사례

[판결요지]

[1] 사업주로부터 출장명령을 받고 각자 일정한 지점에 집합하여 사업주측이 제공하는 교통수단을 이용하여 업무수행장소로 이동하게 되어 있는 경우 집합장소에 집합한 후 업무수행장소로 갔다가 다시 집합장소로 돌아올 때까지를 출장 중이라고 할 것이고, 각자가 주거지에서 집합장소로, 그리고 집합장소에서 주거지로 이동하는 동안에는 아직 출장이 개시되지 않았거나 출장이 끝난 것으로 보아야 할 것이며, 이는 수인의 근로자가 함께 출장명령을 받고 일정한 장소에 집합하여 그 중 1인의 승용차로 업무수행장소로 이동하는 경우에도 마찬가지로 보아야 한다.

[2] 근로자가 팀장 등 동료 근로자들과 함께 출장업무를 수행한 다음 집합장소로 돌아와 해산한 후에 귀가의 수단으로 근로자 자신의 자가용승용차를 운전하여 가던 중 교통사고로 사망한 경우, 이는 사업주의 지배관리를 벗어난 상태에서 관리이용권이 근로자에게 전담되어 있는 교통수단을 이용하던 중 발생한 출퇴근 중의 재해로서 업무상 재해로 볼 수 없다고 한 사례.

□ **대법원 1999. 9. 3. 선고 99다24744 판결**

[판시사항]

[1] 출퇴근 중에 발생한 재해가 출퇴근 중에 발생한 재해가 「산업재해보상보험법」 제4조제1호 소정의 "업무상의 재해"에 해당하기 위한 요건

[2] 회사에서 타 용도로 운행하는 차량을 근로자들이 사실상 출근 수단으로 이용하고 있음에도 회사가 이를 묵인하여 온 경우, 근로자가 그 차량에 탑승하고 출근하던 중 일어난 교통사고는 업무상 재해에 해당한다고 본 사례

[판결요지]

[1] 「산업재해보상보험법」 소정의 업무상의 재해라 함은 근로자가 사업주와의 근로계약에 기하여 사업주의 지배·관리하에서 근로업무의 수행 또는 그에 수반되는 통상적인 활동을 하는 과정에서 이러한 업무에 기인하여 발생한 재해를 말하므로, 출퇴근 중의 근로자는 일반적으로 그 방법과 경로를 선택할 수 있어 사용자의 지배 또는 관리하에 있다고 볼 수 없고, 따라서 출퇴근 중에 발생한 재해가 업무상의 재해로 인정되기 위하여는 사용자가 근로자에게 제공한 차량 등의 교통수단을 이용하거나 사용자가 이에 준하는 교통수단을 이용하도록 하여 근로자의 출퇴근 과정이 사용자의 지배·관리하에 있다고 볼 수 있는 경우에 해당되어야 한다.

[2] 회사에서 타 용도로 운행하는 차량을 근로자들이 사실상 출근 수단으로 이용하고 있음에도 회사가 이를 묵인하여 온 경우, 근로자가 그 차량에 탑승하고 출근하던 중 일어난 교통사고는 업무상 재해에 해당한다고 본 사례.

□ **대법원 1999. 2. 9. 선고 98다53141 판결**

[판시사항]

[1] 호의동승의 사실만으로 손해배상액을 감경할 수 있는지 여부(소극)

[2] 무상동승의 사실만으로 운전자에게 안전운전을 촉구할 의무가 있는지 여부(소극)

[판결요지]

[1] 차량의 운행자가 아무런 대가를 받지 아니하고 동승자의 편의와 이익을 위하여 동승을 허락하고 동승자도 그 자신의 편의와 이익을 위하여 그 제공을 받은 경우 그 운행 목적, 동승자와 운행자의 인적관계, 그가 차에 동승한 경위, 특히 동승을 요구한 목적과 적극성 등 여러 사정에 비추어 가해자에게 일반 교통사고와 동일한 책임을 지우는 것이 신의법칙이나 형평의 원칙으로 보아 매우 불합리하다고 인정될 때에는 그 배상액을 경감할 수 있으나, 사고 차량에 단순히 호의로 동승하였다는 사실만 가지고 바로 이를 배상액 경감사유로 삼을 수 있는 것은 아니다.

[2] 차량에 무상으로 동승하였다고 하더라도 그와 같은 사실만으로 운전자에게 안전운행을 촉구하여야 할 주의의무가 있다고는 할 수 없다.

□ 대법원 1999. 12. 24. 선고 99두9025 판결

[판시사항]

[1] 출퇴근 중에 발생한 재해가 「산업재해보상보험법」 제4조제1호 소정의 "업무상의 재해"에 해당하기 위한 요건

[2] 근로자가 자신의 승용차를 운전하여 퇴근하던 중 교통사고로 사망한 사안에서 퇴근과정이 사업자의 지배·관리하에 있지 않고, 사업자가 제공한 교통수단을 이용한 것으로 볼 수 없다는 이유로 업무상 재해에 해당되지 않는다고 한 원심의 판단을 수긍한 사례

[판결요지]

[1] 근로자의 출퇴근시에 발생한 재해는, 비록 출퇴근이 노무의 제공이라는 업무와 밀접·불가분의 관계에 있다 하더라도, 일반적으로 출퇴근 방법과 경로의 선택이 근로자에게 유보되어 있어 통상 사업주의 지배·관리하에 있다고 할 수 없으므로, 출퇴근 중에 발생한 재해가 업무상의 재해가 되기 위하여는 사업주가 제공한 교통수단을 근로자가 이용하거나 또는 사업주가 이에 준하는 교통수

단을 이용하도록 하는 등 근로자의 출·퇴근과정이 사업자의 지배·관리하에 있다고 볼 수 있는 경우여야 한다.

[2] 근로자가 자신의 승용차를 운전하여 퇴근하던 중 교통사고로 사망한 사안에서 퇴근과정이 사업자의 지배·관리하에 있지 않고, 사업자가 제공한 교통수단을 이용한 것으로 볼 수 없다는 이유로 업무상 재해에 해당되지 않는다고 한 원심의 판단을 수긍한 사례.

6. 택시출퇴근 중 교통사고가 나면 어떻게 보상받나요?

6-1. 택시운전자의 과실로 사고가 난 경우

① 택시운전자가 실수로 교통사고를 내어 택시 승객을 사상하거나 택시 승객의 물건을 손괴한 경우 사고를 낸 택시운전자 또는 해당 운전자가 속한 택시회사는 「자동차손해배상 보장법」 제3조, 「민법」 제750조 및 제756조 등에 따라 그 손해를 배상해야 합니다.

② 택시로 출퇴근하던 중 택시운전자의 과실로 교통사고가 나서 신체상 또는 재산상의 손해를 입은 경우 해당 택시운전자가 가입한 택시공제조합(개인택시의 경우 개인택시공제조합)이나 보험회사를 통한 보상처리절차를 거쳐 보상을 받게 됩니다. 이에 따른 보상을 받은 경우에는 별도로 「자동차손해배상 보장법」 또는 「민법」에 따른 손해배상청구를 할 수 없습니다.

③ 택시로 출퇴근하던 중 사고가 난 경우 택시공제조합을 통한 보상처리절차는 다음과 같습니다.

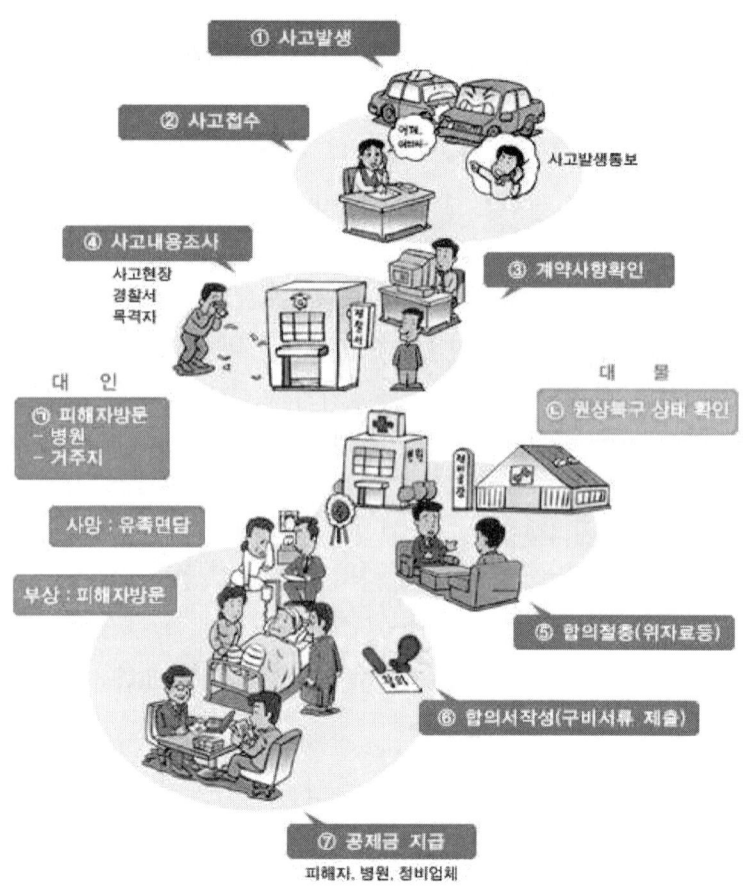

〈출처 : 전국택시공제조합-보상안내-보상안내〉

6-2. 공제금 지급기준

6-2-1. 사망의 경우

① 장례비 : 5,000,000원

② 위 자 료
[사망자 본인 및 유족 위자료]
- 사망 당시 피해자의 나이가 65세 미만인 경우: 80,000,000원
- 사망 당시 피해자의 나이가 65세 이상인 경우: 50,000,000원

[청구권자의 범의 및 청구권자별 지급기준]
- 민법상 상속규정에 따름

③ 상실수익액
(월평균현실소득액-생활비) X (사망일로부터 공제금지급일까지의 월수+공제금지급일부터 취업가능년한까지 월수에 해당하는 라이프니츠계수)
[최저공제금(보상금): 2,000만원]

6-2-2. 부상의 경우

① 치료관계비
- 국내의료기관 및 의사의 진단 기간내에서 치료에 소요되는 비용 (단, 입원료는 대중적인 일반병실을 기준으로 함)

② 위자료
- 청구권자 : 피해자 본인
- 지급기준(책임보험 상해구분에 따라 다음과 같이 급별 인정)
- 지급기준(책임보험 상해구분에 따라 다음과 같이 급별 인정)

(단위 : 원)

급별	인정액	급별	인정액	급별	인정액
1	2,000,000	6	500,000	11	200,000
2	1,760,000	7	400,000	12	150,000
3	1,520,000	8	300,000	13	150,000
4	1,280,000	9	250,000	14	150,000
5	750,000	10	200,000		

③ 휴업손해액
- 부상으로 인하여 휴업함으로써 수입의 감소가 있었음을 관계 서류를 통해 증명할 수 있는 경우에 한하여 휴업기간 중 피해자의 실제 수입감소액의 85% 해당액을 지급함.

④ 기타 손해배상금
- 입원기간 중 한 끼당 4,030원(병원에서 식사를 제공하지 않거나 환자의 요청에 따라 병원에서 제공하는 식사를 이용하지 않는 경우에 한함)
- 통원한 일수에 대하여 1일 8,000원

6-2-3. 후유장애의 경우

① 위자료
- 청구권자: 피해자 본인

② 지급기준
  (1) 노동능력상실율이 50% 이상인경우
   (가) 후유장애 판정 당시 피해자의 나이가 65세 미만인 경우
      45,000,000원 × 노동능력상실률 × 85%
   (나) 후유장애 판정 당시 피해자의 나이가 65세 이상인 경우
      40,000,000원 × 노동능력상실률 × 85%

(다) 상기 (가), (나)에도 불구하고 피해자가 이 약관에 따른 가정간호비 지급 대상인 경우에는 아래 기준을 적용함
  ㉠ 후유장애 판정 당시 피해자의 나이가 65세 미만인 경우
    80,000,000원 × 노동능력상실률 × 85%
  ㉡ 후유장애 판정 당시 피해자의 나이가 65세 이상인 경우
    50,000,000원 × 노동능력상실률 × 85%
(2) 노동능력상실율이 50% 미만인 경우

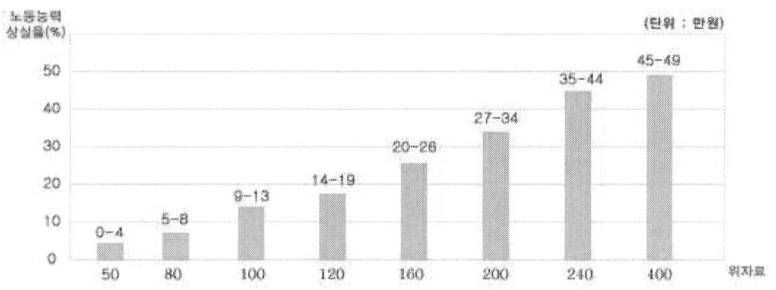

③ 상실수익액
  월평균현실소득액 × 노동능력상실률 × (노동능력상실일부터 보험금지급일까지의 월수 + 공제금지급일 부터 취업가능연한까지의 월수에 해당하는 라이프니츠계수)

6-2-4. 대물의 경우

① 수리비용
  [지급대상]
  - 원상회복이 가능하여 수리하는 경우
  [인정기준액]
  (1) 수리비

사고 직전의 상태로 원상회복하는데 소요되는 필요 타당한 비용으로서 실제 수리비용. 다만, 경미한 손상의 경우 보험개발원이 정한 경미손상 수리기준에 따라 복원수리하는데 소요되는 비용을 한도로 함

(2) 열처리 도장료
수리시 열처리 도장을 한 경우 차량연식에 관계없이 열처리 도장료 전액

(3) 한도
수리비 및 열처리 도장료의 합계액은 피해물의 사고 직전 가액의 120%를 한도로 지급함. 다만, 피해물이 다음 중 어느 하나에 해당하는 경우에는 130%를 한도로 함

(가) 내용연수가 지난 경우
(나) 「여객자동차 운수사업법」제84조 제2항에 의한 차량충당연한을 적용받는 승용자동차나 승합자동차
(다) 「화물자동차 운수사업법」제57조 제1항에 의한 차량충당연한을 적용받는 화물자동차

〈용어풀이〉
- 경미한 손상이란 외장부품 중 자동차의 기능과 안전성을 고려할 때 부품교체 없이 복원이 가능한 손상
- 내용연수란 보험개발원의「차량가액기준표」에서 정하는 내용연수

② 교환가액

[지급대상]

- 피해물이 다음중 어느 하나에 해당하는 경우
    (1) 수리비용이 피해물의 사고 직전 가액을 초과하여 수리하지 않고 폐차하는 경우
    (2) 원상회복이 불가능한 경우

[인정기준액]

(1) 사고 직전 피해물의 가액 상당액

(2) 사고 직전 피해물의 가액에 상당하는 동종의 대용품을 취득할 때 실제로 소요된 필요타당한 비용

③ 대차료

[지급대상]

- 비사업용자동차(건설기계 포함)가 파손 또는 오손되어 가동하지 못하는 기간 동안에 다른 자동차를 대신 사용할 필요가 있는 경우

[인정기준액]

(1) 대차를 하는 경우

(가) 대여자동차는 여객자동차운수사업법에 따라 등록한 대여사업자에게서 차량만을 빌릴 때를 기준으로 동급의 대여자동차 중 최저요금의 대여자동차를 빌리는데 소요되는 통상의 요금.
다만, 피해차량의 사고시점을 기준으로 여객자동차운수사업법에 따른 운행연한 초과로 동급의 대여자동차를 구할 수 없는 경우에는 피해차량과 동일한 규모 대여자동차 중 최저요금의 대여자동차를 기준으로 함.

(나) 대여자동차가 없는 차종은 보험개발원이 산정한 사업용 해당차종(사업용 해당차종의 구분이 곤란할 때에는 사용방법이 유사한 차종으로 하며, 이하 같음) 휴차료 일람표 범위에서 실 임차료. 다만, 5톤 이하 또는 밴형 화물자동차 및 대형 이륜자동차(260cc 초과)의 경우 중형 승용차급 중 최저요금 한도로 대차 가능

(2) 대차를 하지 않은 경우

(가) 동급의 대여자동차가 있는 경우
해당 차량과 동급의 최저요금 대여자동차 대여 시 소요되는 통상의 요금의 30% 상당액

(나) 여객자동차운수사업법에 따른 운행연한 초과로 동급의 대여자동차를 구할 수 없는 경우
위 (1)-(가)단서에 따라 대차를 하는 경우 소요되는 대차료의 30% 상당액

(다) 대여자동차가 없는 경우: 사업용 해당 차종 휴차료 일람표 금액의 30% 상당액

[인정기간]

(1) 수리가능한 경우
수리를 위해 자동차정비업자에게 인도하여 수리가 완료될 때까지 소요된 기간으로 하되, 30일을 한도로 함. 다만, 부당한 수리 지연이나 출고지연 등의 사유로 인해 통상의 수리기간(*1)을 초과하는 기간은 인정하지 않음.

(2) 수리불가능한 경우: 10일

④ 휴차료

[지급대상]

- 사업용자동차(건설기계 포함)가 파손 또는 오손되어 사용하지 못하는 기간 동안에 발생하는 타당한 영업손해

[인정기준액]

(1) 증명자료가 있는 경우
1일 영업수입에서 운행경비를 공제한 금액에 휴차 기간을 곱한 금액

(2) 증명자료가 없는 경우
보험개발원이 산정한 사업용 해당 차종 휴차료 일람표 금액에 휴차 기간을 곱한 금액

[인정기간]

(1) 수리가능한 경우

(가) 수리를 위해 자동차정비업자에게 인도하여 수리가 완료
　　　　될 때까지의 기간으로 하되, 30일을 한도로 함.
　　(2) 수리 불가능한 경우: 10일
⑤ 영업손실
　[지급대상]
　- 소득세법령에 정한 사업자의 사업장 또는 그 시설물을 파괴하
　　여 휴업함으로써 상실된 이익
　[인정기준액]
　(1) 증명자료가 있는 경우
　　　소득을 인정할 수 있는 세법에 따른 관계증빙서에 의하여 산
　　　정한 금액
　(2) 증명자료가 없는 경우
　　　일용근로자 임금
　[인정기간]
　(1) 원상복구에 소요되는 기간으로 함. 그러나 합의지연 또는 부
　　　당한 복구지연으로 연장되는 기간은 휴업기간에 넣지 아니함.
　(2) 영업손실의 인정기간은 30일을 한도로 함.
⑥ 자동차 시세 하락손해
　- 사고로 인한 자동차(출고 후 5년 이하인 자동차에 한함)의 수
　　리비용이 사고 직전 자동차가액의 20%를 초과하는 경우 출고
　　후 1년 이하인 자동차는 수리비용의 20%를 지급하고, 출고 후
　　1년 초 2년 이하인 자동차는 수리비용의 15%, 출고 후 2년
　　초과 5년 이하인 자동차는 수리비용의 10%를 지급함.

■ 교통사고 피해자에 지급해야 할 대차비용의 범위는?

> Q. 교통사고 피해차량의 소유자 甲이 수리를 위해 피해차량을 서비스센터에 입고한 다음 피해차량과 동종인 승용차를 임차하여 사용하고 가해차량의 보험자인 乙 보험회사에 사용 기간에 대한 대차비용의 지급을 청구하자, 乙 회사가 보험약관의 대차비용 지급기준에서 정한 기간에 대해서만 대차비용을 지급한 사안에서, 乙 회사는 '수리가 실제 시작된 때부터 수리가 완료되어 출고될 때까지의 기간'에 대하여 대차비용을 지급할 의무가 있다고 한 사례
>
> A. 민법 제393조 제1항, 제2항에서는 채무불이행으로 인한 손해배상은 통상의 손해를 그 한도로 하고, 특별한 사정으로 인한 손해는 채무자가 그 사정을 알았거나 알 수 있었을 때에 한하여 배상의 책임이 있다고 규정하고, 상법 제719조는 책임보험계약의 보험자는 피보험자가 보험기간중의 사고로 인하여 제3자에게 배상할 책임을 진 경우에 이를 보상할 책임이 있다고 규정하고 있습니다.

7. 상대차량 과실 또는 택시운전자와 상대차량의 쌍방과실로 사고가 난 경우

7-1. 과실비율에 대해 합의가 이루어진 경우

① 택시 승객은 합의된 내용에 따라 사고에 대해 책임 있는 운전자에게 각각 합의된 과실 비율에 따라 직접 손해배상을 청구할 수 있습니다.

② 사고에 대해 책임 있는 운전자는 피해를 입은 택시 승객에게 「자동차손해배상 보장법」 제3조, 「민법」 제750조 및 제756조 등에 따라 그 손해를 배상해야 합니다. 다만, 보험이나 공제조합을 통한 보상처리절차를 거쳐 피해보상을 한 경우에는 그러한 범위 내에서 별도로 「자동차손해배상 보장법」 또는 「민법」에 따른 손해배상청구를 하지 않아도 됩니다.

7-2. 과실비율에 대해 다툼이 있는 경우

① 사고로 피해를 입은 승객은 해당 택시운전자가 가입한 택시공제조합(개인택시의 경우 개인택시공제조합)에 직접 공제금(보상금)의 지급을 청구할 수 있습니다(「자동차손해배상 보장법」 제10조).

② 이 경우 택시운전자와 상대차량 운전자가 사고발생 사실 자체 또는 과실여부를 부인하는 경우가 발생할 수 있으므로, 이에 대비하기 위해서는 반드시 현장의 증거와 증인을 확보하고 경찰서나 보험회사에 사고발생 사실을 신고해 두는 것이 좋습니다.

8. 택시출퇴근 중 교통사고가 난 경우 산재보상 보험급여를 받을 수 있나요?

8-1. "산업재해보상 보험급여"란

① 산업재해보상 보험급여는 산업재해보상보험에 가입된 사업장의 근로자가 업무상의 재해를 당한 경우에 지급됩니다.

② "업무상의 재해"란 업무상의 사유에 따른 근로자의 부상·질병·장해 또는 사망을 말합니다(「산업재해보상보험법」 제5조제1호).

8-2. 출퇴근길 교통사고, 업무상 재해로 인정되나요?

① 공무원이 통상적인 경로와 방법으로 출퇴근하던 중 발생한 교통사고로 부상을 입은 경우는 공무상 부상에 해당하며, 공무상 부상 또는 그 부상으로 장해를 입거나 사망한 경우에는 공무상 재해로 봅니다. 다만, 공무와 사이에 상당한 인과관계가 없는 경우에는 공무상 재해로 보지 않습니다(「공무원 재해보상법」 제4조제1항제1호나목).

② 공무원이 공무상 부상으로 요양을 하는 경우(재요양 포함) 공무상 재해보상심의회의 심의를 거쳐 요양급여를 받습니다(「공무원 재해보상법」 제22조제1항).

③ 일반근로자의 경우 출퇴근하던 중에 다음의 어느 하나에 해당하는 사고로 부상·질병 또는 장해가 발생하거나 사망하면 업무상 재해로 봅니다. 다만, 업무와 재해 사이에 상당인과관계(相當因果關係)가 없는 경우에는 그렇지 않습니다(「산업재해보상보험법」 제37조제1항제3호).

④ 사업주가 제공한 교통수단이나 그에 준하는 교통수단을 이용하는 등 사업주의 지배관리하에서 출퇴근하는 중 발생한 사고

그 밖에 통상적인 경로와 방법으로 출퇴근하는 중 발생한 사고

8-3. 관련판례

☐ 대법원 1992. 1. 21. 선고 90다카25499 판결

[판시사항]

[1] 회사 소속 택시운전사가 근무교대시 교대근무자의 택시를 타고 퇴근하다가 교통사고를 당한 경우 업무상 재해에 해당하여 「근로기준법」에 따른 재해보상을 받을 수 있다고 본 사례

[2] 피해자가 배상책임 있는 피보험자의 피용자로서 「근로기준법」에 따른 재해보상을 받을 수 있는 경우를 보험자의 면책사유로 들고 있는 「자동차종합보험보통약관」이 「상법」 제659조, 제663조에 위반되어 무효인지 여부(소극)

[판결요지]

[1] 택시회사 소속 운전사로서의 근무를 마치고 교대근무자가 운전하던 택시에 타고 자기 집으로 퇴근하다가 사고를 당한 경우, 그것이 위 택시회사가 묵시적으로 이용하도록 한 교통수단을 이용하여 퇴근하던 중 발생한 사고라면, 위 회사의 피용자들의 노동력 제공에는 위 차량을 이용한 퇴근이 필연적인 사실에 비추어 위 퇴근하던 운전사의 사망은 업무상 재해에 해당된다고 할 것이어서 그 운전사는 「근로기준법」에 따른 재해보상을 받을 수 있다고 본 사례.

[2] 교통사고의 피해자가 배상책임의무가 있는 피보험자의 피용자로서 「근로기준법」에 따른 재해보상을 받을 수 있는 사람인 경우에는 그 사고로 인하여 피보험자가 입게 된 손해를 보험자가 보상하지 아니하기로 정한 「자동차종합보험보통약관」상의 면책조항(제10조제2항제4호)은, 사용자와 근로자의 노사관계에서 발생한 업무상 재해로 인한 손해에 대하여는 노사관계를 규율하는 「근로기준법」에서 사용자의 각종 보상책임을 규정하는 한편, 이러한 보상책임을 담보하기 위하여 「산업재해보상보험법」으로 산업재해보

상보험제도를 설정하고 있어서, 노사관계에서 발생하는 재해보상에 대하여는 원칙적으로「산업재해보상보험」에 의하여 전보 받도록 하고 제3자에 대한 손해배상책임을 전보하는 것을 목적으로 한 자동차보험의 대인배상 범위에서는 이를 제외하려는 데에 그 취지가 있는 것이므로, 손해발생원인에 책임이 있는 자를 보험의 보호 대상에서 제외하려는「상법」제659조의 적용 대상이라고 보기 어렵고, 따라서 위 면책조항이 보험계약자 또는 피보험자 등에게 불이익하게「상법」제659조에 규정된 면책사유를 변경함으로써 같은 법 제663조에 위반되어 무효라고 볼 수는 없다.

9. 버스출퇴근 중 사고가 난 경우

버스추돌사고, 급정차나 급출발 때문에, 폭우나 폭설 등으로 버스 안이 미끄러워서등등.. 다양한 원인으로 인해 버스로 출퇴근하던 중 다치거나 소지품이 망가지는 경우가 발생하는데요. 만약 오늘 아침 출근길 나에게 이런 일이 일어난다면 어떻게 대처하면 좋을까요?

9-1. 어떤 조치가 취해지나요?

① 버스로 출퇴근 중 사고가 난 경우 그 버스의 운전사나 그 밖의 승무원(이하 '운전사등'이라 함)은 즉시 정차하여 사상자를 구호하는 등 필요한 조치와 피해자에게 인전 사항(성명·전화번호·주소 등을 말함)을 제공 해야 합니다(「도로교통법」 제54조제1항).

③ 위의 조치를 하지 않은 사람은 5년 이하의 징역이나 1천500만원 이하의 벌금에 처해 집니다(「도로교통법」 제148조).

④ 위의 경우 그 버스의 운전사등은 경찰공무원이 현장에 있을 때에는 그 경찰공무원에게, 경찰공무원이 현장에 없을 때에는 가장 가까운 경찰서(지구대, 파출소 및 출장소를 포함함)에 다음의 사항을 지체 없이 신고해야 합니다. 다만, 차만 손괴된 것이 분명하고 도로에서의 위험방지와 원활한 소통을 위하여 필요한 조치를 한 경우에는 그렇지 않습니다(「도로교통법」 제54조제2항).

  - 사고가 일어난 곳
  - 사상자 수 및 부상 정도
  - 손괴한 물건 및 손괴 정도
  - 그 밖의 조치사항 등

⑤ 위에 따른 사고발생 시 조치상황 등의 신고를 하지 않은 사람은 30만원 이하의 벌금이나 구류에 처해 집니다(「도로교통법」 제154조제4호).

⑥ 교통사고가 일어난 경우에는 누구든지 위에 따른 운전사등의 조치

또는 신고행위를 방해하여서는 안 됩니다(규제「도로교통법」 제55조).

⑦ 이를 위반하여 교통사고 발생 시의 조치 또는 신고 행위를 방해한 사람은 6개월 이하의 징역이나 200만원 이하의 벌금 또는 구류에 처해 집니다(「도로교통법」 제153조제1항제5호).

⑧ 사고발생 신고를 받은 경찰서의 경찰공무원은 부상자의 구호와 그 밖의 교통위험 방지를 위하여 필요하다고 인정하면 경찰공무원(자치경찰공무원은 제외함)이 현장에 도착할 때까지 신고한 운전자등에게 현장에서 대기할 것을 명할 수 있습니다(「도로교통법」 제54조제3항).

⑨ 경찰공무원은 교통사고를 낸 버스의 운전사등에 대하여 그 현장에서 부상자의 구호와 교통안전을 위하여 필요한 지시를 명할 수 있습니다(「도로교통법」 제54조제4항).

9-2. 피해보상은 어떻게 받나요?

⑩ 버스로 출퇴근하던 중 사고로 신체상 또는 재산상의 손해를 입은 경우 사고책임자는 「자동차손해배상 보장법」 제3조, 「민법」 제750조 및 제756조 등에 따라 그 손해를 배상해야 합니다.

⑪ 버스로 출퇴근하던 중 사고로 신체상 또는 재산상의 손해를 입은 경우 일반적으로는 버스공제조합을 통한 보상처리절차를 거쳐 보상을 받게 됩니다. 그리고 이에 따른 보상을 받은 경우 별도로 「자동차손해배상 보장법」이나 「민법」에 따른 손해배상청구는 할 수 없습니다.

⑫ 더불어 대중교통 상해보험 등 대중교통 이용 중 발생한 피해를 보상받을 수 있는 보험에 가입해 두셨다면 해당 보험회사에 사고 통보를 하시고 경찰서 신고 여부에 대한 자문과 신속한 보상서비스를 받으실 수 있습니다.

10. 지하철출퇴근 중 사고가 난 경우

열차의 충돌·탈선사고, 화재 등 여러 가지 이유로 지하철 출퇴근 중에도 신체상·재산상 피해가 발생할 수 있는데요. 이럴 땐 어떻게 대처하면 좋을까요?

10-1. 어떤 조치가 취해지나요?

① 철도운영자 및 철도시설관리자(이하 '철도운영자 등'이라 함)는 철도사고 및 운행장애(이하 '철도사고 등'이라 함)가 발생하였을 때에는 사상자 구호, 유류품(遺留品) 관리, 여객 수송 및 철도시설 복구 등 인명피해 및 재산피해를 최소화하고 열차를 정상적으로 운행할 수 있도록 필요한 조치를 해야 합니다(「철도안전법」 제60조제1항).

② "철도사고"란 철도운영 또는 철도시설관리와 관련하여 사람이 죽거나 다치거나 물건이 파손되는 사고로 다음 어느 하나에 해당하는 것을 말합니다(「철도안전법」 제2조제11호 및 「철도안전법 시행규칙」 제1조의2).
   1. 철도교통사고: 충돌사고, 탈선사고, 열차화재사고, 기타 철도교통사고
   2. 철도안전사고: 철도화재사고, 철도시설파손사고, 기타 철도안전사고

③ "철도준사고"란 철도안전에 중대한 위해를 끼쳐 철도사고로 이어질 수 있었던 것으로 다음 어느 하나에 해당하는 것을 말합니다(「철도안전법」 제2조제12호 및 「철도안전법 시행규칙」 제1조의3).
   1. 운행허가를 받지 않은 구간으로 열차가 주행하는 경우
   2. 열차가 운행하려는 선로에 장애가 있음에도 진행을 지시하는 신호가 표시되는 경우. 다만, 복구 및 유지 보수를 위한 경우로서 관제 승인을 받은 경우에는 제외
   3. 열차 또는 철도차량이 승인 없이 정지신호를 지난 경우
   4. 열차 또는 철도차량이 역과 역사이로 미끄러진 경우

5. 열차운행을 중지하고 공사 또는 보수작업을 시행하는 구간으로 열차가 주행한 경우
6. 안전운행에 지장을 주는 레일 파손이나 유지보수 허용범위를 벗어난 선로 뒤틀림이 발생한 경우
7. 안전운행에 지장을 주는 철도차량의 차륜, 차축, 차축베어링에 균열 등의 고장이 발생한 경우
8. 철도차량에서 화약류 등 위험물 또는 위해물품이 누출된 경우
9. 위 1.부터 8.까지의 준사고에 준하는 것으로서 철도사고로 이어 질 수 있는 것

④ "운행장애"란 철도사고 및 철도준사고 외에 철도차량의 운행에 지장을 주는 것으로서 다음 어느 하나에 해당하는 것을 말합니다(「철도안전법」 제2조제13호 및 「철도안전법 시행규칙」 제1조의4).
1. 관제의 사전승인 없는 정차역 통과
2. 다음의 구분에 따른 운행 지연. 다만, 다른 철도사고 또는 운행 장애로 인한 운행 지연은 제외
   가. 고속열차 및 전동열차: 20분 이상
   나. 일반여객열차: 30분 이상
   다. 화물열차 및 기타열차: 60분 이상

⑤ 철도사고 등이 발생하는 경우 해당 철도차량의 운전업무종사자와 여객승무원은 철도사고 등의 현장을 이탈해서는 안 되며, 다음의 후속조치를 이행해야 합니다(「철도안전법」 제40조의2제5항 본문 및 「철도안전법 시행규칙」 제76조의8제1항).
1. 관제업무종사자 또는 인접한 역시설의 철도종사자에게 철도사고 등의 상황을 전파할 것
2. 철도차량 내 안내방송을 실시할 것. 다만, 방송장치로 안내방송이 불가능한 경우에는 확성기 등을 사용하여 안내해야 합니다.

    3. 여객의 안전을 확보하기 위하여 필요한 경우 철도차량 내 여객을 대피시킬 것
    4. 2차 사고 예방을 위하여 철도차량이 구르지 않도록 하는 조치를 할 것
    5. 여객의 안전을 확보하기 위하여 필요한 경우 철도차량의 비상문을 개방할 것
    6. 사상자 발생 시 응급환자를 응급처치하거나 의료기관에 긴급히 이송되도록 지원할 것

⑥ 철도사고 등이 발생한 경우 철도운영자 등은 다음 사항을 지켜야 합니다(「철도안전법」 제60조제2항 및 「철도안전법 시행령」 제56조).
    1. 사고수습 또는 복구 작업을 하는 때에는 인명의 구조 및 보호에 가장 우선순위를 둘 것
    2. 사상자가 발생한 경우에는 비상대응절차에 따라 응급처치, 의료 기관에의 긴급이송, 유관기관과의 협조 등 필요한 조치를 신속히 할 것
    3. 철도차량 운행이 곤란한 경우에는 비상대응절차에 따라 대체 교통수단을 마련하는 등 필요한 조치를 할 것

10-2. 피해보상은 어떻게 받나요?

① 지하철로 출퇴근하던 중 사고로 신체상 또는 재산상의 손해를 입은 경우 사고책임자는 「민법」 제750조 및 제756조 등에 따라 그 손해를 배상해야 합니다.

② 지하철로 출퇴근하던 중 사고로 신체상 또는 재산상의 손해를 입은 경우 일반적으로 해당 지하철운영기관이 가입한 영업배상책임보험 또는 지방자치단체배상책임보험의 보상처리절차를 거쳐 보상을 받게 됩니다. 이에 따른 보상을 받은 경우 별도로 「민법」에 따른 손해배상청구는 할 수 없습니다.

③ "책임보험"이란 피보험자가 보험기간 중의 사고로 제3자에게 배상

할 책임을 진 경우 보험회사가 피보험자의 책임이행으로 발생할 손해를 보상할 것을 목적으로 하는 손해보험계약을 말합니다(법제처·한국법제연구원, 법령용어사례집).

④ 더불어 대중교통 상해보험 등 대중교통 이용 중 발생한 피해를 보상받을 수 있는 보험에 가입해 두셨다면 해당 보험회사에 사고통보를 하시고 경찰서 신고 여부에 대한 자문과 신속한 보상서비스를 받으실 수 있습니다.

10-3. 지하철 연착으로 인한 피해, 보상받을 수 있나요?

① 긴급상황 발생, 악천후로 인한 고장 등으로 출퇴근길에 지하철이 연착되어 난감했던 일, 직장인이라면 누구나 한번쯤은 경험해 보셨을텐데요. 지하철 연착으로 인해 피해를 입었다면 보상받을 수 있을까요?

② 지하철 운행중단이나 지연 등으로 인한 피해보상은 일반적으로 각 지하철운영기관의 여객운송약관에 따라 이루어집니다. 따라서, 구체적인 보상내용은 해당 기관 홈페이지에서 제공하는 약관에서 확인하실 수 있습니다.

Part 7.
교통사고 합의시 해야 할 사항

1. 교통사고 합의금

① 교통사고 합의금은 교통사고로 인하여 피해를 입은 사람이 손해를 보상하기 위해 가해자에게서 받는 금액을 말합니다.

② 합의금은 크게 두 가지로 나누게 됩니다. 물적 피해와 인적피해로 나눕니다.

1-1. 물적피해

차량이나 물건이 파손된 경우의 수리비나 손실 금액을 말합니다.

1-2. 인적피해

① 다쳤거나 정신적으로 충격을 받은 경우 치료비, 위자료, 그리고 일하지 못한 기간의 손실비용을 받을 수 있습니다.

② 합의금은 사고의 심각성, 피해자의 상황, 치료비용 등을 고려해 피해자와 가해자가 협의해서 결정을 합니다. 만약 합의가 어렵다면 법원을 통하여 판단을 받을 수도 있습니다.

1-3. 교통사고 합의기간

교통사고 합의기간은 명확히 정해진 법적기준은 없습니다. 상황에 따라 달라질 수 있습니다. 합의는 아래와 같은 단계로 이루어 지니 참고하시길 바랍니다.

1-4. 경찰 조사 및 보험사 처리

우선 사고가 발생하면 경찰조사가 첫 번째로 이루어져야 합니다. 그리고 보험사에서 사고처리를 하고 이 두 단계를 거쳐서 사고의 책임비율이 결정됩니다. 이 과정은 보통 몇 주에서 한 달 정도 소요될 수 있습니다.

1-5. 피해자의 치료기간

만약 교통사고로 인하여 피해자가 다쳤다면 치료가 완료되거나 더 이상 치료 효과가 없다는 진단(치료종결)을 받아야 합의가 가능합니다. 치료기간은 부상의 정도에 따라 달라지며 몇 주에서 몇 달 이상 걸릴 수도 있습니다.

1-6. 합의 협상

치료가 끝난 후, 피해자와 가해자(보험을 들었다면 보험사가 대행)간의 합의 협상이 이루어집니다. 일반적으로는 1-3개월 안에 해결되는 경우가 많습니다. 하지만 합의가 어렵거나 안 될 경우 더 오래 걸릴 수도 있고 법정 소송으로 이어질 수도 있으니 이 기간은 상황에 따라 많이 달라질 수 있습니다.

1-7. 교통사고 합의금 산정기준

교통사고 합의금은 피해자가 입은 신체적, 정신적, 경제적 손해를 보상하기 위한 금액으로 크게 다음 세 가지 기준에 따라 산정됩니다.

1-8. 치료비

교통사고로 인해 병원에서 치료를 받은 비용입니다.

- 진료비: 입원비, 외래 진료비
- 약값: 사고로 인한 처방 약품 비용
- 재활 비용: 물리치료, 심리치료 등
- 병원에서 발급한 진단서, 영수증, 치료기록 필요, 추가로 예상 치료비를 포함시킬 수 있습니다.

1-9. 휴업 손해비

① 사고로 인하여 일을 못 해서 생긴 소득손실을 보상받는 항목입니다.
- 직장인
    사고 이전 월 급여를 기준으로 계산합니다(월소득 x 치료기간).
- 자영업자나 프리랜서
    사업 소득 자료나 수입내역을 기준으로 산정합니다.
- 주부
    가사 노동의 경제적 가치를 인정받을 수 있습니다.

② 계산법
(하루 소득 x 사고로 인하여 일을 못한 날짜)

1-10. 위자료

① 사고로 인하여 받은 정신적 피해를 보상하기 위한 금액입니다.

② 피해의 크기, 부상의 정도, 사고의 책임 비율 등을 고려해 산정됩니다. 위자료는 법적으로 명확한 기준은 없지만 아래 요인들이 영향을 미칩니다.
- 상해정도(예: 골절, 후유장애 여부 등)
- 사고가 생활에 미친 영향
- 피해자의 나이, 직업, 가족사항

1-11. 후유장애 손해

① 사고 후 치료를 마쳤지만, 완전히 회복되지 않아서 후유증이 남은 경우 추가 보상을 받을 수 있습니다. 장해등급을 기준으로 산정되며 소득손실을 보상합니다.

② 법적 기준에 따라서 장애등급은 1~14등급으로 책정됩니다.

③ 계산법: 하루 소득 x 장해율 x 기대 연명 기간)

④ 장해율은 부상 정도에 따라 다릅니다. 예를 들어 다리를 심하게 다쳐 기능의 50%를 잃었다면 장해율은 50%로 적용됩니다.

1-12. 기타 손해배상

- 간병비
  사고 후 다른 사람의 간호가 필요한 경우 책정
- 교통비
  병원 방문이나 치료를 위해 사용한 교통비
- 장례비
  사고로 사망한 경우에만 지급

2. 상담사례

■ 교통사고 합의 이후 예기치 못한 손해가 발생한 경우 그 합의의 효력은 어떻게 되나요?

> Q. 교통사고 이후 피해자와 가해자간 일정한 금액을 지급받고 나머지 청구를 포기하기로 하는 합의를 하였습니다. 그런데 합의 이후 예기치 못한 손해가 발생한 경우 그 합의의 효력은 어떻게 되나요?
>
> A. 일반적으로 불법행위로 인한 손해배상에 관하여 가해자와 피해자 사이에 피해자가 일정한 금액을 지급받고 그 나머지 청구를 포기하기로 합의가 이루어진 때에는 그 후 그 이상의 손해가 발생하였다 하여 다시 그 배상을 청구할 수 없습니다.
>
> 그러나 그 합의가 손해의 범위를 정확히 확인하기 어려운 상황에서 이루어진 것이고, 후발손해가 합의 당시의 사정으로 보아 예상이 불가능한 것으로서, 당사자가 후발손해를 예상하였더라면 사회통념상 그 합의금액으로는 화해하지 않았을 것이라고 보는 것이 상당할 만큼 그 손해가 중대한 것일 때에는 당사자의 의사가 이러한 손해에 대해서까지 그 배상청구권을 포기한 것이라고 볼 수 없으므로 다시 그 배상을 청구할 수 있다고 보아야 합니다.

■ 교통사고 과실비율에 대한 착오의 경우 합의를 취소할 수 있나요?

> Q. 甲은 오토바이를 운전하다 승합차와 부딪혀 상해를 입었는데 甲을 대리하여 가족들이 보험회사를 상대로 하여 치료비를 포함한 손해배상금에 관해 합의를 하였습니다. 합의 당시에는 사고가 전적으로 甲의 과실로 발생한 것으로 알았는데, 사고 상대방의 과실도 경합하고 있다는 사실을 알게 되었습니다. 이 경우 합의를 취소하고 과실비율에 따라 손해를 전보 받을 수 있을까요?

A. 사고 상대방의 과실이 경합되어있음에도 이를 알지 못하고 甲의 전적인 잘못으로 생각하고 합의하였다면 합의에 착오가 있는 경우에 해당합니다.

그리고 민법상의 화해계약을 체결한 경우 당사자는 착오를 이유로 취소하지 못하고 다만 화해 당사자의 자격 또는 화해의 목적인 분쟁 이외의 사항에 착오가 있는 때에 한하여 이를 취소할 수 있으며, 여기서 '화해의 목적인 분쟁 이외의 사항'이라 함은 분쟁의 대상이 아니라 분쟁의 전제 또는 기초가 된 사항으로서, 쌍방 당사자가 예정한 것이어서 상호 양보의 내용으로 되지 않고 다툼이 없는 사실로 양해된 사항을 말하는 것입니다(1995. 12. 12. 선고 94다22453 판결). 따라서 과실비율이 상호 양보의 내용으로 되지 않고 다툼이 없는 사실로 양해된 사항이라면 착오를 이유로 한 취소가 가능합니다.

위와 같은 사실관계가 문제된 대법원 1997. 4. 11. 선고 95다48414 판결에서는 합의 당시 원고들은 이 사건 교통사고가 오로지 원고 1인의 과실로 인하여 발생한 것을 자인하고 치료비를 포함한 합의금으로 금 7,000,000원만을 받고 일체의 손해배상청구권을 포기하기로 합의하였는데, 이 사건 사고가 위 원고의 전적인 과실로 인하여 발생하였다는 사실은 쌍방 당사자 사이에 다툼이 없어 양보의 대상이 되지 않았던 사실로서 화해의 목적인 분쟁의 대상이 아니라 그 분쟁의 전제가 되는 사항에 해당하는 것이므로 원고들은 착오를 이유로 위 화해계약을 취소할 수 있다고 하였습니다(대법원1992. 7. 14. 선고 91다47208 판결).

그러므로 사안에서도 甲의 과실비율에 착오를 일으켜 합의한 것이므로 합의를 착오를 이유로 취소하고 실제 발생한 손해액을 증명하여 손해배상을 받을 수 있을 것입니다.

■ 교통사고 합의서에 인쇄된 '부제소 합의문구'의 효력은?

Q. 저는 교통사고 직후 '甲'의 형 감면을 위하여 합의하였고 이때 합의

서를 작성하였습니다. 합의서에는 미리 부동문자(不動文字)로 "민·형사상의 소송이나 그 밖의 어떠한 이의도 제기하지 아니한다."는 문구가 있었습니다. 이후 제가 가해차량의 보험회사인 乙보험회사에 후유증이나 장해에 관하여 배상을 청구했는데 부제소 합의를 이유로 거절하고 있습니다. 이것이 타당한가요?

A. 이러한 합의서 역시 일정 배상을 받고 손해배상을 포기하고자 하는 취지가 이루어진 문서로 처분문서라 할 것입니다. 이때, 대법원에 의하면 "처분문서의 기재 내용이 부동문자로 인쇄되어 있다면 인쇄된 예문에 지나지 아니하여 그 기재를 합의의 내용이라고 볼 수 없는 경우도 있으므로 처분문서라 하여 곧바로 당사자의 합의의 내용이라고 단정할 수는 없고 구체적 사안에 따라 당사자의 의사를 고려하여 그 계약 내용의 의미를 파악하고 그것이 예문에 불과한 것인지의 여부를 판단하여야 한다"고 합니다(대법원 1997. 11. 28. 선고 97다36231 판결).

사안과 유사한 사실관계에 있어서 대법원은 사고로 인한 손해배상에 관한 합의에 있어 원고측이 원고의 후유증을 예기하고 그에 상당한 금액을 받기로 하고 일체의 손해배상청구권을 포기하기로 한 것이라면 그 합의서상의 권리포기조항이 예문에 불과한 것으로는 볼 수 없다고 하여 그 효력을 인정한 경우도 있으나,(대법원 1979. 2. 13. 선고 78다2161 판결) 교통사고 피해자가 합의금을 수령하면서 민·형사상의 소송이나 그 밖의 어떠한 이의도 제기하지 아니한다는 내용의 부동문자로 인쇄된 합의서에 날인한 경우, 그 피해정도, 피해자의 학력, 피해자와 가해자의 관계, 합의에 이른 경위, 가해자가 다른 피해자와 합의한 내용 및 합의 후 단기간 내에 소송을 제기한 점 등 제반 사정에 비추어 위 합의서의 문구는 단순한 예문에 불과할 뿐 이를 손해전부에 대한 배상청구권의 포기나 부제소(不提訴)의 합의로는 볼 수 없다고도 하였습니다(대법원 1999. 3. 23. 선고 98다64301 판결).

따라서 사안의 경우 구체적인 사실관계에 따라 결론이 달라질 수는 있으나 합의서의 효력을 부정하는 주장을 할 수는 있을 것입니다.

■ 교통사고 합의 후 국민건강보험공단에서 병원에 지급한 치료비 등을 부담하여야 한다는 말이 있는데 어떻게 되는지요?

Q. 저는 甲이 운전하는 오토바이에 충격 당하여 전치 6주의 상해를 입었으나 甲이 치료비를 지급하지 않아 국민건강보험으로 치료를 받고 있습니다. 그런데 甲이 형사사건과 관련하여 합의하자고 하는바, 만일 제가 甲과 합의한다면 국민건강보험공단에서 병원에 지급한 치료비 등을 부담하여야 한다는 말이 있는데 어떻게 되는지요?

A. 「국민건강보험법」 제58조는 공단은 제3자의 행위로 인한 보험급여사유가 발생하여 가입자에게 보험급여를 한 때에는 그 급여에 소요된 비용의 한도 내에서 그 제3자에 대한 손해배상청구의 권리를 얻으며, 이 경우에 있어 보험급여를 받은 자가 제3자로부터 이미 손해배상을 받은 때에는 공단은 그 배상액의 한도 내에서 보험급여를 하지 아니한다고 규정하고 있습니다.

그리고 국민건강보험공단의 위 구상권 취득시점에 관하여 판례는 "피보험자가 요양기관에서 치료를 받았을 때 현실적으로 보험급여가 이루어지므로 의료보험조합은 그 보험급여의 한도 내에서 제3자에 대한 구상권을 취득한다."라고 하였습니다(대법원 1989. 8. 8. 선고 89다2240 판결, 1994. 12. 9. 선고 94다46046 판결, 2010. 4. 29. 선고 2010다7294 판결).

또한, 「국민건강보험법」상의 요양급여는 원칙적으로 보험자 또는 보험자단체가 지정한 요양취급기관에 의하여 질병 또는 부상이 치유되기까지 요양케 하는 현물급여의 형태로 이루어지므로, 피보험자가 요양취급기관에서 치료를 받았을 때 현실적으로 보험급여가 이루어지고 그때 국민건강보험공단은 그 보험급여의 한도 내에서 제3자에 대한 구상권을 취득한다고 보아야 할 것입니다.

그런데 위 사안에서 甲의 불법행위로 인하여 귀하가 상해를 입었으므로 국민건강보험으로 처리한 경우라 하여도 국민건강보험공단에서 구상권을 취득하는 범위는 '급여에 소요된 비용'에 대한 것이므로,

귀하의 본인 부담분 및 기타의 손해에 대하여는 귀하가 甲에게 청구할 수 있다 하겠습니다.

그러나 귀하가 보험급여를 지급 받은 후에 甲과 손해배상의 전부에 대하여 합의를 한다면 국민건강보험급여에 대하여는 귀하가 치료를 받았을 때 이미 공단이 구상권을 취득한 것이므로 甲은 무권리자인 귀하에게 변제한 것이 되므로 원칙적으로 그 변제는 무효이나(대법원 1997. 11. 11. 선고 97다37609 판결), 예외적으로 甲이 선의·무과실이면 채권의 준점유자에 대한 변제로서 유효가 될 수도 있을 것입니다(민법 제472조, 제470조). 그러한 경우에는 국민건강보험공단은 甲을 상대로 한 구상권을 상실하게 되고, 따라서 국민건강보험공단은 귀하에 대해 甲으로부터 귀하에게 이미 지급된 치료비 등의 보험급여를 환수하게 될 것으로 보입니다.

따라서 귀하는 甲과 합의할 때 해당 국민건강보험공단에 문의하여 확인한 후 국민건강보험급여도 고려한 합의금액을 정하여 합의를 하여야 할 것입니다. 즉, 귀하는 귀하의 모든 손해액 중에서 국민건강보험공단에 문의하여 확인된 보험급여 부분을 뺀 본인부담금 및 기타의 손해에 대해서만 합의금을 수수하면 될 것이고, 이에 따라 이후 국민건강보험공단은 위 법 58조 제1항에 의해 제3자인 甲에 대해 보험급여 부분에 관한 손해배상을 청구하게 될 것입니다.

참고로 보험자가 피보험자를 상대로 보험자대위권침해를 이유로 부당이득반환 또는 손해배상청구를 하기 위한 요건과 그 입증책임에 관하여 판례는 "보험금을 지급한 보험자가 피보험자를 상대로 보험자대위권침해를 이유로 부당이득반환 또는 손해배상청구를 하기 위해서는 보험자가 피보험자에게 보험금을 지급한 사실, 피보험자가 보험금을 수령한 후 무권한자임에도 불구하고 제3자로부터 손해배상을 받은 사실(피보험자가 보험자로부터 받은 보험금이 실제 발생된 손해액에 미치지 못한 경우에는 피보험자는 그 차액부분에 관하여는 여전히 제3자에 대하여 자신의 권리를 가지고 있으므로 피보험자가 이를 초과하여 제3자로부터 손해배상을 받은 사실), 제3자의 피보험자에 대한 손해배상이 채권의 준점유자에 대한 변제로서 유효한 사실을 주장·입증하여야 할 것이고, 이 경우에 채권의 준점유자에 대한 변제가 유효하기 위한 요건으로서의 선의라 함은 준점유자에게 변제수령의 권한이 없음을 알지 못하는 것뿐만 아니라 적극적으로 진정한 권리자라고 믿었음을 요하는 것이고, 무과실이란 그렇게 믿는 데에 과실이 없음을 의미하므로, 제3자가 피보험자가 보험에 가입하여 보험금을 수령한 사실을 전혀 모르고 이 점에 대하여 과실이 없이 피보험자에게 손해배상을 한 경우, 또는 제3자가 피보험자가 보험에 가입하여 이미 보험금을 수령한 사실을 알고 있었던 경우에는 피보험자가 입은 손해액과 피보험자가 보험자로부터 보험금을 수령함으로써 보험자대위권의 대상이 된 금액을 살펴, 피보험자에게 아직도 자신에 대한 손해배상청구권이 남아있다고 믿고 손해배상을 한 경우에만 선의·무과실에 해당된다고 할 수 있을 것이고, 위 요건의 주장·입증책임도 보험자에게 있다."라고 하였습니다(대법원 1999. 4. 27. 선고 98다61593 판결).

■ 교통사고 피해자가 가해자로부터 지급받은 합의금이 압류된 경우 압류금지 범위변경 신청을 통하여 위 압류를 다툴 수 있나요?

Q. 甲은 교통사고 피해자로 가해자 乙로부터 손해배상 명목으로 합의금을 지급받았습니다. 위 합의금이 입금된 계좌에 대하여, 甲의 채권자 丙의 신청에 의하여 법원이 압류 및 추심명령을 하였다면, 甲은 압류금지 범위변경 신청을 통하여 위 압류를 다툴 수 있나요?

A. 자동차손해배상법 제10조에 따라, 보험가입자에게 손해배상책임이 발생할 경우 피해자는 보험회사 등에게 보험금의 지급을 직접 청구할 수 있고 이 보험금직접청구권은 자동차손해배상법 제40조에 따라 압류가 금지됩니다.

피해자가 가해자에 대해 갖는 손해배상청구권도 이에 근거하여 압류가 금지되는지에 대하여 판례는 "자동차손해배상보장법 제19조(법 개정 전의 조문) 소정의 압류가 금지되는 청구권은 피해자의 보험회사에 대한 직접청구권이나 가불금청구권에 한정되고 그밖에 피해자의 가해자에 대한 손해배상청구권은 이에 포함되지 아니한다."(대법원 1988. 2. 9. 선고 87다카2540 판결 참조)고 하여 피해자가 가해자에 대해 갖는 손해배상청구권은 압류금지의 효력이 미치지 않는다고 보고 있습니다.

따라서 위 합의금에 대하여 압류금지 내지는 압류취소 사유가 없으므로, 특별한 사정이 없는 한, 甲은 위 계좌에 대한 압류를 다툴 수 없습니다.

■ 교통사고 합의서양식에 인쇄된 부동문자(不動文字)로 "민·형사상의 소송이나 그 밖의 어떠한 이의도 제기하지 아니한다."는 문구의 효력은?

Q. 저는 교통사고 직후 그로 인한 손해배상에 관하여 구속된 가해자 甲이 형사처벌을 가볍게 받기를 원하여 甲의 대리인 아버지 乙과 합의를 하면서 소액의 합의금을 지급받고 후유증이나 장해에 관하여는 가해차량보험회사인 丙보험회사와 합의할 것을 당연하게 여기고 乙이 가져온 일반적인 교통사고 합의서양식에 따라 부동문자(不動文字)로 인쇄된 합의서에 날인해주었습니다. 그런데 제가 丙보험회사에 장해에 관한 보상을 요청하자 丙보험회사는 위 합의서에 부동문자(不動文字)로 "민·형사상의 소송이나 그 밖의 어떠한 이의도 제기하지 아니한다."는 문구가 있다는 이유로 장해에 대한 보상을 해줄 수 없다고 합니다. 丙보험회사의 이러한 주장이 타당한지요?

A. 「민법」 제105조에서 법률행위의 당사자가 법령중의 선량한 풍속 기타 사회질서에 관계없는 규정과 다른 의사를 표시한 때에는 그 의사에 의한다고 규정하고 있으므로, 위와 같은 합의서도 특별한 사정이 없는 한 그 계약문언대로 해석하여야 함이 원칙이나, 판례를 보면, 처분문서란 그에 의하여 증명하려고 하는 법률상의 행위가 그 문서에 의하여 이루어진 것을 의미하는데(대법원 1997. 5. 30. 선고 97다2986 판결), 처분문서의 기재내용이 부동문자로 인쇄되어 있다면 인쇄된 예문(例文; 그 본질은 계약의 초안)에 지나지 아니하여 그 기재

를 합의의 내용이라고 볼 수 없는 경우도 있으므로 처분문서라 하여 곧바로 당사자의 합의의 내용이라고 단정할 수는 없고 구체적 사안에 따라 당사자의 의사를 고려하여 그 계약내용의 의미를 파악하고 그것이 예문에 불과한 것인지의 여부를 판단하여야 한다고 하였습니다(대법원 1997. 11. 28. 선고 97다36231 판결).

그리고 교통사고 피해자가 합의금을 수령하면서 민·형사상의 소송이나 그 밖의 어떠한 이의도 제기하지 아니한다는 내용의 부동문자로 인쇄된 합의서에 날인한 경우에 관한 판례를 보면, 사고로 인한 손해배상에 관한 합의에 있어 원고측이 원고의 후유증을 예기하고 그에 상당한 금액을 받기로 하고 일체의 손해배상청구권을 포기하기로 한 것이라면 그 합의서상의 권리포기조항이 예문에 불과한 것으로는 볼 수 없다고 하였으나(대법원 1979. 2. 13. 선고 78다2161 판결), 교통사고 피해자가 합의금을 수령하면서 민·형사상의 소송이나 그 밖의 어떠한 이의도 제기하지 아니한다는 내용의 부동문자로 인쇄된 합의서에 날인한 경우, 그 피해정도, 피해자의 학력, 피해자와 가해자의 관계, 합의에 이른 경위, 가해자가 다른 피해자와 합의한 내용 및 합의 후 단기간 내에 소송을 제기한 점 등 제반 사정에 비추어 위 합의서의 문구는 단순한 예문에 불과할 뿐 이를 손해전부에 대한 배상청구권의 포기나 부제소(不提訴)의 합의로는 볼 수 없다고 하였습니다(대법원 1999. 3. 23. 선고 98다64301 판결).

따라서 위 사안에서도 귀하는 보험회사에 대하여 부동문자로 인쇄된 합의문구가 단순한 예문임을 주장하여 장해에 대한 손해배상 등을 청구해 볼 수 있을 것으로 보입니다.

참고로 불법행위로 인한 손해배상과 관련하여 당사자 사이에 피해자가 일정한 금액을 지급받고 나머지 청구를 포기하기로 하는 내용의 합의나 화해가 이루어진 경우, 그 목적이 된 사항에 관해서는 나중에 다시 배상을 청구할 수 없는 것이 원칙이므로, 합의나 화해당시의 여러 사정을 종합적으로 참작하여 이를 엄격하게 해석하여야 한다고 하였으며(대법원 2007. 3. 15. 선고 2004다64272 판결), 불법행위로 인한 손해배상에 관하여 가해자와 피해자 사이에 피해자가 일정한 금액을 지급받고 그 나머지 청구를 포기하기로 합의가 이루어진 때에는 그 후 그 이상의 손해가 발생하였더라도 그것이 그 합의당시 예상할 수 없었던 것이라는 등의 특별한 사정이 없는 한 다시 그 배상을 청구할 수 없다고 하였습니다(대법원 2010. 9. 9. 선고 2010다22439 판결).

■ 교통사고 치료비를 전액 부담할 것을 조건으로 합의서를 제출하였는데 치료비를 지급하지 않는 경우 처벌불원의사표시를 철회할 수 있는지요?

Q. 甲이 자동차를 운행 중 乙을 충격하는 교통사고를 일으킨 후 甲이 교통사고 치료비를 전액 부담, 지급할 것을 조건으로 합의를 하고 乙이 합의서를 제출하였는데 그 후 甲이 치료비를 지급하지 않고 있습니다. 이 경우 乙이 처벌불원의사표시를 철회할 수 있는지요?

A. 합의서를 제출하여 처벌불원의 의사표시를 한 이상 나중에 이를 철회하는 것은 소송행위의 형식적 확실성에 비추어 허용되지 않습니다.

판례도 "피해자가 피고인과 사이에 피고인이 교통사고로 인한 피해자의 치료비 전액을 부담하는 조건으로 민·형사상 문제삼지 아니하기로 합의하고 피고인으로부터 합의금 일부를 수령하면서 피고인에게 합의서를 작성·교부하고, 피고인이 그 합의서를 수사기관에 제출한 경우, 피해자는 그 합의서를 작성·교부함으로써 피고인에게 자신을 대리하여 자신의 처벌불원의사를 수사기관에 표시할 수 있는 권한을 수여하였고, 이에 따라 피고인이 그 합의서를 수사기관에 제출한 이상 피해자의 처벌불원의사가 수사기관에 적법하게 표시되었으며, 이후 피고인이 피해자에게 약속한 치료비 전액을 지급하지 아니한 경우에도 민사상 치료비에 관한 합의금지급채무가 남는 것은 별론으로 하고 처벌불원의사를 철회할 수 없다.(대법원 2001. 12. 14. 선고 2001도4283 판결)"고 판시한바 있습니다.

합의서를 제출하여 처벌불원의 의사표시를 한 이상 나중에 이를 철회하는 것은 소송행위의 형식적 확실성에 비추어 허용되지 않습니다.

판례도 "피해자가 피고인과 사이에 피고인이 교통사고로 인한 피해자의 치료비 전액을 부담하는 조건으로 민·형사상 문제삼지 아니하기로 합의하고 피고인으로부터 합의금 일부를 수령하면서 피고인에게 합의서를 작성·교부하고, 피고인이 그 합의서를 수사기관에 제출한 경우, 피해자는 그 합의서를 작성·교부함으로써 피고인에게 자신을 대리하여 자신의 처벌불원의사를 수사기관에 표시할 수 있는 권한을 수여하였고, 이에 따라 피고인이 그 합의서를 수사기관에 제출한 이상 피해자의 처벌불원의사가 수사기관에 적법하게 표시되었으며, 이후 피고인이 피해자에게 약속한 치료비 전액을 지급하지 아니한 경우에도 민사상 치료비에 관한 합의금지급채무가 남는 것은 별론으로 하고 처벌불원의사를 철회할 수 없다.(대법원 2001. 12. 14. 선고 2001도4283 판결)"고 판시한바 있습니다.

■ 교통사고와 관련한 형사합의금이 손익상계의 대상이 되는지요?

Q. 저는 횡단보도상에서 甲이 운전하는 자가용 승용차에 충격 당하여 요추부염좌 등으로 노동능력상실율 20%의 장해까지 예상되는 부상을 입었습니다. 甲은 구속되면서 저에게 합의를 간청하여 500만원을 지급받고 합의를 해주었습니다. 그런데 제가 위 차량이 가입된 종합보험회사에 손해배상을 청구할 경우 甲으로부터 형사사건과 관련하여 지급받은 500만원을 공제하여야 하는지요?

A. 불법행위가 피해자에게 손해를 줌과 동시에 이익도 준 경우에는, 그 이익이 불법행위와 상당인과관계에 있는 한, 손익상계에 의하여 배상액에서 공제됩니다. 그런데 형사사건과 관련하여 지급 받은 합의금이 위와 같은 손익상계의 대상이 되는가에 관하여는 그 합의금이 어떤 명목으로 지급되었느냐에 따라서 결론이 달라진다고 보아야 할 것입니다.

왜냐하면 손익상계는 재산적 손해에 대한 수액산정에 있어서의 문제로서 합의금이 위자료명목으로 지급된 것으로 본다면 손익상계의 대상이 될 수는 없고, 불법행위로 입은 정신적 고통에 대한 위자료 액수에 관하여는 사실심 법원이 제반 사정을 참작하여 그 직권에 속하는 재량에 의하여 이를 확정할 수 있기 때문에(대법원 1999. 4. 23. 선고 98다41377 판결, 2002. 11. 26. 선고 2002다43165 판결), 위자료산정의 참작사유로 될 뿐입니다. 판례도 "사망한 피해자의 유족인 원고들이 피고로부터 받은 위로금을 재산상 손해배상액에서 공제하지 않은 조치는 정당하다."라고 하였으며(대법원 1990. 12. 11. 선고 90다카28191 판결), 교통사고 가해자가 피해자의 유족에게 위로금조로 공탁한 금원을 위자료의 일부로 보아 재산상 손해배상금에서 공제하지 않고 위자료 액수의 산정에 있어서 참작한 사례가 있습니다(대법원 1999. 11. 26. 선고 99다34499 판결).

그런데 형사합의금의 성질에 관하여 판례는 "불법행위의 가해자에 대한 수사과정이나 형사재판과정에서 피해자가 가해자로부터 합의금 명목의 금원을 지급 받고 가해자에 대한 처벌을 원치 않는다는 내용의 합의를 한 경우, 그 합의 당시 지급받은 금원을 특히 위자료 명목으로 지급받은 것임을 명시하였다는 등의 특별한 사정이 없는 한, 그 금원은 재산상 손해배상금의 일부로 지급되었다고 봄이 상당하다."라고 하였는바(대법원 1996. 9. 20. 선고 95다53942 판결, 2001. 2. 23. 선고 2000다46894 판결), 형사합의를 하면서 '위로금조' 또는 '보험금과는 별도'라는 등의 표현으로 명시하고 있으면 이는 위자료산정의 참작사유가 될 뿐이고, 재산상 손해에서 공제할 것이 아닌 것으로 보고 있습니다.

그리고 형사합의서나 영수증에 합의금의 성격에 관하여 아무런 기재가 없는 경우에는 이를 어떻게 볼 것인가는 당사자의 의사해석의 문제로 결국은 형사합의를 둘러싼 여러 가지 정황을 종합적으로 고려하여 결정될 것이지만, 대체적으로 호의적, 동정적, 의례적인 금원의 수수(授受)로 인정되는 경우에는 위로금으로 보고, 그 외에 특히 고액인 경우 등은 재산상 손해배상금으로 보아야 할 것입니다(대법원 1991. 8. 31. 선고 91다18712 판결).

따라서 특별히 위자료 또는 위로금 명목으로 지급하였다고 볼 사정이 있는 경우를 제외하고는 형사합의금도 손익상계의 대상이 된다고 하겠습니다.

Part 8.
교통사고 과실비율 산정방법

1. 과실비율이란?

1-1. 과실의 개념

① 통상적인 사람을 기준으로 하여 마땅히 해야 할 의무를 게을리 하였거나, 또는 해서는 아니 될 의무를 행한 경우로써 행위자에게 부과된 주의의무위반을 말합니다.

② 교통사고에서의 과실은 자동차 운행과정에서 발생한 사고의 운전자 주의의무 위반에 대한 책임을 의미하며, 과실비율은 교통사고 가해자와 피해자의 책임정도를 나타내는 비율을 의미합니다.

1-2. 과실의 산정요인

① 객관적 자료: 판례, 법령(도로교통법 등), 보험업감독업무시행세칙, 분쟁조정사례 등

② 전문가(경찰, 보상직원, 사고감정사 등) 조사: 사고 주요 원인 등

③ 주관적 판단: 안전운전 불이행, 사고예측 가능성, 사고회피 가능성 등

③ 위 산정요인의 종합적인 판단에 의해 과실이 산정되며, 이를 최대한 반영하여 기준화 한 것이 「과실비율 인정기준」입니다.

1-3. 과실비율 산정 원칙

① 도로교통법의 우선권 여부에 따라 판단합니다.

② 교통강자의 위험부담의 원칙이 있습니다.(예: 자동차의 위험부담 〉 보행자의 위험부담)

③ 사고 당시의 구체적 상황(차량의 속도, 사고 현장의 교통량, 가시거리, 도로의 폭과 종류 및 상황, 교통정리 및 규제상황, 기후와 계절을 비롯한 자연 조건 등)을 고려합니다.

1-4. 가해자의 과실과 피해자의 과실

① 관련판례
- 가해자의 과실은 의무위반이란 강력한 과실인데 반하여 피해자의 과실을 따지는 과실상계에 있어서의 과실이란 가해자의 과실과는 달리 사회통념상, 신의성실의 원칙상, 공동생활상 요구되는 약한 부주의를 가리키는 것으로 보아야할 것임\(출처 : 대법원 1983. 12. 27. 선고 83다카644 판결)
- 피고에게 이 사건 불법행위에 있어 고의 또는 중대한 과실이 인정된다 할지라도 원고에게도 과실이 있다고 인정되는 이상 형평의 원칙에 비추어 손해배상의 범위를 정함에 있어 이를 참작하여 상계하여야 하고, 피고에게 고의 또는 중대한 과실이 인정되는 경우라 하여 과실상계를 할 수 없다는 법리는 있을 수 없음 (출처 : 대법원 1992. 11. 13. 선고 92다14687 판결)
- 피해자의 과실을 따지는 과실상계에서의 과실은 가해자의 과실과 달리 사회통념이나 신의성실의 원칙에 따라 공동생활에 있어 요구되는 약한 의미의 부주의를 가리키는 것으로 보아야 할 것임 (출처 : 대법원 1997. 12. 9. 선고 97다43086 판결)

② 과실은 잘못이라기보다 책임의 의미에 더 가깝다고 할 수 있습니다. 피해자라도 과실이 주어진다는 것은 피해자에게 잘못이 있었다는 것보다 사회통념이나 신의성실의 원칙에 따라 공동생활에 있어 요구되는 약한 의미의 부주의를 게을리 한 것에 대한 책임을 지는 것을 의미합니다.

③ 교통사고에 있어서 가해자의 과실은 사고의 주요 원인제공자로서 교통법규위반에 대한 형사상·행정상 처벌을 받는 강력한 과실임에 반해 피해자의 과실은 방어운전 등에 대한 민사상 책임을 지는 약한 과실입니다.

1-5. 과실분쟁의 발생이유

① 사고발생 당시 어느 한쪽의 잘못 인정을 이유로 다른 한쪽이 무과실을 주장하는 경우
"사고현장에서 무조건 잘못했다고 했었는데, 보험사를 통해서 나에게도 과실이 있다고 한다. 나는 인정할 수 없다."

② 상대편 운전자에 대한 감정악화로 상대 운전자에게 100% 또는 보다 많은 과실 책임을 주장하는 경우
"상대편 운전자가 잘못했는데 차에서 내리자마자 나를 협박하고 욕을 했다. 나쁜 사람이라서 100% 과실이 주어져야 한다."

③ 사고당사자가 도로교통법 등 올바른 운전방법에 대한 이해가 부족하거나 해석을 왜곡하여 과실을 인정하지 못하는 경우
"상대편 차량이 교차로에서 진로변경을 했다.(도로교통법 제22조 교차로에서는 진로변경이 아닌 추월이 금지되어 있음) 진로변경 금지구역에서 진로변경을 했으므로 중과실이고 가해자이다."

④ 사고당사자가 블랙박스 영상, 사고 사진을 등을 유리하게 해석하여 더 적은 과실을 주장하는 경우
"블랙박스 영상을 보면 상대편 차량이 갑자기 끼어든다. 상대편 차량을 회피할 수 없었으므로 과실이 더 적어야 한다."

⑤ 보험사의 설명 및 응대에 대한 불만으로 보험사가 제시하는 과실 비율을 신뢰하지 못하는 경우
"보험사가 내 과실이 30%라고만 하고 왜 그렇게 결정되었는지 기준이나 근거를 설명하지 않았다. 내 보험사인데 내 주장은 듣지 않고 상대편 보험회사 주장만 듣는다."

⑥ 주변의 지인으로부터 잘못된 정보를 취득하여 사고 상황과 맞지 않는 과실 주장 및 민원 제기를 하는 경우
"내가 아는 사람이 똑같은 사고에서 무과실을 받았다. 나도 동일하게 무과실을 받아야 하는데 보험사에서 과실이 있다고 한다. 무

과실 처리를 안하면 민원을 제기하겠다."

⑦ 보험사 및 과실비율에 대한 왜곡된 여론으로 보험사를 불신하는 경우
"내가 볼 때는 내가 무과실인 것 같은데 10% 과실이 있다고 보험사에서 제시한다. 이것이 언론에서 이야기 하던 보험사 나눠먹기인가 보다."

⑧ 실제론 사고에 대한 과실은 인정하고 있지만 보험료 할증을 이유로 무조건 피해자이거나 무과실을 주장하는 경우
"내가 피해자인데 상대편 잘못으로 왜 내 보험료가 할증되어야 하는가. 도저히 받아들일 수 없다."

2. 과실상계 절차와 근거

2-1. 과실상계의 개념과 법적근거

① 과실상계(過失相計)란 채무불이행 또는 불법행위에 의해 손해가 발생한 경우 채무불이행 또는 불법행위의 성립 그 자체나 그로 인한 손해의 발생, 손해의 확대에 채권자 또는 피해자의 과실이 있는 경우 손해배상책임 및 그 금액을 정함에 있어 이를 참작하는 법리입니다(민법 제396조, 민법 제763조).

② 교통사고에 있어서 과실상계는 피해자에게 과실이 존재할 때 교통사고로 인해 상호 발생한 손해에 대하여 자신의 과실만큼 상대방의 손해를 배상하는 것입니다.

2-2. 과실상계 예시

구분	[가]차량 운전자		[나]차량 운전자	
과실비율	20%	A	80%	B
피해액	100만원	C	200만원	D
과실상계	[나]에게 보상하는 금액 = 40만원		[가]에게 보상하는 금액 = 80만원	
	A × D		B × C	

2-3. 과실상계의 이유와 조건

① 과실상계는 고의 또는 과실로 인한 손해에 대하여 책임을 진다는 과실책임주의와 가해자와 피해자간의 손해의 공평한 분담이라는 손해배상의 기본원칙을 이유로 합니다.

② 과실상계를 위해 피해자에게 과실이 존재해야 하며, 책임능력까지

는 아니더라도 사리변식의 능력이 있어야 합니다(대법원 1971. 3.23. 선고 70다2986 판결). 뿐만 아니라 피해자의 과실과 손해의 발생 또는 확대가 상당인과관계가 있어야 합니다.

3. 과실비율 Q&A

3-1. 피해자 과실

※ 사례 ①

Q. 교통사고가 발생하면 무과실(0%과실)은 없다고 하던데 무과실(0%과실)을 받기 어려운가요?

A. - 2015년 대물사고가 약 340만건이 발생하였으며, 그 중에서 78%(약 260만건)가 100:0 종결처리 되었습니다. 따라서 교통사고가 나면 무과실이 없다는 것은 사실무근의 소문에 불과합니다.

- 대부분 사고당사자간 원만한 합의로 100:0 종결되나 다음과 같은 경우 쌍방과실을 시작으로 과실협의를 할 수 밖에 없습니다.

    1. 가해자가 피해자의 과실을 주장하는 경우
    2. 가해자가 본인이 피해자로 주장하는 경우
    3. 피해자가 사고현장 및 과실협의 과정에서 과실이 일부 있음을 인정하는 경우

- 다만 상대방이 인정하지 않았다고 해서 최종 과실결정이 쌍방과실로 귀결되는 것은 아닙니다.

- 제출된 입증자료를 통해서 100:0의 사실관계가 명확한 경우, 보험사가 100:0 과실을 고객에게 안내하고 있으며, 상대편이 인정하지 않더라도 분쟁심의에서 100:0 과실이 주어지기도 합니다.(이는 소송에서도 동일합니다.)

※ 사례 ②

Q. 상대편이 100% 과실을 인정하고 있어서 저는 무과실(0%과실)인 것 같은데 보험사에서 저에게 과실이 있다고 합니다. 보험사를 믿을 수 있을까요?

A. - 상대편에서 100%과실을 인정할 경우 본인의 보험사에서 고객에서 과실이 있다고 할 이유는 없습니다.

- 본인의 과실이 0%로 결정되면 본인의 보험사에서 지출되는 비용이 발생하지 않기 때문입니다. 또한 100:0 과실의 경우 과실상계 등을 생략하므로 행정적으로도 보험사의 업무량(사고조사, 구상, 치료, 정비 등)도 대폭 감축됩니다.

- 최초 100% 과실을 인정했던 상대편 운전자가 이후 변심하여 보험사를 통해 우회적으로 상대측도 과실이 있음을 주장하는 경우가 있을 수 있습니다. 이럴 경우 상대편이 100% 과실을 인정했다는 입증자료(녹취록, 합의서 등)를 보험사에 제시하여 과실협의를 진행하시기 바랍니다.

※ 사례 ③

Q. 교차로에서 사고가 발생했습니다. 제가 소로에서 진행하고 있어서 상대편보다 많은 과실이 주어지던데 교차로 통행방법에 따른 우선순위가 있나요?

A. - 교차로에서 사고가 발생한 경우에는 신호가 가장 우선됩니다. 그러나 신호가 없거나 신호로 우선할 수 없는 진행일 경우 다음과 같은 원칙과 우선순위가 있습니다.

[도로교통법 제25조, 제26조]

1. 양차량 우회전시 우측차 우선
2. 좌회전시 교차로 중심 안쪽으로 회전
3. 추월 금지
4. 꼬리물기 금지
6. 일시정지 및 양보 표지판·노면표시 준수
7. 선진입〉후진입 -〉 대로〉소로 -〉 우측직진〉좌측직진 순

- 대로/소로 구분이 되는 교차로에서 직진차량간 사고가 발생하였을 경우, 다른 사실관계가 동일하다면 소로에서 주행한 차량에게 기본과실 70%가 주어집니다.

※ 사례 ④

Q. 갑자기 상대편 차량이 제 앞에 끼어들어 도저히 피할 수 없었습니다. 그런데도 왜 내게 과실이 있다고 하는 걸까요?

A. - 끼어들기로 인한 사고(도표 252 참조)의 경우 피해자가 0%과실로 결정되기 위해선 상대가 100% 과실을 인정하거나 관련 입증자료(블랙박스 영상 등)를 가지고 과실 협의를 진행해야 합니다. 하지만 입증자료를 보유하고 있다는 것과 갑자기 끼어들어 회피할 수 없었음이 인정되는 것은 별개입니다.

- "갑자기 끼어들어 회피할 수 없다."에 대한 판단은 주관적인 판단이므로, 본인이 영상을 보유하고 있어 영상을 상대방 및 보험사에 확인해주었다고 해도 본인의 생각과 상대방 및 보험사의 생각이 다를 수 있습니다. 또한 분쟁심의위원회에서는 관련 판단을 위해 상당시간 사고 전후의 차량진행 궤적, 주변차량의 정체상태 등을 고려하고 있어 단순 사고시점 장면만을 가지고 "갑자기 끼어들어 회피할 수 없다."를 판단하기 어렵습니다(이는 소송에서도 동일합니다). 단, 실선추월사고(도표 252-1), 정체 중 급차로변경(도표 252-3) 등의 경우에는 일방과실로 기준을 두고 있습니다.

※ 사례 ⑤

Q. 상대차량이 중앙선을 침범해서 사고가 발생했어요. 12대 중과실이라서 상대편 차량의 과실이 100%인 것 같은데 제게도 과실이 주어지나요?

A. - 일반적으로 중앙선을 침범한 차량에게 100% 과실이 주어지고 있습니다. 다만, 과실비율 인정기준 상 수정요소 또는 중앙선 침범이 불가피한 것이였는지에 따라 중앙선 침범 차량에 부딪힌 차량에도 과실이 주어지기도 합니다(불법주정차로 인해 중앙선을 넘어갈 수 밖에 없었고 이를 마주오는 차량이 확인할 수 있는 경우 등).

3-2. 가해자 과실

※ 사례 ①

Q. 사거리(+자형) 교차로와 비교할 때 삼거리(T자형) 교차로에서는 회전차량에 대한 과실을 10% 가산하던데 왜 그런 건가요?

A. - 도표예시: 과실비율 인정기준 도표 240도 삼거리 교차로에서 좌(우)회전차와 직진차의 사고를 예시로 하겠습니다.
- 비교예시: 동일폭 교차로에서 우회전차와 직진차의 동시진입 사고 비교입니다.
  - 도표 229(사거리) =〉 우회전 차량 60% : 직진 차량 40%
  - 도표 240(삼거리) =〉 우회전 차량 70% : 직진 차량 30%
- 가산이유 : 도로교통법에서는 교차로에서의 통행방법 등에 관하여 교차로 형태의 차이(사거리[+자형], 삼거리[T자형] 등) 에 따른 규제내용을 명확히 하고 있지는 않습니다. 그러나 통상 사거리 교차로에 들어가려는 좌(우)회전차는 교차로를 통행하는 차량뿐만 아니라 반대방향에서 진행해 오는 좌회전차량 등에게도 주의하여야 하는데 반해, 막다른 길에서 삼거리 교차로로 진입하려는 좌(우)회전차는 직진도로를 통행하는 차량 등만 주의하면 충분하므로 사거리 교차로에서보다 주의하기가 더 쉽습니다(상대적인 의미입니다.).
- 또한 삼거리 교차로에서 직진하는 차량도 막다른 길에서 교차로로 진입하는 차량이 서행 또는 주의할 것이라고 기대하는 것이 일반적이므로 예측성과 주의력이 떨어집니다(이 또한 상대적인 의미입니다).
- 삼거리 교차로에서의 좌(우)회전차는 사거리 교차로에 비해 직진차의 통행을 주의하여 안전운전하기가 상대적으로 쉽지만, 직진차량은 회전차량의 진행을 인지하기가 상대적으로 어려우므로, 사고 발생시 회전차량에게 주의의무를 소홀히 한 책임이 추가된다고 보아 기본과실 10%를 가산하는 것입니다.

※ 사례 ②

Q. 무단횡단한 보행자와 사고가 났어요. 잘못은 무단횡단한 보행자에게 있는데 왜 제 과실이 더 많을까요?

A. - 과실 산정의 원칙에 우자(優者) 위험부담의 원칙이 있습니다.
  - 강자에게 더 강한 주의의무가 있다는 것이며, 이로 인해 차량과 보행자간에는 보행자 우선의 원칙이 있다는 것입니다.
  - 구체적인 사고상황에 따라 과실은 다르지만 횡단보도 근처 무단횡단 사고에서(도표 120 참조) 보행자는 도로의 횡단 법규(도로교통법 제10조)를 위반했고, 차량 운전자는 보행자의보호 법규(도로교통법 제27조)를 위반을 했습니다.
  - 양쪽 모두 법규위반에 대한 과실의 책임이 있지만, 우자(優者) 위험부담의 원칙에 따라 강자인 차량에게 더 많은 과실이 주어지게 됩니다.(단, 구체적인 상황에 따라 다르게 판단될 수 있습니다.)

※ 사례 ③

Q. 상대차량이 음주운전을 했다고 확인되었어도 저의 과실이 더 많게 결정되었어요. 음주운전은 벌금도 부과되는 범죄행위인데 그 이유가 뭔가요?

A. - 운전자의 법규위반 행위는 과실을 결정함에 있어 중요한 요인중 하나입니다. 그러나 그보다는 사고의 직접적인 원인이 되었던 사고 당시의 운전자의 행위가 더 중요합니다.
  - 예를 들어, 정상속도로 직진 중인 음주운전차량과 진로변경차량간 사고의 경우 진로변경을 사고의 직접적인 원인으로 판단하여 진로변경 차량을 가해자로 보게 됩니다.
  - 이와는 별개로 음주운전자는 음주운전에 대한 형사 처벌 및 행정 처분을 받게 됩니다.

3-3. 분쟁해결절차

※ 사례 ①

Q. 과실비율분쟁심의위원회 심의 대상에 어떤 조건이 있나요?

A. 과실비율분쟁심의위원회 심의청구 대상의 조건은 다음과 같습니다.

1. 보험사(또는 공제사)에 사고접수가 되어 있을 것
2. 자동차보험(공제) 담보에 해당할 것
3. 과실비율 및 구상금에 관한 분쟁일 것
4. 공제사에 대한 청구는 자동차상해담보가 아닐 것

※ 사례 ②

Q. 과실비율분쟁심의위원회에서 심의하는 대상(분쟁)과 진행절차는 어떻게 되나요?

A. 과실비율분쟁심의위원회에서는 심의하는 대상은 다음과 같이 크게 두가지로 나눌 수 있습니다.

1. 구상금분쟁: 과실비율 미합의로 인해 자차담보(자동차상해, 대인담보 등)로 먼저 보상 처리한 보험회사가 상대편 보험회사를 상대로 구상금을 청구하는 건으로, 3단계 절차(대표협의회-소심의위원회-재심의위원회)에 따라 심의를 진행합니다.
2. 구상금분쟁 외: 자차담보 미가입차량, 동일보험사 가입 차량 간 과실비율분쟁 건으로, 구상금분쟁과는 달리 단계별 절차가 없으며 과실비율에 대한 심의 의견을 1회 제공합니다.

※ 사례 ③

Q. 보험사로부터 분쟁심의 최종결정을 해외출장 전에 안내 받았습니다. 1개월 후에 출장에서 복귀해서 불복한다는 의사표시를 했으나 이의신청 기간이 지나서 수용해야 한다고 합니다. 다른 방법이 없나요?

A. - 분쟁심의의 이의신청 기간이 지나 다음단계의 심의를 진행할 수 없는

경우, 개인이 직접 소송을 통해서 결정을 받을 수 있습니다.

- 다만 보험회사(또는 공제사)가 보험금액을 지급한 경우에는 보험회사(또는 공제사)는 대위권(상법 제681조 내지 제682조)을 갖게 되는바, 보험회사(또는 공제사)의 보험금 지급에 의하여 고객 등의 상대편에 대한 권리는 보험회사(또는 공제사)에게 이전됩니다.

- 즉, 상대방에 대한 손해배상청구권은 고객이 보험회사(또는 공제사)로부터 보험금을 지급받음과 동시에 그 보험금액의 범위내에서 보험회사(또는 공제사)에게 당연히 이전되는 것이므로, 보험회사(또는 공제사)가 보험금액을 지급한 경우에는 손해배상청구의 소 제기 등 소송 진행의 권한은 보험사에 있습니다.

- 따라서 개인이 소송을 진행하고자 한다면 보험회사(또는 공제사)로부터 보험금액을 수령하지 않고 자비용 처리해야 합니다. 이런 경우 소송이 완료될 때까지 보상 처리가 지연되므로 소송비용 및 승률 등을 심사숙고하여 소송을 진행하시기 바랍니다.

※ 사례 ④

Q. 과실 합의가 안되어 분쟁심의를 청구하고 싶은데 제가 자차담보가 가입되어 있지 않아서 보험사에서는 청구가 안된다고 합니다. 청구할 방법은 없는건가요?

A. - 교통사고가 발생하게 되면, 과실이 많은쪽에서 선처리 보상을 해준(대물) 후에 서로의 손해액에 대해서 과실상계를 합니다.

- 하지만 분쟁이 발생하면 보통의 선처리가 어려워지므로, 본인의 자동차보험으로 처리(자차)하고 과실상계하게 됩니다.

- 문의와 같이 자차 담보가 없으면 본인의 보험으로 선처리를 할 수 없으므로, 본인 보험사는 상대편에게 구상금을 청구할 수 없습니다.

- 그래서 구상금분쟁심의를 할 수 없습니다.(만약 과실합의 없이 대물로 선처리 한 경우 비채변제로 상대방에게 구상금을 청구할 수 없습니다.)

- 다만 인적피해가 있어 대인 또는 자기신체사고(또는 자동차상해)로 선처리한 경우, 이 부분에 대해 본인의 보험사는 상대편에게 구상금을 청구할 수 있으므로 구상금분쟁심의 청구가 가능합니다.

※ 사례 ⑤

Q. 오토바이를 운전하다 사고가 났습니다. 과실 합의가 안되어 분쟁심의를 청구하고 싶은데 제 보험사에서는 제 담보로는 청구가 안된다고 합니다. 청구할 방법은 없는건가요?

A. - 교통사고가 발생하게 되면, 과실이 많은 쪽에서 선처리 보상을 해준(대물) 후에 서로의 손해액에 대해서 과실상계를 합니다.
- 하지만 분쟁이 발생하면 보통의 선처리가 어려워지므로, 본인의 자동차보험으로 처리(자차)하고 과실상계하게 됩니다.
- 이륜차 보험과 관련하여 자차 담보가 가입되지 않은 경우, 본인의 보험으로 선처리를 할 수 없으므로 본인 보험사는 상대편에게 구상금을 청구할 수 없습니다.
- 그래서 구상금분쟁심의를 할 수 없습니다.(만약 과실합의 없이 대물로 선처리 한 경우 비채변제로 상대방에게 구상금을 청구할 수 없습니다.)
- 다만 인적피해가 있어 대인 또는 자기신체사고(또는 자동차상해)로 선처리한 경우, 이부분에 대하여 본인의 보험사는 상대편에게 구상금을 청구할 수 있으므로 구상금분쟁심의 청구가 가능합니다.

※ 사례 ⑥

Q. 과실비율분쟁심의 결정의 법적인 효력은 무엇인가요? 무조건 결정을 따라야 하나요?

A. - 과실비율분쟁심의위원회의 결정이 확정되면 보험사 및 공제사간에는 합의의 효력이 있으므로 그에 따라야 합니다. 다만 개인에게는 법적 구속력이 없습니다.
- 자세한 내용은 홈페이지의 [과실비율분쟁심의위원회]->[심의효력]을 참

고하여 주시기 바랍니다.
[심의효력] 링크 → http://accident.knia.or.kr/system/

※ 사례 ⑦

Q. 과실비율분쟁심의 결정에 대하여 수용하기 어렵습니다. 어떻게 해야 하나요?

A. - 심의결정에 대하여 이의가 있는 경우에는 보험사를 통해 이의기간내에 재심의 청구 또는 소송을 제기하여야 합니다.
  - 자세한 내용은 홈페이지의 [과실비율분쟁심의위원회]-> [심의절차]를 참고하여 주시기 바랍니다.
  [심의절차] 링크 → http://accident.knia.or.kr/system/

※ 사례 ⑧

Q. 과실비율분쟁심의 결정에 대하여 설명을 듣고 싶습니다. 어떻게 해야 하나요?

A. - 보험사를 통해 심의사무국에 질의하시면 해당 심의위원의 답변을 받아보실 수 있습니다.
  - 심의위원은 공정하고 중립적인 위치에서 과실비율을 결정할 수 있어야 하므로, 어느 한쪽의 부당한 개입이나 심의결정의 신뢰도 훼손을 방지하기 위해서 개인과 심의위원간 직접 연결은 불가하오니 양해해 주시기 바랍니다.

※ 사례 ⑨

Q. 과실비율분쟁심의와 관련 의견과 자료를 직접 전달하고 싶습니다. 어떻게 해야 하나요?

A. - 과실비율분쟁심의위원회의 심의 절차는 심의사무국이 관리하는 심의 프로그램에서 모든 과정이 전산처리 되고 있으며, 금융 보안망이 구축되지 않은 개인 PC에서는 접속 불가능합니다.

- 또한 상호협정상 심의의 청구인과 피청구인은 개인이 아닌 보험회사이므로, 절차상 개인이 직접 사무국에 심의 관련 자료를 제출하실 수 없습니다.
- 보험회사를 통해 심의청구와 관련된 의견이나 입증자료를 제출할 수 있사오니 보험사 담당직원에게 요청하시기 바랍니다.

※ 사례 ⑩

Q. 과실비율분쟁심의가 완료되기까지 얼마나 소요되나요?

A. - 심의 절차가 완료되기까지 평균 80일이 소요됩니다.
- 자세한 내용은 홈페이지의 [과실비율분쟁심의위원회]->[심의제도 소개]->[심의절차]를 참조하시기 바랍니다.
  [심의절차] 링크 → http://accident.knia.or.kr/system/

※ 사례 ⑪

Q. 과실비율분쟁심의에 제출된 자료를 확인하고 싶습니다. 어떻게 해야 하나요?

A. - 과실비율분쟁심의의 청구인과 피청구인은 개인이 아닌 보험회사이므로, 절차상 심의위원회에 제출된 자료를 개인이 직접 확인하실 수 없습니다.
- 다만 본인의 보험회사를 통해 심의에 제출된 자료를 확인하실 수 있으니 보험사 담당직원을 통해 확인하시기 바랍니다.

※ 사례 ⑫

Q. 과실비율분쟁심의 진행상태와 결과를 알고 싶습니다. 어떻게 해야 하나요?

A. - 홈페이지에서 과실비율분쟁심의 진행상태를 확인할 수 있습니다.
- 먼저 보험사 담당직원에게 심의접수번호를 확인하신 후 홈페이지 메인화면에서 [나의 심의사건 조회]에 심의번호와 자동차번호를 입력하신 후 검색하면 심의진행상태를 확인할 수 있습니다.
- 심의 결과와 이의신청(재심 청구, 소송)은 보험사 담당직원에게 문의해주시기 바랍니다.

※ 사례 ⑬

Q. 보험사에서 소송 전에 과실비율분쟁심의위원회를 거쳐야 한다고 합니다. 과실비율분쟁심의를 거치지 않고 소송을 통해서 결정을 받고 싶습니다. 어떻게 해야 하나요?

A. - 보험사와 공제사간에는 과실비율분쟁 등의 심의에 관한 상호협정이 체결되어 있으며 상호협정 제18조에 따라 소송 전에 과실비율분쟁심의를 반드시 거치도록 되어 있습니다. 다만 심의제외 요건에 해당하는 경우에는 심의절차를 거치지 않고 소송을 진행할 수 있습니다.

- 보험회사(또는 공제사)는 고객에게 보험금액을 지급한 경우 대위권(상법 제681조 내지 제682조)을 갖게 됩니다. 즉, 고객이 보험회사(또는 공제사)로부터 보험금을 지급받음과 동시에 상대방에 대한 손해배상청구권은 그 보험금액의 범위내에서 보험회사(또는 공제사)에게 당연히 이전되므로, 보험회사(또는 공제사)는 손해배상청구의 소 제기 등 소송진행의 권한을 갖게 됩니다.

- 따라서 개인이 소송을 진행하고자 한다면 보험회사(또는 공제사)로부터 보험금액을 수령하지 않고 자비용 처리해야 합니다. 이 경우 소송이 완료될 때까지 보상 처리가 지연되므로 소송비용 및 승률 등을 심사숙고하여 소송을 진행하시기 바랍니다.

※ 사례 ⑭

Q. 과실비율분쟁심의위원회에 심의를 청구하고 싶은데요. 어떻게 해야 하나요?

A. - 과실비율분쟁심의위원회는 보험회사(공제사 포함)간에 체결한 상호협정에 근거하여 과실비율분쟁을 심의하고 있습니다. 따라서 개인이 직접 심의를 청구할 수 없고 가입하신 보험회사가 상대편 보험회사를 상대로 심의를 청구해야 합니다.

- 보험사 담당직원에게 요청하시기 바랍니다.

※ 사례 ⑮

Q. 상대편과 과실합의가 이루어지지 않고 있습니다. 보상처리가 늦어져 생계에 어려움을 겪고 있습니다. 강제적으로 과실을 결정받을 수 있는 방법이 있을까요?

A. - 과실비율분쟁은 법원 소송과 과실비율분쟁심의위원회를 통해 해결하실 수 있습니다.

- 자세한 내용은 홈페이지의 [과실비율의 이해]->[과실상계 절차와 근거]->[과실분쟁해결절차]를 참고해주시기 바랍니다.
[과실분쟁해결절차] 링크 → http://accident.knia.or.kr/process/

※ 사례 ⑯

Q. 보험사에서 가해자라고 안내해준 과실비율을 인정하기 어렵습니다. 어떻게 해야 하나요?

A. - 일단 보험사에서 안내해준 것에 대하여 이해되지 않는다면, 다음과 같은 순서로 해결을 권장해 드립니다.

① 홈페이지(accident.knia.or.kr) 활용하기
보험회사에 적용 도표번호를 문의하신 후 안내해 준 도표번호를 검색하여 과실산정에 대한 근거, 법령, 판례 등을 확인하실 수 있습니다.

② 사고관할 경찰서 방문하기
- 사고관할 경찰서에 방문하여 가해자와 피해자 구분에 대한 상담을 받으실 수 있습니다.
- 만약 사고발생시 경찰 신고건이고 상담 경찰이 피해자라고 한다면, 교통사고사실확인원을 발급받아 보험사에 제출하는 것을 권장해 드립니다.

③ 전문변호사와 상담하기
- 가까운 법무법인의 변호사를 통해 과실비율을 상담하시고 설

명을 받으실 수 있습니다.
- 다만 변호사가 제시해준 과실비율을 보험사와 상대편 운전자가 인정하는 것은 별개입니다.

④ 과실비율분쟁심의위원회 과실결정 받기
- 홈페이지의 [과실비율의 이해]-〉[과실상계 절차와 근거]-〉[과실분쟁해결절차]를 참고해주시기 바랍니다.

[과실분쟁해결절차]링크→http://accident.knia.or.kr/process/

3-4. 입증자료

※ 사례 ①

Q. 사고당시의 블랙박스 영상과 사진을 보험사에 제출했습니다. 그럼에도 내가 피해자라는 주장을 보험사가 믿지 않아요. 어떻게 해야 하나요?

A. - 블랙박스 영상과 사진은 당시 사고상황을 설명하는 중요자료이지만, 중요자료를 제출했다고해서 피해자가 되는 것은 아닙니다.
- 중요자료를 해석하여 사고의 사실관계를 판단하는 기준이 서로 다를 수 있으므로 보험사 담당직원으로부터 과실비율 및 그 이유 등 자세한 설명을 받아보시기 바랍니다.

※ 사례 ②

Q. 과실분쟁을 예방하기 위해서 사고발생시 해야 하는 조치는 무엇인가요?

A. - 사고발생 즉시 경찰 신고 및 보험사 사고접수를 통해 신속히 사고현장을 정리하는 것을 권장해 드립니다. 아울러, 사고현장에서 상대방의 잘못을 주장하여 서로 감정 및 신체적 다툼을 해서는 안됩니다. 이런 경우 합리적인 과실 산정 결과를 안내하여도 당사자간 합의가 안되는 경우가 많기 때문입니다.
- 상대방이 사실관계를 처음과 다르게 주장하지 않도록 사고당시의 증거를 확보해야 합니다.

- 예를 들어 블랙박스 영상, 사고현장 사진(충돌부위, 바퀴 자국, 바퀴 방향, 사고현장 전면), 목격자 및 상대편 운전자 진술 등이 주요 증거 자료 입니다.

- 사고 이후의 중요 기록은 스마트폰의 영상촬영을 이용하시면 간편하게 증거를 확보하실 수 있습니다.

3-5. 사고접수

※ 사례 ①

Q. 가해자가 보험회사에 사고접수를 하지 않고 손해보상을 해주지 않습니다. 이럴 경우 피해자가 직접 상대편 보험사에 보험금을 청구 할 수 있나요?

A. - 자동차보험표준약관 제3편 제2장에 따라 상대편이 사고접수를 하지 않아 보상처리가 안되는 경우, 피해자가 직접 상대편 운전자의 보험사를 상대로 보험금을 청구 할 수 있습니다.

- 다만 자동차보험표준약관 제31조의 필요서류를 제출해야 하는데 그 중 교통사고사실확인원의 경우 경찰에 신고 접수가 되어 있어야 발급 받을 수 있으므로 주의하시기 바랍니다.

※ 사례 ②

Q. 교통사고가 발생했습니다. 사고접수를 어떻게 해야 하나요?

A. 경찰 신고는 국번 없이 112로 하시면 됩니다. 보험사 사고접수는 보험사 대표번호(콜센터)로 하시면 됩니다.

3-6. 보험료 할증

※ 사례 ①

Q. 교통사고가 발생해서 보험료가 할증된다고 하네요. 제가 피해자인데 제 잘못이 아니여도 보험료가 할증되나요?

A. - 교통사고 관련 보험료의 할인과 할증요율을 결정하는 요인은 2가지가 있습니다.

- 첫 번째는 사고규모에 따라 우량할인/불량할증요율이 결정되며, 두 번째는 사고횟수에 따라 사고건수별 특성요율이 결정됩니다.
- 사고가 발생하면 피해자도 우량할인/불량할증요율에 따른 보험료 할증이 적용됩니다.
- 다만 피해자의 경우 사고건수별 특성요율에 따른 할증이 적용되지 않습니다.(2017.9.1 사고발생건부터 적용)

※ 사례 ②

Q. 경미한 사고를 당했는데 제(보험사)측이 보상해야할 금액이 소액이라 보험료가 할증될 수도 있으니 자비로 처리하는 것이 좋겠다고 권유받았습니다. 맞는 말인가요?

A. - 교통사고 관련 보험료의 할인과 할증요율을 결정하는 요인은 2가지가 있습니다.
- 첫 번째는 사고규모에 따라 우량할인/불량할증요율이 결정되며, 두 번째는 사고횟수에 따라 사고건수별 특성요율이 결정됩니다.
- 사고가 발생하면 이 2가지 요율의 적용에 따라 다음 보험계약시 보험료가 할증됩니다.
- [보상금액 〈 보험료 할증금액]인 경우에 자비용처리의 장점을 안내하고 있으며, 보험사 중에서 사고 건수에 따른 일부담보가입 인수를 거절하는 경우도 있으니 심사숙고해서 결정하시는 것이 좋습니다.

3-7. 보상처리절차

※ 사례 ①

Q. 과실비율이 매우 늦게 합의되어 보험금 청구가 안된다고 합니다. 보험금 청구는 언제까지 할 수 있나요?

A. 보험금 청구에는 기한이 있습니다. 상법 제662조에서는 [보험금청구권은 3년간, 보험료 또는 적립금의 반환청구권은 3년간, 보험료청구권은

2년간 행사하지 아니하면 시효의 완성으로 소멸한다고 규정되어 있으니 이를 참고하여 주시기 바랍니다.

※ 사례 ②

Q. 처음에 안내된 가해자와 피해자의 과실이 바뀌어 결정되는 경우도 있나요?

A. 사실관계 여부에 따라 다음과 같이 처음에 안내된 가해자와 피해자 과실이 바뀔 수 있습니다.

- 최초 가해자로 안내받은 자가 본인에게 유리하고 신뢰할 수 있는 자료를 추가 제출한 경우(CCTV 영상, 블랙박스 영상, 목격자 진술 등)
- 최초 가해자로 안내받은 자의 경찰 사고 조사 신청으로 경찰 조사 후 교통사고사실확인원상 피해자로 결정된 경우
- 사실관계 및 적용법규·기준의 오해로 과실을 반대로 산정한 경우

※ 사례 ③

Q. 사고당시에 상대편 운전자와 출동했던 보상직원이 잘못을 인정했습니다. 얼마 후에 보험사에서 연락이 와서 상대편에서 저의 일부 과실을 주장한다고 하는데 어떻게 된 건가요?

A. - 과실비율은 양쪽의 진술과 입증자료를 종합적으로 판단해서 산정해야 하므로, 보험사 및 공제사는 사고현장에서 과실비율을 안내하지 않도록 매뉴얼화 되어 있습니다. 또한 실제로 사고의 사실관계 확인과정에서 최초 과실이 변경되는 경우도 있습니다.

- 보험사와 계약되어 있는 긴급출동업체에서 사고장소를 방문한 경우 업체 직원이 경험상 과실비율을 이야기 하는 경우가 있는데, 계약에 따라 사고확인 및 견인 등을 대행하고 있을뿐이며 보험사와 달리 전문적인 지식의 보유와 책임을 담보할 수 없으므로, 이 점 주의하시길 바랍니다.

※ 사례 ④

Q. 보험사의 보상처리 관련 과실상계 절차가 어떻게 되나요?

A. - 자세한 내용은 홈페이지의 [과실비율의 이해-〉[과실비율상계 절차와 근거]-〉 [자동차보험의 과실상계 절차] 참조하시기 바랍니다.
[자동차보험의과실상계절차]링크→ http://accident.knia.or.kr/process/

3-8. 과실판단

※ 사례 ①

Q. 보험사 안내를 수용하는 게 나을까요? 아니면 변호사에게 과실비율 상담을 받는 게 나을까요?

A. - 보험사에서 안내한 과실비율에 대해 보다 더 전문적인 의견을 듣고 싶으신 경우 개인이 직접 변호사에게 과실비율 상담을 받아 보실 수 있습니다.
   - 그러나 변호사가 제시한 과실비율은 변호사 개인의 의견이므로 과실 협의 시 참고할 수 있을 뿐이며, 보험사나 상대방 운전자가 그에 따라야 하는 것은 아님을 주의하셔야 합니다.

※ 사례 ②

Q. 보험사에서 과실비율을 산정하고 합의를 대행해주는 근거는 무엇인가요?

A. 자동차보험표준약관 제36조에 따라 고객의 동의 시 과실비율 합의 및 소송을 대행하고 있습니다. 또한 일반적으로 사고발생 후 보험금 청구시 청구서류에서 관련 동의 항목이 기재되어 있으므로 참고하시기 바랍니다.

※ 사례 ③

Q. 경찰서에 과실비율 판단을 문의할 수 없나요?

A. 경찰은 형사처벌 및 행정 처분을 위해 교통사고를 조사할 수 있으나(도로교통법 제54조 6항), 각 당사자의 확정적인 과실비율을 결정하지는 않습니다.

※ 사례 ④

Q. 과실비율 판단과 결정은 누가 하나요?

A. - 민법 및 민사소송법에 따라 과실비율의 최종판단과 결정은 법원의 판사가 하도록 되어 있습니다.
- 과실비율의 산정은 법원의 재량에 속하고 당사자의 주장에 구애받지 않습니다.
- 다만 모든 사고에 대하여 소송을 진행한다는 것은 비효율적이고 불필요한 사회적 비용이 발생하는 것으로 사고당사자간 합의 시 소송을 하지 않더라도 과실이 결정될 수 있습니다.
- 그러나 현실적으로 사고당사자간 합의가 쉽고 원활하게 이루어지는 경우는 적어 약관 및 대위권에 따라 보험사에서 과실 합의 및 소송을 대행하는 것입니다.
- 이 외에도 과실은 법적인 판단으로 전문변호사에게 상담 받을 수 있으며, 변호사가 아닌 자가 과실 합의를 알선 및 중재하거나 화해를 권고하는 경우, 변호사법 제109조, 제112조의 위반 소지가 있으므로 주의하셔야 합니다.

3-9. 과실상식

※ 사례 ①

Q. 간단한 접촉사고인데도 상대 운전자가 지나치게 많은 치료를 했습니다. 보험금 정산 시 상대편 운전자의 치료비용은 제 보험금으로 지급되고, 과실비율과 관계없이 전액 보상한다고 합니다. 왜 그런 건가요?

A. - 교통사고가 발생하여 상대방이 부상을 당한 경우에는 입원비 등 치료관계비와 위자료, 휴업손해 등이 발생하게 됩니다. 나에게도 일부 과실이 있는 경우 이러한 상대방의 인적 손해는 내가 가입한 자동차보험 대인배상 1, 2 에서 부담하게 됩니다.

- 이때, 상대방의 과실만큼 상계처리를 하고 보상하지만, 과실상계한 후의 금액이 치료관계비 해당액에 미달하는 경우에는 인명구조를 우선적으로 고려하여 치료관계비 해당액을 보상하고 있습니다. 이는 자동차보험 약관상 지급기준에 의한 것으로, 교통사고 시 치료비 부담에 대한 분쟁 감소와 부상자의 신속한 구제 및 보호를 위해 자동차보험 약관에서만 특수하게 정하고 있는 규정입니다.

※ 사례 ②

Q. 왜 우리나라는 과실에 따라서 손해배상이 결정되나요? 선진국은 자신의 보험사에서 모두 해결해주지 않나요?

A. - 우리나라는 순수과실상계의 손해배상법리를 채택하고 있습니다. 따라서 사고에 대해 일부라도 과실이 있다면 상대방의 손해액에서 대하여 그 과실 비율만큼 보상해야 합니다.
 - 이는 우리나라뿐 아니라 미국(일부주 제외), 독일, 일본 등 대부분의 나라에서 채택하고 있는 법리입니다.
 - 미국(일부 주)에서 운영하고 있는 노폴트 보험은 과실비율과 상관없이 본인의 사고는 본인의 보험사로부터 전부 보상받는 보험제도입니다. 과실비율에 따른 배상처리가 없어 대물 손해에 대한 과실분쟁은 매우 적으나, 사고 시 보험료 할증이 크고 인적 손해 발생 시 가해자로부터 손해배상이 이루어지지 않아 소송이 발생하는 경우가 많다는 단점이 있습니다.

※ 사례 ③

Q. 제 사고에 대하여 여러 전문가들과 상담을 하였습니다만 다들 산정한 과실비율이 다릅니다. 왜 다를까요?

A. 실제 교통사고는 다양한 형태로 발생하기 때문에 한정된 증거자료로 판단 시 동일한 사고에 대해서도 서로 다른 사고도표를 적용할 수 있으며, 동일한 사고도표를 적용하는 경우에도 구체적인 상황을 고려하여 수정요소를 적용할 것인지 여부를 다르게 판단할 수 있기 때문입니다.

※ 사례 ④

Q. 전에 동일한 장소에서 동일한 유형의 사고가 발생했는데 과실비율이 다르게 결정되었어요. 잘못된거 아닌가요?

A. 동일한 장소에서 동일한 유형의 사고가 발생했는데도 과실비율이 다르게 결정되는 경우는 다음과 같습니다.

- 동일한 유형이라도 차량속도, 도로상태, 기상상태, 충돌부위, 충돌각도 등 세부적인 요인에 따라서 과실비율이 다르게 결정될 수 있습니다.
- 동일한 유형이라도 상대차량은 동일차량의 동일운전자(또는 동일 보험사)가 아닙니다.
- 기존에 결정된 사례가 있어도 상대편이 인정하지 않는다면 협의와 양보를 통해서 과실비율을 결정해야 합니다.

※ 사례 ⑤

Q. 제 앞에 나타난 장해물(진로변경 또는 불법주차 차량, 적재물 낙하 등)을 피하려다 다른 차량과 사고가 났어요. 이럴 때 과실이 어떻게 주어지나요?

A. - 장해물과 접촉하지는 않았지만 장해물을 피하려다 다른 차량과 사고가 나는 경우는 비접촉 사고라고 합니다.
- 공식적인 기준은 없지만 분쟁심의에서는 장해물과 사고의 인과관계를 인정 시 원인제공자에게 과실을 부과하고 있으며, 기본과실에서 장해물에 대하여 과실을 10~20% 감산하고 있습니다.
- 장해물 또는 원인제공자는 비접촉을 이유로 무과실을 주장하지만 사고의 원인이 있으므로 과실을 부과하고 피해 경감의 측면을 고려하여 10~20% 감산하는 것입니다.

※ 사례 ⑥

Q. 아파트 단지 내 도로에서 사고가 발생했어요. 일반도로와 달리 과실이 적용되는 부분이 있나요?

A. 아파트 단지 내 도로가 도로교통법의 적용되는 도로에 해당하지 않는다고 할지라도 과실비율을 판단함에 있어서 [도로교통법 제2조 1. 래에 규정된 "그 밖에 현실적으로 불특정 다수의 사람 또는 차마가 통행할 수 있도록 공개된 장소로 안전하고 원활한 교통을 확보할 필요가 있는 장소"를 준용할 수 있는바, 만약 도로교통법상 규정된 운전자의 주의의무를 위반하여 아파트 단지 내 도로에서 사고가 발생한 경우에는 일반도로에서 사고가 발생한 경우와 마찬가지로 도로교통법상 주의의무 위반 사실을 과실비율 산정에 있어 참작할 수 있습니다.

※ 사례 ⑦

Q. 외제차량에 부딪혀서 사고가 발생했습니다. 외제차량의 과실이 더 많은데 왜 제 손해액보다 더 많은 금액을 외제차량에게 보상해 주어야 하나요?

A. - 우리나라는 순수과실상계의 손해배상법리를 채택하고 있습니다. 따라서 사고에 대해 일부라도 과실이 있다면 상대방의 손해액에서 대하여 그 과실 비율만큼 보상해야 합니다.

- 외제차량은 부품값과 공임비 등 수리비용이 국내산 차량보다 훨씬 고가이므로 본인이 피해자라고 하더라도 본인 보험사에서 상대방에게 배상하는 금액이 상대방 보험사로부터 배상받는 금액보다 더 많을 수 있습니다.

※ 사례 ⑧

Q. 무보험 자동차에 의해 피해를 당했습니다. 보상 받을 수 있나요? 이럴 경우 과실상계도 해야 하나요?

A. - 무보험 자동차에 의한 차량피해는 본인 자동차보험의 자차 담보로 처리해야 합니다.

- 그러나 인적피해는 정부가 자동차손해배상보장법에 근거하여 책임보험 지급기준에 따라 보상하고 있습니다.

- 만약 자동차보험 중 "무보험자동차에 의한 상해"에 가입이 되어 있다면,

책임보험(대인보상1)을 초과하는 인적 피해도 해당 자동차보험에 의해 보상받을 수 있으며(구체적인 보상 여부 및 한도는 개별 자동차보험상 품약관에 따라 상이할 수 있음), 이 경우 과실상계를 적용합니다.

3-10. 과실비율 인정기준

※ 사례 ①

Q. 제가 홈페이지를 통해서 확인한 과실비율과 보험사가 안내해준 과실비율이 다르네요. 왜 그럴까요?

A. - 사고사실에 대한 접근이 달라 적용한 사고도표가 서로 다르거나, 도표가 같아도 수정요소의 적용에 있어 달리 판단할 수 있기 때문입니다.
  - 보험사 담당직원에게 과실비율 산정시 적용한 사고도표와 이유를 문의하시기 바랍니다.

※ 사례 ②

Q. 수정요소는 1개만 적용되나요? 아니면 복수로도 적용될 수 있나요?

A. 수정요소는 복수적용이 가능합니다. 다만 다음과 같은 제한이 있습니다.
  - 수정요소를 가산한 일방 차량의 최종 값이 100%를 넘을 수 없으며 반대로 0%보다 작을 수 없다. 또한 양자의 최종 과실비율의 합계는 언제나 100%가 되어야 한다.
  - 현저한 과실과 중과실이 중복될 경우는 중과실의 수정요소만을 적용하는 것을 원칙으로 한다.
  - 현저한 과실 내에서 여러 개가 중복되어도 최대 20%까지만 가산하는 것을 원칙으로 한다 (이러한 적용은 현저한 과실과 중과실의 차이를 엄격히 구분하고 현저한 과실의 취지를 충실히 반영하기 위해서이다).
  - 도표에서 수정요소의 구분이 점선으로 되어 있는 경우는 하나를 선택해야 하며 중복되는 경우 과실비율이 더 큰 수정요소만을 적용하는 것을 원칙으로 한다.

- 중과실 내에서 여러 개가 중복되어도 또는 중과실과 현저한 과실이 아닌 다른 가산요소 여러 개가 중복되어도 특별한 사정이 없는 한, 최대 30%까지 가산할 수 있고, 가산한 최종 과실비율 값이 최대 100%를 초과하지 못한다(단, 피해자에게 회피가능성과 예측가능성이 있다면 10% 내에서 피해자에게 과실을 부여할 수 있다).
- 기본과실에 지나치게 큰 폭의 수정요소를 가산 또는 감산하거나 중복 적용하는 것은 양 사고당사자의 합의를 어렵게 만들고 사고에 대한 과실 예측력을 저하하므로, 객관적인 입증자료를 근거로 수정요소를 적용해야 합니다.

※ 사례 ③

Q. 통상적으로 어떤 경우에 20% 과실이 가중되는 건가요?

A. - 과실비율 인정기준에서는 다음과 같은 중대한 과실에 해당하는 경우 운전자에게 20% 과실을 가중하고 있습니다.

  1) 졸음운전
  2) 무면허운전
  3) 혈중알코올농도 0.03% 이상 음주운전
  4) 20km/h 이상의 제한속도 위반
  5) 마약 등의 약물운전
  6) 공동위험행위(도로교통법 제46조)
   - 다만 실제 적용에 있어 입증자료가 있어야 하며, 구체적인 사고상황에 따라 달리 적용될 수 있습니다.

※ 사례 ④

Q. 통상적으로 어떤 경우에 10% 과실이 가중되는 건가요?

A. - 과실비율 인정기준에서는 다음과 같은 현저한 과실에 해당하는 경우 운전자에게 10% 과실을 가중하고 있습니다.

1) 한눈팔기 등 전방주시의무 위반이 현저한 경우
2) 혈중알코올농도 0.03% 미만 음주운전
3) 10km/h 이상 20km/h 미만의 제한속도 위반
4) 핸들 및 브레이크 조작이 현저히 부적절한 경우
5) 차량 유리의 암도가 높은 경우
6) 운전중 휴대전화 사용
7) 운전중 영상표시장치 시청,조작
   - 다만 실제 적용에 있어 입증자료가 있어야 하며, 구체적인 사고상황에 따라 달리 적용될 수 있습니다.

※ 사례 ⑤

Q. 과실비율 인정기준의 효력은 무엇인가요?

A. 자동차보험 표준약관 별표 3(보험업감독규정 시행세칙 별표 15)에 나와 있듯이 과실비율 인정기준은 과실비율을 산정할 때 사용하는 참고기준입니다. 해당사고에 대한 법원 판결이 있는 경우에는 판결이 우선하게 됩니다.

※ 사례 ⑥

Q. 과실비율 인정기준에 없는 사고는 어떻게 결정되나요?

A. - 자동차보험 표준약관 별표 3(보험업감독규정 시행세칙 별표 15)에 나와 있듯이 사고유형이 기준에 없거나 적용이 곤란할 때 판결례를 참작하여 결정됩니다.
   - 참고로 과실비율 인정기준에는 없지만 분쟁심의에서 적용되고 있는 과실기준에 대해서는 [비정형 과실비율]이란 코너에서 확인할 수 있습니다.
   [비정형 과실비율]링크→http://accident.knia.or.kr/special

※ 사례 ⑦

Q. 보험사에서는 과실비율 인정기준을 참고해서 과실비율을 산정한다고 알고 있어요. 과실비율을 결정할 때 원칙이 있나요?

A. 다음과 같은 원칙에 따라 과실비율을 산정하게 됩니다.
- 도로교통법의 통행 우선권에 따라 판단합니다.
- 교통강자 위험부담의 원칙이 있습니다.(예 : 자동차의 위험부담 〉 보행자의 위험부담)
- 사고 당시의 구체적 상황(차량의 속도, 도로상황, 사고발생 지점의 도로구조, 사고 차량간 거리, 기타 관련된 교통상황 등)을 고려하여 사고 발생의 예견 내지 회피 가능한 요소를 살펴 정하게 됩니다.

※ 사례 ⑧

Q. 과실비율 인정기준상 수정요소를 적용하면 제 과실은 0인데 왜 제 보험사와 상대편은 제게 과실이 있다고 하는걸까요?

A. 기본과실에 수정요소를 적용하는 것은 기본과실에서 설명되지 않은 사고의 주요 요인을 반영하여 양 당사자간 과실비율을 원활하게 조정하기 위함입니다. 수정요소 적용 여부는 객관적이고 분명한 입증자료를 근거로 하여야 하며, 무조건적인 수정요소의 적용보다는 사고 및 손해와 인과관계가 있는 주요 수정요소에 대해서 적용하여야 합니다.

3-11. 경찰 신고

※ 사례 ①

Q. 교통사고 발생 시 경찰서에 신고해야 하나요?

A. - 교통사고가 발생하면 사람이 다치지 않고 차량만 파손된 것이 분명하고 도로에서의 위험방지와 원활한 소통을 위하여 필요한 조치를 한 경우를 제외하고는 경찰 신고(112)를 해야 합니다.(도로교통법 54조 제2항)
- 경찰 신고를 한다고 반드시 형사 및 행정처벌이 이루어지는 것은 아닙니다. 피해유형 및 정도에 따라 경찰서에서 내사종결 합니다.
- 경찰신고를 하는 경우 현장에서 불필요한 다툼을 방지하거나 신속한 사고 현장 정리가 가능합니다. 또한 과실분쟁 발생 시 신고 시 진술했던 내용이 중요하게 적용되므로 사고가 발생하면 경찰서에 신고하시기 바랍니다.

※ 사례 ②

Q. 교통사고사실확인원은 어떻게 발급받나요?

A. - 교통사고사실확인원은 본인이 신청하거나 (방문 또는 인터넷 https://minwon.police.go.kr), 보험사를 대리인으로 지정한 위임장을 작성하시면 보험사가 신청을 대행할 수 있습니다.(도로교통법 시행규칙 제129조의3)

- 인적 피해가 없는 대물사고의 경우 경찰이 도로교통법 시행령 제32조에 따라 조사를 생략 할 수 있습니다. 경찰이 위와 같이 조사를 생략한 경우에는 사고당사자가 교통사고사실확인원을 신청한 순간 부터 사고에 관한 조사가 이루어지는바, 교통사고사실확인원 발급에 상당한 시간이 소요될 수 있습니다.

※ 사례 ③

Q. 경찰서에서 발급받은 교통사고사실확인원과 심의결정의 가해자와 피해자 구분이 다르네요. 심의결정이 잘못된 것이 아닌가요?

A. - 교통사고사실확인원은 사고사실을 확인할 수 있는 중요한 입증자료중 하나입니다.

- 심의위원회에서는 교통사고사실확인원 외에도 여러 입증자료를 검토하여 판단하므로 교통사고사실확인원의 가해자/피해자 구분과 달리 판단할만한 근거가 있는 경우 심의결정이 다르게 나올 수 있습니다 (이는 법원 재판에서도 동일합니다).

부록: 관련법령

- 도로교통법(초록)
- 자동차손해배상 보장법(초록)
- 교통사고처리특례법

도로교통법(초록)

[시행 2026. 4. 2.] [법률 제20864호, 2025. 4. 1., 일부개정]

제1장 총칙

제1조(목적) 이 법은 도로에서 일어나는 교통상의 모든 위험과 장해를 방지하고 제거하여 안전하고 원활한 교통을 확보함을 목적으로 한다.

제2조(정의) 이 법에서 사용하는 용어의 뜻은 다음과 같다.
1. "도로"란 다음 각 목에 해당하는 곳을 말한다.
    가. 「도로법」에 따른 도로
    나. 「유료도로법」에 따른 유료도로
    다. 「농어촌도로 정비법」에 따른 농어촌도로
    라. 그 밖에 현실적으로 불특정 다수의 사람 또는 차마(車馬)가 통행할 수 있도록 공개된 장소로서 안전하고 원활한 교통을 확보할 필요가 있는 장소
2. "자동차전용도로"란 자동차만 다닐 수 있도록 설치된 도로를 말한다.
3. "고속도로"란 자동차의 고속 운행에만 사용하기 위하여 지정된 도로를 말한다.
4. "차도"(車道)란 연석선(차도와 보도를 구분하는 돌 등으로 이어진 선을 말한다. 이하 같다), 안전표지 또는 그와 비슷한 인공구조물을 이용하여 경계(境界)를 표시하여 모든 차가 통행할 수 있도록 설치된 도로의 부분을 말한다.
5. "중앙선"이란 차마의 통행 방향을 명확하게 구분하기 위하여 도로에 황색 실선(實線)이나 황색 점선 등의 안전표지로 표시한 선 또는 중앙분리대나 울타리 등으로 설치한 시설물을 말한다. 다만, 제14조제1항 후단에 따라 가변차로(可變車路)가 설치된 경우에는 신호기가 지시하는 진행방향의 가장 왼쪽에 있는 황색 점선을 말한다.
6. "차로"란 차마가 한 줄로 도로의 정하여진 부분을 통행하도록 차선(車線)으로 구분한 차도의 부분을 말한다.
7. "차선"이란 차로와 차로를 구분하기 위하여 그 경계지점을 안전표지로 표시한 선을 말한다.
7의2. "노면전차 전용로"란 도로에서 궤도를 설치하고, 안전표지 또는 인공구조물로 경계를 표시하여 설치한 「도시철도법」 제18조의2제1항 각 호에 따른 도로 또는 차로를 말한다.
8. "자전거도로"란 안전표지, 위험방지용 울타리나 그와 비슷한 인공구조물로 경계를 표시하여 자전거 및 개인형 이동장치가 통행할 수 있도록 설치된 「자전거 이용 활성화에 관한 법률」 제3조 각 호의 도로를 말한다.
9. "자전거횡단도"란 자전거 및 개인형 이동장치가 일반도로를 횡단할 수 있도록 안전표지로 표시한 도로의 부분을 말한다.
10. "보도"(步道)란 연석선, 안전표지나 그와 비슷한 인공구조물로 경계를 표시하여 보행자(유모차, 보행보조용 의자차, 노약자용 보행기 등 행정안전부령으로 정하는 기구·장치를 이용하여 통행하는 사람 및 제21조의3에 따른 실외이동로봇을 포함한다. 이하 같다)가 통행할 수 있도록 한 도로의 부분을 말한다.
11. "길가장자리구역"이란 보도와 차도가 구분되지 아니한 도로에서 보행자의 안전을 확보하기 위하여 안전표지 등으로 경계를 표시한 도로의 가장자리 부분을 말한다.

12. "횡단보도"란 보행자가 도로를 횡단할 수 있도록 안전표지로 표시한 도로의 부분을 말한다.
13. "교차로"란 '십'자로, 'T'자로나 그 밖에 둘 이상의 도로(보도와 차도가 구분되어 있는 도로에서는 차도를 말한다)가 교차하는 부분을 말한다.
13의2. "회전교차로"란 교차로 중 차마가 원형의 교통섬(차마의 안전하고 원활한 교통처리나 보행자 도로횡단의 안전을 확보하기 위하여 교차로 또는 차도의 분기점 등에 설치하는 섬 모양의 시설을 말한다)을 중심으로 반시계방향으로 통행하도록 한 원형의 도로를 말한다.
14. "안전지대"란 도로를 횡단하는 보행자나 통행하는 차마의 안전을 위하여 안전표지나 이와 비슷한 인공구조물로 표시한 도로의 부분을 말한다.
15. "신호기"란 도로교통에서 문자ㆍ기호 또는 등화(燈火)를 사용하여 진행ㆍ정지ㆍ방향전환ㆍ주의 등의 신호를 표시하기 위하여 사람이나 전기의 힘으로 조작하는 장치를 말한다.
16. "안전표지"란 교통안전에 필요한 주의ㆍ규제ㆍ지시 등을 표시하는 표지판이나 도로의 바닥에 표시하는 기호ㆍ문자 또는 선 등을 말한다.
17. "차마"란 다음 각 목의 차와 우마를 말한다.
    가. "차"란 다음의 어느 하나에 해당하는 것을 말한다.
        1) 자동차
        2) 건설기계
        3) 원동기장치자전거
        4) 자전거
        5) 사람 또는 가축의 힘이나 그 밖의 동력(動力)으로 도로에서 운전되는 것. 다만, 철길이나 가설(架設)된 선을 이용하여 운전되는 것, 유모차, 보행보조용 의자차, 노약자용 보행기, 제21호의3에 따른 실외이동로봇 등 행정안전부령으로 정하는 기구ㆍ장치는 제외한다.
    나. "우마"란 교통이나 운수(運輸)에 사용되는 가축을 말한다.
17의2. "노면전차"란 「도시철도법」 제2조제2호에 따른 노면전차로서 도로에서 궤도를 이용하여 운행되는 차를 말한다.
18. "자동차"란 철길이나 가설된 선을 이용하지 아니하고 원동기를 사용하여 운전되는 차(견인되는 자동차도 자동차의 일부로 본다)로서 다음 각 목의 차를 말한다.
    가. 「자동차관리법」 제3조에 따른 다음의 자동차. 다만, 원동기장치자전거는 제외한다.
        1) 승용자동차
        2) 승합자동차
        3) 화물자동차
        4) 특수자동차
        5) 이륜자동차
    나. 「건설기계관리법」 제26조제1항 단서에 따른 건설기계
18의2. "자율주행시스템"이란 「자율주행자동차 상용화 촉진 및 지원에 관한 법률」 제2조제1항제2호에 따른 자율주행시스템을 말한다. 이 경우 그 종류는 완전 자율주행시스템, 부분 자율주행시스템 등 행정안전부령으로 정하는 바에 따라 세분할 수 있다.
18의3. "자율주행자동차"란 「자동차관리법」 제2조제1호의3에 따른 자율주행자동차로서 자

율주행시스템을 갖추고 있는 자동차를 말한다.
19. "원동기장치자전거"란 다음 각 목의 어느 하나에 해당하는 차를 말한다.
    가. 「자동차관리법」 제3조에 따른 이륜자동차 가운데 배기량 125시시 이하(전기를 동력으로 하는 경우에는 최고정격출력 11킬로와트 이하)의 이륜자동차
    나. 그 밖에 배기량 125시시 이하(전기를 동력으로 하는 경우에는 최고정격출력 11킬로와트 이하)의 원동기를 단 차(「자전거 이용 활성화에 관한 법률」 제2조제1호의2에 따른 전기자전거 및 제21조의3에 따른 실외이동로봇은 제외한다)
19의2. "개인형 이동장치"란 제19호나목의 원동기장치자전거 중 시속 25킬로미터 이상으로 운행할 경우 전동기가 작동하지 아니하고 차체 중량이 30킬로그램 미만인 것으로서 행정안전부령으로 정하는 것을 말한다.
20. "자전거"란 「자전거 이용 활성화에 관한 법률」 제2조제1호 및 제1호의2에 따른 자전거 및 전기자전거를 말한다.
21. "자동차등"이란 자동차와 원동기장치자전거를 말한다.
21의2. "자전거등"이란 자전거와 개인형 이동장치를 말한다.
21의3. "실외이동로봇"이란 「지능형 로봇 개발 및 보급 촉진법」 제2조제1호에 따른 지능형 로봇 중 행정안전부령으로 정하는 것을 말한다.
22. "긴급자동차"란 다음 각 목의 자동차로서 그 본래의 긴급한 용도로 사용되고 있는 자동차를 말한다.
    가. 소방차
    나. 구급차
    다. 혈액 공급차량
    라. 그 밖에 대통령령으로 정하는 자동차
23. "어린이통학버스"란 다음 각 목의 시설 가운데 어린이(13세 미만인 사람을 말한다. 이하 같다)를 교육 대상으로 하는 시설에서 어린이의 통학 등(현장체험학습 등 비상시적으로 이루어지는 교육활동을 위한 이동을 제외한다)에 이용되는 자동차와 「여객자동차 운수사업법」 제4조제3항에 따른 여객자동차운송사업의 한정면허를 받아 어린이를 여객 대상으로 하여 운행되는 운송사업용 자동차를 말한다.
    가. 「유아교육법」에 따른 유치원 및 유아교육진흥원, 「초·중등교육법」에 따른 초등학교, 특수학교, 대안학교 및 외국인학교
    나. 「영유아보육법」에 따른 어린이집
    다. 「학원의 설립·운영 및 과외교습에 관한 법률」에 따라 설립된 학원 및 교습소
    라. 「체육시설의 설치·이용에 관한 법률」에 따라 설립된 체육시설
    마. 「아동복지법」에 따른 아동복지시설(아동보호전문기관은 제외한다)
    바. 「청소년활동 진흥법」에 따른 청소년수련시설
    사. 「장애인복지법」에 따른 장애인복지시설(장애인 직업재활시설은 제외한다)
    아. 「도서관법」에 따른 공공도서관
    자. 「평생교육법」에 따른 시·도평생교육진흥원 및 시·군·구평생학습관
    차. 「사회복지사업법」에 따른 사회복지시설 및 사회복지관
24. "주차"란 운전자가 승객을 기다리거나 화물을 싣거나 차가 고장 나거나 그 밖의 사유로 차를 계속 정지 상태에 두는 것 또는 운전자가 차에서 떠나서 즉시 그 차를 운전할 수

없는 상태에 두는 것을 말한다.
25. "정차"란 운전자가 5분을 초과하지 아니하고 차를 정지시키는 것으로서 주차 외의 정지 상태를 말한다.
26. "운전"이란 도로(제27조제6항제3호·제44조·제45조·제54조제1항·제148조·제148조의2 및 제156조제10호의 경우에는 도로 외의 곳을 포함한다)에서 차마 또는 노면전차를 그 본래의 사용방법에 따라 사용하는 것(조종 또는 자율주행시스템을 사용하는 것을 포함한다)을 말한다.
27. "초보운전자"란 처음 운전면허를 받은 날(처음 운전면허를 받은 날부터 2년이 지나기 전에 운전면허의 취소처분을 받은 경우에는 그 후 다시 운전면허를 받은 날을 말한다)부터 2년이 지나지 아니한 사람을 말한다. 이 경우 원동기장치자전거면허만 받은 사람이 원동기장치자전거면허 외의 운전면허를 받은 경우에는 처음 운전면허를 받은 것으로 본다.
28. "서행"(徐行)이란 운전자가 차 또는 노면전차를 즉시 정지시킬 수 있는 정도의 느린 속도로 진행하는 것을 말한다.
29. "앞지르기"란 차의 운전자가 앞서가는 다른 차의 옆을 지나서 그 차의 앞으로 나가는 것을 말한다.
30. "일시정지"란 차 또는 노면전차의 운전자가 그 차 또는 노면전차의 바퀴를 일시적으로 완전히 정지시키는 것을 말한다.
31. "보행자전용도로"란 보행자만 다닐 수 있도록 안전표지나 그와 비슷한 인공구조물로 표시한 도로를 말한다.
31의2. "보행자우선도로"란 「보행안전 및 편의증진에 관한 법률」 제2조제3호에 따른 보행자우선도로를 말한다.
32. "자동차운전학원"이란 자동차등의 운전에 관한 지식·기능을 교육하는 시설로서 다음 각 목의 시설 외의 시설을 말한다.
  가. 교육 관계 법령에 따른 학교에서 소속 학생 및 교직원의 연수를 위하여 설치한 시설
  나. 사업장 등의 시설로서 소속 직원의 연수를 위한 시설
  다. 전산장치에 의한 모의운전 연습시설
  라. 지방자치단체 등이 신체장애인의 운전교육을 위하여 설치하는 시설 가운데 시·도경찰청장이 인정하는 시설
  마. 대가(代價)를 받지 아니하고 운전교육을 하는 시설
  바. 운전면허를 받은 사람을 대상으로 다양한 운전경험을 체험할 수 있도록 하기 위하여 도로가 아닌 장소에서 운전교육을 하는 시설
33. "모범운전자"란 제146조에 따라 무사고운전자 또는 유공운전자의 표시장을 받거나 2년 이상 사업용 자동차 운전에 종사하면서 교통사고를 일으킨 전력이 없는 사람으로서 경찰청장이 정하는 바에 따라 선발되어 교통안전 봉사활동에 종사하는 사람을 말한다.
34. "음주운전 방지장치"란 술에 취한 상태에서 자동차등을 운전하려는 경우 시동이 걸리지 아니하도록 하는 것으로서 행정안전부령으로 정하는 것을 말한다.

[전문개정 2011. 6. 8.]

제3조(신호기 등의 설치 및 관리) ① 특별시장·광역시장·제주특별자치도지사 또는 시장·군수(광역시의 군수는 제외한다. 이하 "시장등"이라 한다)는 도로에서의 위험을

방지하고 교통의 안전과 원활한 소통을 확보하기 위하여 필요하다고 인정하는 경우에는 신호기 및 안전표지(이하 "교통안전시설"이라 한다)를 설치·관리하여야 한다. 다만, 「유료도로법」 제6조에 따른 유료도로에서는 시장등의 지시에 따라 그 도로관리자가 교통안전시설을 설치·관리하여야 한다.
② 시장등 및 도로관리자는 제1항에 따라 교통안전시설을 설치·관리할 때에는 제4조에 따른 교통안전시설의 설치·관리기준에 적합하도록 하여야 한다. 〈신설 2018. 6. 12.〉
③ 도(道)는 제1항에 따라 시장이나 군수가 교통안전시설을 설치·관리하는 데에 드는 비용의 전부 또는 일부를 시(市)나 군(郡)에 보조할 수 있다. 〈개정 2018. 6. 12.〉
④ 시장등은 대통령령으로 정하는 사유로 도로에 설치된 교통안전시설을 철거하거나 원상회복이 필요한 경우에는 그 사유를 유발한 사람으로 하여금 해당 공사에 드는 비용의 전부 또는 일부를 부담하게 할 수 있다. 〈개정 2018. 6. 12.〉
⑤ 제4항에 따른 부담금의 부과기준 및 환급에 관하여 필요한 사항은 대통령령으로 정한다. 〈개정 2018. 6. 12.〉
⑥ 시장등은 제4항에 따라 부담금을 납부하여야 하는 사람이 지정된 기간에 이를 납부하지 아니하면 지방세 체납처분의 예에 따라 징수한다. 〈개정 2018. 6. 12.〉
[전문개정 2011. 6. 8.]

제4조(교통안전시설의 종류 및 설치·관리기준 등) ① 교통안전시설의 종류, 교통안전시설의 설치·관리기준, 그 밖에 교통안전시설에 관하여 필요한 사항은 행정안전부령으로 정한다. 〈개정 2013. 3. 23., 2014. 11. 19., 2017. 7. 26., 2018. 6. 12.〉
② 제1항에 따른 교통안전시설의 설치·관리기준은 주·야간이나 기상상태 등에 관계없이 교통안전시설이 운전자 및 보행자의 눈에 잘 띄도록 정한다. 〈신설 2018. 6. 12.〉
[전문개정 2011. 6. 8.]
[제목개정 2018. 6. 12.]

제4조의2(무인 교통단속용 장비의 설치 및 관리) ① 시·도경찰청장, 경찰서장 또는 시장등은 이 법을 위반한 사실을 기록·증명하기 위하여 무인(無人) 교통단속용 장비를 설치·관리할 수 있다. 〈개정 2020. 12. 22.〉
② 무인 교통단속용 장비의 설치·관리기준, 그 밖에 필요한 사항은 행정안전부령으로 정한다. 〈신설 2023. 1. 3.〉
③ 무인 교통단속용 장비의 철거 또는 원상회복 등에 관하여는 제3조제4항부터 제6항까지의 규정을 준용한다. 이 경우 "교통안전시설"은 "무인 교통단속용 장비"로 본다. 〈개정 2018. 6. 12., 2023. 1. 3.〉
[전문개정 2011. 6. 8.]

제5조(신호 또는 지시에 따를 의무) ① 도로를 통행하는 보행자, 차마 또는 노면전차의 운전자는 교통안전시설이 표시하는 신호 또는 지시와 다음 각 호의 어느 하나에 해당하는 사람이 하는 신호 또는 지시를 따라야 한다. 〈개정 2015. 7. 24., 2018. 3. 27.,

2020. 12. 22.〉
1. 교통정리를 하는 경찰공무원(의무경찰을 포함한다. 이하 같다) 및 제주특별자치도의 자치경찰공무원(이하 "자치경찰공무원"이라 한다)
2. 경찰공무원(자치경찰공무원을 포함한다. 이하 같다)을 보조하는 사람으로서 대통령령으로 정하는 사람(이하 "경찰보조자"라 한다)

② 도로를 통행하는 보행자, 차마 또는 노면전차의 운전자는 제1항에 따른 교통안전시설이 표시하는 신호 또는 지시와 교통정리를 하는 경찰공무원 또는 경찰보조자(이하 "경찰공무원등"이라 한다)의 신호 또는 지시가 서로 다른 경우에는 경찰공무원등의 신호 또는 지시에 따라야 한다. 〈개정 2018. 3. 27., 2020. 12. 22.〉

[전문개정 2011. 6. 8.]

제5조의2(모범운전자연합회) 생략

제5조의3(모범운전자에 대한 지원 등) 생략

제6조(통행의 금지 및 제한) ① 시·도경찰청장은 도로에서의 위험을 방지하고 교통의 안전과 원활한 소통을 확보하기 위하여 필요하다고 인정할 때에는 구간(區間)을 정하여 보행자, 차마 또는 노면전차의 통행을 금지하거나 제한할 수 있다. 이 경우 시·도경찰청장은 보행자, 차마 또는 노면전차의 통행을 금지하거나 제한한 도로의 관리청에 그 사실을 알려야 한다. 〈개정 2018. 3. 27., 2020. 12. 22.〉

② 경찰서장은 도로에서의 위험을 방지하고 교통의 안전과 원활한 소통을 확보하기 위하여 필요하다고 인정할 때에는 우선 보행자, 차마 또는 노면전차의 통행을 금지하거나 제한한 후 그 도로관리자와 협의하여 금지 또는 제한의 대상과 구간 및 기간을 정하여 도로의 통행을 금지하거나 제한할 수 있다. 〈개정 2018. 3. 27.〉

③ 시·도경찰청장이나 경찰서장은 제1항이나 제2항에 따른 금지 또는 제한을 하려는 경우에는 행정안전부령으로 정하는 바에 따라 그 사실을 공고하여야 한다. 〈개정 2013. 3. 23., 2014. 11. 19., 2017. 7. 26., 2020. 12. 22.〉

④ 경찰공무원은 도로의 파손, 화재의 발생이나 그 밖의 사정으로 인한 도로에서의 위험을 방지하기 위하여 긴급히 조치할 필요가 있을 때에는 필요한 범위에서 보행자, 차마 또는 노면전차의 통행을 일시 금지하거나 제한할 수 있다. 〈개정 2018. 3. 27.〉

[전문개정 2011. 6. 8.]

제7조(교통 혼잡을 완화시키기 위한 조치) 경찰공무원은 보행자, 차마 또는 노면전차의 통행이 밀려서 교통 혼잡이 뚜렷하게 우려될 때에는 혼잡을 덜기 위하여 필요한 조치를 할 수 있다. 〈개정 2018. 3. 27.〉

[전문개정 2011. 6. 8.]

제7조의2(고령운전자 표지) ① 국가 또는 지방자치단체는 고령운전자의 안전운전 및 교통사고 예방을 위하여 행정안전부령으로 정하는 바에 따라 고령운전자가 운전하는

차임을 나타내는 표지(이하 "고령운전자 표지"라 한다)를 제작하여 배부할 수 있다.
② 고령운전자는 다른 차의 운전자가 쉽게 식별할 수 있도록 차에 고령운전자 표지를 부착하고 운전할 수 있다.

[본조신설 2023. 1. 3.]

제2장 보행자의 통행방법

제8조(보행자의 통행) ① 보행자는 보도와 차도가 구분된 도로에서는 언제나 보도로 통행하여야 한다. 다만, 차도를 횡단하는 경우, 도로공사 등으로 보도의 통행이 금지된 경우나 그 밖의 부득이한 경우에는 그러하지 아니하다.
② 보행자는 보도와 차도가 구분되지 아니한 도로 중 중앙선이 있는 도로(일방통행인 경우에는 차선으로 구분된 도로를 포함한다)에서는 길가장자리 또는 길가장자리구역으로 통행하여야 한다. 〈개정 2021. 10. 19.〉
③ 보행자는 다음 각 호의 어느 하나에 해당하는 곳에서는 도로의 전 부분으로 통행할 수 있다. 이 경우 보행자는 고의로 차마의 진행을 방해하여서는 아니 된다. 〈개정 2022. 1. 11.〉
  1. 보도와 차도가 구분되지 아니한 도로 중 중앙선이 없는 도로(일방통행인 경우에는 차선으로 구분되지 아니한 도로에 한정한다. 이하 같다)
  2. 보행자우선도로
④ 보행자는 보도에서는 우측통행을 원칙으로 한다. 〈개정 2021. 10. 19.〉

[전문개정 2011. 6. 8.]

제8조의2(실외이동로봇 운용자의 의무) ① 실외이동로봇을 운용하는 사람(실외이동로봇을 조작·관리하는 사람을 포함하며, 이하 "실외이동로봇 운용자"라 한다)은 실외이동로봇의 운용 장치와 그 밖의 장치를 정확하게 조작하여야 한다.
② 실외이동로봇 운용자는 실외이동로봇의 운용 장치를 도로의 교통상황과 실외이동로봇의 구조 및 성능에 따라 차, 노면전차 또는 다른 사람에게 위험과 장해를 주는 방법으로 운용하여서는 아니 된다.

[본조신설 2023. 4. 18.]

제9조(행렬등의 통행) ① 학생의 대열과 그 밖에 보행자의 통행에 지장을 줄 우려가 있다고 인정하여 대통령령으로 정하는 사람이나 행렬(이하 "행렬등"이라 한다)은 제8조제1항 본문에도 불구하고 차도로 통행할 수 있다. 이 경우 행렬등은 차도의 우측으로 통행하여야 한다.
② 행렬등은 사회적으로 중요한 행사에 따라 시가를 행진하는 경우에는 도로의 중앙을 통행할 수 있다.
③ 경찰공무원은 도로에서의 위험을 방지하고 교통의 안전과 원활한 소통을 확보하기 위하여 필요하다고 인정할 때에는 행렬등에 대하여 구간을 정하고 그 구간에

서 행렬등이 도로 또는 차도의 우측(자전거도로가 설치되어 있는 차도에서는 자전거도로를 제외한 부분의 우측을 말한다)으로 붙어서 통행할 것을 명하는 등 필요한 조치를 할 수 있다.

[전문개정 2011. 6. 8.]

제10조(도로의 횡단) ① 시·도경찰청장은 도로를 횡단하는 보행자의 안전을 위하여 행정안전부령으로 정하는 기준에 따라 횡단보도를 설치할 수 있다. 〈개정 2013. 3. 23., 2014. 11. 19., 2017. 7. 26., 2020. 12. 22.〉
② 보행자는 제1항에 따른 횡단보도, 지하도, 육교나 그 밖의 도로 횡단시설이 설치되어 있는 도로에서는 그 곳으로 횡단하여야 한다. 다만, 지하도나 육교 등의 도로 횡단시설을 이용할 수 없는 지체장애인의 경우에는 다른 교통에 방해가 되지 아니하는 방법으로 도로 횡단시설을 이용하지 아니하고 도로를 횡단할 수 있다.
③ 보행자는 제1항에 따른 횡단보도가 설치되어 있지 아니한 도로에서는 가장 짧은 거리로 횡단하여야 한다.
④ 보행자는 차와 노면전차의 바로 앞이나 뒤로 횡단하여서는 아니 된다. 다만, 횡단보도를 횡단하거나 신호기 또는 경찰공무원등의 신호나 지시에 따라 도로를 횡단하는 경우에는 그러하지 아니하다. 〈개정 2018. 3. 27.〉
⑤ 보행자는 안전표지 등에 의하여 횡단이 금지되어 있는 도로의 부분에서는 그 도로를 횡단하여서는 아니 된다.

[전문개정 2011. 6. 8.]

제11조(어린이 등에 대한 보호) ① 어린이의 보호자는 교통이 빈번한 도로에서 어린이를 놀게 하여서는 아니 되며, 영유아(6세 미만인 사람을 말한다. 이하 같다)의 보호자는 교통이 빈번한 도로에서 영유아가 혼자 보행하게 하여서는 아니 된다. 〈개정 2014. 12. 30.〉
② 앞을 보지 못하는 사람(이에 준하는 사람을 포함한다. 이하 같다)의 보호자는 그 사람이 도로를 보행할 때에는 흰색 지팡이를 갖고 다니도록 하거나 앞을 보지 못하는 사람에게 길을 안내하는 개로서 행정안전부령으로 정하는 개(이하 "장애인보조견"이라 한다)를 동반하도록 하는 등 필요한 조치를 하여야 한다. 〈개정 2013. 3. 23., 2014. 11. 19., 2015. 8. 11., 2017. 7. 26.〉
③ 어린이의 보호자는 도로에서 어린이가 자전거를 타거나 행정안전부령으로 정하는 위험성이 큰 움직이는 놀이기구를 타는 경우에는 어린이의 안전을 위하여 행정안전부령으로 정하는 인명보호 장구(裝具)를 착용하도록 하여야 한다. 〈개정 2013. 3. 23., 2014. 11. 19., 2017. 7. 26.〉
④ 어린이의 보호자는 도로에서 어린이가 개인형 이동장치를 운전하게 하여서는 아니 된다. 〈신설 2020. 6. 9.〉
⑤ 경찰공무원은 신체에 장애가 있는 사람이 도로를 통행하거나 횡단하기 위하여 도움을 요청하거나 도움이 필요하다고 인정하는 경우에는 그 사람이 안전하게 통행

하거나 횡단할 수 있도록 필요한 조치를 하여야 한다. 〈개정 2020. 6. 9.〉
⑥ 경찰공무원은 다음 각 호의 어느 하나에 해당하는 사람을 발견한 경우에는 그들의 안전을 위하여 적절한 조치를 하여야 한다. 〈개정 2014. 12. 30., 2015. 8. 11., 2020. 6. 9.〉
  1. 교통이 빈번한 도로에서 놀고 있는 어린이
  2. 보호자 없이 도로를 보행하는 영유아
  3. 앞을 보지 못하는 사람으로서 흰색 지팡이를 가지지 아니하거나 장애인보조견을 동반하지 아니하는 등 필요한 조치를 하지 아니하고 다니는 사람
  4. 횡단보도나 교통이 빈번한 도로에서 보행에 어려움을 겪고 있는 노인(65세 이상인 사람을 말한다. 이하 같다)

[전문개정 2011. 6. 8.]

제12조(어린이 보호구역의 지정·해제 및 관리) ① 시장등은 교통사고의 위험으로부터 어린이를 보호하기 위하여 필요하다고 인정하는 경우에는 다음 각 호의 어느 하나에 해당하는 시설이나 장소의 주변도로 가운데 일정 구간을 어린이 보호구역으로 지정하여 자동차등과 노면전차의 통행속도를 시속 30킬로미터 이내로 제한할 수 있다. 〈개정 2013. 3. 23., 2014. 1. 28., 2014. 11. 19., 2015. 7. 24., 2017. 7. 26., 2018. 3. 27., 2021. 10. 19., 2023. 4. 18.〉
  1. 「유아교육법」제2조에 따른 유치원, 「초·중등교육법」제38조 및 제55조에 따른 초등학교 또는 특수학교
  2. 「영유아보육법」제10조에 따른 어린이집 가운데 행정안전부령으로 정하는 어린이집
  3. 「학원의 설립·운영 및 과외교습에 관한 법률」제2조에 따른 학원 가운데 행정안전부령으로 정하는 학원
  4. 「초·중등교육법」제60조의2 또는 제60조의3에 따른 외국인학교 또는 대안학교, 「대안교육기관에 관한 법률」제2조제2호에 따른 대안교육기관, 「제주특별자치도 설치 및 국제자유도시 조성을 위한 특별법」제223조에 따른 국제학교 및 「경제자유구역 및 제주국제자유도시의 외국교육기관 설립·운영에 관한 특별법」제2조제2호에 따른 외국교육기관 중 유치원·초등학교 교과과정이 있는 학교
  5. 그 밖에 어린이가 자주 왕래하는 곳으로서 조례로 정하는 시설 또는 장소
② 제1항에 따른 어린이 보호구역의 지정·해제 절차 및 기준 등에 관하여 필요한 사항은 교육부, 행정안전부 및 국토교통부의 공동부령으로 정한다. 〈개정 2013. 3. 23., 2014. 11. 19., 2017. 7. 26., 2023. 4. 18.〉
③ 차마 또는 노면전차의 운전자는 어린이 보호구역에서 제1항에 따른 조치를 준수하고 어린이의 안전에 유의하면서 운행하여야 한다. 〈개정 2018. 3. 27.〉
④ 시·도경찰청장, 경찰서장 또는 시장등은 제3항을 위반하는 행위 등의 단속을 위하여 어린이 보호구역의 도로 중에서 행정안전부령으로 정하는 곳에 우선적으로 제4조의2에 따른 무인 교통단속용 장비를 설치하여야 한다. 〈신설 2019. 12. 24., 2020. 12. 22.〉
⑤ 시장등은 제1항에 따라 지정한 어린이 보호구역에 어린이의 안전을 위하여 다음 각

호에 따른 시설 또는 장비를 우선적으로 설치하거나 관할 도로관리청에 해당 시설 또는 장비의 설치를 요청하여야 한다. 〈신설 2019. 12. 24., 2023. 4. 18., 2024. 1. 30.〉
1. 어린이 보호구역으로 지정한 시설의 주 출입문과 가장 가까운 거리에 있는 간선도로상 횡단보도의 신호기
2. 속도 제한, 횡단보도, 기점(起點) 및 종점(終點)에 관한 안전표지
3. 「도로법」 제2조제2호에 따른 도로의 부속물 중 과속방지시설 및 차마의 미끄럼을 방지하기 위한 시설
3의2. 방호울타리
4. 그 밖에 교육부, 행정안전부 및 국토교통부의 공동부령으로 정하는 시설 또는 장비

[전문개정 2011. 6. 8.]

[제목개정 2023. 4. 18.]

제12조의2(노인 및 장애인 보호구역의 지정·해제 및 관리) ① 시장등은 교통사고의 위험으로부터 노인 또는 장애인을 보호하기 위하여 필요하다고 인정하는 경우에는 제1호부터 제3호까지 및 제3호의2에 따른 시설 또는 장소의 주변도로 가운데 일정 구간을 노인 보호구역으로, 제4호에 따른 시설의 주변도로 가운데 일정 구간을 장애인 보호구역으로 각각 지정하여 차마와 노면전차의 통행을 제한하거나 금지하는 등 필요한 조치를 할 수 있다. 〈개정 2013. 3. 23., 2014. 11. 19., 2017. 7. 26., 2018. 3. 27., 2021. 10. 19., 2023. 1. 3.〉
1. 「노인복지법」 제31조에 따른 노인복지시설
2. 「자연공원법」 제2조제1호에 따른 자연공원 또는 「도시공원 및 녹지 등에 관한 법률」 제2조제3호에 따른 도시공원
3. 「체육시설의 설치·이용에 관한 법률」 제6조에 따른 생활체육시설
3의2. 그 밖에 노인이 자주 왕래하는 곳으로서 조례로 정하는 시설 또는 장소
4. 「장애인복지법」 제58조에 따른 장애인복지시설
② 제1항에 따른 노인 보호구역 또는 장애인 보호구역의 지정·해제 절차 및 기준 등에 관하여 필요한 사항은 행정안전부, 보건복지부 및 국토교통부의 공동부령으로 정한다. 〈개정 2013. 3. 23., 2014. 11. 19., 2017. 7. 26., 2023. 4. 18.〉
③ 차마 또는 노면전차의 운전자는 노인 보호구역 또는 장애인 보호구역에서 제1항에 따른 조치를 준수하고 노인 또는 장애인의 안전에 유의하면서 운행하여야 한다. 〈개정 2018. 3. 27.〉

[전문개정 2011. 6. 8.]

[제목개정 2023. 4. 18.]

제12조의3(보호구역 통합관리시스템 구축·운영 등) ① 경찰청장은 제12조에 따른 어린이 보호구역과 제12조의2에 따른 노인 및 장애인 보호구역에 대한 정보를 수집·관리 및 공개하기 위하여 보호구역 통합관리시스템을 구축·운영하여야 한다.
② 경찰청장은 제1항에 따라 구축된 보호구역 통합관리시스템의 운영에 필요한 정보

를 시장등에게 요청할 수 있으며, 요청을 받은 시장등은 정당한 사유가 없으면 그 요청에 따라야 한다.
③ 제1항 및 제2항에 따른 보호구역 통합관리시스템의 구축·운영, 정보 요청 등에 필요한 사항은 교육부, 행정안전부, 보건복지부 및 국토교통부의 공동부령으로 정한다.

[본조신설 2023. 1. 3.]

제12조의4(보호구역에 대한 실태조사 등) ① 시장등은 제12조에 따른 어린이 보호구역과 제12조의2에 따른 노인 및 장애인 보호구역에서 발생한 교통사고 현황 등 교통환경에 대한 실태조사를 연 1회 이상 실시하고, 그 결과를 보호구역의 지정·해제 및 관리에 반영하여야 한다.
② 제1항에 따른 실태조사의 대상 및 방법 등에 필요한 사항은 교육부, 행정안전부, 보건복지부 및 국토교통부의 공동부령으로 정한다.
③ 시장등은 제1항에 따른 실태조사 업무의 일부를 대통령령으로 정하는 바에 따라 「한국도로교통공단법」에 따른 한국도로교통공단(이하 "한국도로교통공단"이라 한다) 또는 교통 관련 전문기관에 위탁할 수 있다. 〈개정 2024. 1. 30.〉

[본조신설 2023. 4. 18.]

제3장 차마 및 노면전차의 통행방법 등〈개정 2018. 3. 27.〉

제13조(차마의 통행) ① 차마의 운전자는 보도와 차도가 구분된 도로에서는 차도로 통행하여야 한다. 다만, 도로 외의 곳으로 출입할 때에는 보도를 횡단하여 통행할 수 있다.
② 제1항 단서의 경우 차마의 운전자는 보도를 횡단하기 직전에 일시정지하여 좌측과 우측 부분 등을 살핀 후 보행자의 통행을 방해하지 아니하도록 횡단하여야 한다.
③ 차마의 운전자는 도로(보도와 차도가 구분된 도로에서는 차도를 말한다)의 중앙(중앙선이 설치되어 있는 경우에는 그 중앙선을 말한다. 이하 같다) 우측 부분을 통행하여야 한다.
④ 차마의 운전자는 제3항에도 불구하고 다음 각 호의 어느 하나에 해당하는 경우에는 도로의 중앙이나 좌측 부분을 통행할 수 있다. 〈개정 2020. 12. 22.〉
  1. 도로가 일방통행인 경우
  2. 도로의 파손, 도로공사나 그 밖의 장애 등으로 도로의 우측 부분을 통행할 수 없는 경우
  3. 도로 우측 부분의 폭이 6미터가 되지 아니하는 도로에서 다른 차를 앞지르려는 경우. 다만, 다음 각 목의 어느 하나에 해당하는 경우에는 그러하지 아니하다.
      가. 도로의 좌측 부분을 확인할 수 없는 경우
      나. 반대 방향의 교통을 방해할 우려가 있는 경우
      다. 안전표지 등으로 앞지르기를 금지하거나 제한하고 있는 경우
  4. 도로 우측 부분의 폭이 차마의 통행에 충분하지 아니한 경우
  5. 가파른 비탈길의 구부러진 곳에서 교통의 위험을 방지하기 위하여 시·도경찰청장이 필요하다고 인정하여 구간 및 통행방법을 지정하고 있는 경우에 그 지정에 따라 통행하는

경우
⑤ 차마의 운전자는 안전지대 등 안전표지에 의하여 진입이 금지된 장소에 들어가서는 아니 된다.
⑥ 차마(자전거등은 제외한다)의 운전자는 안전표지로 통행이 허용된 장소를 제외하고는 자전거도로 또는 길가장자리구역으로 통행하여서는 아니 된다. 다만, 「자전거 이용 활성화에 관한 법률」 제3조제4호에 따른 자전거 우선도로의 경우에는 그러하지 아니하다. 〈개정 2014. 1. 28., 2020. 6. 9.〉

[전문개정 2011. 6. 8.]

제13조의2(자전거등의 통행방법의 특례) ① 자전거등의 운전자는 자전거도로(제15조제1항에 따라 자전거만 통행할 수 있도록 설치된 전용차로를 포함한다. 이하 이 조에서 같다)가 따로 있는 곳에서는 그 자전거도로로 통행하여야 한다. 〈개정 2020. 6. 9.〉
② 자전거등의 운전자는 자전거도로가 설치되지 아니한 곳에서는 도로 우측 가장자리에 붙어서 통행하여야 한다. 〈개정 2020. 6. 9.〉
③ 자전거등의 운전자는 길가장자리구역(안전표지로 자전거등의 통행을 금지한 구간은 제외한다)을 통행할 수 있다. 이 경우 자전거등의 운전자는 보행자의 통행에 방해가 될 때에는 서행하거나 일시정지하여야 한다. 〈개정 2020. 6. 9.〉
④ 자전거등의 운전자는 제1항 및 제13조제1항에도 불구하고 다음 각 호의 어느 하나에 해당하는 경우에는 보도를 통행할 수 있다. 이 경우 자전거등의 운전자는 보도 중앙으로부터 차도 쪽 또는 안전표지로 지정된 곳으로 서행하여야 하며, 보행자의 통행에 방해가 될 때에는 일시정지하여야 한다. 〈개정 2013. 3. 23., 2014. 11. 19., 2017. 7. 26., 2018. 3. 27., 2020. 6. 9.〉
  1. 어린이, 노인, 그 밖에 행정안전부령으로 정하는 신체장애인이 자전거를 운전하는 경우. 다만, 「자전거 이용 활성화에 관한 법률」 제2조제1호의2에 따른 전기자전거의 원동기를 끄지 아니하고 운전하는 경우는 제외한다.
  2. 안전표지로 자전거등의 통행이 허용된 경우
  3. 도로의 파손, 도로공사나 그 밖의 장애 등으로 도로를 통행할 수 없는 경우
⑤ 자전거등의 운전자는 안전표지로 통행이 허용된 경우를 제외하고는 2대 이상이 나란히 차도를 통행하여서는 아니 된다. 〈개정 2020. 6. 9.〉
⑥ 자전거등의 운전자가 횡단보도를 이용하여 도로를 횡단할 때에는 자전거등에서 내려서 자전거등을 끌거나 들고 보행하여야 한다. 〈개정 2020. 6. 9.〉

[전문개정 2011. 6. 8.]
[제목개정 2020. 6. 9.]

제14조(차로의 설치 등) 생략

제15조(전용차로의 설치) 생략

제15조의2(자전거횡단도의 설치 등) 생략

제16조(노면전차 전용로의 설치 등) 생략

제17조(자동차등과 노면전차의 속도) ① 자동차등(개인형 이동장치는 제외한다. 이하 이 조에서 같다)과 노면전차의 도로 통행 속도는 행정안전부령으로 정한다.
② 경찰청장이나 시·도경찰청장은 도로에서 일어나는 위험을 방지하고 교통의 안전과 원활한 소통을 확보하기 위하여 필요하다고 인정하는 경우에는 다음 각 호의 구분에 따라 구역이나 구간을 지정하여 제1항에 따라 정한 속도를 제한할 수 있다. 〈개정 2020. 12. 22.〉
  1. 경찰청장: 고속도로
  2. 시·도경찰청장: 고속도로를 제외한 도로
③ 자동차등과 노면전차의 운전자는 제1항과 제2항에 따른 최고속도보다 빠르게 운전하거나 최저속도보다 느리게 운전하여서는 아니 된다. 다만, 교통이 밀리거나 그 밖의 부득이한 사유로 최저속도보다 느리게 운전할 수밖에 없는 경우에는 그러하지 아니하다. 〈개정 2018. 3. 27.〉

[전문개정 2011. 6. 8.]

[제목개정 2018. 3. 27.]

제18조(횡단 등의 금지) ① 차마의 운전자는 보행자나 다른 차마의 정상적인 통행을 방해할 우려가 있는 경우에는 차마를 운전하여 도로를 횡단하거나 유턴 또는 후진하여서는 아니 된다.
② 시·도경찰청장은 도로에서의 위험을 방지하고 교통의 안전과 원활한 소통을 확보하기 위하여 특히 필요하다고 인정하는 경우에는 도로의 구간을 지정하여 차마의 횡단이나 유턴 또는 후진을 금지할 수 있다. 〈개정 2020. 12. 22.〉
③ 차마의 운전자는 길가의 건물이나 주차장 등에서 도로에 들어갈 때에는 일단 정지한 후에 안전한지 확인하면서 서행하여야 한다.

[전문개정 2011. 6. 8.]

제19조(안전거리 확보 등) ① 모든 차의 운전자는 같은 방향으로 가고 있는 앞차의 뒤를 따르는 경우에는 앞차가 갑자기 정지하게 되는 경우 그 앞차와의 충돌을 피할 수 있는 필요한 거리를 확보하여야 한다.
② 자동차등의 운전자는 같은 방향으로 가고 있는 자전거등의 운전자에 주의하여야 하며, 그 옆을 지날 때에는 자전거등과의 충돌을 피할 수 있는 필요한 거리를 확보하여야 한다. 〈개정 2015. 8. 11., 2020. 6. 9.〉
③ 모든 차의 운전자는 차의 진로를 변경하려는 경우에 그 변경하려는 방향으로 오고 있는 다른 차의 정상적인 통행에 장애를 줄 우려가 있을 때에는 진로를 변경하여서는 아니 된다.
④ 모든 차의 운전자는 위험방지를 위한 경우와 그 밖의 부득이한 경우가 아니면 운전하는 차를 갑자기 정지시키거나 속도를 줄이는 등의 급제동을 하여서는 아니 된다.

[전문개정 2011. 6. 8.]

제20조(진로 양보의 의무) ① 모든 차(긴급자동차는 제외한다)의 운전자는 뒤에서 따라오는 차보다 느린 속도로 가려는 경우에는 도로의 우측 가장자리로 피하여 진로를 양보하여야 한다. 다만, 통행 구분이 설치된 도로의 경우에는 그러하지 아니하다.
② 좁은 도로에서 긴급자동차 외의 자동차가 서로 마주보고 진행할 때에는 다음 각 호의 구분에 따른 자동차가 도로의 우측 가장자리로 피하여 진로를 양보하여야 한다.
   1. 비탈진 좁은 도로에서 자동차가 서로 마주보고 진행하는 경우에는 올라가는 자동차
   2. 비탈진 좁은 도로 외의 좁은 도로에서 사람을 태웠거나 물건을 실은 자동차와 동승자(同乘者)가 없고 물건을 싣지 아니한 자동차가 서로 마주보고 진행하는 경우에는 동승자가 없고 물건을 싣지 아니한 자동차

[전문개정 2011. 6. 8.]

제21조(앞지르기 방법 등) ① 모든 차의 운전자는 다른 차를 앞지르려면 앞차의 좌측으로 통행하여야 한다.
② 자전거등의 운전자는 서행하거나 정지한 다른 차를 앞지르려면 제1항에도 불구하고 앞차의 우측으로 통행할 수 있다. 이 경우 자전거등의 운전자는 정지한 차에서 승차하거나 하차하는 사람의 안전에 유의하여 서행하거나 필요한 경우 일시정지하여야 한다. 〈개정 2020. 6. 9.〉
③ 제1항과 제2항의 경우 앞지르려고 하는 모든 차의 운전자는 반대방향의 교통과 앞차 앞쪽의 교통에도 주의를 충분히 기울여야 하며, 앞차의 속도·진로와 그 밖의 도로상황에 따라 방향지시기·등화 또는 경음기(警音機)를 사용하는 등 안전한 속도와 방법으로 앞지르기를 하여야 한다.
④ 모든 차의 운전자는 제1항부터 제3항까지 또는 제60조제2항에 따른 방법으로 앞지르기를 하는 차가 있을 때에는 속도를 높여 경쟁하거나 그 차의 앞을 가로막는 등의 방법으로 앞지르기를 방해하여서는 아니 된다.

[전문개정 2011. 6. 8.]

제22조(앞지르기 금지의 시기 및 장소) ① 모든 차의 운전자는 다음 각 호의 어느 하나에 해당하는 경우에는 앞차를 앞지르지 못한다.
   1. 앞차의 좌측에 다른 차가 앞차와 나란히 가고 있는 경우
   2. 앞차가 다른 차를 앞지르고 있거나 앞지르려고 하는 경우
② 모든 차의 운전자는 다음 각 호의 어느 하나에 해당하는 다른 차를 앞지르지 못한다.
   1. 이 법이나 이 법에 따른 명령에 따라 정지하거나 서행하고 있는 차
   2. 경찰공무원의 지시에 따라 정지하거나 서행하고 있는 차
   3. 위험을 방지하기 위하여 정지하거나 서행하고 있는 차
③ 모든 차의 운전자는 다음 각 호의 어느 하나에 해당하는 곳에서는 다른 차를 앞지르지 못한다. 〈개정 2020. 12. 22.〉

1. 교차로
2. 터널 안
3. 다리 위
4. 도로의 구부러진 곳, 비탈길의 고갯마루 부근 또는 가파른 비탈길의 내리막 등 시·도경찰청장이 도로에서의 위험을 방지하고 교통의 안전과 원활한 소통을 확보하기 위하여 필요하다고 인정하는 곳으로서 안전표지로 지정한 곳

[전문개정 2011. 6. 8.]

제23조(끼어들기의 금지) 모든 차의 운전자는 제22조제2항 각 호의 어느 하나에 해당하는 다른 차 앞으로 끼어들지 못한다.

[전문개정 2011. 6. 8.]

제24조(철길 건널목의 통과) ① 모든 차 또는 노면전차의 운전자는 철길 건널목(이하 "건널목"이라 한다)을 통과하려는 경우에는 건널목 앞에서 일시정지하여 안전한지 확인한 후에 통과하여야 한다. 다만, 신호기 등이 표시하는 신호에 따르는 경우에는 정지하지 아니하고 통과할 수 있다. 〈개정 2018. 3. 27.〉
② 모든 차 또는 노면전차의 운전자는 건널목의 차단기가 내려져 있거나 내려지려고 하는 경우 또는 건널목의 경보기가 울리고 있는 동안에는 그 건널목으로 들어가서는 아니 된다. 〈개정 2018. 3. 27.〉
③ 모든 차 또는 노면전차의 운전자는 건널목을 통과하다가 고장 등의 사유로 건널목 안에서 차 또는 노면전차를 운행할 수 없게 된 경우에는 즉시 승객을 대피시키고 비상신호기 등을 사용하거나 그 밖의 방법으로 철도공무원이나 경찰공무원에게 그 사실을 알려야 한다. 〈개정 2018. 3. 27.〉

[전문개정 2011. 6. 8.]

제25조(교차로 통행방법) ① 모든 차의 운전자는 교차로에서 우회전을 하려는 경우에는 미리 도로의 우측 가장자리를 서행하면서 우회전하여야 한다. 이 경우 우회전하는 차의 운전자는 신호에 따라 정지하거나 진행하는 보행자 또는 자전거등에 주의하여야 한다. 〈개정 2020. 6. 9.〉
② 모든 차의 운전자는 교차로에서 좌회전을 하려는 경우에는 미리 도로의 중앙선을 따라 서행하면서 교차로의 중심 안쪽을 이용하여 좌회전하여야 한다. 다만, 시·도경찰청장이 교차로의 상황에 따라 특히 필요하다고 인정하여 지정한 곳에서는 교차로의 중심 바깥쪽을 통과할 수 있다. 〈개정 2020. 12. 22.〉
③ 제2항에도 불구하고 자전거등의 운전자는 교차로에서 좌회전하려는 경우에는 미리 도로의 우측 가장자리로 붙어 서행하면서 교차로의 가장자리 부분을 이용하여 좌회전하여야 한다. 〈개정 2020. 6. 9.〉
④ 제1항부터 제3항까지의 규정에 따라 우회전이나 좌회전을 하기 위하여 손이나 방향지시기 또는 등화로써 신호를 하는 차가 있는 경우에 그 뒤차의 운전자는 신호를 한 앞차의 진행을 방해하여서는 아니 된다.

⑤ 모든 차 또는 노면전차의 운전자는 신호기로 교통정리를 하고 있는 교차로에 들어가려는 경우에는 진행하려는 진로의 앞쪽에 있는 차 또는 노면전차의 상황에 따라 교차로(정지선이 설치되어 있는 경우에는 그 정지선을 넘은 부분을 말한다)에 정지하게 되어 다른 차 또는 노면전차의 통행에 방해가 될 우려가 있는 경우에는 그 교차로에 들어가서는 아니 된다. 〈개정 2018. 3. 27.〉
⑥ 모든 차의 운전자는 교통정리를 하고 있지 아니하고 일시정지나 양보를 표시하는 안전표지가 설치되어 있는 교차로에 들어가려고 할 때에는 다른 차의 진행을 방해하지 아니하도록 일시정지하거나 양보하여야 한다.

[전문개정 2011. 6. 8.]

제25조의2(회전교차로 통행방법) ① 모든 차의 운전자는 회전교차로에서는 반시계방향으로 통행하여야 한다.
② 모든 차의 운전자는 회전교차로에 진입하려는 경우에는 서행하거나 일시정지하여야 하며, 이미 진행하고 있는 다른 차가 있는 때에는 그 차에 진로를 양보하여야 한다.
③ 제1항 및 제2항에 따라 회전교차로 통행을 위하여 손이나 방향지시기 또는 등화로써 신호를 하는 차가 있는 경우 그 뒤차의 운전자는 신호를 한 앞차의 진행을 방해하여서는 아니 된다.

[본조신설 2022. 1. 11.]

제26조(교통정리가 없는 교차로에서의 양보운전) ① 교통정리를 하고 있지 아니하는 교차로에 들어가려고 하는 차의 운전자는 이미 교차로에 들어가 있는 다른 차가 있을 때에는 그 차에 진로를 양보하여야 한다.
② 교통정리를 하고 있지 아니하는 교차로에 들어가려고 하는 차의 운전자는 그 차가 통행하고 있는 도로의 폭보다 교차하는 도로의 폭이 넓은 경우에는 서행하여야 하며, 폭이 넓은 도로로부터 교차로에 들어가려고 하는 다른 차가 있을 때에는 그 차에 진로를 양보하여야 한다.
③ 교통정리를 하고 있지 아니하는 교차로에 동시에 들어가려고 하는 차의 운전자는 우측도로의 차에 진로를 양보하여야 한다.
④ 교통정리를 하고 있지 아니하는 교차로에서 좌회전하려고 하는 차의 운전자는 그 교차로에서 직진하거나 우회전하려는 다른 차가 있을 때에는 그 차에 진로를 양보하여야 한다.

[전문개정 2011. 6. 8.]

제27조(보행자의 보호) ① 모든 차 또는 노면전차의 운전자는 보행자(제13조의2제6항에 따라 자전거등에서 내려서 자전거등을 끌거나 들고 통행하는 자전거등의 운전자를 포함한다)가 횡단보도를 통행하고 있거나 통행하려고 하는 때에는 보행자의 횡단을 방해하거나 위험을 주지 아니하도록 그 횡단보도 앞(정지선이 설치되어 있는 곳에서는 그 정지선을 말한다)에서는 일시정지하여야 한다. 〈개정 2018. 3. 27., 2020. 6. 9.,

2022. 1. 11.〉
② 모든 차 또는 노면전차의 운전자는 교통정리를 하고 있는 교차로에서 좌회전이나 우회전을 하려는 경우에는 신호기 또는 경찰공무원등의 신호나 지시에 따라 도로를 횡단하는 보행자의 통행을 방해하여서는 아니 된다. 〈개정 2018. 3. 27.〉
③ 모든 차의 운전자는 교통정리를 하고 있지 아니하는 교차로 또는 그 부근의 도로를 횡단하는 보행자의 통행을 방해하여서는 아니 된다.
④ 모든 차의 운전자는 도로에 설치된 안전지대에 보행자가 있는 경우와 차로가 설치되지 아니한 좁은 도로에서 보행자의 옆을 지나는 경우에는 안전한 거리를 두고 서행하여야 한다.
⑤ 모든 차 또는 노면전차의 운전자는 보행자가 제10조제3항에 따라 횡단보도가 설치되어 있지 아니한 도로를 횡단하고 있을 때에는 안전거리를 두고 일시정지하여 보행자가 안전하게 횡단할 수 있도록 하여야 한다. 〈개정 2018. 3. 27.〉
⑥ 모든 차의 운전자는 다음 각 호의 어느 하나에 해당하는 곳에서 보행자의 옆을 지나는 경우에는 안전한 거리를 두고 서행하여야 하며, 보행자의 통행에 방해가 될 때에는 서행하거나 일시정지하여 보행자가 안전하게 통행할 수 있도록 하여야 한다. 〈개정 2022. 1. 11.〉
  1. 보도와 차도가 구분되지 아니한 도로 중 중앙선이 없는 도로
  2. 보행자우선도로
  3. 도로 외의 곳
⑦ 모든 차 또는 노면전차의 운전자는 제12조제1항에 따른 어린이 보호구역 내에 설치된 횡단보도 중 신호기가 설치되지 아니한 횡단보도 앞(정지선이 설치된 경우에는 그 정지선을 말한다)에서는 보행자의 횡단 여부와 관계없이 일시정지하여야 한다. 〈신설 2022. 1. 11.〉

[전문개정 2011. 6. 8.]

제28조(보행자전용도로의 설치) ① 시·도경찰청장이나 경찰서장은 보행자의 통행을 보호하기 위하여 특히 필요한 경우에는 도로에 보행자전용도로를 설치할 수 있다. 〈개정 2020. 12. 22.〉
② 차마 또는 노면전차의 운전자는 제1항에 따른 보행자전용도로를 통행하여서는 아니 된다. 다만, 시·도경찰청장이나 경찰서장은 특히 필요하다고 인정하는 경우에는 보행자전용도로에 차마의 통행을 허용할 수 있다. 〈개정 2018. 3. 27., 2020. 12. 22.〉
③ 제2항 단서에 따라 보행자전용도로의 통행이 허용된 차마의 운전자는 보행자를 위험하게 하거나 보행자의 통행을 방해하지 아니하도록 차마를 보행자의 걸음 속도로 운행하거나 일시정지하여야 한다.

[전문개정 2011. 6. 8.]

제28조의2(보행자우선도로) 시·도경찰청장이나 경찰서장은 보행자우선도로에서 보행

자를 보호하기 위하여 필요하다고 인정하는 경우에는 차마의 통행속도를 시속 20킬로미터 이내로 제한할 수 있다.

[본조신설 2022. 1. 11.]

제29조(긴급자동차의 우선 통행) ① 긴급자동차는 제13조제3항에도 불구하고 긴급하고 부득이한 경우에는 도로의 중앙이나 좌측 부분을 통행할 수 있다.
② 긴급자동차는 이 법이나 이 법에 따른 명령에 따라 정지하여야 하는 경우에도 불구하고 긴급하고 부득이한 경우에는 정지하지 아니할 수 있다.
③ 긴급자동차의 운전자는 제1항이나 제2항의 경우에 교통안전에 특히 주의하면서 통행하여야 한다.
④ 교차로나 그 부근에서 긴급자동차가 접근하는 경우에는 차마와 노면전차의 운전자는 교차로를 피하여 일시정지하여야 한다. 〈개정 2018. 3. 27.〉
⑤ 모든 차와 노면전차의 운전자는 제4항에 따른 곳 외의 곳에서 긴급자동차가 접근한 경우에는 긴급자동차가 우선통행할 수 있도록 진로를 양보하여야 한다. 〈개정 2016. 12. 2., 2018. 3. 27.〉
⑥ 제2조제22호 각 목의 자동차 운전자는 해당 자동차를 그 본래의 긴급한 용도로 운행하지 아니하는 경우에는 「자동차관리법」에 따라 설치된 경광등을 켜거나 사이렌을 작동하여서는 아니 된다. 다만, 대통령령으로 정하는 바에 따라 범죄 및 화재 예방 등을 위한 순찰·훈련 등을 실시하는 경우에는 그러하지 아니하다. 〈신설 2016. 1. 27.〉

[전문개정 2011. 6. 8.]

제30조(긴급자동차에 대한 특례) 긴급자동차에 대하여는 다음 각 호의 사항을 적용하지 아니한다. 다만, 제4호부터 제12호까지의 사항은 긴급자동차 중 제2조제22가목부터 다목까지의 자동차와 대통령령으로 정하는 경찰용 자동차에 대해서만 적용하지 아니한다. 〈개정 2021. 1. 12.〉
  1. 제17조에 따른 자동차등의 속도 제한. 다만, 제17조에 따라 긴급자동차에 대하여 속도를 제한한 경우에는 같은 조의 규정을 적용한다.
  2. 제22조에 따른 앞지르기의 금지
  3. 제23조에 따른 끼어들기의 금지
  4. 제5조에 따른 신호위반
  5. 제13조제1항에 따른 보도침범
  6. 제13조제3항에 따른 중앙선 침범
  7. 제18조에 따른 횡단 등의 금지
  8. 제19조에 따른 안전거리 확보 등
  9. 제21조제1항에 따른 앞지르기 방법 등
  10. 제32조에 따른 정차 및 주차의 금지
  11. 제33조에 따른 주차금지
  12. 제66조에 따른 고장 등의 조치

[전문개정 2011. 6. 8.]

제31조(서행 또는 일시정지할 장소) ① 모든 차 또는 노면전차의 운전자는 다음 각 호의 어느 하나에 해당하는 곳에서는 서행하여야 한다. 〈개정 2018. 3. 27., 2020. 12. 22.〉
  1. 교통정리를 하고 있지 아니하는 교차로
  2. 도로가 구부러진 부근
  3. 비탈길의 고갯마루 부근
  4. 가파른 비탈길의 내리막
  5. 시·도경찰청장이 도로에서의 위험을 방지하고 교통의 안전과 원활한 소통을 확보하기 위하여 필요하다고 인정하여 안전표지로 지정한 곳
② 모든 차 또는 노면전차의 운전자는 다음 각 호의 어느 하나에 해당하는 곳에서는 일시정지하여야 한다. 〈개정 2018. 3. 27., 2020. 12. 22.〉
  1. 교통정리를 하고 있지 아니하고 좌우를 확인할 수 없거나 교통이 빈번한 교차로
  2. 시·도경찰청장이 도로에서의 위험을 방지하고 교통의 안전과 원활한 소통을 확보하기 위하여 필요하다고 인정하여 안전표지로 지정한 곳

[전문개정 2011. 6. 8.]

제32조(정차 및 주차의 금지) 모든 차의 운전자는 다음 각 호의 어느 하나에 해당하는 곳에서는 차를 정차하거나 주차하여서는 아니 된다. 다만, 이 법이나 이 법에 따른 명령 또는 경찰공무원의 지시를 따르는 경우와 위험방지를 위하여 일시정지하는 경우에는 그러하지 아니하다. 〈개정 2018. 2. 9., 2020. 10. 20., 2020. 12. 22., 2021. 11. 30.〉
  1. 교차로·횡단보도·건널목이나 보도와 차도가 구분된 도로의 보도(「주차장법」에 따라 차도와 보도에 걸쳐서 설치된 노상주차장은 제외한다)
  2. 교차로의 가장자리나 도로의 모퉁이로부터 5미터 이내인 곳
  3. 안전지대가 설치된 도로에서는 그 안전지대의 사방으로부터 각각 10미터 이내인 곳
  4. 버스여객자동차의 정류지(停留地)임을 표시하는 기둥이나 표지판 또는 선이 설치된 곳으로부터 10미터 이내인 곳. 다만, 버스여객자동차의 운전자가 그 버스여객자동차의 운행시간 중에 운행노선에 따르는 정류장에서 승객을 태우거나 내리기 위하여 차를 정차하거나 주차하는 경우에는 그러하지 아니하다.
  5. 건널목의 가장자리 또는 횡단보도로부터 10미터 이내인 곳
  6. 다음 각 목의 곳으로부터 5미터 이내인 곳
     가. 「소방기본법」 제10조에 따른 소방용수시설 또는 비상소화장치가 설치된 곳
     나. 「소방시설 설치 및 관리에 관한 법률」 제2조제1항제1호에 따른 소방시설로서 대통령령으로 정하는 시설이 설치된 곳
  7. 시·도경찰청장이 도로에서의 위험을 방지하고 교통의 안전과 원활한 소통을 확보하기 위하여 필요하다고 인정하여 지정한 곳
  8. 시장등이 제12조제1항에 따라 지정한 어린이 보호구역

[전문개정 2011. 6. 8.]

제33조(주차금지의 장소) 모든 차의 운전자는 다음 각 호의 어느 하나에 해당하는 곳에 차를 주차해서는 아니 된다. 〈개정 2020. 12. 22.〉

    1. 터널 안 및 다리 위
    2. 다음 각 목의 곳으로부터 5미터 이내인 곳
        가. 도로공사를 하고 있는 경우에는 그 공사 구역의 양쪽 가장자리
        나. 「다중이용업소의 안전관리에 관한 특별법」에 따른 다중이용업소의 영업장이 속한 건축물로 소방본부장의 요청에 의하여 시·도경찰청장이 지정한 곳
    3. 시·도경찰청장이 도로에서의 위험을 방지하고 교통의 안전과 원활한 소통을 확보하기 위하여 필요하다고 인정하여 지정한 곳

[전문개정 2018. 2. 9.]

제34조(정차 또는 주차의 방법 및 시간의 제한) 도로 또는 노상주차장에 정차하거나 주차하려고 하는 차의 운전자는 차를 차도의 우측 가장자리에 정차하는 등 대통령령으로 정하는 정차 또는 주차의 방법·시간과 금지사항 등을 지켜야 한다.

[전문개정 2011. 6. 8.]

제34조의2(정차 또는 주차를 금지하는 장소의 특례) ① 다음 각 호의 어느 하나에 해당하는 경우에는 제32조제1호·제4호·제5호·제7호·제8호 또는 제33조제3호에도 불구하고 정차하거나 주차할 수 있다.
    1. 「자전거 이용 활성화에 관한 법률」 제2조제2호에 따른 자전거이용시설 중 전기자전거 충전소 및 자전거주차장치에 자전거를 정차 또는 주차하는 경우
    2. 시장등의 요청에 따라 시·도경찰청장이 안전표지로 자전거등의 정차 또는 주차를 허용한 경우
② 시·도경찰청장이 안전표지로 구역·시간·방법 및 차의 종류를 정하여 정차나 주차를 허용한 곳에서는 제32조제7호·제8호 또는 제33조제3호에도 불구하고 정차하거나 주차할 수 있다.

[전문개정 2021. 1. 12.]

제34조의3(경사진 곳에서의 정차 또는 주차의 방법) 경사진 곳에 정차하거나 주차(도로 외의 경사진 곳에서 정차하거나 주차하는 경우를 포함한다)하려는 자동차의 운전자는 대통령령으로 정하는 바에 따라 고임목을 설치하거나 조향장치(操向裝置)를 도로의 가장자리 방향으로 돌려놓는 등 미끄럼 사고의 발생을 방지하기 위한 조치를 취하여야 한다.

[본조신설 2018. 3. 27.]

제35조(주차위반에 대한 조치) ① 다음 각 호의 어느 하나에 해당하는 사람은 제32조·제33조 또는 제34조를 위반하여 주차하고 있는 차가 교통에 위험을 일으키게 하거나 방해될 우려가 있을 때에는 차의 운전자 또는 관리 책임이 있는 사람에게 주차방법을 변경하거나 그 곳으로부터 이동할 것을 명할 수 있다.
    1. 경찰공무원
    2. 시장등(도지사를 포함한다. 이하 이 조에서 같다)이 대통령령으로 정하는 바에 따라 임명하는 공무원(이하 "시·군공무원"이라 한다)

② 경찰서장이나 시장등은 제1항의 경우 차의 운전자나 관리 책임이 있는 사람이 현장에 없을 때에는 도로에서 일어나는 위험을 방지하고 교통의 안전과 원활한 소통을 확보하기 위하여 필요한 범위에서 그 차의 주차방법을 직접 변경하거나 변경에 필요한 조치를 할 수 있으며, 부득이한 경우에는 관할 경찰서나 경찰서장 또는 시장등이 지정하는 곳으로 이동하게 할 수 있다.
③ 경찰서장이나 시장등은 제2항에 따라 주차위반 차를 관할 경찰서나 경찰서장 또는 시장등이 지정하는 곳으로 이동시킨 경우에는 선량한 관리자로서의 주의의무를 다하여 보관하여야 하며, 그 사실을 차의 사용자(소유자 또는 소유자로부터 차의 관리에 관한 위탁을 받은 사람을 말한다. 이하 같다)나 운전자에게 신속히 알리는 등 반환에 필요한 조치를 하여야 한다.
④ 제3항의 경우 차의 사용자나 운전자의 성명·주소를 알 수 없을 때에는 대통령령으로 정하는 방법에 따라 공고하여야 한다.
⑤ 경찰서장이나 시장등은 제3항과 제4항에 따라 차의 반환에 필요한 조치 또는 공고를 하였음에도 불구하고 그 차의 사용자나 운전자가 조치 또는 공고를 한 날부터 1개월 이내에 그 반환을 요구하지 아니할 때에는 대통령령으로 정하는 바에 따라 그 차를 매각하거나 폐차할 수 있다.
⑥ 제2항부터 제5항까지의 규정에 따른 주차위반 차의 이동·보관·공고·매각 또는 폐차 등에 들어간 비용은 그 차의 사용자가 부담한다. 이 경우 그 비용의 징수에 관하여는 「행정대집행법」 제5조 및 제6조를 적용한다.
⑦ 제5항에 따라 차를 매각하거나 폐차한 경우 그 차의 이동·보관·공고·매각 또는 폐차 등에 들어간 비용을 충당하고 남은 금액이 있는 경우에는 그 금액을 그 차의 사용자에게 지급하여야 한다. 다만, 그 차의 사용자에게 지급할 수 없는 경우에는 「공탁법」에 따라 그 금액을 공탁하여야 한다.

[전문개정 2011. 6. 8.]

제36조(차의 견인 및 보관업무 등의 대행) 생략

제37조(차와 노면전차의 등화) ① 모든 차 또는 노면전차의 운전자는 다음 각 호의 어느 하나에 해당하는 경우에는 대통령령으로 정하는 바에 따라 전조등(前照燈), 차폭등(車幅燈), 미등(尾燈)과 그 밖의 등화를 켜야 한다. 〈개정 2018. 3. 27.〉
1. 밤(해가 진 후부터 해가 뜨기 전까지를 말한다. 이하 같다)에 도로에서 차 또는 노면전차를 운행하거나 고장이나 그 밖의 부득이한 사유로 도로에서 차 또는 노면전차를 정차 또는 주차하는 경우
2. 안개가 끼거나 비 또는 눈이 올 때에 도로에서 차 또는 노면전차를 운행하거나 고장이나 그 밖의 부득이한 사유로 도로에서 차 또는 노면전차를 정차 또는 주차하는 경우
3. 터널 안을 운행하거나 고장 또는 그 밖의 부득이한 사유로 터널 안 도로에서 차 또는 노면전차를 정차 또는 주차하는 경우
② 모든 차 또는 노면전차의 운전자는 밤에 차 또는 노면전차가 서로 마주보고 진행

하거나 앞차의 바로 뒤를 따라가는 경우에는 대통령령으로 정하는 바에 따라 등화의 밝기를 줄이거나 잠시 등화를 끄는 등의 필요한 조작을 하여야 한다. 〈개정 2018. 3. 27.〉

[전문개정 2011. 6. 8.]

[제목개정 2018. 3. 27.]

제38조(차의 신호) ① 모든 차의 운전자는 좌회전·우회전·횡단·유턴·서행·정지 또는 후진을 하거나 같은 방향으로 진행하면서 진로를 바꾸려고 하는 경우와 회전교차로에 진입하거나 회전교차로에서 진출하는 경우에는 손이나 방향지시기 또는 등화로써 그 행위가 끝날 때까지 신호를 하여야 한다. 〈개정 2022. 1. 11.〉
② 제1항의 신호를 하는 시기와 방법은 대통령령으로 정한다.

[전문개정 2011. 6. 8.]

제39조(승차 또는 적재의 방법과 제한) ① 모든 차의 운전자는 승차 인원, 적재중량 및 적재용량에 관하여 대통령령으로 정하는 운행상의 안전기준을 넘어서 승차시키거나 적재한 상태로 운전하여서는 아니 된다. 다만, 출발지를 관할하는 경찰서장의 허가를 받은 경우에는 그러하지 아니하다.
② 제1항 단서에 따른 허가를 받으려는 차가 「도로법」 제77조제1항 단서에 따른 운행허가를 받아야 하는 차에 해당하는 경우에는 제14조제4항을 준용한다. 〈신설 2014. 12. 30.〉
③ 모든 차 또는 노면전차의 운전자는 운전 중 타고 있는 사람 또는 타고 내리는 사람이 떨어지지 아니하도록 하기 위하여 문을 정확히 여닫는 등 필요한 조치를 하여야 한다. 〈개정 2014. 12. 30., 2018. 3. 27.〉
④ 모든 차의 운전자는 운전 중 실은 화물이 떨어지지 아니하도록 덮개를 씌우거나 묶는 등 확실하게 고정될 수 있도록 필요한 조치를 하여야 한다. 〈개정 2014. 12. 30.〉
⑤ 모든 차의 운전자는 영유아나 동물을 안고 운전 장치를 조작하거나 운전석 주위에 물건을 싣는 등 안전에 지장을 줄 우려가 있는 상태로 운전하여서는 아니 된다. 〈개정 2014. 12. 30.〉
⑥ 시·도경찰청장은 도로에서의 위험을 방지하고 교통의 안전과 원활한 소통을 확보하기 위하여 필요하다고 인정하는 경우에는 차의 운전자에 대하여 승차 인원, 적재중량 또는 적재용량을 제한할 수 있다. 〈개정 2014. 12. 30., 2020. 12. 22.〉

[전문개정 2011. 6. 8.]

제39조의2(적재량 측정자료의 제공) ① 시·도경찰청장은 운전자가 제39조제1항에 따른 적재중량과 적재용량에 관한 안전기준을 위반하였는지 여부를 확인하기 위하여 필요한 경우 「도로법」에 따른 도로관리청(「도로법」 제112조에 따라 국토교통부장관의 권한을 대행하는 한국도로공사를 포함한다. 이하 이 조에서 같다)에 같은 법 제77조제4항에 따라 적재량을 측정한 자료(이하 "적재량 측정자료"라 한다)의 제공을

요청할 수 있다.
② 제1항에 따라 적재량 측정자료의 제공을 요청받은 도로관리청은 특별한 사유가 없으면 이를 제공하여야 한다.
③ 제1항에 따른 자료 제공 요청의 방법, 범위 등에 관한 사항은 대통령령으로 정한다.

[본조신설 2025. 1. 7.]

제40조(정비불량차의 운전 금지) 모든 차의 사용자, 정비책임자 또는 운전자는 「자동차관리법」, 「건설기계관리법」이나 그 법에 따른 명령에 의한 장치가 정비되어 있지 아니한 차(이하 "정비불량차"라 한다)를 운전하도록 시키거나 운전하여서는 아니 된다.

[전문개정 2011. 6. 8.]

제41조(정비불량차의 점검) ① 경찰공무원은 정비불량차에 해당한다고 인정하는 차가 운행되고 있는 경우에는 우선 그 차를 정지시킨 후, 운전자에게 그 차의 자동차등록증 또는 자동차 운전면허증을 제시하도록 요구하고 그 차의 장치를 점검할 수 있다.
② 경찰공무원은 제1항에 따라 점검한 결과 정비불량 사항이 발견된 경우에는 그 정비불량 상태의 정도에 따라 그 차의 운전자로 하여금 응급조치를 하게 한 후에 운전을 하도록 하거나 도로 또는 교통 상황을 고려하여 통행구간, 통행로와 위험방지를 위한 필요한 조건을 정한 후 그에 따라 운전을 계속하게 할 수 있다.
③ 시·도경찰청장은 제2항에도 불구하고 정비 상태가 매우 불량하여 위험발생의 우려가 있는 경우에는 그 차의 자동차등록증을 보관하고 운전의 일시정지를 명할 수 있다. 이 경우 필요하면 10일의 범위에서 정비기간을 정하여 그 차의 사용을 정지시킬 수 있다. 〈개정 2020. 12. 22.〉
④ 제1항부터 제3항까지의 규정에 따른 장치의 점검 및 사용의 정지에 필요한 사항은 대통령령으로 정한다.

[전문개정 2011. 6. 8.]

제42조(유사 표지의 제한 및 운행금지) ① 누구든지 자동차등(개인형 이동장치는 제외한다)에 교통단속용자동차·범죄수사용자동차나 그 밖의 긴급자동차와 유사하거나 혐오감을 주는 도색(塗色)이나 표지 등을 하거나 그러한 도색이나 표지 등을 한 자동차등을 운전하여서는 아니 된다. 〈개정 2020. 6. 9.〉
② 제1항에 따라 제한되는 도색이나 표지 등의 범위는 대통령령으로 정한다.

[전문개정 2011. 6. 8.]

제4장 운전자 및 고용주 등의 의무 〈개정 2011. 6. 8.〉

제43조(무면허운전 등의 금지) 누구든지 제80조에 따라 시·도경찰청장으로부터 운전면허를 받지 아니하거나 운전면허의 효력이 정지된 경우에는 자동차등을 운전하여서는 아니 된다. 〈개정 2020. 6. 9., 2020. 12. 22., 2021. 1. 12.〉

[전문개정 2011. 6. 8.]

제44조(술에 취한 상태에서의 운전 금지) ① 누구든지 술에 취한 상태에서 자동차등(「건설기계관리법」 제26조제1항 단서에 따른 건설기계 외의 건설기계를 포함한다. 이하 이 조, 제45조, 제47조, 제50조의3, 제93조제1항제1호부터 제4호까지 및 제148조의2에서 같다), 노면전차 또는 자전거를 운전하여서는 아니 된다. 〈개정 2018. 3. 27., 2023. 10. 24.〉
② 경찰공무원은 교통의 안전과 위험방지를 위하여 필요하다고 인정하거나 제1항을 위반하여 술에 취한 상태에서 자동차등, 노면전차 또는 자전거를 운전하였다고 인정할 만한 상당한 이유가 있는 경우에는 운전자가 술에 취하였는지를 호흡조사로 측정할 수 있다. 이 경우 운전자는 경찰공무원의 측정에 응하여야 한다. 〈개정 2014. 12. 30., 2018. 3. 27.〉
③ 제2항에 따른 측정 결과에 불복하는 운전자에 대하여는 그 운전자의 동의를 받아 혈액 채취 등의 방법으로 다시 측정할 수 있다.
④ 제1항에 따라 운전이 금지되는 술에 취한 상태의 기준은 운전자의 혈중알코올농도가 0.03퍼센트 이상인 경우로 한다. 〈개정 2018. 12. 24.〉
⑤ 술에 취한 상태에 있다고 인정할 만한 상당한 이유가 있는 사람은 자동차등, 노면전차 또는 자전거를 운전한 후 제2항 또는 제3항에 따른 측정을 곤란하게 할 목적으로 추가로 술을 마시거나 혈중알코올농도에 영향을 줄 수 있는 의약품 등 행정안전부령으로 정하는 물품을 사용하는 행위(이하 "음주측정방해행위"라 한다. 이하 같다)를 하여서는 아니 된다. 〈신설 2024. 12. 3.〉
⑥ 제2항 및 제3항에 따른 측정의 방법, 절차 등 필요한 사항은 행정안전부령으로 정한다. 〈신설 2023. 1. 3., 2024. 12. 3.〉

[전문개정 2011. 6. 8.]

제45조(과로한 때 등의 운전 금지) ① 자동차등(개인형 이동장치는 제외한다. 이하 이 조에서 같다) 또는 노면전차의 운전자는 제44조에 따른 술에 취한 상태 외에 과로, 질병 또는 약물(「마약류 관리에 관한 법률」 제2조제1호에 따른 마약류 및 그 밖에 행정안전부령으로 정하는 것을 말한다. 이하 같다)의 영향과 그 밖의 사유로 정상적으로 운전하지 못할 우려가 있는 상태에서 자동차등 또는 노면전차를 운전하여서는 아니 된다. 〈개정 2013. 3. 23., 2014. 11. 19., 2017. 7. 26., 2018. 3. 27., 2020. 6. 9., 2025. 4. 1.〉
② 경찰공무원은 약물의 영향으로 정상적으로 운전하지 못할 우려가 있는 상태에서 자동차등 또는 노면전차를 운전하였다고 인정할 만한 상당한 이유가 있는 경우에는 운전자가 약물을 복용하였는지를 타액 간이시약검사 등 행정안전부령으로 정하는 방법으로 측정할 수 있다. 이 경우 운전자는 경찰공무원의 측정에 응하여야 한다. 〈신설 2025. 4. 1.〉
③ 제2항에 따른 측정 결과에 불복하는 운전자에 대하여는 그 운전자의 동의를 받아

혈액 채취 등 행정안전부령으로 정하는 방법으로 다시 측정할 수 있다. 〈신설 2025. 4. 1.〉
④ 제2항 및 제3항에 따른 측정의 절차, 방법 등에 필요한 사항은 행정안전부령으로 정한다. 〈신설 2025. 4. 1.〉
[전문개정 2011. 6. 8.]

제46조(공동 위험행위의 금지) ① 자동차등(개인형 이동장치는 제외한다. 이하 이 조에서 같다)의 운전자는 도로에서 2명 이상이 공동으로 2대 이상의 자동차등을 정당한 사유 없이 앞뒤로 또는 좌우로 줄지어 통행하면서 다른 사람에게 위해(危害)를 끼치거나 교통상의 위험을 발생하게 하여서는 아니 된다. 〈개정 2020. 6. 9.〉
② 자동차등의 동승자는 제1항에 따른 공동 위험행위를 주도하여서는 아니 된다.
[전문개정 2011. 6. 8.]

제46조의2(교통단속용 장비의 기능방해 금지) 누구든지 교통단속을 회피할 목적으로 교통단속용 장비의 기능을 방해하는 장치를 제작·수입·판매 또는 장착하여서는 아니 된다.
[전문개정 2011. 6. 8.]

제46조의3(난폭운전 금지) 자동차등(개인형 이동장치는 제외한다)의 운전자는 다음 각 호 중 둘 이상의 행위를 연달아 하거나, 하나의 행위를 지속 또는 반복하여 다른 사람에게 위협 또는 위해를 가하거나 교통상의 위험을 발생하게 하여서는 아니 된다. 〈개정 2020. 6. 9.〉
  1. 제5조에 따른 신호 또는 지시 위반
  2. 제13조제3항에 따른 중앙선 침범
  3. 제17조제3항에 따른 속도의 위반
  4. 제18조제1항에 따른 횡단·유턴·후진 금지 위반
  5. 제19조에 따른 안전거리 미확보, 진로변경 금지 위반, 급제동 금지 위반
  6. 제21조제1항·제3항 및 제4항에 따른 앞지르기 방법 또는 앞지르기의 방해금지 위반
  7. 제49조제1항제8호에 따른 정당한 사유 없는 소음 발생
  8. 제60조제2항에 따른 고속도로에서의 앞지르기 방법 위반
  9. 제62조에 따른 고속도로등에서의 횡단·유턴·후진 금지 위반
[본조신설 2015. 8. 11.]

제47조(위험방지를 위한 조치) ① 경찰공무원은 자동차등 또는 노면전차의 운전자가 제43조부터 제45조까지의 규정을 위반하여 자동차등 또는 노면전차를 운전하고 있다고 인정되는 경우에는 자동차등 또는 노면전차를 일시정지시키고 그 운전자에게 자동차 운전면허증(이하 "운전면허증"이라 한다)을 제시할 것을 요구할 수 있다. 〈개정 2018. 3. 27., 2020. 6. 9., 2021. 1. 12.〉
② 경찰공무원은 제44조 및 제45조를 위반하여 자동차등 또는 노면전차를 운전하는

사람이나 제44조를 위반하여 자전거등을 운전하는 사람에 대하여는 정상적으로 운전할 수 있는 상태가 될 때까지 운전의 금지를 명하고 차를 이동시키는 등 필요한 조치를 할 수 있다. 〈개정 2017. 10. 24., 2018. 3. 27., 2020. 6. 9.〉
③ 제2항에 따른 차의 이동조치에 대해서는 제35조제3항부터 제7항까지 및 제36조의 규정을 준용한다. 〈신설 2017. 10. 24.〉

[전문개정 2011. 6. 8.]

제48조(안전운전 및 친환경 경제운전의 의무) ① 모든 차 또는 노면전차의 운전자는 차 또는 노면전차의 조향장치와 제동장치, 그 밖의 장치를 정확하게 조작하여야 하며, 도로의 교통상황과 차 또는 노면전차의 구조 및 성능에 따라 다른 사람에게 위험과 장해를 주는 속도나 방법으로 운전하여서는 아니 된다. 〈개정 2018. 3. 27.〉
② 모든 차의 운전자는 차를 친환경적이고 경제적인 방법으로 운전하여 연료소모와 탄소배출을 줄이도록 노력하여야 한다.

[전문개정 2011. 6. 8.]

제49조(모든 운전자의 준수사항 등) ① 모든 차 또는 노면전차의 운전자는 다음 각 호의 사항을 지켜야 한다.
1. 물이 고인 곳을 운행할 때에는 고인 물을 튀게 하여 다른 사람에게 피해를 주는 일이 없도록 할 것
2. 다음 각 목의 어느 하나에 해당하는 경우에는 일시정지할 것
   가. 어린이가 보호자 없이 도로를 횡단할 때, 어린이가 도로에서 앉아 있거나 서 있을 때 또는 어린이가 도로에서 놀이를 할 때 등 어린이에 대한 교통사고의 위험이 있는 것을 발견한 경우
   나. 앞을 보지 못하는 사람이 흰색 지팡이를 가지거나 장애인보조견을 동반하는 등의 조치를 하고 도로를 횡단하고 있는 경우
   다. 지하도나 육교 등 도로 횡단시설을 이용할 수 없는 지체장애인이나 노인 등이 도로를 횡단하고 있는 경우
3. 자동차의 앞면 창유리와 운전석 좌우 옆면 창유리의 가시광선(可視光線)의 투과율이 대통령령으로 정하는 기준보다 낮아 교통안전 등에 지장을 줄 수 있는 차를 운전하지 아니할 것. 다만, 요인(要人) 경호용, 구급용 및 장의용(葬儀用) 자동차는 제외한다.
4. 교통단속용 장비의 기능을 방해하는 장치를 한 차나 그 밖에 안전운전에 지장을 줄 수 있는 것으로서 행정안전부령으로 정하는 기준에 적합하지 아니한 장치를 한 차를 운전하지 아니할 것. 다만, 자율주행자동차의 신기술 개발을 위한 장치를 장착하는 경우에는 그러하지 아니하다.
5. 도로에서 자동차등(개인형 이동장치는 제외한다. 이하 이 조에서 같다) 또는 노면전차를 세워둔 채 시비·다툼 등의 행위를 하여 다른 차마의 통행을 방해하지 아니할 것
6. 운전자가 차 또는 노면전차를 떠나는 경우에는 교통사고를 방지하고 다른 사람이 함부로 운전하지 못하도록 필요한 조치를 할 것
7. 운전자는 안전을 확인하지 아니하고 차 또는 노면전차의 문을 열거나 내려서는 아니 되며, 동승자가 교통의 위험을 일으키지 아니하도록 필요한 조치를 할 것

8. 운전자는 정당한 사유 없이 다음 각 목의 어느 하나에 해당하는 행위를 하여 다른 사람에게 피해를 주는 소음을 발생시키지 아니할 것
    가. 자동차등을 급히 출발시키거나 속도를 급격히 높이는 행위
    나. 자동차등의 원동기 동력을 차의 바퀴에 전달시키지 아니하고 원동기의 회전수를 증가시키는 행위
    다. 반복적이거나 연속적으로 경음기를 울리는 행위
9. 운전자는 승객이 차 안에서 안전운전에 현저히 장해가 될 정도로 춤을 추는 등 소란행위를 하도록 내버려두고 차를 운행하지 아니할 것
10. 운전자는 자동차등 또는 노면전차의 운전 중에는 휴대용 전화(자동차용 전화를 포함한다)를 사용하지 아니할 것. 다만, 다음 각 목의 어느 하나에 해당하는 경우에는 그러하지 아니하다.
    가. 자동차등 또는 노면전차가 정지하고 있는 경우
    나. 긴급자동차를 운전하는 경우
    다. 각종 범죄 및 재해 신고 등 긴급한 필요가 있는 경우
    라. 안전운전에 장애를 주지 아니하는 장치로서 대통령령으로 정하는 장치를 이용하는 경우
11. 자동차등 또는 노면전차의 운전 중에는 방송 등 영상물을 수신하거나 재생하는 장치(운전자가 휴대하는 것을 포함하며, 이하 "영상표시장치"라 한다)를 통하여 운전자가 운전 중 볼 수 있는 위치에 영상이 표시되지 아니하도록 할 것. 다만, 다음 각 목의 어느 하나에 해당하는 경우에는 그러하지 아니하다.
    가. 자동차등 또는 노면전차가 정지하고 있는 경우
    나. 자동차등 또는 노면전차에 장착하거나 거치하여 놓은 영상표시장치에 다음의 영상이 표시되는 경우
        1) 지리안내 영상 또는 교통정보안내 영상
        2) 국가비상사태·재난상황 등 긴급한 상황을 안내하는 영상
        3) 운전을 할 때 자동차등 또는 노면전차의 좌우 또는 전후방을 볼 수 있도록 도움을 주는 영상
11의2. 자동차등 또는 노면전차의 운전 중에는 영상표시장치를 조작하지 아니할 것. 다만, 다음 각 목의 어느 하나에 해당하는 경우에는 그러하지 아니하다.
    가. 자동차등과 노면전차가 정지하고 있는 경우
    나. 노면전차 운전자가 운전에 필요한 영상표시장치를 조작하는 경우
12. 운전자는 자동차의 화물 적재함에 사람을 태우고 운행하지 아니할 것
13. 그 밖에 시·도경찰청장이 교통안전과 교통질서 유지에 필요하다고 인정하여 지정·공고한 사항에 따를 것

② 경찰공무원은 제1항제3호 및 제4호를 위반한 자동차를 발견한 경우에는 그 현장에서 운전자에게 위반사항을 제거하게 하거나 필요한 조치를 명할 수 있다. 이 경우 운전자가 그 명령을 따르지 아니할 때에는 경찰공무원이 직접 위반사항을 제거하거나 필요한 조치를 할 수 있다.

[전문개정 2011. 6. 8.]

제50조(특정 운전자의 준수사항) ① 자동차(이륜자동차는 제외한다)의 운전자는 자동

차를 운전할 때에는 좌석안전띠를 매어야 하며, 모든 좌석의 동승자에게도 좌석안전띠(영유아인 경우에는 유아보호용 장구를 장착한 후의 좌석안전띠를 말한다. 이하 이 조 및 제160조제2항제2호에서 같다)를 매도록 하여야 한다. 다만, 질병 등으로 인하여 좌석안전띠를 매는 것이 곤란하거나 행정안전부령으로 정하는 사유가 있는 경우에는 그러하지 아니하다. 〈개정 2013. 3. 23., 2014. 11. 19., 2014. 12. 30., 2017. 7. 26., 2018. 3. 27.〉

② 삭제 〈2018. 3. 27.〉

③ 이륜자동차와 원동기장치자전거(개인형 이동장치는 제외한다)의 운전자는 행정안전부령으로 정하는 인명보호 장구를 착용하고 운행하여야 하며, 동승자에게도 착용하도록 하여야 한다. 〈개정 2013. 3. 23., 2014. 11. 19., 2017. 7. 26., 2020. 6. 9.〉

④ 자전거등의 운전자는 자전거도로 및 「도로법」에 따른 도로를 운전할 때에는 행정안전부령으로 정하는 인명보호 장구를 착용하여야 하며, 동승자에게도 이를 착용하도록 하여야 한다. 〈개정 2013. 3. 23., 2014. 11. 19., 2017. 7. 26., 2018. 3. 27., 2020. 6. 9., 2021. 1. 12.〉

⑤ 운송사업용 자동차, 화물자동차 및 노면전차 등으로서 행정안전부령으로 정하는 자동차 또는 노면전차의 운전자는 다음 각 호의 어느 하나에 해당하는 행위를 하여서는 아니 된다. 다만, 제3호는 사업용 승합자동차와 노면전차의 운전자에 한정한다. 〈개정 2013. 3. 23., 2014. 11. 19., 2016. 1. 27., 2017. 7. 26., 2018. 3. 27.〉

  1. 운행기록계가 설치되어 있지 아니하거나 고장 등으로 사용할 수 없는 운행기록계가 설치된 자동차를 운전하는 행위
  2. 운행기록계를 원래의 목적대로 사용하지 아니하고 자동차를 운전하는 행위
  3. 승차를 거부하는 행위

⑥ 사업용 승용자동차의 운전자는 합승행위 또는 승차거부를 하거나 신고한 요금을 초과하는 요금을 받아서는 아니 된다.

⑦ 자전거등의 운전자는 행정안전부령으로 정하는 크기와 구조를 갖추지 아니하여 교통안전에 위험을 초래할 수 있는 자전거등을 운전하여서는 아니 된다. 〈개정 2013. 3. 23., 2014. 11. 19., 2017. 7. 26., 2020. 6. 9.〉

⑧ 자전거등의 운전자는 약물의 영향과 그 밖의 사유로 정상적으로 운전하지 못할 우려가 있는 상태에서 자전거등을 운전하여서는 아니 된다. 〈개정 2018. 3. 27., 2020. 6. 9.〉

⑨ 자전거등의 운전자는 밤에 도로를 통행하는 때에는 전조등과 미등을 켜거나 야광띠 등 발광장치를 착용하여야 한다. 〈신설 2015. 8. 11., 2020. 6. 9.〉

⑩ 개인형 이동장치의 운전자는 행정안전부령으로 정하는 승차정원을 초과하여 동승자를 태우고 개인형 이동장치를 운전하여서는 아니 된다. 〈신설 2020. 6. 9.〉

[전문개정 2011. 6. 8.]

제50조의2 삭제 〈2024. 3. 19.〉

제50조의3(음주운전 방지장치 부착 조건부 운전면허를 받은 운전자등의 준수사항) ① 제80조의2에 따라 음주운전 방지장치 부착 조건부 운전면허를 받은 사람이 자동차등을 운전하려는 경우 음주운전 방지장치를 설치하고, 시·도경찰청장에게 등록하여야 한다. 등록한 사항 중 행정안전부령으로 정하는 중요한 사항을 변경할 때에도 또한 같다. 다만, 제2항에 따라 음주운전 방지장치가 설치·등록된 자동차등을 운전하려는 경우에는 그러하지 아니하다.
② 「여객자동차 운수사업법」에 따른 여객자동차 운수사업자의 사업용 자동차, 「화물자동차 운수사업법」에 따른 화물자동차 운수사업자의 사업용 자동차 및 그 밖에 대통령령으로 정하는 자동차등에 음주운전 방지장치를 설치한 자는 시·도경찰청장에게 등록하여야 한다. 등록한 사항 중 행정안전부령으로 정하는 중요한 사항을 변경할 때에도 또한 같다.
③ 제80조의2에 따라 음주운전 방지장치 부착 조건부 운전면허를 받은 사람은 음주운전 방지장치가 설치되지 아니하거나 설치기준에 적합하지 아니한 음주운전 방지장치가 설치된 자동차등을 운전하여서는 아니 된다.
④ 누구든지 다음 각 호의 어느 하나에 해당하는 경우를 제외하고는 자동차등에 설치된 음주운전 방지장치를 해체하거나 조작 또는 그 밖의 방법으로 효용을 해치는 행위를 하여서는 아니 된다.
  1. 음주운전 방지장치의 점검 또는 정비를 위한 경우
  2. 폐차하는 경우
  3. 교육·연구의 목적으로 사용하는 등 대통령령으로 정하는 사유에 해당하는 경우
  4. 제82조제2항제10호에 따른 음주운전 방지장치의 부착 기간이 경과한 경우
⑤ 누구든지 음주운전 방지장치 부착 조건부 운전면허를 받은 사람을 대신하여 음주운전 방지장치가 설치된 자동차등을 운전할 수 있도록 해당 장치에 호흡을 불어넣거나 다른 부정한 방법으로 음주운전 방지장치가 설치된 자동차등에 시동을 거는 행위를 하여서는 아니 된다.
⑥ 제1항 및 제2항에 따라 음주운전 방지장치의 설치 사항을 시·도경찰청장에게 등록한 자는 연 2회 이상 음주운전 방지장치 부착 자동차등의 운행기록을 시·도경찰청장에게 제출하여야 하며, 음주운전 방지장치의 정상 작동여부 등을 점검하는 검사를 받아야 한다.
⑦ 제1항 및 제2항에 따른 음주운전 방지장치 설치 기준·방법 및 등록 기준·등록 절차, 제6항에 따른 운행기록 제출 및 검사의 시기·방법, 그 밖에 필요한 사항은 행정안전부령으로 정한다.

[본조신설 2023. 10. 24.]

제51조(어린이통학버스의 특별보호) ① 어린이통학버스가 도로에 정차하여 어린이나 영유아가 타고 내리는 중임을 표시하는 점멸등 등의 장치를 작동 중일 때에는 어린이통학버스가 정차한 차로와 그 차로의 바로 옆 차로로 통행하는 차의 운전자는 어

린이통학버스에 이르기 전에 일시정지하여 안전을 확인한 후 서행하여야 한다. 〈개정 2014. 12. 30.〉
② 제1항의 경우 중앙선이 설치되지 아니한 도로와 편도 1차로인 도로에서는 반대방향에서 진행하는 차의 운전자도 어린이통학버스에 이르기 전에 일시정지하여 안전을 확인한 후 서행하여야 한다.
③ 모든 차의 운전자는 어린이나 영유아를 태우고 있다는 표시를 한 상태로 도로를 통행하는 어린이통학버스를 앞지르지 못한다. 〈개정 2014. 12. 30.〉

[전문개정 2011. 6. 8.]

제52조(어린이통학버스의 신고 등) ① 어린이통학버스(「여객자동차 운수사업법」 제4조제3항에 따른 한정면허를 받아 어린이를 여객대상으로 하여 운행되는 운송사업용 자동차는 제외한다)를 운영하려는 자는 행정안전부령으로 정하는 바에 따라 미리 관할 경찰서장에게 신고하고 신고증명서를 발급받아야 한다. 〈개정 2014. 1. 28., 2014. 11. 19., 2017. 7. 26.〉
② 어린이통학버스를 운영하는 자는 어린이통학버스 안에 제1항에 따라 발급받은 신고증명서를 항상 갖추어 두어야 한다.
③ 어린이통학버스로 사용할 수 있는 자동차는 행정안전부령으로 정하는 자동차로 한정한다. 이 경우 그 자동차는 도색·표지, 보험가입, 소유 관계 등 대통령령으로 정하는 요건을 갖추어야 한다. 〈개정 2013. 3. 23., 2014. 1. 28., 2014. 11. 19., 2017. 7. 26.〉
④ 누구든지 제1항에 따른 신고를 하지 아니하거나 「여객자동차 운수사업법」 제4조제3항에 따라 어린이를 여객대상으로 하는 한정면허를 받지 아니하고 어린이통학버스와 비슷한 도색 및 표지를 하거나 이러한 도색 및 표지를 한 자동차를 운전하여서는 아니 된다. 〈개정 2014. 1. 28.〉

[전문개정 2011. 6. 8.]

제53조(어린이통학버스 운전자 및 운영자 등의 의무) ① 어린이통학버스를 운전하는 사람은 어린이나 영유아가 타고 내리는 경우에만 제51조제1항에 따른 점멸등 등의 장치를 작동하여야 하며, 어린이나 영유아를 태우고 운행 중인 경우에만 제51조제3항에 따른 표시를 하여야 한다. 〈개정 2014. 12. 30.〉
② 어린이통학버스를 운전하는 사람은 어린이나 영유아가 어린이통학버스를 탈 때에는 승차한 모든 어린이나 영유아가 좌석안전띠(어린이나 영유아의 신체구조에 따라 적합하게 조절될 수 있는 안전띠를 말한다. 이하 이 조 및 제156조제1호, 제160조제2항제4호의2에서 같다)를 매도록 한 후에 출발하여야 하며, 내릴 때에는 보도나 길가장자리구역 등 자동차로부터 안전한 장소에 도착한 것을 확인한 후에 출발하여야 한다. 다만, 좌석안전띠 착용과 관련하여 질병 등으로 인하여 좌석안전띠를 매는 것이 곤란하거나 행정안전부령으로 정하는 사유가 있는 경우에는 그러하지

아니하다. 〈개정 2014. 1. 28., 2014. 11. 19., 2014. 12. 30., 2017. 7. 26., 2018. 3. 27.〉
③ 어린이통학버스를 운영하는 자는 어린이통학버스에 어린이나 영유아를 태울 때에는 성년인 사람 중 어린이통학버스를 운영하는 자가 지정한 보호자를 함께 태우고 운행하여야 하며, 동승한 보호자는 어린이나 영유아가 승차 또는 하차하는 때에는 자동차에서 내려서 어린이나 영유아가 안전하게 승하차하는 것을 확인하고 운행 중에는 어린이나 영유아가 좌석에 앉아 좌석안전띠를 매고 있도록 하는 등 어린이 보호에 필요한 조치를 하여야 한다. 〈개정 2014. 1. 28., 2014. 12. 30., 2020. 5. 26.〉
  1. 삭제 〈2020. 5. 26.〉
  2. 삭제 〈2020. 5. 26.〉
  3. 삭제 〈2020. 5. 26.〉
  4. 삭제 〈2020. 5. 26.〉
  5. 삭제 〈2020. 5. 26.〉
④ 어린이통학버스를 운전하는 사람은 어린이통학버스 운행을 마친 후 어린이나 영유아가 모두 하차하였는지를 확인하여야 한다. 〈신설 2016. 12. 2.〉
⑤ 어린이통학버스를 운전하는 사람이 제4항에 따라 어린이나 영유아의 하차 여부를 확인할 때에는 행정안전부령으로 정하는 어린이나 영유아의 하차를 확인할 수 있는 장치(이하 "어린이 하차확인장치"라 한다)를 작동하여야 한다. 〈신설 2018. 10. 16.〉
⑥ 어린이통학버스를 운영하는 자는 제3항에 따라 보호자를 함께 태우고 운행하는 경우에는 행정안전부령으로 정하는 보호자 동승을 표시하는 표지(이하 "보호자 동승표지"라 한다)를 부착할 수 있으며, 누구든지 보호자를 함께 태우지 아니하고 운행하는 경우에는 보호자 동승표지를 부착하여서는 아니된다. 〈신설 2020. 5. 26.〉
⑦ 어린이통학버스를 운영하는 자는 좌석안전띠 착용 및 보호자 동승 확인 기록(이하 "안전운행기록"이라 한다)을 작성·보관하고 매 분기 어린이통학버스를 운영하는 시설을 감독하는 주무기관의 장에게 안전운행기록을 제출하여야 한다. 〈신설 2020. 5. 26.〉

[전문개정 2011. 6. 8.]

[제목개정 2014. 1. 28.]

제53조의2 삭제 〈2020. 5. 26.〉

제53조의3(어린이통학버스 운영자 등에 대한 안전교육) ① 어린이통학버스를 운영하는 사람과 운전하는 사람 및 제53조제3항에 따른 보호자는 어린이통학버스의 안전운행 등에 관한 교육(이하 "어린이통학버스 안전교육"이라 한다)을 받아야 한다. 〈개정 2014. 1. 28., 2020. 5. 26.〉
② 어린이통학버스 안전교육은 다음 각 호의 구분에 따라 실시한다. 〈신설 2014. 1. 28., 2020. 5. 26.〉
  1. 신규 안전교육: 어린이통학버스를 운영하려는 사람과 운전하려는 사람 및 제53조제3항에

따라 동승하려는 보호자를 대상으로 그 운영, 운전 또는 동승을 하기 전에 실시하는 교육
   2. 정기 안전교육: 어린이통학버스를 계속하여 운영하는 사람과 운전하는 사람 및 제53조제3항에 따라 동승한 보호자를 대상으로 2년마다 정기적으로 실시하는 교육
③ 어린이통학버스를 운영하는 사람은 어린이통학버스 안전교육을 받지 아니한 사람에게 어린이통학버스를 운전하게 하거나 어린이통학버스에 동승하게 하여서는 아니 된다. 〈신설 2014. 1. 28., 2020. 5. 26.〉
④ 그 밖에 어린이통학버스 안전교육의 방법·절차 등에 관하여 필요한 사항은 대통령령으로 정한다. 〈개정 2014. 1. 28.〉

[본조신설 2011. 6. 8.]

[제목개정 2014. 1. 28.]

제53조의4(어린이통학버스의 위반 정보 등 제공) ① 경찰서장은 어린이통학버스를 운영하는 사람이나 운전하는 사람이 제53조 또는 제53조의5를 위반하거나 제53조 또는 제53조의5를 위반하여 어린이를 사상(死傷)하는 사고를 유발한 때에는 어린이 교육시설을 감독하는 주무기관의 장에게 그 정보를 제공하여야 한다. 〈개정 2020. 5. 26.〉
② 경찰서장 및 어린이 교육시설을 감독하는 주무기관의 장은 제1항에 따른 정보를 해당 기관에서 운영하는 홈페이지에 각각 게재하여야 한다. 〈신설 2020. 5. 26.〉
③ 제1항에 따른 정보 제공의 구체적 기준·방법 및 절차 등 필요한 사항은 행정안전부령으로 정한다. 〈개정 2014. 11. 19., 2017. 7. 26., 2020. 5. 26.〉

[본조신설 2014. 1. 28.]

제53조의5(보호자가 동승하지 아니한 어린이통학버스 운전자의 의무) 제2조제23호가목의 유아교육진흥원·대안학교·외국인학교, 같은 호 다목의 교습소 및 같은 호 마목부터 차목까지의 시설에서 어린이의 승차 또는 하차를 도와주는 보호자를 태우지 아니한 어린이통학버스를 운전하는 사람은 어린이가 승차 또는 하차하는 때에 자동차에서 내려서 어린이나 영유아가 안전하게 승하차하는 것을 확인하여야 한다.

[본조신설 2020. 5. 26.]

[법률 제17311호(2020. 5. 26.) 제53조의5의 개정규정은 같은 법 부칙 제2조의 규정에 의하여 2022년 11월 26일까지 유효함]

제54조(사고발생 시의 조치) ① 차 또는 노면전차의 운전 등 교통으로 인하여 사람을 사상하거나 물건을 손괴(이하 "교통사고"라 한다)한 경우에는 그 차 또는 노면전차의 운전자나 그 밖의 승무원(이하 "운전자등"이라 한다)은 즉시 정차하여 다음 각 호의 조치를 하여야 한다. 〈개정 2014. 1. 28., 2016. 12. 2., 2018. 3. 27.〉
   1. 사상자를 구호하는 등 필요한 조치
   2. 피해자에게 인적 사항(성명·전화번호·주소 등을 말한다. 이하 제148조 및 제156조제10호에서 같다) 제공
② 제1항의 경우 그 차 또는 노면전차의 운전자등은 경찰공무원이 현장에 있을 때에

는 그 경찰공무원에게, 경찰공무원이 현장에 없을 때에는 가장 가까운 국가경찰관서(지구대, 파출소 및 출장소를 포함한다. 이하 같다)에 다음 각 호의 사항을 지체 없이 신고하여야 한다. 다만, 차 또는 노면전차만 손괴된 것이 분명하고 도로에서의 위험방지와 원활한 소통을 위하여 필요한 조치를 한 경우에는 그러하지 아니하다. 〈개정 2016. 12. 2., 2018. 3. 27.〉
1. 사고가 일어난 곳
2. 사상자 수 및 부상 정도
3. 손괴한 물건 및 손괴 정도
4. 그 밖의 조치사항 등
③ 제2항에 따라 신고를 받은 국가경찰관서의 경찰공무원은 부상자의 구호와 그 밖의 교통위험 방지를 위하여 필요하다고 인정하면 경찰공무원(자치경찰공무원은 제외한다)이 현장에 도착할 때까지 신고한 운전자등에게 현장에서 대기할 것을 명할 수 있다.
④ 경찰공무원은 교통사고를 낸 차 또는 노면전차의 운전자등에 대하여 그 현장에서 부상자의 구호와 교통안전을 위하여 필요한 지시를 명할 수 있다. 〈개정 2018. 3. 27.〉
⑤ 긴급자동차, 부상자를 운반 중인 차, 우편물자동차 및 노면전차 등의 운전자는 긴급한 경우에는 동승자 등으로 하여금 제1항에 따른 조치나 제2항에 따른 신고를 하게 하고 운전을 계속할 수 있다. 〈개정 2018. 3. 27.〉
⑥ 경찰공무원(자치경찰공무원은 제외한다)은 교통사고가 발생한 경우에는 대통령령으로 정하는 바에 따라 필요한 조사를 하여야 한다.

[전문개정 2011. 6. 8.]

제55조(사고발생 시 조치에 대한 방해의 금지) 교통사고가 일어난 경우에는 누구든지 제54조제1항 및 제2항에 따른 운전자등의 조치 또는 신고행위를 방해하여서는 아니 된다.

[전문개정 2011. 6. 8.]

제56조(고용주등의 의무) ① 차 또는 노면전차의 운전자를 고용하고 있는 사람이나 직접 운전자나 차 또는 노면전차를 관리하는 지위에 있는 사람 또는 차 또는 노면전차의 사용자(「여객자동차 운수사업법」에 따라 사업용 자동차를 임차한 사람 및 「여신전문금융업법」에 따라 자동차를 대여한 사람을 포함하며, 이하 "고용주등"이라 한다)는 운전자에게 이 법이나 이 법에 따른 명령을 지키도록 항상 주의시키고 감독하여야 한다. 〈개정 2014. 12. 30., 2018. 3. 27.〉
② 고용주등은 제43조부터 제45조까지의 규정에 따라 운전을 하여서는 아니 되는 운전자가 자동차등 또는 노면전차를 운전하는 것을 알고도 말리지 아니하거나 그러한 운전자에게 자동차등 또는 노면전차를 운전하도록 시켜서는 아니 된다. 〈개정 2018. 3. 27.〉

[전문개정 2011. 6. 8.]

4장의2 자율주행자동차 운전자의 의무 등 <신설 2024. 3. 19.>

제56조의2(자율주행자동차 운전자의 준수사항 등) ① 행정안전부령으로 정하는 완전 자율주행시스템에 해당하지 아니하는 자율주행시스템을 갖춘 자동차의 운전자는 자율주행시스템의 직접 운전 요구에 지체 없이 대응하여 조향장치, 제동장치 및 그 밖의 장치를 직접 조작하여 운전하여야 한다.
② 운전자가 자율주행시스템을 사용하여 운전하는 경우에는 제49조제1항제10호, 제11호 및 제11호의2를 적용하지 아니한다.

[본조신설 2024. 3. 19.]

제56조의3(자율주행자동차 시험운전자의 준수사항 등) ① 「자동차관리법」 제27조제1항에 따른 임시운행허가를 받은 자동차를 운전하려는 사람은 자율주행자동차의 안전운행 등에 관한 교육(이하 "자율주행자동차 안전교육"이라 한다)을 받아야 한다.
② 제1항에 따른 교육과정, 교육방법 등에 관하여 필요한 사항은 대통령령으로 정한다.

[본조신설 2024. 3. 19.]

제5장 고속도로 및 자동차전용도로에서의 특례

제57조(통칙) 고속도로 또는 자동차전용도로(이하 "고속도로등"이라 한다)에서의 자동차 또는 보행자의 통행방법 등은 이 장에서 정하는 바에 따르고, 이 장에서 규정한 것 외의 사항에 관하여는 제1장부터 제4장까지의 규정에서 정하는 바에 따른다.

[전문개정 2011. 6. 8.]

제58조(위험방지 등의 조치) 경찰공무원(자치경찰공무원은 제외한다)은 도로의 손괴, 교통사고의 발생이나 그 밖의 사정으로 고속도로등에서 교통이 위험 또는 혼잡하거나 그러할 우려가 있을 때에는 교통의 위험 또는 혼잡을 방지하고 교통의 안전 및 원활한 소통을 확보하기 위하여 필요한 범위에서 진행 중인 자동차의 통행을 일시 금지 또는 제한하거나 그 자동차의 운전자에게 필요한 조치를 명할 수 있다.

[전문개정 2011. 6. 8.]

제59조(교통안전시설의 설치 및 관리) ① 고속도로의 관리자는 고속도로에서 일어나는 위험을 방지하고 교통의 안전과 원활한 소통을 확보하기 위하여 교통안전시설을 설치·관리하여야 한다. 이 경우 고속도로의 관리자가 교통안전시설을 설치하려면 경찰청장과 협의하여야 한다.
② 경찰청장은 고속도로의 관리자에게 교통안전시설의 관리에 필요한 사항을 지시할 수 있다.

[전문개정 2011. 6. 8.]

제60조(갓길 통행금지 등) ① 자동차의 운전자는 고속도로등에서 자동차의 고장 등 부득이한 사정이 있는 경우를 제외하고는 행정안전부령으로 정하는 차로에 따라 통행하여야 하며, 갓길(「도로법」에 따른 길어깨를 말한다)로 통행하여서는 아니 된다. 다만, 다음 각 호의 어느 하나에 해당하는 경우에는 그러하지 아니하다. 〈개정 2013. 3. 23., 2014. 11. 19., 2017. 7. 26., 2019. 12. 24.〉
    1. 긴급자동차와 고속도로등의 보수·유지 등의 작업을 하는 자동차를 운전하는 경우
    2. 차량정체 시 신호기 또는 경찰공무원등의 신호나 지시에 따라 갓길에서 자동차를 운전하는 경우
② 자동차의 운전자는 고속도로에서 다른 차를 앞지르려면 방향지시기, 등화 또는 경음기를 사용하여 행정안전부령으로 정하는 차로로 안전하게 통행하여야 한다. 〈개정 2013. 3. 23., 2014. 11. 19., 2017. 7. 26.〉

[전문개정 2011. 6. 8.]

제61조(고속도로 전용차로의 설치) ① 경찰청장은 고속도로의 원활한 소통을 위하여 특히 필요한 경우에는 고속도로에 전용차로를 설치할 수 있다.
② 제1항에 따른 고속도로 전용차로의 종류 등에 관하여는 제15조제2항 및 제3항을 준용한다.

[전문개정 2011. 6. 8.]

제62조(횡단 등의 금지) 자동차의 운전자는 그 차를 운전하여 고속도로등을 횡단하거나 유턴 또는 후진하여서는 아니 된다. 다만, 긴급자동차 또는 도로의 보수·유지 등의 작업을 하는 자동차 가운데 고속도로등에서의 위험을 방지·제거하거나 교통사고에 대한 응급조치작업을 위한 자동차로서 그 목적을 위하여 반드시 필요한 경우에는 그러하지 아니하다.

[전문개정 2011. 6. 8.]

제63조(통행 등의 금지) 자동차(이륜자동차는 긴급자동차만 해당한다) 외의 차마의 운전자 또는 보행자는 고속도로등을 통행하거나 횡단하여서는 아니 된다.

[전문개정 2011. 6. 8.]

제64조(고속도로등에서의 정차 및 주차의 금지) 자동차의 운전자는 고속도로등에서 차를 정차하거나 주차시켜서는 아니 된다. 다만, 다음 각 호의 어느 하나에 해당하는 경우에는 그러하지 아니하다. 〈개정 2020. 6. 9.〉
    1. 법령의 규정 또는 경찰공무원(자치경찰공무원은 제외한다)의 지시에 따르거나 위험을 방지하기 위하여 일시 정차 또는 주차시키는 경우
    2. 정차 또는 주차할 수 있도록 안전표지를 설치한 곳이나 정류장에서 정차 또는 주차시키는 경우
    3. 고장이나 그 밖의 부득이한 사유로 길가장자리구역(갓길을 포함한다)에 정차 또는 주차시키는 경우

4. 통행료를 내기 위하여 통행료를 받는 곳에서 정차하는 경우
5. 도로의 관리자가 고속도로등을 보수·유지 또는 순회하기 위하여 정차 또는 주차시키는 경우
6. 경찰용 긴급자동차가 고속도로등에서 범죄수사, 교통단속이나 그 밖의 경찰임무를 수행하기 위하여 정차 또는 주차시키는 경우
6의2. 소방차가 고속도로등에서 화재진압 및 인명 구조·구급 등 소방활동, 소방지원활동 및 생활안전활동을 수행하기 위하여 정차 또는 주차시키는 경우
6의3. 경찰용 긴급자동차 및 소방차를 제외한 긴급자동차가 사용 목적을 달성하기 위하여 정차 또는 주차시키는 경우
7. 교통이 밀리거나 그 밖의 부득이한 사유로 움직일 수 없을 때에 고속도로등의 차로에 일시 정차 또는 주차시키는 경우

[전문개정 2011. 6. 8.]

제65조(고속도로 진입 시의 우선순위) ① 자동차(긴급자동차는 제외한다)의 운전자는 고속도로에 들어가려고 하는 경우에는 그 고속도로를 통행하고 있는 다른 자동차의 통행을 방해하여서는 아니 된다.
② 긴급자동차 외의 자동차의 운전자는 긴급자동차가 고속도로에 들어가는 경우에는 그 진입을 방해하여서는 아니 된다.

[전문개정 2011. 6. 8.]

제66조(고장 등의 조치) 자동차의 운전자는 고장이나 그 밖의 사유로 고속도로등에서 자동차를 운행할 수 없게 되었을 때에는 행정안전부령으로 정하는 표지(이하 "고장자동차의 표지"라 한다)를 설치하여야 하며, 그 자동차를 고속도로등이 아닌 다른 곳으로 옮겨 놓는 등의 필요한 조치를 하여야 한다. 〈개정 2013. 3. 23., 2014. 11. 19., 2017. 7. 26.〉

[전문개정 2011. 6. 8.]

제67조(운전자의 고속도로등에서의 준수사항) ① 삭제 〈2018. 3. 27.〉
② 고속도로등을 운행하는 자동차의 운전자는 교통의 안전과 원활한 소통을 확보하기 위하여 제66조에 따른 고장자동차의 표지를 항상 비치하며, 고장이나 그 밖의 부득이한 사유로 자동차를 운행할 수 없게 되었을 때에는 자동차를 도로의 우측 가장자리에 정지시키고 행정안전부령으로 정하는 바에 따라 그 표지를 설치하여야 한다. 〈개정 2013. 3. 23., 2014. 11. 19., 2017. 7. 26.〉

[전문개정 2011. 6. 8.]

[제목개정 2018. 3. 27.]

제6장 도로의 사용

제68조(도로에서의 금지행위 등) ① 누구든지 함부로 신호기를 조작하거나 교통안전시

설을 철거·이전하거나 손괴하여서는 아니 되며, 교통안전시설이나 그와 비슷한 인공구조물을 도로에 설치하여서는 아니 된다.
② 누구든지 교통에 방해가 될 만한 물건을 도로에 함부로 내버려두어서는 아니 된다.
③ 누구든지 다음 각 호의 어느 하나에 해당하는 행위를 하여서는 아니 된다. 〈개정 2020. 12. 22.〉
  1. 술에 취하여 도로에서 갈팡질팡하는 행위
  2. 도로에서 교통에 방해되는 방법으로 눕거나 앉거나 서있는 행위
  3. 교통이 빈번한 도로에서 공놀이 또는 썰매타기 등의 놀이를 하는 행위
  4. 돌·유리병·쇳조각이나 그 밖에 도로에 있는 사람이나 차마를 손상시킬 우려가 있는 물건을 던지거나 발사하는 행위
  5. 도로를 통행하고 있는 차마에서 밖으로 물건을 던지는 행위
  6. 도로를 통행하고 있는 차마에 뛰어오르거나 매달리거나 차마에서 뛰어내리는 행위
  7. 그 밖에 시·도경찰청장이 교통상의 위험을 방지하기 위하여 필요하다고 인정하여 지정·공고한 행위

[전문개정 2011. 6. 8.]

제69조(도로공사의 신고 및 안전조치 등) 생략

제70조(도로의 점용허가 등에 관한 통보 등) 생략

제71조(도로의 위법 인공구조물에 대한 조치) 생략

제72조(도로의 지상 인공구조물 등에 대한 위험방지 조치) 생략

제7장 교통안전교육

제73조(교통안전교육) ① 운전면허를 받으려는 사람은 대통령령으로 정하는 바에 따라 제83조제1항제2호와 제3호에 따른 시험에 응시하기 전에 다음 각 호의 사항에 관한 교통안전교육을 받아야 한다. 다만, 제2항제1호에 따라 특별교통안전 의무교육을 받은 사람 또는 제104조제1항에 따른 자동차운전 전문학원에서 학과교육을 수료한 사람은 그러하지 아니하다. 〈개정 2014. 12. 30., 2017. 10. 24., 2018. 3. 27.〉
  1. 운전자가 갖추어야 하는 기본예절
  2. 도로교통에 관한 법령과 지식
  3. 안전운전 능력
  3의2. 교통사고의 예방과 처리에 관한 사항
  4. 어린이·장애인 및 노인의 교통사고 예방에 관한 사항
  5. 친환경 경제운전에 필요한 지식과 기능
  6. 긴급자동차에 길 터주기 요령
  7. 그 밖에 교통안전의 확보를 위하여 필요한 사항
② 다음 각 호의 어느 하나에 해당하는 사람은 대통령령으로 정하는 바에 따라 특별교통안전 의무교육을 받아야 한다. 이 경우 제2호부터 제5호까지에 해당하는 사람으로서 부득이한 사유가 있으면 대통령령으로 정하는 바에 따라 의무교육의 연기

(延期)를 받을 수 있다. 〈개정 2014. 12. 30., 2015. 8. 11., 2017. 10. 24., 2020. 10. 20.〉
1. 운전면허 취소처분을 받은 사람(제93조제1항제9호 또는 제20호에 해당하여 운전면허 취소처분을 받은 사람은 제외한다)으로서 운전면허를 다시 받으려는 사람
2. 제93조제1항제1호·제5호·제5호의2·제10호 및 제10호의2에 해당하여 운전면허효력 정지처분을 받게 되거나 받은 사람으로서 그 정지기간이 끝나지 아니한 사람
3. 운전면허 취소처분 또는 운전면허효력 정지처분(제93조제1항제1호·제5호·제5호의2·제10호 및 제10호의2에 해당하여 운전면허효력 정지처분 대상인 경우로 한정한다)이 면제된 사람으로서 면제된 날부터 1개월이 지나지 아니한 사람
4. 운전면허효력 정지처분을 받게 되거나 받은 초보운전자로서 그 정지기간이 끝나지 아니한 사람
5. 제12조제1항에 따른 어린이 보호구역에서 운전 중 어린이를 사상하는 사고를 유발하여 제93조제2항에 따른 벌점을 받은 날부터 1년 이내의 사람
③ 다음 각 호의 어느 하나에 해당하는 사람이 시·도경찰청장에게 신청하는 경우에는 대통령령으로 정하는 바에 따라 특별교통안전 권장교육을 받을 수 있다. 이 경우 권장교육을 받기 전 1년 이내에 해당 교육을 받지 아니한 사람에 한정한다. 〈신설 2017. 10. 24., 2020. 12. 22.〉
1. 교통법규 위반 등 제2항제2호 및 제4호에 따른 사유 외의 사유로 인하여 운전면허효력 정지처분을 받게 되거나 받은 사람
2. 교통법규 위반 등으로 인하여 운전면허효력 정지처분을 받을 가능성이 있는 사람
3. 제2항제2호부터 제4호까지에 해당하여 제2항에 따른 특별교통안전 의무교육을 받은 사람
4. 운전면허를 받은 사람 중 교육을 받으려는 날에 65세 이상인 사람
④ 긴급자동차의 운전업무에 종사하는 사람으로서 대통령령으로 정하는 사람은 대통령령으로 정하는 바에 따라 정기적으로 긴급자동차의 안전운전 등에 관한 교육을 받아야 한다. 〈신설 2017. 10. 24.〉
⑤ 75세 이상인 사람으로서 운전면허를 받으려는 사람은 제83조제1항제2호와 제3호에 따른 시험에 응시하기 전에, 운전면허증 갱신일에 75세 이상인 사람은 운전면허증 갱신기간 이내에 각각 다음 각 호의 사항에 관한 교통안전교육을 받아야 한다. 〈신설 2018. 3. 27.〉
1. 노화와 안전운전에 관한 사항
2. 약물과 운전에 관한 사항
3. 기억력과 판단능력 등 인지능력별 대처에 관한 사항
4. 교통관련 법령 이해에 관한 사항
⑥ 제80조의2에 따른 음주운전 방지장치 부착 조건부 운전면허를 받으려는 사람은 대통령령으로 정하는 바에 따라 제83조제1항제2호 및 제3호의 사항에 대한 운전면허시험에 응시하기 전에 음주운전 방지장치의 작동방법 및 음주운전 예방에 관한 교통안전교육을 받아야 한다. 〈신설 2023. 10. 24.〉

[전문개정 2011. 6. 8.]

제74조(교통안전교육기관의 지정 등) 생략

제75조(교통안전교육기관의 운영책임자) 생략

제76조(교통안전교육강사의 자격기준 등) 생략

제77조(교통안전교육의 수강 확인 등) 생략

제78조(교통안전교육기관 운영의 정지 또는 폐지의 신고) 생략

제79조(교통안전교육기관의 지정취소 등) 생략

제8장 운전면허

제80조 ~ 제91조 생략

제92조(운전면허증 휴대 및 제시 등의 의무) ① 자동차등을 운전할 때에는 다음 각 호의 어느 하나에 해당하는 운전면허증 등을 지니고 있어야 한다.
   1. 운전면허증, 제96조제1항에 따른 국제운전면허증 또는 상호인정외국면허증이나 「건설기계관리법」에 따른 건설기계조종사면허증(이하 "운전면허증등"이라 한다)
   2. 운전면허증등을 갈음하는 다음 각 목의 증명서
      가. 제91조에 따른 임시운전증명서
      나. 제138조에 따른 범칙금 납부통고서 또는 출석지시서
      다. 제143조제1항에 따른 출석고지서
② 운전자는 운전 중에 교통안전이나 교통질서 유지를 위하여 경찰공무원이 제1항에 따른 운전면허증등 또는 이를 갈음하는 증명서를 제시할 것을 요구하거나 운전자의 신원 및 운전면허 확인을 위한 질문을 할 때에는 이에 응하여야 한다.
③ 누구든지 다른 사람 명의의 모바일운전면허증을 부정하게 사용하여서는 아니 된다. 〈신설 2024. 1. 30.〉

[전문개정 2011. 6. 8.]

제93조(운전면허의 취소·정지) ① 시·도경찰청장은 운전면허(조건부 운전면허는 포함하고, 연습운전면허는 제외한다. 이하 이 조에서 같다)를 받은 사람이 다음 각 호의 어느 하나에 해당하면 행정안전부령으로 정하는 기준에 따라 운전면허(운전자가 받은 모든 범위의 운전면허를 포함한다. 이하 이 조에서 같다)를 취소하거나 1년 이내의 범위에서 운전면허의 효력을 정지시킬 수 있다. 다만, 제2호, 제3호, 제3호의2, 제4호, 제4호의2, 제7호, 제8호, 제8호의2, 제9호(정기 적성검사 기간이 지난 경우는 제외한다), 제14호, 제16호, 제17호, 제20호부터 제23호까지의 규정에 해당하는 경우에는 운전면허를 취소하여야 하고(제8호의2에 해당하는 경우 취소하여야 하는 운전면허의 범위는 운전자가 거짓이나 그 밖의 부정한 수단으로 받은 그 운전면허로 한정한다), 제18호의 규정에 해당하는 경우에는 정당한 사유가 없으면 관계 행정기관의 장의 요청에 따라 운전면허를 취소하거나 1년 이내의 범위에서 정지하여야 한다. 〈개정 2013. 3. 23., 2014. 11. 19., 2014. 12. 30., 2015. 8. 11., 2016. 1. 27., 2017. 7. 26.,

2018. 3. 27., 2018. 12. 24., 2020. 6. 9., 2020. 12. 22., 2021. 1. 12., 2023. 10. 24., 2024. 2. 13., 2024. 3. 19., 2024. 12. 3., 2025. 4. 1.〉

1. 제44조제1항을 위반하여 술에 취한 상태에서 자동차등을 운전한 경우
2. 제44조제1항, 제2항 후단 또는 제5항을 위반(자동차등을 운전한 경우로 한정한다. 이하 이 호 및 제3호에서 같다)한 사람이 다시 같은 조 제1항을 위반하여 운전면허 정지 사유에 해당된 경우
3. 제44조제2항 후단을 위반하여 술에 취한 상태에 있다고 인정할 만한 상당한 이유가 있음에도 불구하고 경찰공무원의 측정에 응하지 아니한 경우
3의2. 제44조제5항을 위반하여 술에 취한 상태에 있다고 인정할만한 상당한 이유가 있는 사람이 자동차등을 운전한 후 음주측정방해행위를 한 경우
4. 제45조제1항을 위반하여 약물의 영향으로 인하여 정상적으로 운전하지 못할 우려가 있는 상태에서 자동차등을 운전한 경우(다만, 개인형 이동장치를 운전하는 경우는 제외한다)
4의2. 제45조제2항 후단을 위반하여 약물의 영향으로 인하여 정상적으로 운전하지 못할 우려가 있는 상태에 있다고 인정할 만한 상당한 이유가 있음에도 불구하고 경찰공무원의 측정에 응하지 아니한 경우
5. 제46조제1항을 위반하여 공동 위험행위를 한 경우
5의2. 제46조의3을 위반하여 난폭운전을 한 경우
5의3. 제17조제3항을 위반하여 제17조제1항 및 제2항에 따른 최고속도보다 시속 100킬로미터를 초과한 속도로 3회 이상 자동차등을 운전한 경우
6. 교통사고로 사람을 사상한 후 제54조제1항 또는 제2항에 따른 필요한 조치 또는 신고를 하지 아니한 경우
7. 제82조제1항제2호부터 제5호까지의 규정에 따른 운전면허를 받을 수 없는 사람에 해당된 경우
8. 제82조에 따라 운전면허를 받을 수 없는 사람이 운전면허를 받거나 운전면허효력의 정지기간 중 운전면허증 또는 운전면허증을 갈음하는 증명서를 발급받은 사실이 드러난 경우
8의2. 거짓이나 그 밖의 부정한 수단으로 운전면허를 받은 경우
9. 제87조제2항 또는 제88조제1항에 따른 적성검사를 받지 아니하거나 그 적성검사에 불합격한 경우
10. 운전 중 고의 또는 과실로 교통사고를 일으킨 경우
10의2. 운전면허를 받은 사람이 자동차등을 이용하여 「형법」 제258조의2(특수상해)·제261조(특수폭행)·제284조(특수협박) 또는 제369조(특수손괴)를 위반하는 행위를 한 경우
11. 운전면허를 받은 사람이 자동차등을 범죄의 도구나 장소로 이용하여 다음 각 목의 어느 하나의 죄를 범한 경우
    가. 「국가보안법」 중 제4조부터 제9조까지의 죄 및 같은 법 제12조 중 증거를 날조·인멸·은닉한 죄
    나. 「형법」 중 다음 어느 하나의 범죄
        1) 살인·사체유기 또는 방화
        2) 강도·강간 또는 강제추행
        3) 약취·유인 또는 감금
        4) 상습절도(절취한 물건을 운반한 경우에 한정한다)
        5) 교통방해(단체 또는 다중의 위력으로써 위반한 경우에 한정한다)

다. 「보험사기방지 특별법」 중 제8조부터 제10조까지의 죄
12. 다른 사람의 자동차등을 훔치거나 빼앗은 경우
13. 다른 사람이 부정하게 운전면허를 받도록 하기 위하여 제83조에 따른 운전면허시험에 대신 응시한 경우
14. 이 법에 따른 교통단속 임무를 수행하는 경찰공무원 및 시·군공무원을 폭행한 경우
15. 운전면허증을 부정하게 사용할 목적으로 다른 사람에게 빌려주거나 다른 사람의 운전면허증을 빌려서 사용한 경우
16. 「자동차관리법」에 따라 등록되지 아니하거나 임시운행허가를 받지 아니한 자동차(이륜자동차는 제외한다)를 운전한 경우
17. 제1종 보통면허 및 제2종 보통면허를 받기 전에 연습운전면허의 취소 사유가 있었던 경우
18. 다른 법률에 따라 관계 행정기관의 장이 운전면허의 취소처분 또는 정지처분을 요청한 경우
18의2. 제39조제1항 또는 제4항을 위반하여 화물자동차를 운전한 경우
19. 이 법이나 이 법에 따른 명령 또는 처분을 위반한 경우
20. 운전면허를 받은 사람이 자신의 운전면허를 실효(失效)시킬 목적으로 시·도경찰청장에게 자진하여 운전면허를 반납하는 경우. 다만, 실효시키려는 운전면허가 취소처분 또는 정지처분의 대상이거나 효력정지 기간 중인 경우는 제외한다.
21. 제50조의3제1항을 위반하여 음주운전 방지장치가 설치된 자동차등을 시·도경찰청에 등록하지 아니하고 운전한 경우
22. 제50조의3제3항을 위반하여 음주운전 방지장치가 설치되지 아니하거나 설치기준에 부합하지 아니한 음주운전 방지장치가 설치된 자동차등을 운전한 경우
23. 제50조의3제4항을 위반하여 음주운전 방지장치가 해체·조작 또는 그 밖의 방법으로 효용이 떨어진 것을 알면서 해당 장치가 설치된 자동차등을 운전한 경우
② 시·도경찰청장은 제1항에 따라 운전면허를 취소하거나 운전면허의 효력을 정지하려고 할 때 그 기준으로 활용하기 위하여 교통법규를 위반하거나 교통사고를 일으킨 사람에 대하여는 행정안전부령으로 정하는 바에 따라 위반 및 피해의 정도 등에 따라 벌점을 부과할 수 있으며, 그 벌점이 행정안전부령으로 정하는 기간 동안 일정한 점수를 초과하는 경우에는 행정안전부령으로 정하는 바에 따라 운전면허를 취소 또는 정지할 수 있다. 〈개정 2013. 3. 23., 2014. 11. 19., 2017. 7. 26., 2020. 12. 22.〉
③ 시·도경찰청장은 연습운전면허를 발급받은 사람이 운전 중 고의 또는 과실로 교통사고를 일으키거나 이 법이나 이 법에 따른 명령 또는 처분을 위반한 경우에는 연습운전면허를 취소하여야 한다. 다만, 본인에게 귀책사유(歸責事由)가 없는 경우 등 대통령령으로 정하는 경우에는 그러하지 아니하다. 〈개정 2020. 12. 22.〉
④ 시·도경찰청장은 제1항 또는 제2항에 따라 운전면허의 취소처분 또는 정지처분을 하려고 하거나 제3항에 따라 연습운전면허 취소처분을 하려면 그 처분을 하기 전에 미리 행정안전부령으로 정하는 바에 따라 처분의 당사자에게 처분 내용과 의견제출 기한 등을 통지하여야 하며, 그 처분을 하는 때에는 행정안전부령으로 정하는 바에 따라 처분의 이유와 행정심판을 제기할 수 있는 기간 등을 통지하여야 한다. 다만, 제87조제2항 또는 제88조제1항에 따른 적성검사를 받지 아니하였

는 이유로 운전면허를 취소하려면 행정안전부령으로 정하는 바에 따라 처분의 당사자에게 적성검사를 할 수 있는 날의 만료일 전까지 적성검사를 받지 아니하면 운전면허가 취소된다는 사실의 조건부 통지를 함으로써 처분의 사전 및 사후 통지를 갈음할 수 있다. 〈개정 2013. 3. 23., 2014. 11. 19., 2017. 7. 26., 2020. 12. 22.〉

[전문개정 2011. 6. 8.]

[2018. 3. 27. 법률 제15530호에 의하여 2017. 5. 25. 헌법재판소에서 위헌 결정된 이 조 제1항을 개정함.]

[2021. 1. 12. 법률 제17891호에 의하여 2020. 6. 25. 헌법재판소에서 위헌 결정된 이 조 제1항을 개정함.]

제94조(운전면허 처분에 대한 이의신청) ① 제93조제1항 또는 제2항에 따른 운전면허의 취소처분 또는 정지처분이나 같은 조 제3항에 따른 연습운전면허 취소처분에 대하여 이의(異議)가 있는 사람은 그 처분을 받은 날부터 60일 이내에 행정안전부령으로 정하는 바에 따라 시·도경찰청장에게 이의를 신청할 수 있다. 〈개정 2013. 3. 23., 2014. 11. 19., 2017. 7. 26., 2020. 12. 22.〉

② 시·도경찰청장은 제1항에 따른 이의를 심의하기 위하여 행정안전부령으로 정하는 바에 따라 운전면허행정처분 이의심의위원회(이하 "이의심의위원회"라 한다)를 두어야 한다. 〈개정 2013. 3. 23., 2014. 11. 19., 2015. 8. 11., 2017. 7. 26., 2020. 12. 22.〉

③ 제1항에 따라 이의를 신청한 사람은 그 이의신청과 관계없이 「행정심판법」에 따른 행정심판을 청구할 수 있다. 이 경우 이의를 신청하여 그 결과를 통보받은 사람(결과를 통보받기 전에 「행정심판법」에 따른 행정심판을 청구한 사람은 제외한다)은 통보받은 날부터 90일 이내에 「행정심판법」에 따른 행정심판을 청구할 수 있다.

④ 이의심의위원회의 위원 중 공무원이 아닌 사람은 「형법」 제129조부터 제132조까지의 규정을 적용할 때에는 공무원으로 본다. 〈신설 2015. 8. 11.〉

[전문개정 2011. 6. 8.]

제94조의2(범죄경력조회 및 수사경력조회) 시·도경찰청장은 제82조제2항 각 호의 어느 하나의 경우에 해당하는 사람이 운전면허 결격사유가 된 법률 위반과 관련하여 같은 항 단서에 해당하는 확정판결 또는 처분을 받았는지 여부와 제93조제1항 또는 제2항에 따라 운전면허가 취소·정지된 사람이 그 처분의 원인이 된 법률 위반과 관련하여 무죄의 확정판결 또는 불기소처분을 받았는지 여부를 확인하기 위하여 「형의 실효 등에 관한 법률」 제6조에 따른 범죄경력조회 및 수사경력조회를 할 수 있다.

[본조신설 2021. 1. 12.]

제95조(운전면허증의 반납) ① 운전면허증을 받은 사람이 다음 각 호의 어느 하나에 해당하면 그 사유가 발생한 날부터 7일 이내(제4호 및 제5호의 경우 새로운 운전면허증을 받기 위하여 운전면허증을 제출한 때)에 주소지를 관할하는 시·도경찰청장에게 운전면허증을 반납(모바일운전면허증의 경우 전자적 반납을 포함한다. 이하 이 조에서 같다)하여야 한다. 〈개정 2020. 12. 22., 2024. 1. 30.〉

1. 운전면허 취소처분을 받은 경우
  2. 운전면허효력 정지처분을 받은 경우
  3. 운전면허증을 잃어버리고 다시 발급받은 후 그 잃어버린 운전면허증을 찾은 경우
  4. 연습운전면허증을 받은 사람이 제1종 보통면허증 또는 제2종 보통면허증을 받은 경우
  5. 운전면허증 갱신을 받은 경우
② 경찰공무원은 제1항을 위반하여 운전면허증을 반납하지 아니한 사람이 소지한 운전면허증을 직접 회수(모바일운전면허증의 경우 전자적 회수를 포함한다. 이하 이 조에서 같다)할 수 있다. 〈개정 2024. 1. 30.〉
③ 시·도경찰청장이 제1항제2호에 따라 운전면허증을 반납받았거나 제2항에 따라 제1항제2호에 해당하는 사람으로부터 운전면허증을 회수하였을 때에는 이를 보관하였다가 정지기간이 끝난 즉시 돌려주어야 한다. 〈개정 2020. 12. 22.〉

[전문개정 2011. 6. 8.]

제9장 국제운전면허증

제96조 ~ 제98조 생략

제10장 자동차운전학원

제99조 ~ 제119조 생략

제11장 삭제 〈2024. 1. 30.〉

제120조 ~ 제136조 삭제 〈2024. 1. 30.〉

제12장 보칙

제137조 ~ 제142조 생략

제143조(전용차로 운행 등에 대한 시·군공무원의 단속) ① 시·군공무원은 제15조제3항에 따른 전용차로 통행 금지 의무, 제29조제4항·제5항에 따른 긴급자동차에 대한 진로양보 의무 또는 제32조부터 제34조까지의 규정에 따른 정차 및 주차 금지 의무를 위반한 운전자가 있으면 행정안전부령으로 정하는 바에 따라 현장에서 위반행위의 요지와 경찰서장(제주특별자치도의 경우 제주특별자치도지사로 한다. 이하 이 조에서 같다)에게 출석할 기일 및 장소 등을 구체적으로 밝힌 고지서를 발급하고, 운전면허증의 제출을 요구하여 이를 보관할 수 있다. 이 경우 그 고지서는 출석기일까지 운전면허증과 같은 효력이 있다. 〈개정 2013. 3. 23., 2014. 11. 19., 2017. 7. 26.〉
② 시·군공무원은 제1항에 따라 고지서를 발급한 때에는 지체 없이 관할 경찰서장에게 운전면허증을 첨부하여 통보하여야 한다.
③ 경찰서장은 제2항에 따른 통보를 받으면 위반행위를 확인하여야 한다.

④ 시·군공무원은 제1항에 따라 고지서를 발급하거나 조치를 할 때에는 본래의 목적에서 벗어나 직무상 권한을 남용하여서는 아니 된다.

[전문개정 2011. 6. 8.]

제144조(교통안전수칙과 교통안전에 관한 교육지침의 제정 등) 생략

제144조의2(교통안전지표의 조사 및 활용) 생략

제145조(교통정보의 제공) ① 경찰청장은 교통의 안전과 원활한 소통을 확보하기 위하여 필요한 정보를 수집하여 분석하고 그 결과를 신속하게 일반에게 제공하여야 한다. 〈개정 2008. 1. 17., 2024. 3. 19.〉
② 경찰청장은 제1항의 교통정보 수집·분석·제공을 위하여 교통정보센터를 구축·운영할 수 있으며, 교통정보센터의 효율적인 운영을 위하여 전담기관을 지정할 수 있다. 〈신설 2024. 3. 19.〉
③ 경찰청장은 제2항에 따라 지정받은 자가 다음 각 호의 어느 하나에 해당하는 경우에는 전담기관의 지정을 취소하거나 6개월의 범위에서 기간을 정하여 업무의 전부 또는 일부를 정지할 수 있다. 다만, 제1호에 해당하는 경우에는 지정을 취소하여야 한다. 〈신설 2024. 3. 19.〉
  1. 거짓이나 그 밖의 부정한 방법으로 지정을 받은 경우
  2. 제4항에 따른 지정기준에 적합하지 아니하게 된 경우
④ 제2항에 따른 교통정보센터 구축·운영, 전담기관의 지정·운영 및 제3항에 따른 지정취소·업무정지 등에 필요한 사항은 대통령령으로 정한다. 〈신설 2024. 3. 19.〉

제145조의2(광역 교통정보 사업) 생략

제146조(무사고 또는 유공운전자의 표시장) ① 경찰청장은 운전면허를 받은 사람으로서 운전에 종사하면서 일정 기간 교통사고를 일으키지 아니한 사람과 정부의 표창에 관한 법령에 따라 경찰 기관의 장의 표창을 받은 사람에게 무사고운전자 또는 유공운전자의 표시장을 수여할 수 있다.
② 제1항에 따른 표시장의 종류, 표시장 수여의 대상, 그 밖에 표시장 수여에 필요한 사항은 행정안전부령으로 정한다. 〈개정 2013. 3. 23., 2014. 11. 19., 2017. 7. 26.〉

[전문개정 2011. 6. 8.]

제147조 ~ 제147조의3 생략

제13장 벌칙

제148조(벌칙) 제54조제1항에 따른 교통사고 발생 시의 조치를 하지 아니한 사람(주·정차된 차만 손괴한 것이 분명한 경우에 제54조제1항제2호에 따라 피해자에게 인적 사항을 제공하지 아니한 사람은 제외한다)은 5년 이하의 징역이나 1천500만원 이하의 벌금에 처한다. 〈개정 2016. 12. 2.〉

[전문개정 2011. 6. 8.]

제148조의2(벌칙) ① 제44조제1항, 제2항 또는 제5항을 위반(자동차등 또는 노면전차를 운전한 경우로 한정한다. 다만, 개인형 이동장치를 운전한 경우는 제외한다. 이하 이 조에서 같다)하여 벌금 이상의 형을 선고받고 그 형이 확정된 날부터 10년 내에 다시 같은 조 제1항, 제2항 또는 제5항을 위반한 사람(형이 실효된 사람도 포함한다)은 다음 각 호의 구분에 따라 처벌한다. 〈개정 2023. 1. 3.〉
  1. 제44조제2항 또는 제5항을 위반한 사람은 1년 이상 6년 이하의 징역이나 500만원 이상 3천만원 이하의 벌금에 처한다.
  2. 제44조제1항을 위반한 사람 중 혈중알코올농도가 0.2퍼센트 이상인 사람은 2년 이상 6년 이하의 징역이나 1천만원 이상 3천만원 이하의 벌금에 처한다.
  3. 제44조제1항을 위반한 사람 중 혈중알코올농도가 0.03퍼센트 이상 0.2퍼센트 미만인 사람은 1년 이상 5년 이하의 징역이나 500만원 이상 2천만원 이하의 벌금에 처한다.
② 다음 각 호의 어느 하나에 해당하는 사람은 1년 이상 5년 이하의 징역이나 500만원 이상 2천만원 이하의 벌금에 처한다. 〈개정 2024. 12. 3.〉
  1. 술에 취한 상태에 있다고 인정할 만한 상당한 이유가 있는 사람으로서 제44조제2항에 따른 경찰공무원의 측정에 응하지 아니하는 사람(자동차등 또는 노면전차를 운전한 경우로 한정한다)
  2. 술에 취한 상태에 있다고 인정할 만한 상당한 이유가 있는 사람으로서 제44조제5항을 위반하여 자동차등 또는 노면전차를 운전한 후 음주측정방해행위를 한 사람
③ 제44조제1항을 위반하여 술에 취한 상태에서 자동차등 또는 노면전차를 운전한 사람은 다음 각 호의 구분에 따라 처벌한다.
  1. 혈중알코올농도가 0.2퍼센트 이상인 사람은 2년 이상 5년 이하의 징역이나 1천만원 이상 2천만원 이하의 벌금
  2. 혈중알코올농도가 0.08퍼센트 이상 0.2퍼센트 미만인 사람은 1년 이상 2년 이하의 징역이나 500만원 이상 1천만원 이하의 벌금
  3. 혈중알코올농도가 0.03퍼센트 이상 0.08퍼센트 미만인 사람은 1년 이하의 징역이나 500만원 이하의 벌금
④ 제45조제1항[약물의 영향으로 인하여 정상적으로 운전하지 못할 우려가 있는 상태에서 자동차등(개인형 이동장치는 제외한다) 또는 노면전차를 운전한 경우에 한정한다. 이하 이 항에서 같다] 또는 제2항을 위반하여 벌금 이상의 형을 선고받고 그 형이 확정된 날부터 10년 내에 다시 같은 조 제1항 또는 제2항을 위반한 사람(형이 실효된 사람도 포함한다)은 다음 각 호의 구분에 따라 처벌한다. 〈신설 2025. 4. 1.〉
  1. 제45조제1항을 위반한 사람은 2년 이상 6년 이하의 징역이나 1천만원 이상 3천만원 이하의 벌금에 처한다.
  2. 제45조제2항을 위반한 사람은 1년 이상 6년 이하의 징역이나 500만원 이상 3천만원 이하의 벌금에 처한다.
⑤ 제45조제1항을 위반하여 약물의 영향으로 인하여 정상적으로 운전하지 못할 우려

가 있는 상태에서 자동차등(개인형 이동장치는 제외한다) 또는 노면전차를 운전한 사람은 5년 이하의 징역이나 2천만원 이하의 벌금에 처한다. 〈개정 2025. 4. 1.〉
⑥ 약물의 영향으로 인하여 정상적으로 운전하지 못할 우려가 있는 상태에 있다고 인정할 만한 상당한 이유가 있는 사람으로서 제45조제2항에 따른 경찰공무원의 측정에 응하지 아니하는 사람은 5년 이하의 징역이나 2천만원 이하의 벌금에 처한다. 〈신설 2025. 4. 1.〉

[전문개정 2018. 12. 24.]

[2023. 1. 3. 법률 제19158호에 의하여 2022. 5. 26. 헌법재판소에서 위헌 결정된 이 조 제1항을 개정함.]

[2023. 1. 3. 법률 제19158호에 의하여 2022. 8. 31. 헌법재판소에서 위헌 결정된 이 조 제1항을 개정함.]

[2023. 1. 3. 법률 제19158호에 의하여 2021. 11. 25. 헌법재판소에서 위헌 결정된 이 조 제1항을 개정함.]

제148조의3(벌칙) ① 제50조의3제4항을 위반하여 음주운전 방지장치를 해체·조작하거나 그 밖의 방법으로 효용을 해친 자는 3년 이하의 징역 또는 3천만원 이하의 벌금에 처한다.
② 제50조의3제4항을 위반하여 장치가 해체·조작되었거나 효용이 떨어진 것을 알면서 해당 장치가 설치된 자동차등을 운전한 자는 1년 이하의 징역 또는 300만원 이하의 벌금에 처한다.
③ 제50조의3제5항을 위반하여 조건부 운전면허를 받은 사람을 대신하여 음주운전 방지장치가 설치된 자동차등을 운전할 수 있도록 해당 장치에 호흡을 불어넣거나 다른 부정한 방법으로 음주운전 방지장치가 설치된 자동차등에 시동을 걸어 운전할 수 있도록 한 사람은 1년 이하의 징역 또는 300만원 이하의 벌금에 처한다.

[본조신설 2023. 10. 24.]

제149조(벌칙) ① 제68조제1항을 위반하여 함부로 신호기를 조작하거나 교통안전시설을 철거·이전하거나 손괴한 사람은 3년 이하의 징역이나 700만원 이하의 벌금에 처한다.
② 제1항에 따른 행위로 인하여 도로에서 교통위험을 일으키게 한 사람은 5년 이하의 징역이나 1천500만원 이하의 벌금에 처한다.

[전문개정 2011. 6. 8.]

제150조(벌칙) 다음 각 호의 어느 하나에 해당하는 사람은 2년 이하의 징역이나 500만원 이하의 벌금에 처한다. 〈개정 2024. 1. 30., 2024. 3. 19.〉
   1. 제46조제1항 또는 제2항을 위반하여 공동 위험행위를 하거나 주도한 사람
   2. 제77조제1항에 따른 수강 결과를 거짓으로 보고한 교통안전교육강사
   3. 제77조제2항을 위반하여 교통안전교육을 받지 아니하거나 기준에 미치지 못하는 사람에게 교육확인증을 발급한 교통안전교육기관의 장
   3의2. 제85조제6항, 제106조제3항 또는 제107조제3항을 위반하여 운전면허증, 강사자격증 또는 기능검정원 자격증을 빌려주거나 빌린 사람 또는 이를 알선한 사람

3의3. 제92조제3항을 위반하여 다른 사람의 명의의 모바일운전면허증을 부정하게 사용한 사람
4. 거짓이나 그 밖의 부정한 방법으로 제99조에 따른 학원의 등록을 하거나 제104조제1항에 따른 전문학원의 지정을 받은 사람
5. 제104조제1항에 따른 전문학원의 지정을 받지 아니하고 제108조제5항에 따른 수료증 또는 졸업증을 발급한 사람
6. 제116조를 위반하여 대가를 받고 자동차등의 운전교육을 한 사람
7. 삭제 〈2024. 1. 30.〉

[전문개정 2011. 6. 8.]

제151조(벌칙) 차 또는 노면전차의 운전자가 업무상 필요한 주의를 게을리하거나 중대한 과실로 다른 사람의 건조물이나 그 밖의 재물을 손괴한 경우에는 2년 이하의 금고나 500만원 이하의 벌금에 처한다. 〈개정 2018. 3. 27.〉

[전문개정 2011. 6. 8.]

제151조의2(벌칙) 다음 각 호의 어느 하나에 해당하는 사람은 1년 이하의 징역이나 500만원 이하의 벌금에 처한다. 〈개정 2020. 6. 9.〉
  1. 제46조의3을 위반하여 자동차등을 난폭운전한 사람
  2. 제17조제3항을 위반하여 제17조제1항 및 제2항에 따른 최고속도보다 시속 100킬로미터를 초과한 속도로 3회 이상 자동차등을 운전한 사람

[본조신설 2015. 8. 11.]

제152조(벌칙) 다음 각 호의 어느 하나에 해당하는 사람은 1년 이하의 징역이나 300만원 이하의 벌금에 처한다. 〈개정 2021. 10. 19., 2023. 10. 24.〉
  1. 제43조를 위반하여 제80조에 따른 운전면허(원동기장치자전거면허는 제외한다. 이하 이 조에서 같다)를 받지 아니하거나(운전면허의 효력이 정지된 경우를 포함한다) 또는 제96조에 따른 국제운전면허증 또는 상호인정외국면허증을 받지 아니하고(운전이 금지된 경우와 유효기간이 지난 경우를 포함한다) 자동차를 운전한 사람
  1의2. 제50조의3제3항을 위반하여 조건부 운전면허를 발급받고 음주운전 방지장치가 설치되지 아니하거나 설치기준에 적합하지 아 니하게 설치된 자동차등을 운전한 사람
  2. 제56조제2항을 위반하여 운전면허를 받지 아니한 사람(운전면허의 효력이 정지된 사람을 포함한다)에게 자동차를 운전하도록 시킨 고용주등
  3. 거짓이나 그 밖의 부정한 수단으로 운전면허를 받거나 운전면허증 또는 운전면허증을 갈음하는 증명서를 발급받은 사람
  4. 제68조제2항을 위반하여 교통에 방해가 될 만한 물건을 함부로 도로에 내버려둔 사람
  5. 제76조제4항을 위반하여 교통안전교육강사가 아닌 사람으로 하여금 교통안전교육을 하게 한 교통안전교육기관의 장
  6. 제117조를 위반하여 유사명칭 등을 사용한 사람

[전문개정 2011. 6. 8.]

제152조의2 삭제 〈2010. 7. 23.〉

제153조(벌칙) ①다음 각 호의 어느 하나에 해당하는 사람은 6개월 이하의 징역이나 200만원 이하의 벌금 또는 구류에 처한다. 〈개정 2015. 8. 11.〉
  1. 제40조를 위반하여 정비불량차를 운전하도록 시키거나 운전한 사람
  2. 제41조, 제47조 또는 제58조에 따른 경찰공무원의 요구·조치 또는 명령에 따르지 아니하거나 이를 거부 또는 방해한 사람
  3. 제46조의2를 위반하여 교통단속을 회피할 목적으로 교통단속용 장비의 기능을 방해하는 장치를 제작·수입·판매 또는 장착한 사람
  4. 제49조제1항제4호를 위반하여 교통단속용 장비의 기능을 방해하는 장치를 한 차를 운전한 사람
  5. 제55조를 위반하여 교통사고 발생 시의 조치 또는 신고 행위를 방해한 사람
  6. 제68조제1항을 위반하여 함부로 교통안전시설이나 그 밖에 그와 비슷한 인공구조물을 설치한 사람
  7. 제80조제3항 또는 제4항에 따른 조건을 위반하여 운전한 사람
② 다음 각 호의 어느 하나에 해당하는 사람은 100만원 이하의 벌금 또는 구류에 처한다. 〈신설 2015. 8. 11., 2020. 6. 9.〉
  1. 고속도로, 자동차전용도로, 중앙분리대가 있는 도로에서 제13조제3항을 고의로 위반하여 운전한 사람
  2. 제17조제3항을 위반하여 제17조제1항 및 제2항에 따른 최고속도보다 시속 100킬로미터를 초과한 속도로 자동차등을 운전한 사람

[전문개정 2011. 6. 8.]

제154조(벌칙) 다음 각 호의 어느 하나에 해당하는 사람은 30만원 이하의 벌금이나 구류에 처한다. 〈개정 2018. 3. 27., 2019. 12. 24., 2020. 5. 26., 2020. 6. 9., 2020. 10. 20., 2021. 10. 19., 2025. 4. 1.〉
  1. 제42조를 위반하여 자동차등에 도색·표지 등을 하거나 그러한 자동차등을 운전한 사람
  2. 제43조를 위반하여 제80조에 따른 원동기장치자전거를 운전할 수 있는 운전면허를 받지 아니하거나(원동기장치자전거를 운전할 수 있는 운전면허의 효력이 정지된 경우를 포함한다) 국제운전면허증 또는 상호인정외국면허증 중 원동기장치자전거를 운전할 수 있는 것으로 기재된 국제운전면허증 또는 상호인정외국면허증을 발급받지 아니하고(운전이 금지된 경우와 유효기간이 지난 경우를 포함한다) 원동기장치자전거를 운전한 사람(다만, 개인형 이동장치를 운전하는 경우는 제외한다)
  3. 제45조제1항을 위반하여 과로·질병으로 인하여 정상적으로 운전하지 못할 우려가 있는 상태에서 자동차등 또는 노면전차를 운전한 사람(다만, 개인형 이동장치를 운전하는 경우는 제외한다)
  3의2. 제53조제3항을 위반하여 보호자를 태우지 아니하고 어린이통학버스를 운행한 운영자
  3의3. 제53조제4항을 위반하여 어린이나 영유아가 하차하였는지를 확인하지 아니한 운전자
  3의4. 제53조제5항을 위반하여 어린이 하차확인장치를 작동하지 아니한 운전자. 다만, 점검 또는 수리를 위하여 일시적으로 장치를 제거하여 작동하지 못하는 경우는 제외한다.
  3의5. 제53조제6항을 위반하여 보호자를 태우지 아니하고 운행하는 어린이통학버스에 보호자 동승표지를 부착한 자

    4. 제54조제2항에 따른 사고발생 시 조치상황 등의 신고를 하지 아니한 사람
    5. 제56조제2항을 위반하여 원동기장치자전거를 운전할 수 있는 운전면허를 받지 아니하거나(원동기장치자전거를 운전할 수 있는 운전면허의 효력이 정지된 경우를 포함한다) 국제운전면허증 또는 상호인정외국면허증 중 원동기장치자전거를 운전할 수 있는 것으로 기재된 국제운전면허증 또는 상호인정외국면허증을 발급받지 아니한 사람(운전이 금지된 경우와 유효기간이 지난 경우를 포함한다)에게 원동기장치자전거를 운전하도록 시킨 고용주등
    6. 제63조를 위반하여 고속도로등을 통행하거나 횡단한 사람
    7. 제69조제1항에 따른 도로공사의 신고를 하지 아니하거나 같은 조 제2항에 따른 조치를 위반한 사람 또는 같은 조 제3항을 위반하여 교통안전시설을 설치하지 아니하거나 같은 조 제4항을 위반하여 안전요원 또는 안전유도 장비를 배치하지 아니한 사람 또는 같은 조 제6항을 위반하여 교통안전시설을 원상회복하지 아니한 사람
    8. 제71조제1항에 따른 경찰서장의 명령을 위반한 사람
    9. 제17조제3항을 위반하여 제17조제1항 및 제2항에 따른 최고속도보다 시속 80킬로미터를 초과한 속도로 자동차등을 운전한 사람(제151조의2제2호 및 제153조제2항제2호에 해당하는 사람은 제외한다)

[전문개정 2011. 6. 8.]

제155조(벌칙) 제92조제2항을 위반하여 경찰공무원의 운전면허증등의 제시 요구나 운전자 확인을 위한 진술 요구에 따르지 아니한 사람은 20만원 이하의 벌금 또는 구류에 처한다.

[전문개정 2011. 6. 8.]

제156조(벌칙) 다음 각 호의 어느 하나에 해당하는 사람은 20만원 이하의 벌금이나 구류 또는 과료(科料)에 처한다. 〈개정 2013. 8. 13., 2014. 1. 28., 2014. 12. 30., 2015. 8. 11., 2016. 1. 27., 2016. 12. 2., 2017. 10. 24., 2018. 3. 27., 2018. 10. 16., 2020. 5. 26., 2020. 6. 9., 2020. 12. 22., 2021. 1. 12., 2021. 10. 19., 2022. 1. 11., 2024. 3. 19., 2024. 12. 3.〉

    1. 제5조, 제13조제1항부터 제3항(제13조제3항의 경우 고속도로, 자동차전용도로, 중앙분리대가 있는 도로에서 고의로 위반하여 운전한 사람은 제외한다)까지 및 제5항, 제14조제2항·제3항·제5항, 제15조제3항(제61조제2항에서 준용하는 경우를 포함한다), 제15조의2제3항, 제16조제2항, 제17조제3항(제151조의2제2호, 제153조제2항제2호 및 제154조제9호에 해당하는 사람은 제외한다), 제18조, 제19조제1항·제3항 및 제4항, 제21조제1항·제3항 및 제4항, 제24조, 제25조, 제25조의2, 제26조부터 제28조까지, 제32조, 제33조, 제34조의3, 제37조(제1항제2호는 제외한다), 제38조제1항, 제39조제1항·제3항·제4항·제5항, 제48조제1항, 제49조(같은 조 제1항제1호·제3호를 위반하여 차 또는 노면전차를 운전한 사람과 같은 항 제4호의 위반행위 중 교통단속용 장비의 기능을 방해하는 장치를 한 차를 운전한 사람은 제외한다), 제50조제5항부터 제10항(같은 조 제9항을 위반하여 자전거를 운전한 사람은 제외한다)까지, 제51조, 제53조제1항 및 제2항(좌석안전띠를 매도록 하지 아니한 운전자는 제외한다), 제62조 또는 제73조제2항(같은 항 제1호는 제외한다)을 위반한 차마 또는 노면전차의 운전자
    2. 제6조제1항·제2항·제4항 또는 제7조에 따른 금지·제한 또는 조치를 위반한 차 또는

노면전차의 운전자
3. 제22조, 제23조, 제29조제4항부터 제6항까지, 제53조의5, 제60조, 제64조, 제65조 또는 제66조를 위반한 사람
4. 제31조, 제34조 또는 제52조제4항을 위반하거나 제35조제1항에 따른 명령을 위반한 사람
5. 제39조제6항에 따른 시·도경찰청장의 제한을 위반한 사람
6. 제50조제1항, 제3항 및 제4항을 위반하여 좌석안전띠를 매지 아니하거나 인명보호 장구를 착용하지 아니한 운전자(자전거 운전자는 제외한다)
6의2. 제56조의2제1항을 위반하여 자율주행시스템의 직접 운전 요구에 지체 없이 대응하지 아니한 자율주행자동차의 운전자
7. 제95조제2항에 따른 경찰공무원의 운전면허증 회수를 거부하거나 방해한 사람
8. 삭제 〈2020. 5. 26.〉
9. 삭제 〈2020. 5. 26.〉
9의2. 삭제 〈2020. 5. 26.〉
10. 주·정차된 차만 손괴한 것이 분명한 경우에 제54조제1항제2호에 따라 피해자에게 인적 사항을 제공하지 아니한 사람
11. 제44조제1항을 위반하여 술에 취한 상태에서 자전거등을 운전한 사람
12. 술에 취한 상태에 있다고 인정할 만한 상당한 이유가 있는 사람으로서 제44조제2항에 따른 경찰공무원의 측정에 응하지 아니한 사람(자전거등을 운전한 사람으로 한정한다)
12의2. 술에 취한 상태에 있다고 인정할 만한 상당한 이유가 있는 사람으로서 제44조제5항을 위반하여 자전거등을 운전한 후 음주측정방해행위를 한 사람
13. 제43조를 위반하여 제80조에 따른 원동기장치자전거를 운전할 수 있는 운전면허를 받지 아니하거나(원동기장치자전거를 운전할 수 있는 운전면허의 효력이 정지된 경우를 포함한다) 국제운전면허증 또는 상호인정외국면허증 중 원동기장치자전거를 운전할 수 있는 것으로 기재된 국제운전면허증 또는 상호인정외국면허증을 발급받지 아니하고(운전이 금지된 경우와 유효기간이 지난 경우를 포함한다) 개인형 이동장치를 운전한 사람

[전문개정 2011. 6. 8.]

제157조(벌칙) 다음 각 호의 어느 하나에 해당하는 사람은 20만원 이하의 벌금이나 구류 또는 과료에 처한다. 〈개정 2023. 4. 18.〉
1. 제5조, 제8조제1항, 제10조제2항부터 제5항까지의 규정을 위반한 보행자(실외이동로봇이 위반한 경우에는 실외이동로봇 운용자를 포함한다)
2. 제6조제1항·제2항·제4항 또는 제7조에 따른 금지·제한 또는 조치를 위반한 보행자(실외이동로봇이 위반한 경우에는 실외이동로봇 운용자를 포함한다)
2의2. 제8조의2제2항을 위반한 실외이동로봇 운용자
3. 제9조제1항을 위반하거나 같은 조 제3항에 따른 경찰공무원의 조치를 위반한 행렬등의 보행자나 지휘자
4. 제68조제3항을 위반하여 도로에서의 금지행위를 한 사람

[전문개정 2011. 6. 8.]

제158조(형의 병과) 이 장의 죄를 범한 사람에 대하여는 정상(情狀)에 따라 벌금 또

는 과료와 구류의 형을 병과(竝科)할 수 있다.

[전문개정 2011. 6. 8.]

제158조의2(형의 감면) 긴급자동차(제2조제22호가목부터 다목까지의 자동차와 대통령령으로 정하는 경찰용 자동차만 해당한다)의 운전자가 그 차를 본래의 긴급한 용도로 운행하는 중에 교통사고를 일으킨 경우에는 그 긴급활동의 시급성과 불가피성 등 정상을 참작하여 제151조, 「교통사고처리 특례법」 제3조제1항 또는 「특정범죄 가중처벌 등에 관한 법률」 제5조의13에 따른 형을 감경하거나 면제할 수 있다. 〈개정 2021. 1. 12.〉

[본조신설 2016. 1. 27.]

제159조(양벌규정) 법인의 대표자나 법인 또는 개인의 대리인, 사용인, 그 밖의 종업원이 법인 또는 개인의 업무에 관하여 제148조, 제148조의2, 제149조부터 제157조까지의 어느 하나에 해당하는 위반행위를 하면 그 행위자를 벌하는 외에 그 법인 또는 개인에게도 해당 조문의 벌금 또는 과료의 형을 과(科)한다. 다만, 법인 또는 개인이 그 위반행위를 방지하기 위하여 해당 업무에 관하여 상당한 주의와 감독을 게을리하지 아니한 경우에는 그러하지 아니하다.

[전문개정 2011. 6. 8.]

제160조(과태료) ① 다음 각 호의 어느 하나에 해당하는 사람에게는 500만원 이하의 과태료를 부과한다. 〈개정 2014. 1. 28., 2020. 5. 26., 2023. 10. 24.〉
  1. 제78조를 위반하여 교통안전교육기관 운영의 정지 또는 폐지 신고를 하지 아니한 사람
  2. 제109조제2항을 위반하여 강사의 인적 사항과 교육 과목을 게시하지 아니한 사람
  3. 제110조제2항을 위반하여 수강료등을 게시하지 아니하거나 같은 조 제3항을 위반하여 게시된 수강료등을 초과한 금액을 받은 사람
  4. 제111조를 위반하여 수강료등의 반환 등 교육생 보호를 위하여 필요한 조치를 하지 아니한 사람
  5. 제112조를 위반하여 학원이나 전문학원의 휴원 또는 폐원 신고를 하지 아니한 사람
  6. 제115조제1항에 따른 간판이나 그 밖의 표지물 제거, 시설물의 설치 또는 게시문의 부착을 거부·방해 또는 기피하거나 게시문이나 설치한 시설물을 임의로 제거하거나 못쓰게 만든 사람
  7. 제52조제1항에 따라 어린이통학버스를 신고하지 아니하고 운행한 운영자
  8. 제52조제3항에 따른 요건을 갖추지 아니하고 어린이통학버스를 운행한 운영자
  9. 제50조의3제6항을 위반하여 음주운전 방지장치가 설치된 자동차등을 등록한 후 행정안전부령에 따른 음주운전 방지장치 부착 자동차등의 운행기록을 제출하지 아니하거나 정상 작동 여부를 검사받지 아니한 사람
② 다음 각 호의 어느 하나에 해당하는 사람에게는 20만원 이하의 과태료를 부과한다. 〈개정 2014. 1. 28., 2014. 12. 30., 2017. 10. 24., 2018. 3. 27., 2020. 5. 26., 2021. 1. 12., 2024. 3. 19.〉
  1. 제49조제1항(같은 항 제1호 및 제3호만 해당한다)을 위반한 차 또는 노면전차의 운전자

2. 제50조제1항을 위반하여 동승자에게 좌석안전띠를 매도록 하지 아니한 운전자
3. 제50조제3항 및 제4항을 위반하여 동승자에게 인명보호 장구를 착용하도록 하지 아니한 운전자(자전거 운전자는 제외한다)
4. 제52조제2항을 위반하여 어린이통학버스 안에 신고증명서를 갖추어 두지 아니한 어린이통학버스의 운영자
4의2. 제53조제2항을 위반하여 어린이통학버스에 탑승한 어린이나 영유아의 좌석안전띠를 매도록 하지 아니한 운전자
4의3. 제53조의3제1항을 위반하여 어린이통학버스 안전교육을 받지 아니한 사람
4의4. 제53조의3제3항을 위반하여 어린이통학버스 안전교육을 받지 아니한 사람에게 어린이통학버스를 운전하게 하거나 어린이통학버스에 동승하게 한 어린이통학버스의 운영자
4의5. 제53조제7항을 위반하여 안전운행기록을 제출하지 아니한 어린이통학버스의 운영자
5. 제67조제2항에 따른 고속도로등에서의 준수사항을 위반한 운전자
6. 제73조제4항을 위반하여 긴급자동차의 안전운전 등에 관한 교육을 받지 아니한 사람
7. 제87조제1항을 위반하여 운전면허증 갱신기간에 운전면허를 갱신하지 아니한 사람
8. 제87조제2항 또는 제88조제1항을 위반하여 정기 적성검사 또는 수시 적성검사를 받지 아니한 사람
9. 제11조제4항을 위반하여 어린이가 개인형 이동장치를 운전하게 한 어린이의 보호자
10. 제56조의3제1항을 위반하여 자율주행자동차 안전교육을 받지 아니한 사람

③ 차 또는 노면전차가 제5조, 제6조제1항·제2항(통행 금지 또는 제한을 위반한 경우를 말한다), 제13조제1항·제3항 제5항, 제14조제2항·제5항, 제15조제3항(제61조제2항에서 준용하는 경우를 포함한다), 제17조제3항, 제18조, 제19조제3항, 제21조제1항·제3항, 제22조, 제23조, 제25조제1항·제2항·제5항, 제25조의2제1항·제2항, 제27조제1항·제7항, 제29조제4항·제5항, 제32조부터 제34조까지, 제37조(제1항제2호는 제외한다), 제38조제1항, 제39조제1항·제4항, 제48조제1항, 제49조제1항제10호·제11호·제11호의2, 제50조제3항, 제60조제1항·제2항, 제62조 또는 제68조제3항제5호를 위반한 사실이 사진, 비디오테이프, 그 밖의 영상기록매체 또는 적재량 측정자료에 의하여 입증되고 다음 각 호의 어느 하나에 해당하는 경우에는 제56조제1항에 따른 고용주등에게 20만원 이하의 과태료를 부과한다. 〈개정 2013. 5. 22., 2016. 12. 2., 2018. 3. 27., 2022. 1. 11., 2025. 1. 7.〉

1. 위반행위를 한 운전자를 확인할 수 없어 제143조제1항에 따른 고지서를 발급할 수 없는 경우(제15조제3항, 제29조제4항·제5항, 제32조, 제33조 또는 제34조를 위반한 경우만 해당한다)
2. 제163조에 따라 범칙금 통고처분을 할 수 없는 경우

④ 제3항에도 불구하고 다음 각 호의 어느 하나에 해당하는 경우에는 과태료처분을 할 수 없다. 〈개정 2015. 8. 11., 2018. 3. 27.〉
1. 차 또는 노면전차를 도난당하였거나 그 밖의 부득이한 사유가 있는 경우
2. 운전자가 해당 위반행위로 제156조에 따라 처벌된 경우(제163조에 따라 범칙금 통고처분을 받은 경우를 포함한다)
3. 「질서위반행위규제법」 제16조제2항에 따른 의견 제출 또는 같은 법 제20조제1항에 따른 이의제기의 결과 위반행위를 한 운전자가 밝혀진 경우

4. 자동차가 「여객자동차 운수사업법」에 따른 자동차대여사업자 또는 「여신전문금융업법」에 따른 시설대여업자가 대여한 자동차로서 그 자동차만 임대한 것이 명백한 경우

[전문개정 2011. 6. 8.]

제161조(과태료의 부과·징수 등) ① 제160조제1항부터 제3항까지의 규정에 따른 과태료는 대통령령으로 정하는 바에 따라 다음 각 호의 자가 부과·징수한다. 〈개정 2014. 1. 28., 2016. 1. 27., 2018. 3. 27., 2020. 5. 26., 2020. 12. 22., 2024. 3. 19.〉
   1. 제160조제1항부터 제3항까지(제15조제3항에 따른 전용차로 통행, 제32조부터 제34조까지의 규정에 따른 정차 또는 주차, 제53조제7항에 따른 안전운행기록 제출, 제53조의3제1항에 따른 어린이통학버스 안전교육, 제53조의3제3항에 따른 어린이통학버스 운영자 의무 규정을 위반한 경우는 제외한다)의 과태료: 시·도경찰청장
   2. 제160조제1항(제52조제1항·제3항을 위반한 경우만 해당한다), 제2항(제49조제1항제1호·제3호, 제50조제1항·제3항, 제52조제2항, 제53조제2항, 제53조의3제1항·제3항 및 제56조의3제1항을 위반한 경우만 해당한다) 및 제3항(제5조, 제13조제3항, 제15조제3항, 제17조제3항, 제29조제4항·제5항, 제32조부터 제34조까지의 규정을 위반한 경우만 해당한다)의 과태료: 제주특별자치도지사
   3. 제160조제2항제4호의3·제4호의4·제4호의5·제10호 및 같은 조 제3항(제15조제3항, 제29조제4항·제5항, 제32조부터 제34조까지의 규정을 위반한 경우만 해당한다)의 과태료: 시장등
   4. 제160조제2항제4호의3·제4호의4·제4호의5의 과태료: 교육감
② 시·도경찰청장은 이 법에 따른 과태료 징수와 관련된 업무의 일부를 대통령령으로 정하는 바에 따라 「한국자산관리공사 설립 등에 관한 법률」에 따라 설립된 한국자산관리공사에 위탁할 수 있다. 〈신설 2016. 1. 27., 2019. 11. 26., 2020. 12. 22.〉

[전문개정 2011. 6. 8.]

[제목개정 2016. 1. 27.]

제161조의2(과태료 납부방법 등) ① 과태료 납부금액이 대통령령으로 정하는 금액 이하인 경우에는 대통령령으로 정하는 과태료 납부대행기관을 통하여 신용카드, 직불카드 등(이하 "신용카드등"이라 한다)으로 낼 수 있다. 이 경우 "과태료 납부대행기관"이란 정보통신망을 이용하여 신용카드등에 의한 결제를 수행하는 기관으로서 대통령령으로 정하는 바에 따라 과태료 납부대행기관으로 지정받은 자를 말한다.
② 제1항에 따라 신용카드등으로 내는 경우에는 과태료 납부대행기관의 승인일을 납부일로 본다.
③ 과태료 납부 대행기관은 납부자로부터 신용카드등에 의한 과태료 납부대행 용역의 대가로 대통령령으로 정하는 바에 따라 납부대행 수수료를 받을 수 있다.
④ 과태료 납부대행기관의 지정 및 운영, 납부대행 수수료 등에 관하여 필요한 사항은 대통령령으로 정한다.

[전문개정 2011. 6. 8.]

제161조의3(과태료 · 범칙금수납정보시스템 운영계획의 수립 · 시행) 생략

제14장 범칙행위의 처리에 관한 특례

제162조(통칙) ① 이 장에서 "범칙행위"란 제156조 각 호 또는 제157조 각 호의 죄에 해당하는 위반행위를 말하며, 그 구체적인 범위는 대통령령으로 정한다.
② 이 장에서 "범칙자"란 범칙행위를 한 사람으로서 다음 각 호의 어느 하나에 해당하지 아니하는 사람을 말한다.
  1. 범칙행위 당시 제92조제1항에 따른 운전면허증등 또는 이를 갈음하는 증명서를 제시하지 못하거나 경찰공무원의 운전자 신원 및 운전면허 확인을 위한 질문에 응하지 아니한 운전자
  2. 범칙행위로 교통사고를 일으킨 사람. 다만, 「교통사고처리 특례법」 제3조제2항 및 제4조에 따라 업무상과실치상죄 · 중과실치상죄 또는 이 법 제151조의 죄에 대한 벌을 받지 아니하게 된 사람은 제외한다.
③ 이 장에서 "범칙금"이란 범칙자가 제163조에 따른 통고처분에 따라 국고(國庫) 또는 제주특별자치도의 금고에 내야 할 금전을 말하며, 범칙금의 액수는 범칙행위의 종류 및 차종(車種) 등에 따라 대통령령으로 정한다.

[전문개정 2011. 6. 8.]

제163조(통고처분) ① 경찰서장이나 제주특별자치도지사(제주특별자치도지사의 경우에는 제6조제1항 · 제2항, 제61조제2항에 따라 준용되는 제15조제3항, 제39조제6항, 제60조, 제62조, 제64조부터 제66조까지, 제73조제2항제2호부터 제5호까지 및 제95조제1항의 위반행위는 제외한다)는 범칙자로 인정하는 사람에 대하여는 이유를 분명하게 밝힌 범칙금 납부통고서로 범칙금을 낼 것을 통고할 수 있다. 다만, 다음 각 호의 어느 하나에 해당하는 사람에 대하여는 그러하지 아니하다. 〈개정 2014. 12. 30., 2017. 10. 24., 2020. 10. 20.〉
  1. 성명이나 주소가 확실하지 아니한 사람
  2. 달아날 우려가 있는 사람
  3. 범칙금 납부통고서 받기를 거부한 사람
② 제주특별자치도지사가 제1항에 따라 통고처분을 한 경우에는 관할 경찰서장에게 그 사실을 통보하여야 한다.

[전문개정 2011. 6. 8.]

제164조(범칙금의 납부) ① 제163조에 따라 범칙금 납부통고서를 받은 사람은 10일 이내에 경찰청장이 지정하는 국고은행, 지점, 대리점, 우체국 또는 제주특별자치도지사가 지정하는 금융회사 등이나 그 지점에 범칙금을 내야 한다. 다만, 천재지변이나 그 밖의 부득이한 사유로 말미암아 그 기간에 범칙금을 낼 수 없는 경우에는 부득이한 사유가 없어지게 된 날부터 5일 이내에 내야 한다.
② 제1항에 따른 납부기간에 범칙금을 내지 아니한 사람은 납부기간이 끝나는 날의 다

음 날부터 20일 이내에 통고받은 범칙금에 100분의 20을 더한 금액을 내야 한다.
③ 제1항이나 제2항에 따라 범칙금을 낸 사람은 범칙행위에 대하여 다시 벌 받지 아니한다.

[전문개정 2011. 6. 8.]

제164조의2(범칙금 납부방법 등) 범칙금 납부방법에 대해서는 제161조의2의 규정을 준용한다. 이 경우 "과태료"는 "범칙금"으로 본다.

[본조신설 2016. 1. 27.]

제165조(통고처분 불이행자 등의 처리) ① 경찰서장 또는 제주특별자치도지사는 다음 각 호의 어느 하나에 해당하는 사람에 대해서는 지체 없이 즉결심판을 청구하여야 한다. 다만, 제2호에 해당하는 사람으로서 즉결심판이 청구되기 전까지 통고받은 범칙금액에 100분의 50을 더한 금액을 납부한 사람에 대해서는 그러하지 아니하다. 〈개정 2016. 12. 2.〉
　1. 제163조제1항 각 호의 어느 하나에 해당하는 사람
　2. 제164조제2항에 따른 납부기간에 범칙금을 납부하지 아니한 사람
② 제1항제2호에 따라 즉결심판이 청구된 피고인이 즉결심판의 선고 전까지 통고받은 범칙금액에 100분의 50을 더한 금액을 내고 납부를 증명하는 서류를 제출하면 경찰서장 또는 제주특별자치도지사는 피고인에 대한 즉결심판 청구를 취소하여야 한다. 〈개정 2016. 12. 2.〉
③ 제1항 각 호 외의 부분 단서 또는 제2항에 따라 범칙금을 납부한 사람은 그 범칙행위에 대하여 다시 벌 받지 아니한다.
④ 삭제 〈2016. 12. 2.〉

[전문개정 2011. 6. 8.]

제166조(직권 남용의 금지) 생략

부칙

⟨제20864호, 2025. 4. 1.⟩

제1조(시행일) 이 법은 공포 후 1년이 경과한 날부터 시행한다.

제2조(운전면허의 결격사유에 관한 적용례) 제82조제2항의 개정규정은 이 법 시행 이후 제45조제2항의 개정규정을 위반하는 경우부터 적용한다.

제3조(운전면허의 취소·정지에 관한 적용례) 제93조제1항의 개정규정은 이 법 시행 이후 제45조제2항의 개정규정을 위반하는 경우부터 적용한다.

제4조(벌칙에 관한 적용례) 제148조의2제4항부터 제6항까지의 개정규정은 이 법 시행 이후 제45조제1항 또는 제2항의 개정규정을 위반하는 경우부터 적용한다.

자동차손해배상 보장법(초록)

(약칭: 자동차손배법)

[시행 2025. 1. 17.] [법률 제20046호, 2024. 1. 16., 일부개정]

제1장 총칙

제1조(목적) 이 법은 자동차의 운행으로 사람이 사망 또는 부상하거나 재물이 멸실 또는 훼손된 경우에 손해배상을 보장하는 제도를 확립하여 피해자를 보호하고, 자동차사고로 인한 사회적 손실을 방지함으로써 자동차운송의 건전한 발전을 촉진함을 목적으로 한다. 〈개정 2013. 8. 6.〉

제2조(정의) 이 법에서 사용하는 용어의 뜻은 다음과 같다.
1. "자동차"란 「자동차관리법」의 적용을 받는 자동차와 「건설기계관리법」의 적용을 받는 건설기계 중 대통령령으로 정하는 것을 말한다.
1의2. "자율주행자동차"란 「자동차관리법」 제2조제1호의3에 따른 자율주행자동차를 말한다.
2. "운행"이란 사람 또는 물건의 운송 여부와 관계없이 자동차를 그 용법에 따라 사용하거나 관리하는 것을 말한다.
3. "자동차보유자"란 자동차의 소유자나 자동차를 사용할 권리가 있는 자로서 자기를 위하여 자동차를 운행하는 자를 말한다.
4. "운전자"란 다른 사람을 위하여 자동차를 운전하거나 운전을 보조하는 일에 종사하는 자를 말한다.
5. "책임보험"이란 자동차보유자와 「보험업법」에 따라 허가를 받아 보험업을 영위하는 자(이하 "보험회사"라 한다)가 자동차의 운행으로 다른 사람이 사망하거나 부상한 경우 이 법에 따른 손해배상책임을 보장하는 내용을 약정하는 보험을 말한다.
6. "책임공제(責任共濟)"란 사업용 자동차의 보유자와 「여객자동차 운수사업법」, 「화물자동차 운수사업법」, 「건설기계관리법」 또는 「생활물류서비스산업발전법」에 따라 공제사업을 하는 자(이하 "공제사업자"라 한다)가 자동차의 운행으로 다른 사람이 사망하거나 부상한 경우 이 법에 따른 손해배상책임을 보장하는 내용을 약정하는 공제를 말한다.
7. "자동차보험진료수가(診療酬價)"란 자동차의 운행으로 사고를 당한 자(이하 "교통사고환자"라 한다)가 「의료법」에 따른 의료기관(이하 "의료기관"이라 한다)에서 진료를 받음으로써 발생하는 비용으로서 다음 각 목의 어느 하나의 경우에 적용되는 금액을 말한다.
    가. 보험회사(공제사업자를 포함한다. 이하 "보험회사등"이라 한다)의 보험금(공제금을 포함한다. 이하 "보험금등"이라 한다)으로 해당 비용을 지급하는 경우
    나. 제30조에 따른 자동차손해배상 보장사업의 보상금으로 해당 비용을 지급하는 경우
    다. 교통사고환자에 대한 배상(제30조에 따른 보상을 포함한다)이 종결된 후 해당 교통사고로 발생한 치료비를 교통사고환자가 의료기관에 지급하는 경우
8. "자동차사고 피해지원사업"이란 자동차사고로 인한 피해를 구제하거나 예방하기 위한 사업을 말하며, 다음 각 목과 같이 구분한다.
    가. 자동차손해배상 보장사업: 제30조에 따라 국토교통부장관이 자동차사고 피해를 보상

　　　　하는 사업
　　나. 자동차사고 피해예방사업: 제30조의2에 따라 국토교통부장관이 자동차사고 피해예방을 지원하는 사업
　　다. 자동차사고 피해자 가족 등 지원사업: 제30조제2항에 따라 국토교통부장관이 자동차사고 피해자 및 가족을 지원하는 사업
　　라. 자동차사고 후유장애인 재활지원사업: 제31조에 따라 국토교통부장관이 자동차사고 후유장애인 등의 재활을 지원하는 사업
9. "자율주행자동차사고"란 자율주행자동차의 운행 중에 그 운행과 관련하여 발생한 자동차사고를 말한다.

제3조(자동차손해배상책임) 자기를 위하여 자동차를 운행하는 자는 그 운행으로 다른 사람을 사망하게 하거나 부상하게 한 경우에는 그 손해를 배상할 책임을 진다. 다만, 다음 각 호의 어느 하나에 해당하면 그러하지 아니하다.
1. 승객이 아닌 자가 사망하거나 부상한 경우에 자기와 운전자가 자동차의 운행에 주의를 게을리 하지 아니하였고, 피해자 또는 자기 및 운전자 외의 제3자에게 고의 또는 과실이 있으며, 자동차의 구조상의 결함이나 기능상의 장해가 없었다는 것을 증명한 경우
2. 승객이 고의나 자살행위로 사망하거나 부상한 경우

제4조(「민법」의 적용) 자기를 위하여 자동차를 운행하는 자의 손해배상책임에 대하여는 제3조에 따른 경우 외에는 「민법」에 따른다.

제2장 손해배상을 위한 보험 가입 등

제5조(보험 등의 가입 의무) ① 자동차보유자는 자동차의 운행으로 다른 사람이 사망하거나 부상한 경우에 피해자(피해자가 사망한 경우에는 손해배상을 받을 권리를 가진 자를 말한다. 이하 같다)에게 대통령령으로 정하는 금액을 지급할 책임을 지는 책임보험이나 책임공제(이하 "책임보험등"이라 한다)에 가입하여야 한다.
② 자동차보유자는 책임보험등에 가입하는 것 외에 자동차의 운행으로 다른 사람의 재물이 멸실되거나 훼손된 경우에 피해자에게 대통령령으로 정하는 금액을 지급할 책임을 지는 「보험업법」에 따른 보험이나 「여객자동차 운수사업법」, 「화물자동차 운수사업법」, 「건설기계관리법」 및 「생활물류서비스산업발전법」에 따른 공제에 가입하여야 한다. 〈개정 2021. 1. 26.〉
③ 다음 각 호의 어느 하나에 해당하는 자는 책임보험등에 가입하는 것 외에 자동차 운행으로 인하여 다른 사람이 사망하거나 부상한 경우에 피해자에게 책임보험등의 배상책임한도를 초과하여 대통령령으로 정하는 금액을 지급할 책임을 지는 「보험업법」에 따른 보험이나 「여객자동차 운수사업법」, 「화물자동차 운수사업법」, 「건설기계관리법」 및 「생활물류서비스산업발전법」에 따른 공제에 가입하여야 한다. 〈개정 2021. 1. 26.〉
1. 「여객자동차 운수사업법」 제4조제1항에 따라 면허를 받거나 등록한 여객자동차 운송사업자
2. 「여객자동차 운수사업법」 제28조제1항에 따라 등록한 자동차 대여사업자

3. 「화물자동차 운수사업법」 제3조 및 제29조에 따라 허가를 받은 화물자동차 운송사업자 및 화물자동차 운송가맹사업자
4. 「건설기계관리법」 제21조제1항에 따라 등록한 건설기계 대여업자
5. 「생활물류서비스산업발전법」 제2조제4호나목에 따른 소화물배송대행서비스인증사업자

④ 제1항 및 제2항은 대통령령으로 정하는 자동차와 도로(「도로교통법」 제2조제1호에 따른 도로를 말한다. 이하 같다)가 아닌 장소에서만 운행하는 자동차에 대하여는 적용하지 아니한다.

⑤ 제1항의 책임보험등과 제2항 및 제3항의 보험 또는 공제에는 각 자동차별로 가입하여야 한다.

제5조의2(보험 등의 가입 의무 면제) ① 자동차보유자는 보유한 자동차(제5조제3항 각 호의 자가 면허 등을 받은 사업에 사용하는 자동차는 제외한다)를 해외체류 등으로 3개월 이상 2년 이하의 범위에서 일정 기간 운행할 수 없는 경우로서 대통령령으로 정하는 경우에는 그 자동차의 등록업무를 관할하는 특별시장·광역시장·특별자치시장·도지사·특별자치도지사(자동차의 등록업무가 시장·군수·구청장에게 위임된 경우에는 시장·군수·구청장을 말한다. 이하 "시·도지사"라 한다)의 승인을 받아 그 운행중지기간에 한정하여 제5조제1항 및 제2항에 따른 보험 또는 공제에의 가입 의무를 면제받을 수 있다. 이 경우 자동차보유자는 해당 자동차등록증 및 자동차등록번호판을 시·도지사에게 보관하여야 한다. 〈개정 2020. 6. 9., 2021. 7. 27., 2024. 1. 16.〉

② 제1항에 따라 보험 또는 공제에의 가입 의무를 면제받은 자는 면제기간 중에는 해당 자동차를 도로에서 운행하여서는 아니 된다.

③ 보험회사등은 자기와 제1항에 따라 보험 또는 공제에의 가입 의무를 면제받은 자가 체결한 보험 또는 공제의 계약기간을 국토교통부령으로 정하는 바에 따라 그 운행중지기간 내에서 유예할 수 있다. 〈신설 2024. 1. 16.〉

④ 제1항에 따른 보험 또는 공제에의 가입 의무를 면제받을 수 있는 승인 기준 및 신청 절차 등 필요한 사항은 국토교통부령으로 정한다. 〈개정 2013. 3. 23., 2024. 1. 16.〉

[본조신설 2012. 2. 22.]

제6조(의무보험 미가입자에 대한 조치 등) ① 보험회사등은 자기와 제5조제1항부터 제3항까지의 규정에 따라 자동차보유자가 가입하여야 하는 보험 또는 공제(이하 "의무보험"이라 한다)의 계약을 체결하고 있는 자동차보유자에게 그 계약 종료일의 75일 전부터 30일 전까지의 기간 및 30일 전부터 10일 전까지의 기간에 각각 그 계약이 끝난다는 사실을 알려야 한다. 다만, 보험회사등은 보험기간이 1개월 이내인 계약인 경우와 자동차보유자가 자기와 다시 계약을 체결하거나 다른 보험회사등과 새로운 계약을 체결한 사실을 안 경우에는 통지를 생략할 수 있다. 〈개정 2009. 2. 6.〉

② 보험회사등은 의무보험에 가입하여야 할 자가 다음 각 호의 어느 하나에 해당하면 그 사실을 국토교통부령으로 정하는 기간 내에 특별자치시장·특별자치도지사·시장·군수 또는 구청장(자치구의 구청장을 말하며, 이하 "시장·군수·구청장"

이라 한다)에게 알려야 한다. 〈개정 2013. 3. 23., 2021. 7. 27.〉
1. 자기와 의무보험 계약을 체결한 경우
2. 자기와 의무보험 계약을 체결한 후 계약 기간이 끝나기 전에 그 계약을 해지한 경우
3. 자기와 의무보험 계약을 체결한 자가 그 계약 기간이 끝난 후 자기와 다시 계약을 체결하지 아니한 경우
③ 제2항에 따른 통지를 받은 시장·군수·구청장은 의무보험에 가입하지 아니한 자동차보유자에게 지체 없이 10일 이상 15일 이하의 기간을 정하여 의무보험에 가입하고 그 사실을 증명할 수 있는 서류를 제출할 것을 명하여야 한다.
④ 시장·군수·구청장은 의무보험에 가입되지 아니한 자동차의 등록번호판(이륜자동차 번호판 및 건설기계의 등록번호표를 포함한다. 이하 같다)을 영치할 수 있다.
⑤ 시장·군수·구청장은 제4항에 따라 의무보험에 가입되지 아니한 자동차의 등록번호판을 영치하기 위하여 필요하면 경찰서장에게 협조를 요청할 수 있다. 이 경우 협조를 요청받은 경찰서장은 특별한 사유가 없으면 이에 따라야 한다.
⑥ 시장·군수·구청장은 제4항에 따라 의무보험에 가입되지 아니한 자동차의 등록번호판을 영치하면 「자동차관리법」이나 「건설기계관리법」에 따라 그 자동차의 등록업무를 관할하는 시·도지사와 그 자동차보유자에게 그 사실을 통보하여야 한다. 〈개정 2012. 2. 22.〉
⑦ 제1항과 제2항에 따른 통지의 방법과 절차에 관하여 필요한 사항, 제4항에 따른 자동차 등록번호판의 영치 및 영치 해제의 방법·절차 등에 관하여 필요한 사항은 국토교통부령으로 정한다. 〈개정 2013. 3. 23.〉

제7조(의무보험 가입관리전산망의 구성·운영 등) ① 국토교통부장관은 의무보험에 가입하지 아니한 자동차보유자를 효율적으로 관리하기 위하여 「자동차관리법」 제69조제1항에 따른 전산정보처리조직과 「보험업법」 제176조에 따른 보험요율산출기관(이하 "보험요율산출기관"이라 한다)이 관리·운영하는 전산정보처리조직을 연계하여 의무보험 가입관리전산망(이하 "가입관리전산망"이라 한다)을 구성하여 운영할 수 있다. 〈개정 2013. 3. 23.〉
② 국토교통부장관은 관계 중앙행정기관의 장, 지방자치단체의 장, 「공공기관의 운영에 관한 법률」 제4조에 따른 공공기관의 장, 「유료도로법」에 따른 유료도로관리청 및 유료도로관리권자, 보험회사 및 보험 관련 단체의 장에게 가입관리전산망을 구성·운영하기 위하여 대통령령으로 정하는 정보의 제공을 요청할 수 있다. 이 경우 관련 정보의 제공을 요청받은 자는 특별한 사유가 없으면 요청에 따라야 한다. 〈개정 2009. 2. 6., 2013. 3. 23., 2024. 1. 9.〉
③ 삭제 〈2009. 2. 6.〉
④ 가입관리전산망의 운영에 필요한 사항은 대통령령으로 정한다.

제8조(운행의 금지) 의무보험에 가입되어 있지 아니한 자동차는 도로에서 운행하여서는 아니 된다. 다만, 제5조제4항에 따라 대통령령으로 정하는 자동차는 운행할 수 있다.

제9조(의무보험의 가입증명서 발급 청구) 의무보험에 가입한 자와 그 의무보험 계약의 피보험자(이하 "보험가입자등"이라 한다) 및 이해관계인은 권리의무 또는 사실관계를 증명하기 위하여 필요하면 보험회사등에게 의무보험에 가입한 사실을 증명하는 서류의 발급을 청구할 수 있다.

제10조(보험금등의 청구) ① 보험가입자등에게 제3조에 따른 손해배상책임이 발생하면 그 피해자는 대통령령으로 정하는 바에 따라 보험회사등에게 「상법」 제724조제2항에 따라 보험금등을 자기에게 직접 지급할 것을 청구할 수 있다. 이 경우 피해자는 자동차보험진료수가에 해당하는 금액은 진료한 의료기관에 직접 지급하여 줄 것을 청구할 수 있다.
② 보험가입자등은 보험회사등이 보험금등을 지급하기 전에 피해자에게 손해에 대한 배상금을 지급한 경우에는 보험회사등에게 보험금등의 보상한도에서 그가 피해자에게 지급한 금액의 지급을 청구할 수 있다.

제11조(피해자에 대한 가불금) ① 보험가입자등이 자동차의 운행으로 다른 사람을 사망하게 하거나 부상하게 한 경우에는 피해자는 대통령령으로 정하는 바에 따라 보험회사등에게 자동차보험진료수가에 대하여는 그 전액을, 그 외의 보험금등에 대하여는 대통령령으로 정한 금액을 제10조에 따른 보험금등을 지급하기 위한 가불금(假拂金)으로 지급할 것을 청구할 수 있다.
② 보험회사등은 제1항에 따른 청구를 받으면 국토교통부령으로 정하는 기간에 그 청구받은 가불금을 지급하여야 한다. 〈개정 2013. 3. 23.〉
③ 보험회사등은 제2항에 따라 지급한 가불금이 지급하여야 할 보험금등을 초과하면 가불금을 지급받은 자에게 그 초과액의 반환을 청구할 수 있다.
④ 보험회사등은 제2항에 따라 가불금을 지급한 후 보험가입자등에게 손해배상책임이 없는 것으로 밝혀진 경우에는 가불금을 지급받은 자에게 그 지급액의 반환을 청구할 수 있다. 〈개정 2020. 6. 9.〉
⑤ 보험회사등은 제3항 및 제4항에 따른 반환 청구에도 불구하고 가불금을 반환받지 못하는 경우로서 대통령령으로 정하는 요건을 갖추면 반환받지 못한 가불금의 보상을 정부에 청구할 수 있다. 〈개정 2009. 2. 6., 2016. 12. 20.〉

제12조(자동차보험진료수가의 청구 및 지급) ① 보험회사등은 보험가입자등 또는 제10조제1항 후단에 따른 피해자가 청구하거나 그 밖의 원인으로 교통사고환자가 발생한 것을 안 경우에는 지체 없이 그 교통사고환자를 진료하는 의료기관에 해당 진료에 따른 자동차보험진료수가의 지급 의사 유무와 지급 한도를 알려야 한다. 〈개정 2009. 2. 6.〉
② 제1항에 따라 보험회사등으로부터 자동차보험진료수가의 지급 의사와 지급 한도를 통지받은 의료기관은 그 보험회사등에게 제15조에 따라 국토교통부장관이 고시한 기준에 따라 자동차보험진료수가를 청구할 수 있다. 〈개정 2013. 3. 23.〉
③ 의료기관이 제2항에 따라 보험회사등에게 자동차보험진료수가를 청구하는 경우에

는 「의료법」 제22조에 따른 진료기록부의 진료기록에 따라 청구하여야 한다.
④ 제2항에 따라 의료기관이 자동차보험진료수가를 청구하면 보험회사등은 30일 이내에 그 청구액을 지급하여야 한다. 다만, 보험회사등이 제12조의2제1항에 따라 위탁한 경우 전문심사기관이 심사결과를 통지한 날부터 14일 이내에 심사결과에 따라 자동차보험진료수가를 지급하여야 한다. 〈개정 2015. 6. 22.〉
⑤ 의료기관은 제2항에 따라 보험회사등에게 자동차보험진료수가를 청구할 수 있는 경우에는 교통사고환자(환자의 보호자를 포함한다)에게 이에 해당하는 진료비를 청구하여서는 아니 된다. 다만, 다음 각 호의 어느 하나에 해당하는 경우에는 해당 진료비를 청구할 수 있다. 〈개정 2013. 3. 23.〉
　1. 보험회사등이 지급 의사가 없다는 사실을 알리거나 지급 의사를 철회한 경우
　2. 보험회사등이 보상하여야 할 대상이 아닌 비용의 경우
　3. 제1항에 따라 보험회사등이 알린 지급 한도를 초과한 진료비의 경우
　4. 제10조제1항 또는 제11조제1항에 따라 피해자가 보험회사등에게 자동차보험진료수가를 자기에게 직접 지급할 것을 청구한 경우
　5. 그 밖에 국토교통부령으로 정하는 사유에 해당하는 경우

제12조의2(업무의 위탁) 생략

제12조의3(전문심사기관의 조정 및 정산 등) 생략

제13조(입원환자의 관리 등) ① 제12조제2항에 따라 보험회사등에 자동차보험진료수가를 청구할 수 있는 의료기관은 교통사고로 입원한 환자(이하 "입원환자"라 한다)의 외출이나 외박에 관한 사항을 기록·관리하여야 한다.
② 입원환자는 외출하거나 외박하려면 의료기관의 허락을 받아야 한다.
③ 제12조제1항에 따라 자동차보험진료수가의 지급 의사 유무 및 지급 한도를 통지한 보험회사등은 입원환자의 외출이나 외박에 관한 기록의 열람을 청구할 수 있다. 이 경우 의료기관은 정당한 사유가 없으면 청구에 따라야 한다.

제13조의2(교통사고환자의 퇴원·전원 지시) ① 의료기관은 입원 중인 교통사고환자가 수술·처치 등의 진료를 받은 후 상태가 호전되어 더 이상 입원진료가 필요하지 아니한 경우에는 그 환자에게 퇴원하도록 지시할 수 있고, 생활근거지에서 진료할 필요가 있는 경우 등 대통령령으로 정하는 경우에는 대통령령으로 정하는 다른 의료기관으로 전원(轉院)하도록 지시할 수 있다. 이 경우 의료기관은 해당 환자와 제12조제1항에 따라 자동차보험진료수가의 지급 의사를 통지한 해당 보험회사등에게 그 사유와 일자를 지체없이 통보하여야 한다.
② 제1항에 따라 교통사고환자에게 다른 의료기관으로 전원하도록 지시한 의료기관이 다른 의료기관이나 담당의사로부터 진료기록, 임상소견서 및 치료경위서의 열람이나 송부 등 진료에 관한 정보의 제공을 요청받으면 지체 없이 이에 따라야 한다.

[본조신설 2009. 2. 6.]

제14조(진료기록의 열람 등) ① 보험회사등은 의료기관으로부터 제12조제2항에 따라 자동차보험진료수가를 청구받으면 그 의료기관에 대하여 관계 진료기록의 열람을 청구할 수 있다. 〈개정 2012. 2. 22.〉
② 제12조의2에 따라 심사 등을 위탁받은 전문심사기관은 심사 등에 필요한 진료기록·주민등록·출입국관리 등의 자료로서 대통령령으로 정하는 자료(이하 "진료기록등"이라 한다)의 제공을 국가, 지방자치단체, 의료기관, 보험회사등, 보험요율산출기관, 「공공기관의 운영에 관한 법률」에 따른 공공기관 및 그 밖의 공공단체 등에 요청할 수 있다. 〈신설 2012. 2. 22., 2021. 7. 27.〉
③ 제1항에 따른 청구를 받은 의료기관 및 제2항에 따른 요청을 받은 기관은 정당한 사유가 없으면 이에 따라야 한다. 〈신설 2012. 2. 22., 2020. 6. 9., 2021. 7. 27.〉
④ 보험회사등은 보험금 지급 청구를 받은 경우 대통령령으로 정하는 바에 따라 경찰청 등 교통사고 조사기관에 대하여 교통사고 관련 조사기록의 열람을 청구할 수 있다. 이 경우 경찰청 등 교통사고 조사기관은 특별한 사정이 없으면 열람하게 하여야 한다. 〈신설 2012. 2. 22., 2020. 6. 9.〉
⑤ 국토교통부장관은 보험회사등이 의무보험의 보험료(공제계약의 경우에는 공제분담금을 말한다) 산출 및 보험금등의 지급업무에 활용하기 위하여 필요한 경우 음주운전 등 교통법규 위반 또는 운전면허(「건설기계관리법」 제26조제1항 본문에 따른 건설기계조종사면허를 포함한다. 이하 같다)의 효력에 관한 개인정보를 제공하여 줄 것을 보유기관의 장에게 요청할 수 있다. 이 경우 제공 요청을 받은 보유기관의 장은 특별한 사정이 없으면 이에 따라야 한다. 〈신설 2019. 11. 26.〉
⑥ 국토교통부장관은 제5항에 따른 교통법규 위반 또는 운전면허의 효력에 관한 개인정보를 제39조의3에 따른 자동차손해배상진흥원을 통하여 보험회사등에게 제공할 수 있다. 이 경우 그 개인정보 제공의 범위·절차 및 방법에 관한 사항은 대통령령으로 정한다. 〈신설 2019. 11. 26.〉
⑦ 자동차손해배상진흥원은 제5항 및 제6항에 따라 보험회사등이 의무보험의 보험료 산출 및 보험금등의 지급 업무에 활용하기 위하여 필요한 경우 외에는 제6항에 따라 제공받아 보유하는 개인정보를 타인에게 제공할 수 없다. 〈신설 2019. 11. 26.〉
⑧ 보험회사등, 전문심사기관 및 자동차손해배상진흥원에 종사하거나 종사한 자는 제1항부터 제4항까지에 따른 진료기록등 또는 교통사고 관련 조사기록의 열람으로 알게 된 다른 사람의 비밀이나 제6항에 따라 제공받은 개인정보를 누설하거나 직무상 목적 외의 용도로 이용 또는 제3자에게 제공하여서는 아니 된다. 〈개정 2012. 2. 22., 2019. 11. 26., 2021. 7. 27.〉
⑨ 전문심사기관은 의료기관, 보험회사등 및 보험요율산출기관에 제2항에 따른 자료의 제공을 요청하는 경우 자료 제공 요청 근거 및 사유, 자료 제공 대상자, 대상 기간, 자료 제공 기한, 제공 자료 등이 기재된 자료제공요청서를 발송하여야 한다. 〈신설 2021. 7. 27.〉

⑩ 제2항에 따른 국가, 지방자치단체, 의료기관, 보험요율산출기관, 공공기관 및 그 밖의 공공단체가 전문심사기관에 제공하는 자료에 대하여는 사용료와 수수료를 면제한다. 〈신설 2021. 7. 27.〉

제14조의2(책임보험등의 보상한도를 초과하는 경우에의 준용) 자동차보유자가 책임보험등의 보상한도를 초과하는 손해를 보상하는 보험 또는 공제에 가입한 경우 피해자가 책임보험등의 보상한도 및 이를 초과하는 손해를 보상하는 보험 또는 공제의 보상한도의 범위에서 자동차보험진료수가를 청구할 경우에도 제10조부터 제13조까지, 제13조의2 및 제14조를 준용한다.

[본조신설 2009. 2. 6.]

제3장 자동차보험진료수가 기준 및 분쟁 조정

제15조(자동차보험진료수가 등) ① 국토교통부장관은 교통사고환자에 대한 적절한 진료를 보장하고 보험회사등, 의료기관 및 교통사고환자 간의 진료비에 관한 분쟁을 방지하기 위하여 자동차보험진료수가에 관한 기준(이하 "자동차보험진료수가기준"이라 한다)을 정하여 고시하여야 한다. 〈개정 2009. 2. 6., 2013. 3. 23., 2021. 7. 27.〉
② 자동차보험진료수가기준에는 자동차보험진료수가의 인정범위·청구절차 및 지급절차, 그 밖에 국토교통부령으로 정하는 사항이 포함되어야 한다. 〈개정 2013. 3. 23.〉
③ 국토교통부장관은 자동차보험진료수가기준을 정하거나 변경하는 경우 제17조에 따른 자동차보험진료수가분쟁심의회의 심의를 거쳐 결정한다. 〈개정 2012. 2. 22., 2013. 3. 23., 2021. 7. 27.〉

제15조의2(자동차보험정비협의회) 생략

제16조 삭제 〈2020. 4. 7.〉

제17조(자동차보험진료수가분쟁심의회) 생략

제18조(운영비용) 생략

제19조(자동차보험진료수가의 심사 청구 등) ① 보험회사등과 의료기관은 제12조의2제2항에 따른 심사결과 또는 제12조의3제1항에 따른 조정결과에 이의가 있는 때에는 이의제기 결과를 통보받은 날부터 30일 이내에 심의회에 그 심사를 청구할 수 있다. 〈개정 2013. 8. 6., 2020. 6. 9., 2024. 1. 9.〉
② 삭제 〈2013. 8. 6.〉
③ 전문심사기관의 심사결과 또는 조정결과를 통지받은 보험회사등 및 의료기관은 제1항의 기간에 심사를 청구하지 아니하면 그 기간이 끝나는 날에 의료기관이 지급 청구한 내용, 심사결과 또는 조정결과에 합의한 것으로 본다. 〈개정 2013. 8. 6., 2024. 1. 9.〉
④ 삭제 〈2013. 8. 6.〉

⑤ 삭제 〈2013. 8. 6.〉
⑥ 제1항에 따른 심사 청구의 대상 및 절차 등은 대통령령으로 정한다. 〈신설 2013. 8. 6.〉

제20조(심사·결정 절차 등) ① 심의회는 제19조제1항에 따른 심사청구가 있으면 자동차보험진료수가기준에 따라 이를 심사·결정하여야 한다. 다만, 그 심사 청구 사건이 자동차보험진료수가기준에 따라 심사·결정할 수 없는 경우에는 당사자에게 합의를 권고할 수 있다.
② 심의회의 심사·결정 절차 등에 필요한 사항은 심의회가 정하여 국토교통부장관의 승인을 받아야 한다. 〈개정 2013. 3. 23.〉

제21조(심사와 결정의 효력 등) ① 심의회는 제19조제1항의 심사청구에 대하여 결정한 때에는 지체 없이 그 결과를 당사자에게 알려야 한다.
② 제1항에 따라 통지를 받은 당사자가 심의회의 결정 내용을 받아들인 경우에는 그 수락 의사를 표시한 날, 통지를 받은 날부터 30일 이내에 소(訴)를 제기하지 아니한 경우에는 그 30일이 지난 날의 다음 날에 당사자 간에 결정내용과 같은 내용의 합의가 성립된 것으로 본다. 이 경우 당사자는 합의가 성립된 것으로 보는 날부터 7일 이내에 심의회의 결정 내용에 따라 상호 정산하여야 한다. 〈개정 2015. 6. 22.〉

제22조(심의회의 권한) 생략

제22조의2(자료의 제공) 생략

제23조(위법 사실의 통보 등) 생략

제23조의2(심의회 운영에 대한 점검) 생략

제3장의2 자동차손해배상보장위원회 〈신설 2024. 1. 9.〉

제23조의3(자동차손해배상보장위원회의 설치) ① 자동차 사고와 관련된 이해관계자의 손해배상 및 사회복귀 지원 등과 관련된 사항을 심의·의결 또는 조정하기 위하여 국토교통부장관 소속으로 자동차손해배상보장위원회를 둔다.
② 자동차손해배상보장위원회는 다음 각 호의 사항을 심의·의결 또는 조정한다.
  1. 제31조제1항에 따른 재활시설의 설치 및 재활사업의 운영 등에 관한 다음 각 목의 사항
     가. 재활시설의 설치와 관리에 관한 사항
     나. 재활사업의 운영에 관한 사항
     다. 재활시설운영자의 지정과 지정 취소에 관한 사항
     라. 재활시설운영자의 사업계획과 예산에 관한 사항
     마. 그 밖에 재활시설과 재활사업의 관리·운영에 관한 사항으로서 대통령령으로 정하는 사항
  2. 제39조제1항 및 제2항에 따른 채권의 결손처분과 관련된 사항
  3. 다음 각 목의 조합 등과 자동차사고 피해자나 그 밖의 이해관계인 사이에서 발생하는 분

쟁의 조정에 관한 사항
가. 「여객자동차 운수사업법」 제60조에 따라 공제사업을 하는 조합 및 연합회
나. 「여객자동차 운수사업법」 제61조에 따른 공제조합
다. 「화물자동차 운수사업법」 제51조에 따라 공제사업을 하는 자
라. 「생활물류서비스산업발전법」 제41조에 따른 공제조합
4. 그 밖에 자동차손해배상보장과 관련하여 국토교통부장관이 필요하다고 인정하는 사항

[본조신설 2024. 1. 9.]

제23조의4(자동차손해배상보장위원회의 구성 등) 생략

제4장 책임보험등 사업

제24조(계약의 체결 의무) ① 보험회사등은 자동차보유자가 제5조제1항부터 제3항까지의 규정에 따른 보험 또는 공제에 가입하려는 때에는 대통령령으로 정하는 사유가 있는 경우 외에는 계약의 체결을 거부할 수 없다.
② 자동차보유자가 교통사고를 발생시킬 개연성이 높은 경우 등 국토교통부령으로 정하는 사유에 해당하면 제1항에도 불구하고 다수의 보험회사가 공동으로 제5조제1항부터 제3항까지의 규정에 따른 보험 또는 공제의 계약을 체결할 수 있다. 이 경우 보험회사는 자동차보유자에게 공동계약체결의 절차 및 보험료에 대한 안내를 하여야 한다. 〈개정 2013. 3. 23.〉

제25조(보험 계약의 해제 등) 보험가입자와 보험회사등은 다음 각 호의 어느 하나에 해당하는 경우 외에는 의무보험의 계약을 해제하거나 해지하여서는 아니 된다. 〈개정 2013. 3. 23., 2017. 11. 28.〉
1. 「자동차관리법」 제13조 또는 「건설기계관리법」 제6조에 따라 자동차의 말소등록(抹消登錄)을 한 경우
2. 「자동차관리법」 제58조제5항제1호에 따라 자동차해체재활용업자가 해당 자동차ㆍ자동차등록증ㆍ등록번호판 및 봉인을 인수하고 그 사실을 증명하는 서류를 발급한 경우
3. 「건설기계관리법」 제25조의2에 따라 건설기계해체재활용업자가 해당 건설기계와 등록번호표를 인수하고 그 사실을 증명하는 서류를 발급한 경우
4. 해당 자동차가 제5조제4항의 자동차로 된 경우
5. 해당 자동차가 다른 의무보험에 이중으로 가입되어 하나의 가입 계약을 해제하거나 해지하려는 경우
6. 해당 자동차를 양도한 경우
7. 천재지변ㆍ교통사고ㆍ화재ㆍ도난, 그 밖의 사유로 자동차를 더 이상 운행할 수 없게 된 사실을 증명한 경우
8. 그 밖에 국토교통부령으로 정하는 경우

제26조(의무보험 계약의 승계) ① 의무보험에 가입된 자동차가 양도된 경우에 그 자동차의 양도일(양수인이 매매대금을 지급하고 현실적으로 자동차의 점유를 이전받은 날을 말한다)부터 「자동차관리법」 제12조에 따른 자동차소유권 이전등록 신청기간이

끝나는 날(자동차소유권 이전등록 신청기간이 끝나기 전에 양수인이 새로운 책임보험 등의 계약을 체결한 경우에는 그 계약 체결일)까지의 기간은 「상법」 제726조의4에도 불구하고 자동차의 양수인이 의무보험의 계약에 관한 양도인의 권리의무를 승계한다.
② 제1항의 경우 양도인은 양수인에게 그 승계기간에 해당하는 의무보험의 보험료(공제계약의 경우에는 공제분담금을 말한다. 이하 같다)의 반환을 청구할 수 있다.
③ 제2항에 따라 양수인이 의무보험의 승계기간에 해당하는 보험료를 양도인에게 반환한 경우에는 그 금액의 범위에서 양수인은 보험회사등에게 보험료의 지급의무를 지지 아니한다.

제27조(의무보험 사업의 구분경리) 보험회사등은 의무보험에 따른 사업에 대하여는 다른 보험사업·공제사업이나 그 밖의 다른 사업과 구분하여 경리하여야 한다.

제28조(사전협의) 금융위원회는 「보험업법」 제4조제1항제2호다목에 따른 자동차보험의 보험약관(책임보험이 포함되는 경우에 한정한다)을 작성하거나 변경하려는 경우에는 국토교통부장관과 미리 협의하여야 한다.

[전문개정 2015. 6. 22.]

제29조(보험금등의 지급 등) ① 다음 각 호의 어느 하나에 해당하는 사유로 다른 사람이 사망 또는 부상하거나 다른 사람의 재물이 멸실되거나 훼손되어 보험회사등이 피해자에게 보험금등을 지급한 경우에는 보험회사등은 해당 보험금등에 상당하는 금액을 법률상 손해배상책임이 있는 자에게 구상(求償)할 수 있다. 〈개정 2013. 3. 23., 2017. 11. 28., 2021. 7. 27., 2021. 12. 7., 2024. 2. 20.〉
  1. 「도로교통법」에 따른 운전면허 또는 「건설기계관리법」에 따른 건설기계조종사면허 등 자동차를 운행할 수 있는 자격을 갖추지 아니한 상태(자격의 효력이 정지된 경우를 포함한다)에서 자동차를 운행하다가 일으킨 사고
  2. 「도로교통법」 제44조제1항을 위반하여 술에 취한 상태에서 자동차를 운행하거나 같은 법 제45조를 위반하여 약물의 영향으로 정상적으로 운전하지 못할 우려가 있는 상태에서 자동차를 운행하다가 일으킨 사고(사고 발생 후 「도로교통법」 제44조제2항에 따른 경찰공무원의 호흡조사 측정에 응하지 아니하는 경우를 포함한다)
  3. 「도로교통법」 제54조제1항에 따른 조치를 하지 아니한 사고(「도로교통법」 제156조제10호에 해당하는 경우는 제외한다)
② 제5조제1항에 따른 책임보험등의 보험금등을 변경하는 것을 내용으로 하는 대통령령을 개정할 때 그 변경 내용이 보험가입자등에게 유리하게 되는 경우에는 그 변경 전에 체결된 계약 내용에도 불구하고 보험회사등에게 변경된 보험금등을 지급하도록 하는 다음 각 호의 사항을 규정할 수 있다.
  1. 종전의 계약을 새로운 계약으로 갱신하지 아니하더라도 이미 계약된 종전의 보험금등을 변경된 보험금등으로 볼 수 있도록 하는 사항
  2. 그 밖에 보험금등의 변경에 필요한 사항이나 변경된 보험금등의 지급에 필요한 사항

제29조의2(자율주행자동차사고 보험금등의 지급 등) 자율주행자동차의 결함으로 인하

여 발생한 자율주행자동차사고로 다른 사람이 사망 또는 부상하거나 다른 사람의 재물이 멸실 또는 훼손되어 보험회사등이 피해자에게 보험금등을 지급한 경우에는 보험회사등은 법률상 손해배상책임이 있는 자에게 그 금액을 구상할 수 있다.

[본조신설 2020. 4. 7.]

제5장 자동차사고 피해지원사업 〈개정 2013. 8. 6.〉

제30조(자동차손해배상 보장사업) ① 정부는 다음 각 호의 어느 하나에 해당하는 경우에는 피해자의 청구에 따라 책임보험의 보험금 한도에서 그가 입은 피해를 보상한다. 다만, 정부는 피해자가 청구하지 아니한 경우에도 직권으로 조사하여 책임보험의 보험금 한도에서 그가 입은 피해를 보상할 수 있다. 〈개정 2012. 2. 22., 2021. 7. 27.〉
　1. 자동차보유자를 알 수 없는 자동차의 운행으로 사망하거나 부상한 경우
　2. 보험가입자등이 아닌 자가 제3조에 따라 손해배상의 책임을 지게 되는 경우. 다만, 제5조제4항에 따른 자동차의 운행으로 인한 경우는 제외한다.
　3. 자동차보유자를 알 수 없는 자동차의 운행 중 해당 자동차로부터 낙하된 물체로 인하여 사망하거나 부상한 경우
② 정부는 자동차의 운행으로 인한 사망자나 대통령령으로 정하는 중증 후유장애인(重症 後遺障礙人)의 유자녀(幼子女) 및 피부양가족이 경제적으로 어려워 생계가 곤란하거나 학업을 중단하여야 하는 문제 등을 해결하고 중증 후유장애인이 재활할 수 있도록 지원할 수 있다.
③ 국토교통부장관은 제1항 및 제2항에 따른 업무를 수행하기 위하여 다음 각 호의 기관에 대통령령에 따른 정보의 제공을 요청하고 수집·이용할 수 있으며, 요청받은 기관은 특별한 사유가 없으면 관련 정보를 제공하여야 한다. 〈신설 2012. 2. 22., 2013. 3. 23., 2016. 3. 22., 2021. 7. 27.〉
　1. 행정안전부장관
　2. 보건복지부장관
　3. 여성가족부장관
　4. 경찰청장
　5. 특별시장·광역시장·특별자치시장·도지사·특별자치도지사·시장·군수·구청장
　6. 보험요율산출기관
④ 정부는 제11조제5항에 따른 보험회사등의 청구에 따라 보상을 실시한다. 〈개정 2012. 2. 22.〉
⑤ 제1항·제2항 및 제4항에 따른 정부의 보상 또는 지원의 대상·기준·금액·방법 및 절차 등에 필요한 사항은 대통령령으로 정한다. 〈개정 2012. 2. 22.〉
⑥ 제1항·제2항 및 제4항에 따른 정부의 보상사업(이하 "자동차손해배상 보장사업"이라 한다)에 관한 업무는 국토교통부장관이 행한다. 〈개정 2012. 2. 22., 2013. 3. 23.〉

제30조의2(자동차사고 피해예방사업) ① 국토교통부장관은 자동차사고로 인한 피해 등을 예방하기 위하여 다음 각 호의 사업을 수행할 수 있다.

1. 자동차사고 피해예방을 위한 교육 및 홍보 또는 이와 관련한 시설 및 장비의 지원
2. 자동차사고 피해예방을 위한 기기 및 장비 등의 개발·보급
3. 그 밖에 자동차사고 피해예방을 위한 연구·개발 등 대통령령으로 정하는 사항
② 제1항에 따른 자동차사고 피해예방사업의 기준·금액·방법 및 절차 등에 관하여 필요한 사항은 대통령령으로 정한다.

[본조신설 2013. 8. 6.]

제31조(후유장애인 등의 재활 지원) ① 국토교통부장관은 자동차사고 부상자나 부상으로 인한 후유장애인의 재활을 지원하기 위한 의료재활시설 및 직업재활시설(이하 "재활시설"이라 한다)을 설치하여 그 재활에 필요한 다음 각 호의 사업(이하 "재활사업"이라 한다)을 수행할 수 있다. 〈개정 2013. 3. 23., 2016. 3. 22.〉
  1. 의료재활사업 및 그에 딸린 사업으로서 대통령령으로 정하는 사업
  2. 직업재활사업(직업재활상담을 포함한다) 및 그에 딸린 사업으로서 대통령령으로 정하는 사업
② 삭제 〈2016. 12. 20.〉
③ 재활시설의 용도로 건설되거나 조성되는 건축물, 토지, 그 밖의 시설물 등은 국가에 귀속된다.
④ 국토교통부장관이 재활시설을 설치하는 경우에는 그 규모와 설계 등에 관한 중요 사항에 대하여 자동차사고 후유장애인단체의 의견을 들어야 한다. 〈개정 2013. 3. 23.〉

[제목개정 2016. 3. 22.]

제32조(재활시설운영자의 지정) ① 국토교통부장관은 다음 각 호의 구분에 따라 그 요건을 갖춘 자 중 국토교통부장관의 지정을 받은 자에게 재활시설이나 재활사업의 관리·운영을 위탁할 수 있다. 〈개정 2009. 5. 27., 2013. 3. 23., 2015. 6. 22.〉
  1. 의료재활시설 및 제31조제1항제1호에 따른 재활사업: 「의료법」 제33조에 따라 의료기관의 개설허가를 받고 재활 관련 진료과목을 개설한 자로서 같은 법 제3조제3항에 따른 종합병원을 운영하고 있는 자
  2. 직업재활시설 및 제31조제1항제2호에 따른 재활사업: 다음 각 목의 어느 하나에 해당하는 자
    가. 자동차사고 후유장애인단체 중에서 「민법」 제32조에 따라 국토교통부장관의 허가를 받은 법인으로서 대통령령으로 정하는 요건을 갖춘 법인
    나. 자동차사고 후유장애인단체 중에서 「협동조합 기본법」에 따라 설립된 사회적협동조합으로서 대통령령으로 정하는 요건을 갖춘 법인
② 제1항에 따라 지정을 받으려는 자는 대통령령으로 정하는 바에 따라 국토교통부장관에게 신청하여야 한다. 〈개정 2009. 5. 27., 2013. 3. 23.〉
③ 제1항에 따라 지정을 받은 자로서 재활시설이나 재활사업의 관리·운영을 위탁받은 자(이하 "재활시설운영자"라 한다)는 재활시설이나 재활사업의 관리·운영에 관한 업무를 수행할 때에는 별도의 회계를 설치하고 다른 사업과 구분하여 경리하여야 한다. 〈개정 2009. 5. 27.〉
④ 재활시설운영자의 지정 절차 및 그에 대한 감독 등에 관해 필요한 사항은 대통령령으로 정한다.

제33조(재활시설운영자의 지정 취소) 생략

제34조 삭제 〈2024. 1. 9.〉

제35조(준용) ① 제30조제1항에 따른 피해자의 보상금 청구에 관하여는 제10조부터 제13조까지, 제13조의2 및 제14조를 준용한다. 이 경우 "보험회사등"은 "자동차손해배상 보장사업을 하는 자"로, "보험금등"은 "보상금"으로 본다. 〈개정 2009. 2. 6.〉
② 제30조제1항에 따른 보상금 중 피해자의 진료수가에 대한 심사청구 등에 관하여는 제19조 및 제20조를 준용한다. 이 경우 "보험회사등"은 "자동차손해배상 보장사업을 하는 자"로 본다.

제36조(다른 법률에 따른 배상 등과의 조정) ① 정부는 피해자가 「국가배상법」, 「산업재해보상보험법」, 그 밖에 대통령령으로 정하는 법률에 따라 제30조제1항의 손해에 대하여 배상 또는 보상을 받으면 그가 배상 또는 보상받는 금액의 범위에서 제30조제1항에 따른 보상 책임을 지지 아니한다.
② 정부는 피해자가 제3조의 손해배상책임이 있는 자로부터 제30조제1항의 손해에 대하여 배상을 받으면 그가 배상받는 금액의 범위에서 제30조제1항에 따른 보상 책임을 지지 아니한다.
③ 정부는 제30조제2항에 따라 지원받을 자가 다른 법률에 따라 같은 사유로 지원을 받으면 그 지원을 받는 범위에서 제30조제2항에 따른 지원을 하지 아니할 수 있다.

제37조(자동차사고 피해지원사업 분담금) ① 제5조제1항에 따라 책임보험등에 가입하여야 하는 자와 제5조제4항에 따른 자동차 중 대통령령으로 정하는 자동차보유자는 자동차사고 피해지원사업 및 관련 사업을 위한 분담금을 국토교통부장관에게 내야 한다. 〈개정 2013. 8. 6., 2016. 12. 20.〉
② 제1항에 따른 분담금은 책임보험등의 보험료(책임공제의 경우에는 책임공제분담금을 말한다)에 해당하는 금액의 100분의 5를 초과하지 아니하는 범위에서 대통령령으로 정한다. 〈신설 2022. 11. 15.〉
③ 제1항에 따라 분담금을 내야 할 자 중 제5조제1항에 따라 책임보험등에 가입하여야 하는 자의 분담금은 책임보험등의 계약을 체결하는 보험회사등이 해당 납부의무자와 계약을 체결할 때에 징수하여 정부에 내야 한다. 〈개정 2022. 11. 15.〉
④ 국토교통부장관은 제30조제1항제1호 및 제2호의 경우에 해당하는 사고를 일으킨 자에게는 제1항에 따른 분담금의 3배의 범위에서 대통령령으로 정하는 바에 따라 분담금을 추가로 징수할 수 있다. 〈신설 2016. 3. 22., 2020. 6. 9., 2022. 11. 15.〉
⑤ 제1항에 따른 분담금의 납부 방법 및 관리 등에 필요한 사항은 대통령령으로 정한다. 〈개정 2016. 12. 20., 2022. 11. 15.〉
[제목개정 2013. 8. 6.]

제38조(분담금의 체납처분) ① 국토교통부장관은 제37조에 따른 분담금을 납부기간에 내지 아니한 자에 대하여는 10일 이상의 기간을 정하여 분담금을 낼 것을 독촉하여야 한다. 〈개정 2013. 3. 23.〉
② 국토교통부장관은 제1항에 따라 분담금 납부를 독촉받은 자가 그 기한까지 분담금을 내지 아니하면 국세 체납처분의 예에 따라 징수한다. 〈개정 2013. 3. 23.〉

제39조(청구권 등의 대위) ① 정부는 제30조제1항에 따라 피해를 보상한 경우에는 그 보상금액의 한도에서 제3조에 따른 손해배상책임이 있는 자에 대한 피해자의 손해배상 청구권을 대위행사(代位行使)할 수 있다.
② 정부는 제30조제4항에 따라 보험회사등에게 보상을 한 경우에는 제11조제3항 및 제4항에 따른 가불금을 지급받은 자에 대한 보험회사등의 반환청구권을 대위행사할 수 있다. 〈개정 2012. 2. 22.〉
③ 정부는 다음 각 호의 어느 하나에 해당하는 때에는 제23조의3에 따른 자동차손해배상보장위원회의 의결에 따라 제1항 및 제2항에 따른 청구권의 대위행사를 중지할 수 있으며, 구상금 또는 미반환가불금 등의 채권을 결손처분할 수 있다. 〈신설 2009. 2. 6., 2024. 1. 9.〉
  1. 해당 권리에 대한 소멸시효가 완성된 때
  2. 그 밖에 채권을 회수할 가능성이 없다고 인정되는 경우로서 대통령령으로 정하는 경우

제39조의2 삭제 〈2024. 1. 9.〉

제6장 자동차손해배상진흥원 〈신설 2015. 6. 22.〉

제39조의3 ~ 제39조의10 생략

제6장의2 자동차사고 피해지원기금 〈신설 2016. 12. 20.〉

제39조의11(자동차사고 피해지원기금의 설치) 국토교통부장관은 자동차사고 피해지원사업 및 관련 사업에 필요한 재원을 확보하기 위하여 자동차사고 피해지원기금(이하 "기금"이라 한다)을 설치한다.

[본조신설 2016. 12. 20.]

제39조의12(기금의 조성 및 용도) ① 기금은 다음 각 호의 재원으로 조성한다.
  1. 제37조에 따른 분담금
  2. 기금의 운용으로 생기는 수익금
② 기금은 다음 각 호의 어느 하나에 해당하는 용도에 사용한다. 〈개정 2020. 6. 9., 2024. 1. 9.〉
  1. 제7조제1항에 따른 가입관리전산망의 구성·운영
  1의2. 제23조의4제2항제3호에 따른 채권정리분과위원회의 운영
  2. 제30조제1항에 따른 보상
  3. 제30조제2항에 따른 지원

4. 제30조제4항에 따른 미반환 가불금의 보상
   5. 제30조의2제1항에 따른 자동차사고 피해예방사업
   6. 제31조제1항에 따른 재활시설의 설치
   7. 제32조제1항에 따른 재활시설 및 재활사업의 관리·운영
   8. 제39조제1항 및 제2항에 따른 청구권의 대위행사
   9. 삭제 〈2024. 1. 9.〉
   10. 제39조의3제1항에 따른 자동차손해배상진흥원의 운영 및 지원
   11. 삭제 〈2021. 12. 7.〉
   12. 자동차사고 피해지원사업과 관련된 연구·조사
   13. 자동차사고 피해지원사업과 관련된 전문인력 양성을 위한 국내외 교육훈련
   14. 분담금의 수납·관리 등 기금의 조성 및 기금 운용을 위하여 필요한 경비

[본조신설 2016. 12. 20.]

제39조의13(기금의 관리·운용) ① 기금은 국토교통부장관이 관리·운용한다.
② 기금의 관리·운용에 관한 국토교통부장관의 사무는 대통령령으로 정하는 바에 따라 그 일부를 제39조의3에 따라 설립된 자동차손해배상진흥원, 보험회사등 또는 보험 관련 단체에 위탁할 수 있다.
③ 제1항 및 제2항에서 규정한 사항 외에 기금의 관리 및 운용에 필요한 사항은 대통령령으로 정한다.

[본조신설 2016. 12. 20.]

제6장의3 자율주행자동차사고조사위원회 〈신설 2020. 4. 7.〉

제39조의14(자율주행자동차사고조사위원회의 설치 등) ① 국토교통부장관은 제39조의17제1항에 따른 자율주행정보 기록장치(이하 "자율주행정보 기록장치"라 한다)에 기록된 자율주행정보 기록의 수집·분석을 통하여 사고원인을 규명하고, 자율주행자동차사고 관련 정보를 제공하기 위하여 필요한 경우 자율주행자동차사고조사위원회(이하 "사고조사위원회"라 한다)를 구성·운영할 수 있다. 〈개정 2024. 1. 9.〉
② 국토교통부장관은 사고조사위원회의 구성 목적을 달성하였다고 인정하는 경우에는 사고조사위원회를 해산할 수 있다. 〈신설 2024. 1. 9.〉
③ 사고조사위원회의 구성 및 운영에 필요한 사항은 대통령령으로 정한다. 〈개정 2024. 1. 9.〉

[본조신설 2020. 4. 7.]

제39조의15(사고조사위원회의 업무 등) ① 사고조사위원회는 다음 각 호의 업무를 수행한다.
   1. 자율주행자동차사고 조사
   2. 그 밖에 자율주행자동차사고 조사에 필요한 업무로서 대통령령으로 정하는 업무
② 사고조사위원회는 제1항의 업무를 수행하기 위하여 사고가 발생한 자율주행자동차에 부착된 자율주행정보 기록장치를 확보하고 기록된 정보를 수집·이용 및 제

공할 수 있다.
③ 사고조사위원회는 제1항의 업무를 수행하기 위하여 사고가 발생한 자율주행자동차의 보유자, 운전자, 피해자, 사고 목격자 및 해당 자율주행자동차를 제작·조립 또는 수입한 자(판매를 위탁받은 자를 포함한다. 이하 "제작자등"이라 한다) 등 그 밖에 해당 사고와 관련된 자에게 필요한 사항을 통보하거나 관계 서류를 제출하게 할 수 있다. 이 경우 관계 서류의 제출을 요청받은 자는 정당한 사유가 없으면 요청에 따라야 한다.
④ 제2항에 따른 정보의 수집·이용 및 제공은 「개인정보 보호법」 및 「위치정보의 보호 및 이용 등에 관한 법률」에 따라야 한다.
⑤ 사고조사위원회의 업무를 수행하거나 수행하였던 자는 그 직무상 알게 된 비밀을 누설해서는 아니 된다.
⑥ 사고조사위원회가 자율주행자동차사고의 조사를 위하여 수집한 정보는 사고가 발생한 날부터 3년간 보관한다.

[본조신설 2020. 4. 7.]

제39조의16(관계 행정기관 등의 협조) 사고조사위원회는 신속하고 정확한 조사를 수행하기 위하여 관계 행정기관의 장, 관계 지방자치단체의 장, 그 밖의 단체의 장(이하 "관계기관의 장"이라 한다)에게 해당 자율주행자동차사고와 관련된 자료·정보의 제공 등 그 밖의 필요한 협조를 요청할 수 있다. 이 경우 관계기관의 장은 정당한 사유가 없으면 이에 따라야 한다.

[본조신설 2020. 4. 7.]

제39조의17(이해관계자의 의무 등) ① 자율주행자동차의 제작자등은 제작·조립·수입·판매하고자 하는 자율주행자동차에 대통령령으로 정하는 자율주행과 관련된 정보를 기록할 수 있는 자율주행정보 기록장치를 부착하여야 한다.
② 자율주행자동차사고의 통보를 받거나 인지한 보험회사등은 사고조사위원회에 사고 사실을 지체 없이 알려야 한다.
③ 자율주행자동차의 보유자는 자율주행정보 기록장치에 기록된 내용을 1년의 범위에서 대통령령으로 정하는 기간 동안 보관하여야 한다. 이 경우 자율주행정보 기록장치 또는 자율주행정보 기록장치에 기록된 내용을 훼손해서는 아니 된다.
④ 자율주행자동차사고로 인한 피해자, 해당 자율주행자동차의 제작자등 또는 자율주행자동차사고로 인하여 피해자에게 보험금등을 지급한 보험회사등은 대통령령으로 정하는 바에 따라 사고조사위원회에 대하여 사고조사위원회가 확보한 자율주행정보 기록장치에 기록된 내용 및 분석·조사 결과의 열람 및 제공을 요구할 수 있다.
⑤ 제4항에 따른 열람 및 제공에 드는 비용은 청구인이 부담하여야 한다.

[본조신설 2020. 4. 7.]

제7장 보칙 〈개정 2015. 6. 22.〉

제40조(압류 등의 금지) ① 제10조제1항, 제11조제1항 또는 제30조제1항에 따른 청구권은 압류하거나 양도할 수 없다. 〈개정 2021. 7. 27.〉
② 제30조제2항에 따라 지급된 지원금은 압류하거나 양도할 수 없다. 〈신설 2021. 7. 27.〉

제41조(시효) 제10조, 제11조제1항, 제29조제1항 또는 제30조제1항에 따른 청구권은 3년간 행사하지 아니하면 시효로 소멸한다. 〈개정 2009. 2. 6.〉

제42조(의무보험 미가입자에 대한 등록 등 처분의 금지) ① 제5조제1항부터 제3항까지의 규정에 따라 의무보험 가입이 의무화된 자동차가 다음 각 호의 어느 하나에 해당하는 경우에는 관할 관청(해당 업무를 위탁받은 자를 포함한다. 이하 같다)은 그 자동차가 의무보험에 가입하였는지를 확인하여 의무보험에 가입된 경우에만 등록·허가·검사·해제를 하거나 신고를 받아야 한다.
  1. 「자동차관리법」 제8조, 제12조, 제27조, 제43조제1항제2호, 제43조의2제1항, 제48조제1항부터 제3항까지 또는 「건설기계관리법」 제3조 및 제13조제1항제2호에 따라 등록·허가·검사의 신청 또는 신고가 있는 경우
  2. 「자동차관리법」 제37조제3항 또는 「지방세법」 제131조에 따라 영치(領置)된 자동차등록번호판을 해제하는 경우
② 제1항제1호를 적용하는 경우 「자동차관리법」 제8조에 따라 자동차를 신규로 등록할 때에는 해당 자동차가 같은 법 제27조에 따른 임시운행허가 기간이 만료된 이후에 발생한 손해배상책임을 보장하는 의무보험에 가입된 경우에만 의무보험에 가입된 것으로 본다.
③ 제1항 및 제2항에 따른 의무보험 가입의 확인 방법 및 절차 등에 관하여 필요한 사항은 국토교통부령으로 정한다. 〈개정 2013. 3. 23.〉
[전문개정 2012. 2. 22.]

제43조(검사·질문 등) 생략

제43조의2 삭제 〈2021. 12. 7.〉

제43조의3(보험료 할인의 권고) ① 국토교통부장관은 자동차사고의 예방에 효과적인 자동차 운행 안전장치를 장착한 자동차의 보험료 할인을 확대하도록 보험회사등에 권고할 수 있다.
② 제1항에 따른 자동차 운행 안전장치의 종류에 대해서는 대통령령으로 정한다.
[본조신설 2016. 3. 22.]

제43조의3(보험료 할인의 권고) ① 국토교통부장관은 자동차사고의 예방 및 원인 파악에 효과적인 자동차 운행 안전장치 및 기록장치를 장착한 자동차의 보험료 할인을

확대하도록 보험회사등에 권고할 수 있다. 〈개정 2024. 12. 3.〉
② 제1항에 따른 자동차 운행 안전장치 및 사고원인 파악을 위한 기록장치의 종류에 대해서는 대통령령으로 정한다. 〈개정 2024. 12. 3.〉

[본조신설 2016. 3. 22.]

[시행일: 2025. 6. 4.] 제43조의3

제44조(권한의 위임) 국토교통부장관은 이 법에 따른 권한의 일부를 대통령령으로 정하는 바에 따라 특별시장·광역시장·특별자치시장·도지사·특별자치도지사·시장·군수 또는 구청장에게 위임할 수 있다. 〈개정 2013. 3. 23., 2021. 7. 27.〉

제45조(권한의 위탁 등) 생략

제45조의3(정보 이용자의 의무) 제45조제3항에 따라 업무를 위탁받은 보험요율산출기관과 제45조의2제1항에 따라 정보를 제공받은 자는 그 직무상 알게 된 정보를 누설하거나 다른 사람의 이용에 제공하는 등 부당한 목적을 위하여 사용하여서는 아니 된다.

[본조신설 2009. 2. 6.]

제45조의4(벌칙 적용에서 공무원 의제) 다음 각 호의 어느 하나에 해당하는 사람은 「형법」 제129조부터 제132조까지의 규정을 적용할 때에는 공무원으로 본다. 〈개정 2024. 1. 9.〉
  1. 제23조의3에 따른 자동차손해배상보장위원회의 위원 중 공무원이 아닌 위원
  2. 자동차손해배상진흥원의 임직원

[본조신설 2020. 4. 7.]

제8장 벌칙 〈개정 2015. 6. 22.〉

제46조(벌칙) ① 제14조제8항을 위반하여 진료기록등 또는 교통사고 관련 조사기록의 열람으로 알게 된 다른 사람의 비밀이나 제공받은 개인정보를 누설하거나 직무상 목적 외의 용도로 이용 또는 제3자에게 제공한 자는 5년 이하의 징역 또는 5천만원 이하의 벌금에 처한다. 이 경우 고소가 있어야 공소를 제기할 수 있다. 〈신설 2021. 7. 27.〉
② 다음 각 호의 어느 하나에 해당하는 자는 3년 이하의 징역 또는 3천만원 이하의 벌금에 처한다. 〈개정 2009. 2. 6., 2012. 2. 22., 2015. 1. 6., 2019. 11. 26., 2020. 4. 7., 2021. 7. 27.〉
  1. 삭제 〈2021. 7. 27.〉
  2. 제27조를 위반하여 의무보험 사업을 구분 경리하지 아니한 보험회사등
  3. 제32조제3항을 위반하여 다른 사업과 구분하여 경리하지 아니한 재활시설운영자
  3의2. 제39조의15제5항을 위반하여 직무상 알게 된 비밀을 누설한 자
  4. 제45조의3을 위반하여 정보를 누설하거나 다른 사람의 이용에 제공한 자
③ 다음 각 호의 어느 하나에 해당하는 자는 1년 이하의 징역 또는 1천만원 이하의

벌금에 처한다. 〈개정 2012. 2. 22., 2015. 1. 6., 2021. 7. 27.〉
1. 제5조의2제2항을 위반하여 가입 의무 면제기간 중에 자동차를 운행한 자동차보유자
2. 제8조 본문을 위반하여 의무보험에 가입되어 있지 아니한 자동차를 운행한 자동차보유자
④ 제12조제3항을 위반하여 진료기록부의 진료기록과 다르게 자동차보험진료수가를 청구하거나 이를 청구할 목적으로 거짓의 진료기록을 작성한 의료기관에 대하여는 5천만원 이하의 벌금에 처한다. 〈개정 2021. 7. 27.〉

제47조(양벌규정) 법인의 대표자나 법인 또는 개인의 대리인, 사용인, 그 밖의 종업원이 그 법인 또는 개인의 업무에 관하여 제46조의 위반행위를 하면 그 행위자를 벌하는 외에 그 법인 또는 개인에게도 해당 조문의 벌금형을 과(科)한다. 다만, 법인 또는 개인이 그 위반행위를 방지하기 위하여 해당 업무에 관하여 상당한 주의와 감독을 게을리하지 아니한 경우에는 그러하지 아니하다.

[전문개정 2009. 2. 6.]

제48조(과태료) ① 삭제 〈2013. 8. 6.〉
② 다음 각 호의 어느 하나에 해당하는 자에게는 2천만원 이하의 과태료를 부과한다. 〈개정 2020. 4. 7.〉
1. 제11조제2항을 위반하여 피해자가 청구한 가불금의 지급을 거부한 보험회사등
2. 제12조제5항을 위반하여 자동차보험진료수가를 교통사고환자(환자의 보호자를 포함한다)에게 청구한 의료기관의 개설자
3. 제24조제1항을 위반하여 제5조제1항부터 제3항까지의 규정에 따른 보험 또는 공제에 가입하려는 자와의 계약 체결을 거부한 보험회사등
4. 제25조를 위반하여 의무보험의 계약을 해제하거나 해지한 보험회사등
5. 제39조의15제3항을 위반하여 정당한 사유 없이 사고조사위원회의 요청에 따르지 아니한 자
6. 제39조의17제1항을 위반하여 자율주행정보 기록장치를 부착하지 아니한 자율주행자동차를 제작·조립·수입·판매한 자
7. 제39조의17제3항을 위반하여 자율주행정보 기록장치에 기록된 내용을 정하여진 기간 동안 보관하지 아니하거나 훼손한 자
③ 다음 각 호의 어느 하나에 해당하는 자에게는 300만원 이하의 과태료를 부과한다. 〈개정 2009. 5. 27.〉
1. 제5조제1항부터 제3항까지의 규정에 따른 의무보험에 가입하지 아니한 자
2. 제6조제1항 또는 제2항을 위반하여 통지를 하지 아니한 보험회사등
3. 제13조제1항을 위반하여 입원환자의 외출이나 외박에 관한 사항을 기록·관리하지 아니하거나 거짓으로 기록·관리한 의료기관의 개설자
3의2. 제13조제3항을 위반하여 기록의 열람 청구에 따르지 아니한 자
3의3. 제43조제1항에 따른 검사·보고요구·질문에 정당한 사유 없이 따르지 아니하거나 이를 방해 또는 기피한 자
4. 제43조제4항에 따른 시정명령을 이행하지 아니한 자
④ 제39조의6을 위반하여 자동차손해배상진흥원 또는 이와 유사한 명칭을 사용한 자에게는 500만원 이하의 과태료를 부과한다. 〈신설 2015. 6. 22.〉

⑤ 제2항(제5호부터 제7호까지는 제외한다) 및 제3항에 따른 과태료는 대통령령으로 정하는 바에 따라 시장·군수·구청장이, 제2항제5호부터 제7호까지 및 제4항에 따른 과태료는 국토교통부장관이 각각 부과·징수한다. 〈신설 2009. 2. 6., 2015. 6. 22., 2020. 4. 7.〉

제49조 삭제 〈2009. 2. 6.〉

제9장 범칙행위에 관한 처리의 특례 〈개정 2015. 6. 22.〉

제50조(통칙) ① 이 장에서 "범칙행위"란 제46조제3항의 죄에 해당하는 위반행위(의무보험에 가입되어 있지 아니한 자동차를 운행하다가 교통사고를 일으킨 경우는 제외한다)를 뜻하며, 그 구체적인 범위는 대통령령으로 정한다. 〈개정 2012. 2. 22., 2021. 7. 27.〉
② 이 장에서 "범칙자"란 범칙행위를 한 자로서 다음 각 호의 어느 하나에 해당하지 아니하는 자를 뜻한다.
  1. 범칙행위를 상습적으로 하는 자
  2. 죄를 범한 동기·수단 및 결과 등을 헤아려 통고처분을 하는 것이 상당하지 아니하다고 인정되는 자
③ 이 장에서 "범칙금"이란 범칙자가 제51조에 따른 통고처분에 의하여 국고 또는 특별자치도·시·군 또는 구(자치구를 말한다)의 금고에 내야 할 금전을 뜻한다. 〈개정 2012. 2. 22.〉
④ 국토교통부장관은 사법경찰관 또는 「사법경찰관리의 직무를 수행할 자와 그 직무범위에 관한 법률」 제5조제35호에 따라 지명을 받은 공무원이 범칙행위에 대한 수사를 원활히 수행할 수 있도록 대통령령으로 정하는 범위에서 가입관리전산망에서 관리하는 정보를 시·도지사, 시장·군수·구청장 또는 경찰청장에게 제공할 수 있다. 〈개정 2012. 2. 22., 2013. 3. 23., 2024. 1. 9.〉

제51조(통고처분) ① 시장·군수·구청장 또는 경찰서장은 범칙자로 인정되는 자에게는 그 이유를 분명하게 밝힌 범칙금 납부통고서로 범칙금을 낼 것을 통고할 수 있다. 다만, 다음 각 호의 어느 하나에 해당하는 자에게는 그러하지 아니하다. 〈개정 2012. 2. 22.〉
  1. 성명이나 주소가 확실하지 아니한 자
  2. 범칙금 납부통고서를 받기를 거부한 자
② 제1항에 따라 통고할 범칙금의 액수는 차종과 위반 정도에 따라 제46조제3항에 따른 벌금액의 범위에서 대통령령으로 정한다. 〈개정 2021. 7. 27.〉

제52조(범칙금의 납부) ① 제51조에 따라 범칙금 납부통고서를 받은 자는 범칙금 납부통고서를 받은 날부터 10일 이내에 시장·군수·구청장 또는 경찰서장이 지정하는 수납기관에 범칙금을 내야 한다. 다만, 천재지변이나 그 밖의 부득이한 사유로 그 기간에 범칙금을 낼 수 없을 때에는 그 사유가 없어진 날부터 5일 이내에 내야 한다. 〈개정 2012. 2. 22.〉

② 제1항에 따른 범칙금 납부통고서에 불복하는 자는 그 납부기간에 시장·군수·구청장 또는 경찰서장에게 이의를 제기할 수 있다. 〈개정 2012. 2. 22.〉

제53조(통고처분의 효과) ① 제51조제1항에 따라 범칙금을 낸 자는 그 범칙행위에 대하여 다시 벌 받지 아니한다.
② 특별사법경찰관리(「사법경찰관리의 직무를 수행할 자와 그 직무범위에 관한 법률」제5조제35호에 따라 지명받은 공무원을 말한다) 또는 사법경찰관은 다음 각 호의 어느 하나에 해당하는 경우에는 지체 없이 관할 지방검찰청 또는 지방검찰청 지청에 사건을 송치하여야 한다. 〈개정 2012. 2. 22.〉
  1. 제50조제2항 각 호의 어느 하나에 해당하는 경우
  2. 제51조제1항 각 호의 어느 하나에 해당하는 경우
  3. 제52조제1항에 따른 납부기간에 범칙금을 내지 아니한 경우
  4. 제52조제2항에 따라 이의를 제기한 경우

부칙

〈제20340호, 2024. 2. 20.〉

제1조(시행일) 이 법은 공포 후 6개월이 경과한 날부터 시행한다. 다만, 제29조제1항제2호의 개정규정은 공포한 날부터 시행한다.

제2조(보험금등의 구상에 관한 적용례) 제29조제1항제2호의 개정규정은 같은 개정규정 시행 이후 발생한 자동차사고부터 적용한다.

교통사고처리 특례법

(약칭: 교통사고처리법)

[시행 2025. 6. 4.] [법률 제20634호, 2025. 1. 7., 일부개정]

제1조(목적) 이 법은 업무상과실(業務上過失) 또는 중대한 과실로 교통사고를 일으킨 운전자에 관한 형사처벌 등의 특례를 정함으로써 교통사고로 인한 피해의 신속한 회복을 촉진하고 국민생활의 편익을 증진함을 목적으로 한다.

[전문개정 2011. 4. 12.]

제2조(정의) 이 법에서 사용하는 용어의 뜻은 다음과 같다. 〈개정 2011. 6. 8.〉
 1. "차"란 「도로교통법」 제2조제17호가목에 따른 차(車)와 「건설기계관리법」 제2조제1항제1호에 따른 건설기계를 말한다.
 2. "교통사고"란 차의 교통으로 인하여 사람을 사상(死傷)하거나 물건을 손괴(損壞)하는 것을 말한다.

[전문개정 2011. 4. 12.]

제3조(처벌의 특례) ① 차의 운전자가 교통사고로 인하여 「형법」 제268조의 죄를 범한 경우에는 5년 이하의 금고 또는 2천만원 이하의 벌금에 처한다.
② 차의 교통으로 제1항의 죄 중 업무상과실치상죄(業務上過失致傷罪) 또는 중과실치상죄(重過失致傷罪)와 「도로교통법」 제151조의 죄를 범한 운전자에 대하여는 피해자의 명시적인 의사에 반하여 공소(公訴)를 제기할 수 없다. 다만, 차의 운전자가 제1항의 죄 중 업무상과실치상죄 또는 중과실치상죄를 범하고도 피해자를 구호(救護)하는 등 「도로교통법」 제54조제1항에 따른 조치를 하지 아니하고 도주하거나 피해자를 사고 장소로부터 옮겨 유기(遺棄)하고 도주한 경우, 같은 죄를 범하고 「도로교통법」 제44조제2항을 위반하여 음주측정 요구에 따르지 아니하거나(운전자가 채혈 측정을 요청하거나 동의한 경우는 제외한다), 「도로교통법」 제44조제5항을 위반하여 음주측정방해행위를 한 경우와 다음 각 호의 어느 하나에 해당하는 행위로 인하여 같은 죄를 범한 경우에는 그러하지 아니하다. 〈개정 2016. 1. 27., 2016. 12. 2., 2025. 1. 7.〉
 1. 「도로교통법」 제5조에 따른 신호기가 표시하는 신호 또는 교통정리를 하는 경찰공무원등의 신호를 위반하거나 통행금지 또는 일시정지를 내용으로 하는 안전표지가 표시하는 지시를 위반하여 운전한 경우
 2. 「도로교통법」 제13조제3항을 위반하여 중앙선을 침범하거나 같은 법 제62조를 위반하여 횡단, 유턴 또는 후진한 경우
 3. 「도로교통법」 제17조제1항 또는 제2항에 따른 제한속도를 시속 20킬로미터 초과하여 운전한 경우
 4. 「도로교통법」 제21조제1항, 제22조, 제23조에 따른 앞지르기의 방법·금지시기·금지장소 또는 끼어들기의 금지를 위반하거나 같은 법 제60조제2항에 따른 고속도로에서의 앞

지르기 방법을 위반하여 운전한 경우
5. 「도로교통법」 제24조에 따른 철길건널목 통과방법을 위반하여 운전한 경우
6. 「도로교통법」 제27조제1항에 따른 횡단보도에서의 보행자 보호의무를 위반하여 운전한 경우
7. 「도로교통법」 제43조, 「건설기계관리법」 제26조 또는 「도로교통법」 제96조를 위반하여 운전면허 또는 건설기계조종사면허를 받지 아니하거나 국제운전면허증을 소지하지 아니하고 운전한 경우. 이 경우 운전면허 또는 건설기계조종사면허의 효력이 정지 중이거나 운전의 금지 중인 때에는 운전면허 또는 건설기계조종사면허를 받지 아니하거나 국제운전면허증을 소지하지 아니한 것으로 본다.
8. 「도로교통법」 제44조제1항을 위반하여 술에 취한 상태에서 운전을 하거나 같은 법 제45조를 위반하여 약물의 영향으로 정상적으로 운전하지 못할 우려가 있는 상태에서 운전한 경우
9. 「도로교통법」 제13조제1항을 위반하여 보도(步道)가 설치된 도로의 보도를 침범하거나 같은 법 제13조제2항에 따른 보도 횡단방법을 위반하여 운전한 경우
10. 「도로교통법」 제39조제3항에 따른 승객의 추락 방지의무를 위반하여 운전한 경우
11. 「도로교통법」 제12조제3항에 따른 어린이 보호구역에서 같은 조 제1항에 따른 조치를 준수하고 어린이의 안전에 유의하면서 운전하여야 할 의무를 위반하여 어린이의 신체를 상해(傷害)에 이르게 한 경우
12. 「도로교통법」 제39조제4항을 위반하여 자동차의 화물이 떨어지지 아니하도록 필요한 조치를 하지 아니하고 운전한 경우

[전문개정 2011. 4. 12.]

제4조(보험 등에 가입된 경우의 특례) ① 교통사고를 일으킨 차가 「보험업법」 제4조, 제126조, 제127조 및 제128조, 「여객자동차 운수사업법」 제60조, 제61조 또는 「화물자동차 운수사업법」 제51조에 따른 보험 또는 공제에 가입된 경우에는 제3조제2항 본문에 규정된 죄를 범한 차의 운전자에 대하여 공소를 제기할 수 없다. 다만, 다음 각 호의 어느 하나에 해당하는 경우에는 그러하지 아니하다.
1. 제3조제2항 단서에 해당하는 경우
2. 피해자가 신체의 상해로 인하여 생명에 대한 위험이 발생하거나 불구(不具)가 되거나 불치(不治) 또는 난치(難治)의 질병이 생긴 경우
3. 보험계약 또는 공제계약이 무효로 되거나 해지되거나 계약상의 면책 규정 등으로 인하여 보험회사, 공제조합 또는 공제사업자의 보험금 또는 공제금 지급의무가 없어진 경우
② 제1항에서 "보험 또는 공제"란 교통사고의 경우 「보험업법」에 따른 보험회사나 「여객자동차 운수사업법」 또는 「화물자동차 운수사업법」에 따른 공제조합 또는 공제사업자가 인가된 보험약관 또는 승인된 공제약관에 따라 피보험자와 피해자 간 또는 공제조합원과 피해자 간의 손해배상에 관한 합의 여부와 상관없이 피보험자나 공제조합원을 갈음하여 피해자의 치료비에 관하여는 통상비용의 전액을, 그 밖의 손해에 관하여는 보험약관이나 공제약관으로 정한 지급기준금액을 대통령령으로 정하는 바에 따라 우선 지급하되, 종국적으로는 확정판결이나 그 밖에 이에 준하는 집행권원(執行權原)상 피보험자 또는 공제조합원의 교통사고로 인한 손해배상금 전액을 보상하는 보험 또는 공제를 말한다.
③ 제1항의 보험 또는 공제에 가입된 사실은 보험회사, 공제조합 또는 공제사업자가

제2항의 취지를 적은 서면에 의하여 증명되어야 한다.

[전문개정 2011. 4. 12.]

제5조(벌칙) ① 보험회사, 공제조합 또는 공제사업자의 사무를 처리하는 사람이 제4조제3항의 서면을 거짓으로 작성한 경우에는 3년 이하의 징역 또는 1천만원 이하의 벌금에 처한다.
② 제1항의 거짓으로 작성된 문서를 그 정황을 알고 행사한 사람도 제1항의 형과 같은 형에 처한다.
③ 보험회사, 공제조합 또는 공제사업자가 정당한 사유 없이 제4조제3항의 서면을 발급하지 아니한 경우에는 1년 이하의 징역 또는 300만원 이하의 벌금에 처한다.

[전문개정 2011. 4. 12.]

제6조(양벌규정) 법인의 대표자, 대리인, 사용인, 그 밖의 종업원이 그 법인의 업무에 관하여 제5조의 위반행위를 하면 그 행위자를 벌하는 외에 그 법인에도 해당 조문의 벌금형을 과(科)한다. 다만, 법인이 그 위반행위를 방지하기 위하여 해당 업무에 관하여 상당한 주의와 감독을 게을리하지 아니한 경우에는 그러하지 아니하다.

[전문개정 2010. 1. 25.]

부칙

〈제20634호, 2025. 1. 7.〉

제1조(시행일) 이 법은 2025년 6월 4일부터 시행한다.

제2조(적용례) 제3조제2항의 개정규정은 이 법 시행 이후 발생한 교통사고부터 적용한다.

◨ **저 자 이 창 준** ◩
- 전 동대문경찰서조사계장
- 전 보험사고 의료사고 조사담당
- 의·약실무법률편찬연구소(소장)

저서
- 자동차사고의 법률적 해법과 지식
- 개인회생 파산 이렇게 해결하기
- 병의원·약국실무법전(공저)

교통사고!
대응과 손해배상에서 해결까지

2025년 11월 20일 인쇄
2025년 11월 25일 발행

저 자 이창준
발행인 김현호
발행처 법문북스
공급처 법률미디어

주 소 서울 구로구 경인로 54길4(구로동 636-62)
전 화 02)2636-2911~2, 팩스 02)2636-3012

등록일자 1979년 8월 27일
등록번호 제5-22호

ISBN 979-11-94820-33-8(13360)

정가 28,000원

❘ 역자와의 협약으로 인지는 생략합니다.
❘ 파본은 교환해 드립니다.
❘ 이 책의 내용을 무단으로 전재 또는 복제할 경우 저작권법 제136조에 의해 5년 이하의 징역 또는 5,000만원 이하의 벌금에 처하거나 이를 병과할 수 있습니다.

이 도서의 국립중앙도서관 출판예정도서목록(CIP)은 서지정보유통지원시스템 홈페이지(http://seoji.nl.go.kr)와 국가자료종합목록 구축시스템(http://kolis-net.nl.go.kr)에서 이용하실 수 있습니다.

홈페이지 www.lawb.co.kr
페이스북 www.facebook.com/bummun3011
인스타그램 www.instagram.com/bummun3011
네이버 블로그 blog.naver.com/bubmunk

법률서적 명리학서적 외국어서적 서예·한방서적 등

최고의 인터넷 서점으로
각종 명품서적만을 제공합니다

각종 명품서적과 신간서적도 보시고

법률·한방·서예 등 정보도

얻으실 수 있는

핵심법률서적 종합 사이트

www.lawb.co.kr

(모든 신간서적 특별공급)

---

facebook.com/bummun3011
instagram.com/bummun3011
blog.naver.com/bubmunk

대표전화 (02) 2636 - 2911